江苏省"青蓝工程"科技创新团队"现代审计理论与实践"资助

政府经济责任审计

Zhengfu Jingji Zeren Shenji

尹平　刘世林　著

西南财经大学出版社

图书在版编目(CIP)数据

政府经济责任审计/尹平,刘世林著. —成都:西南财经大学出版社,
2009.12(2019.1 重印)
ISBN 978-7-81138-262-4

Ⅰ.政… Ⅱ.①尹…②刘… Ⅲ.经济责任制—政府审计—研究
Ⅳ.F239.44

中国版本图书馆 CIP 数据核字(2009)第 228989 号

政府经济责任审计

尹平 刘世林 著

责任编辑:刘佳庆
封面设计:杨红鹰
责任印制:朱曼丽

出版发行	西南财经大学出版社(四川省成都市光华村街55号)
网　　址	http://www.bookcj.com
电子邮件	bookcj@foxmail.com
邮政编码	610074
电　　话	028-87353785　87352368
印　　刷	郫县犀浦印刷厂
成品尺寸	170mm×240mm
印　　张	20.25
字　　数	400千字
版　　次	2009年12月第1版
印　　次	2019年1月第2次印刷
印　　数	2001—3000册
书　　号	ISBN 978-7-81138-262-4
定　　价	49.80元

前言

　　经济责任审计是我国审计实践的创新，世界大多数国家没有这样的审计类型。经济责任审计迎合了我国改革开放和社会主义经济建设事业的需要，适应了深化经济和政治体制改革的形势，顺应了国家民主法制建设和构建社会主义和谐社会的发展，近十多年来在全国各个领域越来越广泛并深入地推行开来。审计实践表明，经济责任审计在保障国家信息安全、维护市场经济秩序、强化财经法纪、促进管理、提高效益、加强对权力和监督与制约、规范领导干部从政行为、推进反腐败斗争等方面发挥了不可或缺的重要作用，赢得了党和人民的充分肯定和高度赞誉，取得了审计创新实践的圆满成功，在世界审计史上写下了辉煌的一笔。

　　审计实践创新迫切需要审计理论的创新。实践的先行，为我国社会主义审计理论建设提供了肥沃的土壤，催生了一批经济责任审计的理论研究成果的不断问世，这些成果有力地指导和总结了经济责任审计实践的发展。但是，由于形势发展和法制建设的日新月异，社会对经济责任审计不断提出了新的、更高的要求，审计理论建设有许多方面尚滞后审计创新实践，特别是其基础理论建设尚显功力不足，理论问题研究与实践尚存在现实距离，这给审计理论工作者提出了新课题。本书力图全面回顾我国经济责任审计发展理论历程，总结经济责任审计理论成果，提出新的经济责任审计理论基础，并认为在经历了离任经济责任审计、承包经营责任审计和任期经济责任审计三个基本阶段后，经济责任审计正向政府经济责任审计转换过渡，这种转换具有非常显著的现实和历史意义；进而提出了适应改革开放和民主法制建设需要的政府经济责任审计发展的基本理论架框。

　　政府经济责任审计将成为今后经济责任审计的主流。它是指由政府审计机关实施的对政府机关及所属部门与单位、国有企业和国有控制股企业（一般认为这是由政府兴办和管理的）的党政领导干部，特别是主要负责人所承担的（以管理责任与绩效责任为主的）经济责任，以及所连带的政治责任、社会责任、法律责任及其他责任的履行情况所进行的独立的审计监督与评价。政府经济责任审计的基本目标是根据国家政治经济形势的要求提出的，目前体现为：经济社会难以遏制的财务造假现象生成的财务信息真实性的审计目标、日趋严重的国有资产流失生成的国有资产安全性的审计目标、纷乱无序的财政财务活动生成的财政财务合规性的审计目标、疏于控制的财务收支活动生成的财务收支合法性的审计目标、日益严重的经济腐败现象生成的经济管理活动廉洁性的审计目标、决策活动的复杂性以及民众对政府较高的期望值生成的经济决策合理性、有效性的审计目标。这些目标体现了政府职能的转变，反映了社会主义民主法制的要求，代表了公众对政府的期望，符合社会民主、文明、和谐的主旋律；这些目标也主导了政府经济责任审计的发展，由此决定了审计的范围、内容、程序与方法等要素；这些目标也提供了政府经济责任审计理论体系的基础。尽管对市场资源最大的占有者、经济活动最大的组织者、法律法规最大的执行者和社会事务最大的管理者——政府的经济责任审计存在一些政策、技术、操作障碍，但是在政府经济责任审计理念和理论的引导下这些障碍会迎刃而解。对此本书提出了一系列对策和措施，并就政府经济责任审计的若干理论和实践难点、热点、疑点、焦点问题提出了解决办法。

当然，政府经济责任审计从理论的提出到实践的推进，短短不过几年时间，肯定还会有许多新的情况、新的问题不断出现，本书所做的探讨肯定是阶段性的，肯定会随着时间的推移会有更多、更好的理论成果和实践经验，欢迎广大读者对本书提出宝贵的意见和建议，我们一定认真研究采纳，并愿与广大审计理论界和实务界同仁一起共同推进我国政府经济责任审计的发展。

作者

2009 年岁末于南京

目录

第一章　政府经济责任审计导论

第一节　审计、政府审计、经济责任审计
与政府经济责任审计的界定

　　依据 1982 年《中华人民共和国宪法》(简称《宪法》),我国 1983 年开始实行审计制度。《中华人民共和国审计法实施条例》第 2 条定义:审计为"审计机关依法独立检查被审计单位的会计凭证、会计账簿、财务会计报告以及其他与财政收支、财务收支有关的资料和资产,监督财政收支、财务收支真实、合法和效益的行为"。显然这是对政府审计所作的定义。

　　我国审计组织体系分为三大部分,即政府审计、内部审计和社会审计。政府审计(也有称国家审计,意为代表国家行使的审计监督。因各国审计体制不一,审计机关的隶属关系、领导关系、报告关系、经费关系各异,审计机关的运行机理与机制不同。我国属于行政型审计体制,审计机关隶属于政府,由政府管理,向政府报告工作,故称政府审计较为贴切)是指由政府审计机关依照法律法规组织和实施的审计,这是本书所要论述的重点。内部审计是部门和单位内部专职审计机构,对本部门和本单位内经济活动所进行的审计监督活动。内部审计直接接受本部门和本单位最高管理和决策层领导,并向其报告工作,其主要目标是查错纠弊、改善管理、提高组织管理素质和工作效率,以实现部门和组织的经营管理与业务绩效目标。社会审计是指由注册会计师所进行的独立审计,会计师事务所主要承办海外企业、横向联合企业、集体所有制企业、个体企业等的财务审计和管理咨询业务,接受国家审计机关、政府其他部门、企业主管部门和企业事业单位的委托,办理经济案件鉴定、纳税申报、资本验证、可行性方案研究、验资、解散清理以及财务收支、经济效益、经济责任等方面的审计。

　　政府审计在我国审计组织体系中居于主导地位。根据《宪法》和《中华人民共和国审计法》(简称《审计法》)的规定,我国国务院和县级以上地方人民政府设立审计机关;对国务院各部门和地方各级人民政府及其各政府部门的财政收支,国有的金融机构和企业事业组织的财务收支,以及其他依法接受审计的财

政收支、财务收支,依法进行审计监督;审计机关依法对本级各部门(含直属单位)和下级政府预算的执行情况和决算,以及预算外资金的管理和使用情况,进行审计监督;审计署对中央银行的财务收支,进行审计监督。审计机关对国有金融机构的资产、负债、损益,对国家的事业组织的财务收支,对国有企业的资产、负债、损益,对与国计民生有重大关系的国有企业、接受财政补贴较多或者亏损数额较大的国有企业,以及国务院和本级地方人民政府指定的其他国有企业,进行审计监督;对国家建设项目预算的执行情况和决算,对政府部门管理的和社会团体受政府委托管理的社会保障基金、社会捐赠资金以及其他有关基金、资金的财务收支,对国际组织和外国政府援助、贷款项目的财务收支,进行审计监督;审计机关有权对与国家财政收支有关的特定事项,向有关地方、部门、单位进行专项审计调查。与此同时,各部门、国有的金融机构和企业事业组织的内部审计,应当接受审计机关的业务指导和监督,政府审计有权对依法从事独立审计的社会审计机构进行指导、监督。

不论是政府审计还是内部审计和社会审计,都有诸多业务类型:按照审计主体与被审计单位的关系,可将审计划分为内部审计与外部审计;按照审计内容与目标,可将审计划分为财政财务审计、财经法纪审计和经济效益审计;按照审计范围,可将审计划分为全部审计和局部审计;按照审计执行地点,可将审计划分为就地审计和报送审计;按照审计组织方式,可将审计划分为授权审计、委托审计和联合审计;按照被审计经济业务发生的时间,可将审计划分为事前审计、事中审计和事后审计;按照审计的通知时间,可将审计划分为预告审计和突击审计,等等。

经济责任审计是一种新兴的审计类型,政府审计和内部审计实践中较为多见,它属于委托性(或指派性)审计,是一种就地进行的、事后性的全面审计。经济责任审计是我国政治经济发展到一定阶段的产物,也是审计事业发展到一定阶段的结果,是具有中国特色的社会主义审计形式之一,也是我国审计界的创新与创造。在世界各国,特别是西方发达国家尚没有经济责任审计这一称谓,也没有经济责任审计的案例积累。在我国审计界历经了多年经济责任审计实践,并积累了丰富的实践经验后,2006年2月28日第十届全国人民代表大会常务委员会第二十次会议通过的《中华人民共和国审计法》第二十五条,终在法律上确认了经济责任审计:"审计机关按照国家有关规定,对国家机关和依法属于审计机关审计监督对象的其他单位的主要负责人,在任职期间对本地区、本部门或者本单位的财政收支、财务收支以及有关经济活动应负经济责任的履行情况,进行审计监督。"从此,实行经济责任审计有了明确的法律依据。

理论界普遍认为,经济责任审计是指对党政领导干部或企业(主要是国有企业及国有控股企业)领导人履责情况和管理业绩的监督、评价与鉴证,是对其任期内对所在部门、单位财政财务收支或企业的资产、负债和损益的真实性、合法性和效益性，以及有关经济活动及结果应负有的责任所进行的审计监督。经济责任审计的主体可以是政府审计机关、内部审计机构和(受托的)社会审计组织，即经济责任审计并不是政府审计的专利；经济责任审计的目的是促进被审计人履行应尽的经济责任，解除、兑现或追究其经济责任；审计对象是特定的，是指领导干部和企业领导人及所履行的经济责任，而不是泛指承担经济责任的其他个体和群体；审计的依据也是特指的，是对被审计人经济责任界定的标准与依据，与常规审计项目不同；经济责任审计的程序和方法与其他审计相同或相似。

政府经济责任审计是经济责任审计最重要的形式之一。它是指由政府审计机关(或委托其他审计组织)实施的，对政府机关以及所属部门与组织(主要是对政府机关及其下属部门和组织的党政领导干部、国有企业和国有控股企业法人代表)履行组织国家经济活动和管理社会责任的履行情况及履职绩效情况的审计监督与评价活动。这是一类专门的、层次更高的经济责任审计。因为它不仅仅是对一般党政干部和企业领导人经济责任的审计，也不是对按照一般的审计依据和标准进行的常规审计，它是针对市场最大的资财执掌者、法律法规最大的执行者和社会事务最大的管理者——政府进行的审计。在审计关系中，政府经济责任审计的委托者是社会公众或全体民众，审计主体具有代表性，其行为代表的是国家和人民的最高利益，审计行为是社会公正与正义的化身，代表了社会来行使审计监督权；审计对象是政府及其各部门与组织，是政府组织经济和管理社会职能的履行情况；审计的目标是认证政府应该做什么，已经做了什么以及还应该做什么、怎么做。由此可见，政府经济责任审计承载着民意，维护着社会的利益，代表了人民群众对政府的希望与要求，检查与监督政府履责情况，对市场资源的最大占有者、对市场经济的规制者进行再规制，它是社会主义民主和法制进步的要求和产物，具有十分鲜明的政治意义和经济意义，因此在理论上引起了学术界的热烈探讨，在实践中引起社会的广泛关注。

第二节　政府经济责任审计理论基础诸说

一、受托责任关系论

审计的历史源远流长，不论国家审计、内部审计还是社会审计，都有着悠久的发展史。审计是一种社会现象，按照社会分工理论，审计是一种社会劳动分工，是为满足某种社会需要而产生或从其他社会活动中派生独立出来的，或者说审计是社会发展到一定阶段的产物，具有一定的社会政治经济背景。据对现有资料考证,生产力落后、社会分工简单的原始社会没有发现任何审计存在的痕迹,当私有制产生以后,由于剩余产品的出现,不同人占有社会资源的多寡不同,对社会劳动贡献也不同,随着私有制的发展,这种差异越来越大。国家出现后,随着生产力的发展、生产领域的扩大和社会劳动分工的深化,资源占有人由于所占有的资源丰富、所涉领域复杂,以致无法完全依靠自身力量从事的所有的经营管理活动,为了维持国家机器的运转,维护统治者的利益,占有资源的统治者对资源的管理方式随之发生了改变,将资源经营管理交由他人执掌,即由直接经营管理转为委托或指派他人间接管理,由集中管理转向分散管理,由面对面、点对点的管理转向点对面、点、面、层的多级化与多样化的管理,即实现了所谓的"两权分离",资财所有权与资财的经营管理权的分离;这时资源占有者与资源经营管理者之间所形成的资源委托管理与资源受托经营管理关系,以及资源经营管理人与其资源经营执行人之间所形成的资源受托经营管理与执行资源经营管理的关系叫做受托责任关系。

两权分离与受托经济责任关系是资源占有人实现对资源全面占有和有效管理与使用的必要手段和运行机制,有力地促进了生产力的发展,但也催生了新的生产关系。如何保证受托经济责任确实得以履行,需要建立和健全一种监督与检查受托经济责任关系的外在监督与保证机制,于是审计关系逐步登上社会历史舞台。由于资源上占有者将全部或部分经营管理权交给受托人,而受托者是否按照资源占有人的意愿从事经营管理并没有天然的保障,资源占有者由于其精力、能力和技术方面的局限,不可能事必躬亲,对受托经营管理者履责情况进行一一检查,因而需要有一个独立的第三者专门从事这项工作,审计职能工作由此经过社会分工与细化而产生。另外,对资源经营管理者来说,也需要通过一定方式向委托者证明自己有效地履行了应尽的经济责任,证明自己对所经营管理资源实施了有效的管理和正当使用,以解脱自己的经营管理责任,实施检查与评价者不能是委托人,也不能是受托经营管理者自身,而只能是具有专业胜任能力的第三方。审计恰好独立于受托责任关系双方当事人,同时又具有应有的专业素质与技能,因此有公信力和专业能力,经过具有审计职能的专门检查与监督活动来证明受托经济责任的履行情况。审计、经济责任审计都可以据此理论得以解释。在当今市场经济条件下,受托经济责任关系展示得更加充分而明晰,故学术界较多学者认为审计、经济责任审计正源于受托经济责任关系。

政府审计,包括政府经济责任审计同样也是一种受托经济责任的监督行为,它不同于一般的审计,"在现代民主社会中,政府审计是受人民委托对国家管理者承担的公共受托责任进行的经济监督的行为"。公共责任的主体是民意代议机构(立法机构)和政府及其具体公共资产管理者,其范围是公共资产领域,内容包括事项责任和报告责任。① 由此可见,政府经济责任审计是受托经济责任关系在政府公共管理领域的延伸和细化,是对政府应履行的经济职责的专门性、集中性的检查、监督和评价活动。

二、免疫系统论

2008 年 3 月,刘家义审计长阐述了现代国家审计是经济社会运行的"免疫系统"的理论(学术界称为"免疫系统论")。该理论总结了我国审计事业 25 年的发展历程,凝练了国内外审计理论的研究成果,探究和思考了我国国家审计方面的一些重大问题,对政府审计在经济社会中所扮演的角色提出了全新的诠释,对政府经济责任审计提供了理论支撑。

"免疫系统论"从社会、政治、经济、法律、文化等视角揭示了政府审计发生、发展的基本规律,分析了政府审计运行机理,认为:

(1)政府审计是"防火墙",即政府审计具有"抵御功能",是国家经济安全、社会安全的屏障,能够自动隔阻、拦截、缓释风险的侵袭力和影响度,防御风险对经济发展和社会运行的袭扰、腐蚀和侵害,保护经济社会肌体健康,保护社会经济秩序稳定,保护国家利益不受侵害。

(2)政府审计是"检测系统",即政府审计具有"诊断功能",能最早地感知风险,是经济社会风险的"感应器",是风险和隐患最灵敏的"探头",能够发现风险生成的潜在苗头,捕捉风险迹向,锁定风险源头,检测风险的运动方向、强度、特质和作用对象等风险数据,准确地判定风险。

(3)政府审计是"预警系统",即政府审计具有"示警功能",是风险的"传导器",能够及时、灵敏、准确地报告或报警,提供风险信息,提示党和政府对风险予以足够的关注,促进风险防范和应对措施落实,并提供消除风险的"目标参数"。

(4)政府审计是"自滤系统",即政府审计具有"除疾功能",对潜在的或现实的风险具有一定程度的消除、化解、削弱功能,能对经济发展和社会运行肌体"除疾、排毒"。政府审计不仅具有发现、检测风险能力,而且具有自滤功能,这一功能是"免疫系统"中最重要的职能之一。

(5)政府审计是"平衡器和助推器",即政府审计具有"修复功能",能排除经济发展和社会运行风险的隐患,系统地修复社会经济发展中的故障。"除疾"的结果是"健体",它能够有效地改善社会经济发展系统的运行状况和运行质量,维护各系统的平衡和稳健运作,促进经济社会更加健康、有序、高效发展。

政府审计的五大功能是相辅相成、不可分割的整体,各功能相融共济,互

---

① 吴秋生.政府审计职责研究.北京:中国财政经济出版社,2007:23.

动、互补,共同调节、协同经济社会发展的各种关系,平衡或平息各种矛盾,守卫和保护经济社会安全、有序、高效、持续发展。

政府审计"免疫系统"与经济社会大系统和政府管理体系的肌体相连、共生共荣,一旦审计功能遭到损坏,经济社会和政府管理的正常运行便会受到影响,如同人体的免疫系统与人的健康的关系一样;凡社会发展、经济繁荣、政府规范规范高效管理之日,无不是审计免疫系统功能健全之时。凡审计免疫系统被废弃或被破坏,经济社会发展和政府管理便不可避免地出现这样那样的疾患,甚至导致危机、遭到重创。①

"免疫系统论"解答了审计发展的若干重要理论命题,准确解释了审计是什么、为什么要审计、为谁审计以及审计做什么等理论问题,也回答了政府经济责任审计的本质和任务。按照"免疫系统论",将审计置于社会经济的大背景中去分析其本质,探究经济社会发展与审计发展的内在联系和基本规律:政府审计是"社会政治经济体系重要的制度安排",国家审计是国家政权结构的重要组成部分,是政治、经济体系健康运行的"免疫系统";其目标是"推进法治、维护民生、推进改革、促进发展",这不仅反映了改革开放 30 年我国政治经济社会发展对审计的要求,时代特征明显,且与审计法有关审计目标的表述保持一致,同时有别于内部审计、社会审计。

依照"免疫系统论",政府审计应当关注财政安全、金融安全、国有资产、国有资源安全、民生安全、环境安全和国家信息安全,而政府是市场经济的强者,掌管着国家巨大的经济资源,承担着极其重要的组织经济和社会管理职能,政府管理与决策行为有所闪失就会造成较大的经济和社会影响,因此应当加强对政府经济权力的监督与制约,使之在阳光下运行;检查政府经济责任履行情况,促进政府管理规范、有序和高效,即发挥政府审计"免疫系统"的功能。这是非常重要和必要的。

三、审计规制论

学术界较为广泛公认的效率标准是"帕累托最优"。如何实现"帕累托最优"是经济学家最热衷研究的议题之一。早期的经济学理论极其推崇市场的"魔力",认为市场价格机制像"看不见的手",指引着个人追求本位利益,客观上也实现了社会利益。19 世纪末和 20 世纪初的古典经济学,包括新古典经济学的突出特征都是强调市场自由,对政府干预和产业规制均持否定态度。"帕累托最优"的实现是以完全竞争的市场结构为条件的,而在现实经济生活中,不完全竞争市场是最为广泛的市场结构形式。也就是说,放松了完全竞争市场的

---

① 尹平."免疫系统论"的理论贡献和对审计事业的创新引领.审计与经济研究,2009(1).

假设,市场的完美性即告解体,市场机制配置资源的结果就会偏离"帕累托最优",出现了经济学家称之的市场失灵。

市场失灵在发达国家和发展中国家经济成长过程中都曾出现过,有的还表现得比较严重。其主要表现在:

(1)提供公共产品主体的缺失;

(2)外部性问题,包括外部不经济和外部经济;

(3)市场竞争不完全;

(4)信息失灵;

(5)消费偏好;

(6)收入分配不公;

(7)宏观经济失衡;

(8)市场调节的短期性和滞后性。

按照传统经济学理论的观点,对市场失灵最直接的反映是实施政府规制。政府规制是市场手段的有效补充,市场失灵的领域也就是政府规制发生作用的领域。因为政府规制具备一些特殊的优势,是其他手段与方法所无法比拟的,具体表现在:政府有征税能力,政府具有禁止力;政府具有惩罚力和政府规制能够节约交易成本等。

政府规制有广义和狭义之分,广义上指各个公权组织对市场失灵采取的纠正、约束和激励性措施;狭义上指在市场经济条件下,政府为了缓释或改善市场机制的内在矛盾而干预经济主体活动的行为。

政府规制的初衷是弥补市场经济的缺陷,以实现资源配置的"帕累托最优",但是实际的效果如何并不完全取决于规制者的一厢情愿。由于政府规制的多目标性和有关法规的灵活性,规制者拥有一定的自由裁量权,加之官僚机构失效和信息不对称等复杂原因,政府规制同样可能出现失效,或者难以实现规制目标,或者规制行为出现偏误、规制结果出现异化,这类现象理论界称之为规制失灵或政府(规制)失灵。

政府规制失灵的表现形式及原因很多,主要有:

(1)规制者独立性的缺失,规制者被"俘虏";

(2)规制者创租、寻租和卖租;

(3)公共产品供给的低效;

(4)政府部门扩张的冲动,导致过度规制;

(5)政府公共政策的失败;

(6)信息不对称;

(7)政府机构官僚化的组织缺陷等。

"选择和建立适合中国国情、运转高效的规制机构,这既是各国政府规制改革的核心问题,也是目前中国政府规制改革面临的现实问题之一。"①关于我国政府规制存在的弊端,不论是理论界,还是实务界都早有共识,对其改革的呼声一直此起彼伏,特别是我国政府规制者同时是垄断者和垄断利益的获取者,以及缺乏对规制者的规制,规制者的规制行为缺乏公信度和说服力,难以胜任社会利益维护者的角色,不能保证其规制行为的公正、客观、有效,等等,都是社会高度关注的改革焦点。

上述诸观点归结为一点,就是对我国政府规制主体的改革,核心问题是革除传统体制下的行政性垄断,切断规制者与被规制者的利益关联,严格规范政府规制权力的行使和作用范围。由此,界定规制者的地位和身份,确定规制者的胜任标准,进而确定规制活动的领域和行为规范,在政府规制改革中具有重要的理论地位和实践价值,居特殊的地位。政府产业规制者的胜任标准应体现以下特征:独立性,代表性,能力性,权威性或权力性,信息性,对规制者的再规制机制,实现官民互动,有利于动员社会力量参与规制研究、论证和决策过程,建立体现民主和规制政策公开制度,提高公众参与政府规制过程,提高规制政策的公信力,保证规制决策的正确性和规制过程的无偏性。

国家审计机关担任规制者,较其他政府行政机关具有不可比拟的优越性,其胜任性由以下可见一斑:国家审计机关(此处仅指政府审计机关,不包括企业、事业单位、社会团体的内部审计机构和作为社会中介服务机构的民间审计组织)具有较好的独立性,审计机关与旧体制有天然时间隔断,审计机关担当规制者的职责具有法律、法规的支持和认同,且政府审计机关具有良好的运行业绩;实施审计规制可以节约交易成本,审计规制的主体是审计机关,不需要另处建立新政府组织机构;实践证明,国家审计机关胜任规制者再规制的使命,政府审计机关也有利于官民互动的规制机制的磨合和最终形成。尽管实施审计规制、充当经济规制主体是政府审计,政府经济责任审计无疑也是审计规制的重要形式,它可以承担起对政府发布的经济信息的发布鉴证、政府发展的专项审计调查、政府政策的评估、政府经济绩效的评价、政府经济发展规划的论证、社会经济运行状态的监控、政府经济风险的预警和社会经济运行环境的优化等职能,②通过对政府履责情况的检查与监督,促进政府管理行为的规范、有序和高效,避免政府失灵,有效克服市场失灵,保证经济社会健康持续发展,这应当成为一种制度安排和政府自我管理、监督和评价的机制。

---

① 李郁芳. 政府微观规制行为的国别差异与启示. 学术研究,2005(6).
② 尹平. 审计规制论. 北京:中国财政经济出版社,2006.

第三节　政府经济责任审计：历史的必然与现实的必要

一、国家民主政治的需要

政府经济责任审计的发展不是历史的偶然，它是随着我国改革开放和社会主义经济建设事业发展起来的，是我国经济体制和政治体制改革的必然产物，是国家民主政治的重要体现。

1999年5月，中共中央办公厅、国务院办公厅联合颁发了《县级以下党政领导干部任期经济责任审计暂行规定》（以下简称《政府责任审计暂行规定》）和《国有企业及国有控股企业领导人员任期经济责任审计暂行规定》（以下简称《企业责任审计暂行规定》）。届时我国经济发展进入人均GDP 1000～5000美元的发展期，即西方经济学者认为的发展黄金期，同时也是矛盾凸显期。的确，世纪之交的我国改革正处于攻坚阶段，经济发展处于关键时期，旧体制已退出社会经济政治舞台，而新体制尚未完全站稳脚跟，未充分发挥其应有的功能与作用，体制的交错使各种社会矛盾纷纷浮出水面，党风廉政建设和反腐败斗争面临新的形势和任务。在新旧体制转换过渡时期，如何加强党的执政能力，加速政府职能转变，提高政府组织社会经济和管理社会公共事务的能力和水平，提升政府在公众心目的形象，如何加强领导干部的管理和监督，促进领导干部廉洁自律，促使其正确履行职责，关系到和谐社会的构建和国家的长治久安，是摆在党和政府面前的重要政治课题。

另外，随着经济的持续发展，国家民主法制进程的加速，人民物质、精神生活水平的不断提升，人们获取的信息量空前增加，公众的交往、介入社会政治经济生活的意愿明显增强，民主的意识、参政议政的意识、维权的意识显著增强，对政府的希望与要求不断增加，对政府监督、对政府的权力制约的呼声也在不断升高，公众对政府是否严格执行党和国家的方针政策，是否依法办事、依法决策、依法处理问题越来越强烈地要求拥有知情权、监督权和评议权，同时希望能够通过反映民意、代表民声的组织或机构，对政府履职情况与行政行为进行连续、规范的监督和评价。在经济社会生活中不断发生"民告官"的现象，媒体也经常报道政府决策失误和管理不力的事例，甚至在我国部分部门和地区还出现了领导干部贪污腐败，这种行为损害了党和政府的形象，腐蚀了党的执政根基，危害了国家政治安全；社会经济领域出现信息虚假、管理混乱，误导政府决策，引发经济危机，危害国家经济安全；特别是事关国计民生和国家安全的重要领域，出现了领导干部疏于履责、不作为或乱作为，引发社会事端，危害社会稳定等现象；社会公众对政府是否能够践行科学发展观、科学执政，带领广大人民奔小康、建设和谐社会仍然存在疑虑。如何才能满足人民群众日益强烈的民主要求,推进社会主义民主和法制建设,解除民众对政府的疑虑,政府经济责任审计无疑是一个重要的制度安排选项,它展现了良好的发展潜力和成长势头,它的出现具有十分重要的现实意义和深远的政治、经济和社会意义。

二、干部队伍建设的必要

政府经济责任审计在一定程度上说,主要是对各级政府机关的党政干部和国有企业与国有控股企业法人代表经济责任的审计。因为政府是一相对抽象的概念,政府下辖不同层级的许多部门和单位,政府所承担的经济责任是由政府各部门、各机关和各单位分担的,而各部门、各单位所分担的经济责任又是由在这些政府机关供职的工作人员所具体承担和完成的,所以这些公务人员是政府经济责任的具体承担人和实际履行人。这些人当中,作为政府部门和单位的负责人是政府承担的经济责任的代表者和承载人,扮演着重要角色,具有特殊的地位;只要每一位政府机关、所属部门和单位的党政领导都能切实履行其应尽的职责,党政领导所在机关、部门和单位就有望认真履职履责,那么政府经济责任的履行就有了确实可靠的保障;反之,如果政府机关、所属部门和单位领导不能认真履行职责,政府经济责任的履行就会成为空中楼阁,可望而不可即。所以说,政府经济责任审计很大程度上是对政府机关的党政领导和国有企业与国有控股企业(这些企业一般意义上认为是政府代表国家兴办或政府管理的)的法定代表人的经济责任审计。政府经济责任审计与党政干部或国有企业与国有控股企业法定代表人经济责任审计,通过"政府经济责任——政府机关、部门和单位经济责任——政府机关、部门和单位领导干部经济责任"的责任链和审计链联系在一起,两者关系甚为紧密,密不可分,后者是前者的具体化和重要组成部分,并使政府经济责任审计变得具体而可理解、可操作、可核实,而前者是后者的集中称谓和更加宏观的表述。

从经济责任审计发展的历程可以看出,经济责任审计的最早起因,在一定程度上是从干部队伍建设和反腐败斗争的角度提出的。在世纪之交,党和政府带领人民进行现代化建设,由于市场经济的构建,多种经济成分并存,社会利益主体趋向多元化和复杂化,这对党和政府的干部队伍建设带来严峻的挑战,在此背景下,一些党政干部的消极腐败现象有所滋生,腐败发生和发展的规律也逐步清晰化:"当前腐败现象比较严重的仍然是党政领导机关、政府行政执法机关、司法机关和政府经济管理部门。腐败现象的突出表现为党政机关的领导干部和司法机关、行政执法机关和经济管理部门及其工作人员的违法违纪案件,其主要表现形式是领导干部贪污、受贿、以权谋私案件,执法执纪人员徇私舞弊、贪桩枉法、执法犯法、违法乱纪案件,以及法人违法违纪案件。"①这表明在市场经济条件下干部监督工作在机制上缺乏有效的监督手段和治本措施。经过反复的调研和试点,党和政府将组织监督与审计监督有机结合起来,实行领导干部经济责任审计制度,这是新形势下加强干部队伍建设、从源头上防止腐败、促进领导干部廉洁勤政、维护政府形象的一项重要举措,是有效应用审计手段促进干部队伍建设的重要尝试,这在世界审计史上是绝无仅有的创举,是我国审计界对世界审计发展的贡献,政府经济责任审计在理论上是科学的、合理的,在实践上是必要的、可行的。

经过十年多经济责任审计的实践证明,这一措施是完全正确的,也是非常必要和及时的。经济责任审计为党和政府在选拔任用领导干部上严格把关,推动了建立健全科学的干部考核方法和完善监督机制;通过经济责任审计多方位地了解干部的德、能、勤、绩、廉,运用了切实有效的审计监督制度,规范了领导干部合理分权、规范用权、科学执权和廉洁掌权,约束了领导干部的管理行为,维护了党和政府的清廉形象;通过经济责任审计,严肃查处了领导干部的违法乱纪行为,促进了领导干部管理水平的提高,推进了政府廉政建设和反腐败斗争的深入。经济责任审计的成功实施得到了党和政府的高度肯定,赢得了广泛的社会赞誉,是执政党和政府要坚持下去的成功做法和宝贵经验。

三、促进政府履责和职能转变的动力

随着我国改革和经济建设的深入发展,政府的职能不可避免地发生转变,从原来的全能型、直接型、管理型、行政型和人治型向有限型、间接型、服务型、社会型和法制型政府转变,从"小社会、大政府"向"大社会、小政府"转变。当然这种转变是一个渐进的艰巨过程,不可能一蹴而就,政府扮演新角色自然也需要较长时期钻研角色、排练角色直到进入角色,而这一过程不可避免地受到习惯意识和传统惯性的制约,甚至会出现反复、徘徊和偏误。在现实生活中,人们发现政府经常错位、缺位和越位,不习惯"简政放权",而有意无意地取向于上收和集中权力,甚至出现政府与社会和消费者争利的现象;政府不习惯于经济手段、法律手段调节市场,而习惯于采用行政手段和命令方式;不习惯于全方位的服务,而习惯于简单的管理;公众期望的政府形象还没有完全出现,有人抱怨政府越管越多,而越管越管不在点上。如何才能加速政府职能转变,使其真正扮演市场失灵修补者的角色,真正承担起组织国家经济和管理社会的职责,理论和实务界颇费脑力,设计并推出了一项又一项的改革措施,不可否认有的取得了良好的效果,但政府履责和职能转变可谓依然艰难而漫长。

---

① 钟庆明.领导干部离任审计.北京:中国方正出版社,1998:7.

开展政府经济责任审计无疑是促进政府履责和加速政府职能转变的有力措施,尽管由于我国行政型审计体制的限制,现行的政府经济责任审计带着很浓的内部审计的性质,但是它的全面推进有利于监督与制约政府的权力,特别是经济权力的运行;有利于规范政府行政行为,有利于维护市场经济秩序和法规经济的推行,对原计划经济体制和有计划商品经济体制下的权力经济、行政经济构成制约和削弱;有利于促进政府按照市场经济规律、自然规律、社会发展规律办事,避免主观性、随意性和武断性,提高管理水平和效率;有利于促进政府钻研自身角色,正确定好位,服好务,协调经济社会方方面面的利益关系;有利于形成政府与社会的顺利、便捷的沟通,达到两者一致,推动社会主义和谐社会的建设。总之,政府经济责任审计审查的是政府,监督的是政府,评价的是政府,对各级政府、各部门和单位是一种无形的压力和动力,它对政府履行组织经济和管理社会的职责,推动政府职能转变,提升公众对政府的信心,维护政府的良好形象,将产生不容忽视的正向作用。

四、现代审计制度发展的必然

现代审计制度是与传统审计制度相对而言的。传统审计制度的基本特征是,强调的是审计守卫国家财政、维护经济秩序、查处违法乱纪的功能,突出检查与处罚的手段的作用,置审计于经济运行和发展的微观层面,非系统地被动运行,这基本适应了改革开放和经济发展初期的社会需求,发生过巨大的作用。现代审计制度是以时代的进步和社会发展为背景的,它是适应现代国家管理和社会经济发展客观需要而产生的,是国家经济社会健康运行的"免疫系统",是国家政权治理的重要制度安排,现代政府审计附属并适应于国家的政体与国体,成为现代民主法制的重要工具;现代审计制度突出了政府审计的防御性、建设性和前瞻性功能,强调审计系统与国家政治、经济系统的契合与联动,主动适应和服务于国家政治、经济、社会、法律、文化等建设事业,强调从"宏观着眼"和"为政府宏观调控服务",是一个高层次的经济监督与评价系统。开展政府审计、政府绩效审计、政府经济责任审计等是现代审计的重要特征。

现代审计,特别是现代政府审计,具有强大的监督和服务功能。它的基本特点是:

(1)现代审计制度是现代国家的一项重要政治、经济制度,以国家法律、法规的形式明确固定下来,因此现代审计的运行和发展是有法律保障的,它存在与发展代表了统治者的意志,代表了社会公众的利益,因而具有了最坚实可靠的法律基础,其权威性、社会公信力由此而生。

(2)现代审计制度的基本内容是由一系列国家法律、法规和政策、制度体系来规范的,它不是孤立的,而是一个完整的审计法规体系,"从而形成了现代审计制度的基础和基本框架,这些内容包括现代审计立法的基本原则、现代审计的主要内容、职能、现代审计的准则、现代审计体制、现代审计的地位和作用、现代审计机关的基本权限、现代审计程序、现代审计的法律和纪律责任"①等,因而现代审计的运行轨迹是既定的、清晰的,与国家政治经济发展与社会进步的方向一致,因此能够内生于社会经济大系统之中,并服务于社会经济发展,使审计发展的动力源源不断。

(3)现代审计制度是作为现代国家的一项重要制度,是与其他相关法规和制度相衔接的,它的存在和独立运行与社会经济其他系统运行是并行的,且具有很好的相融性和共存性,彼此不存在利害冲突,审计系统与社会经济其他系统还存在互动、互补、互助和互相协调的机制,因此审计的运行具有特定的社会空间和良好的社会环境。

(4)现代审计制度涉及的领域空前广泛,从传统的财政财务收支和会计核算与管理,延伸到经济社会的管理和发展,甚至拓展到国家政治、军事、环境等非经济领域。现代审计制度中,政府审计的角色非同凡响,它已成为一种高层次经济监督活跃于社会经济舞台,履行着不可或缺的重要社会职能。

(5)现代审计制度决定了现代审计的目标已从财政财务目标发展到更高层次的政治、社会、经济等综合目标,由此审计趋向于政府审计、政府绩效审计、管理审计、环境审计等新兴领域,审计类型增加、表现的形式多样、实现手段创新,现代审计发展的新的增长点不断培育,使现代审计制度的内涵不断丰富,外延不断扩大。

(6)现代审计制度以科学技术为后盾,社会科学理论研究解决了现代审计发展的理论和实践的若干重要问题,过去一系列审计发展的热点、难点、疑点、焦点问题被迎刃而解,为审计发展提供了理论指导和实践引领;现代科技为审计人员提高审计技能提供了手段,大大降低了审计成本,提高了审计工作效率和精准性,扩大了审计覆盖面和涉足领域;以计算机为代表的现代科技,为现代审计的发展插上了有力的翅膀,使现代审计能够深入社会各个领域发挥职能和作用,能够解决以往因技术条件限制所不能解决的各种问题,因而释放出强大的经济监督和社会服务的能量。

综上,现代审计制度的发展催生了政府经济责任审计,也为政府经济责任审计的推行和深化提供了理论和技术基础,使政府经济责任审计能够成为现实可能,能够满足社会政治经济发展的审计需求;另一方面,政府经济责任审计清楚地打上了现代审计的烙印,是现代审计发展的标志之一,也就是说,政府经济责任审计也推动了现代审计的发展,为现代审计制度注入了活力和生机。

---

① 钟庆明.领导干部离任审计.北京:中国方正出版社,1998:6.

第二章 政府经济责任审计基础理论

第一节 政府经济责任审计的产生和发展

一、政府经济责任审计产生的时代背景

如前所述,审计产生和发展的客观基础是两权分离与受托经济责任关系。在现代社会化大生产的条件下,受托经济责任关系更加明晰化:受托经济责任关系方,通常是通过建立经济组织的形式接受资财所有者的委托与投资的,来实现资财所有权与资财管理权的分离,进而使自己成为受托经济责任的承担者。一般情形下,经济责任关系的双方:经济责任的委托方,是作为资财所有者、经济组织投资者而存在的;经济责任关系的承担方,是作为受托资财者的经营者和管理者,即经济组织的经营管理者而存在的。

一般来说,经济责任关系的委托方须了解受托方经济责任的履行情况,监控其经济责任的履行,而随着经济、管理和技术的发展,这种监控过于专业化和技术化,资产所有者没有精力和技术能力独立完成,因此往往需要通过委托专门的审计机构,对受托经济责任的履行情况进行核查、评价并及时报告经济责任的履行情况。在现实生活中,经济组织的经营管理者在履行受托经济责任时,一方面须真实地披露各种财务信息,如实报告其财务状况、经营成果和资金来源与使用等情况;另一方面要按照有关法律、法规、规则的规定处理各类经济业务,按照有关投资协议的规定,保证投资者的资产保值与增值,并取得相应的经营成果或经济效益。由于这些要求维系着受托经济责任关系,具有重要的实际意义,审计正是根据这些社会现实需求,设定了经济资料真实性、经济活动合法性、经营成果有效性的审计目标。

我国社会主义条件下的受托经济责任关系的产生与发展,与一般市场经济条件下的受托经济责任的自然产生与发展有着很大的不同:

(1)我国社会主义受托经济责任产生于公有制经济成分占主导地位的所有制结构之下,凝结全体劳动人民劳动成果的、代表着人民意志的国家成为社会资产的最大"投资人",政府作为代表全体劳动人民管理国有资产的"代理人",

其受托经济责任主要来自于国家的委托,事实上政府是国有资产的管理者,所承担的经济责任是国家责任。

(2)我国社会主义条件下受托经济责任产生于高度集中计划经济和有计划商品经济体制下,政府受托经济责任与高度集权的管理模式有直接关系。计划经济初期,实行党委"一元化"领导,改革开放时期,实行"行政一把手"负责制,政府所承担的经济责任因高度集权而也呈高度集中的趋势。受托经济责任的"国家化"和"集权化",使得社会经济生活经济责任履行方式发生了深刻变化,由于这种变化,使经济责任履行结果扭曲和变形,带有很强的行政化、政治化的色彩;从而使审计监督的内容和方式会发生一些深刻的变化,具体地说:

首先,在党政机关内部实行"一把手"负责制,有可能助长"一把手"的独断专行,使民主化管理程序受到严重破坏。由于历史的原因,我国原本就是一个集权制根深蒂固的国家,解放以后,由于抄袭了苏联的体制,政府管理经济活动集权制的思想更具有深厚的社会基础。在这种制度环境中,一些党政机关负责人的权力得不到应有的制约和控制,也没有科学的监督和评价机制,有时为了完成某项政治任务,不惜血本,不顾其他,损害了经济规律和自然规律。这时,政府各级管理人员作为国家受托经济责任履行者,因为在"行政一把手"高度集权的制度下,无法正常履行受托经济责任,整个党政机关的经济责任因高度集权也集中在"一把手"身上。在此种条件下,必须严格按照国家有法律法规,严格监督政府主要负责人个人经济责任的履行,推进政府经济责任审计的必要性和迫切性更加明显。

其次,长期以来,我国只注重国有经济成分的存在价值,忽视其他经济成分,特别是私营经济的存在价值。改革开放后,在国民经济体系中,才逐步扩大了其他经济成分的比重,实现了以国有经济为主体、多种经济形成并存的所有制结构。一部分国有企业成为国家全资股份制企业,一部分企业成为国家控股企业,当然也有一些国有企业,通过拍卖、兼并等变为其他所有制形式。在国有企业和国家控股企业中,建立一个完善有效的公司治理结构,不仅是在决策者和经营者之间建立起一种相互制约机制,而且也是实现企业战略目标的基本保证。但是,在我国国有企业和国有控股企业中,这种牵制关系带有较明显的虚构性,在实践中操作困难重重,董事会和经营者之间的相互牵制也只是制度设计者们的一厢情愿。在这种情况下,当企业内部权利又处于高度集中的压力下,通过加大对企业法定代表人经济责任的审计监督力度,无疑是十分必要的,具有现实的积极作用。

再次,我国党政机关作为一类"经济组织"或"经济管理组织"是按照高度集权的组织模式设计的,经济组织内部缺乏应有的控制组织系统,特别是对经济组织高层,缺乏有效的制约措施;在经济组织内部不同职能岗位和不同工作环节,缺乏必要的内部牵制和内部控制制度的设计,各职能部门的工作流程相对单一,与其他部门工作流程缺乏必要的衔接和对应;无论是在理念上还是在实践上,内部控制的理论都有待进一步成熟化和实战化,内部控制的可靠性也有待进一步提高。在内部控制对经济组织高层管理者缺乏"刚性"约束力的情况下,经济组织内其他层面上的内部控制制度的贯彻也会流于形式,失去应有的控制效果。因此,加强对经济组织最高管理层(主要负责人)的个人经济责任审计,以外部监督与控制弥补内部控制的不足,除了有效制约经济管理中的违法违规行为外,还有利于促进企业内部控制系统的有效贯彻。

综上分析,结论是:由于政府主要负责人权利过分集中,国有企业或国有控股企业决策者和经营者相互牵制关系的虚构性以及政府机构各部门、政府机关行政组织内部控制系统缺失,是经济责任审计产生和发展的特定现实条件。随着我国政治、经济体制改革的深入发展,社会主义市场经济体制逐步健全,政府行政治理结构的不断完善,党政机关领导人的权利过分集中的问题将逐步解决,国有企业或国家控股企业决策者和经营者相互制约关系将逐步得到加强,政府机关行政组织内部控制系统将进一步完善,现有经济责任审计存在的客观基础也将淡出,或者经济责任审计的目标将发生位移,转向管理、绩效和社会责任等领域。因此,经济责任审计是我国计划经济向市场经济过渡时期的特有产物,具有十分鲜明的时代特征。

二、政府经济责任审计发展的历史环顾

(一)政府经济责任审计产生的社会背景

政府经济责任审计是从经济责任审计起步的,或者说是从企业经济责任审计起步的。经济责任审计是我国审计界的创造,没有国外审计经验可供借鉴和参考。

早先的经济责任审计的重点是审查国有企业或国有控股企业的法人代表或主要负责人,然后才逐步向党政机关领导干部经济责任审计延伸,评价其个人经济责任履行情况和管理业绩,它的产生适应了国家政治经济的发展,有着特定的社会背景。企业经济责任审计产生最早出现的形式是厂长(经理)离任审计,从1985年开始到现在已有十几年的历史,后来发展出现若干其他形式,1985—1988年是企业厂长和经理的离任审计发展的鼎盛期,这与当时经济学界企业本位论的提出、社会主义市场经济发展、经济体制的改革、企业市场主体地位的确定是分不开,是当时企业改革和市场经济成长的特定历史条件的产物。

1978年12月份,党的十一届三中全会召开拉开了我国经济体制改革的序幕。党的十一届三中全会公报指出"现在我国经济体制的一个严重据点是权力过于集中,应该有领导地大胆下放,让地方和工农业在国家统一计划指导下,有

更多地经济管理自主权"。在党的十一届三中全会精神指引下,全国范围内迅速掀起了经济体制改革的高潮,到1980年底企业扩权改革已由试点发展到全面推开的新阶段。我国经济体制改革,主要是沿着扩大企业自主权、正确处理中央和地方、国家和企业之间的利益分配关系的方向发展起来的。

从微观经济体制改革角度考察,扩大自主权首先是从扩大企业分配、经营自主权开始的。在计划经济体制下,企业虽然是一个经济组织,但是,它不是一个独立意义的经济组织,而是各级政府及其管理部门的附属机构,企业的一切经营活动者必须由政府及其部门决定,企业厂长(经理)无权对企业经营活动进行决策,因此严重挫伤了企业经营者的积极性与创造性。针对这种情况,我国开始了扩大企业分配和经营自主权的改革。这种改革,主要是将企业应该拥有的、被各级地方政府所截留的财产管理、企业经营自主权重新赋予企业,使企业真正成为一个独立经济实体。改革进程中,不仅触动了各级地方政府及其部门的既得利益,也突破了传统的中央和地方、国家和企业之间的原有利益分配格局。在这种权利和利益的"双重失落"的驱动下,一些地方政府及其部门为了继续对所属企业实行控制,曾一度在部门和企业之间建立了一些所谓的"行政性公司"和"翻牌公司"。在"行政性公司"和"翻牌公司"建立以后,企业的自主权不仅没有真正扩大,而且原有的自主权也被这些"公司"收走或集中起来,这些公司的出现无疑给扩大企业自主权设置了障碍。在此企业经济体制改革的关键时刻,国务院立即制止了这些不良公司的非法行为,并下令撤并"行政性公司"和"翻牌公司"。这些公司撤并以后,政府与企业应建立何种关系,政府应采用何种方式对企业经济活动进行控制,成为了各级政府年面临的新的课题。

从宏观经济体制改革角度考察,1983—1986年,我国财税体制也进入了"以税代利"的改革阶段(第一步利改税)。这种改革是在企业法人作为一个独立的经济实体,在政策上得到确认的前提下开始的。实行"利改税"的目的就是为了正确处理国家和企业之间的利益分配关系,但是,由于一些政策的制定缺乏科学依据,在"利改税"具体操作方案中出现了"鞭打快牛"的现象,挫伤了一部分企业的积极性,许多企业因此经济效益出现了下降现象,甚至有些企业通过财务造假、隐瞒收入、虚增成本、调节利润等手段截留国家财政收入,国家在企业的经济利益也受到了严重非法侵害。在处理企业与国家、企业与地方政府经济利益分配关系时,少数企业厂长(经理)仅仅站在企业或个人角度考虑利益结构的划定,以企业或个人非法利益侵占国家和地方政府的利益,这种本位主义的做法赢得企业职工的赞扬和肯定,但是引起了政府的不满。届时,政府对企业领导干部的任免、奖惩只注重"政治表现",不注重工作业绩,对领导干部的工作业绩考核也没有一套科学有效的方法;在干部任职期间和任职期满,也无法对其业绩和存在问题进行客观评价,将搞垮原来企业的厂长(经理)调往异地"做

官"的现象时有发生。

在此社会大背景下,自1985年4月,黑龙江省齐齐哈尔市、安徽省淮南市、江西省戈阳县审计机关在有关部门提请下,开展了厂长(经理)离任审计的实践探索。厂长(经理)离任审计的开展,在社会上引起了强烈反响,也受到了国务院和审计署的高度重视。中共中央、国务院联合发布的《全民所有制企业厂长工作条例》第十条规定"厂长离任前,企业主管机关(或会同干部管理机关)可以提请审计机关对厂长进行经济责任审计评议"。根据上述规定和国务院《关于审计工作的暂行规定》,审计署在1986年底又发出了《关于开展厂长离任经济责任审计工作几个问题的通知》。对开展厂长离任审计的范围、依据、程序、方法等方面的问题作了原则性规定。在此之后,对厂长离任审计又扩大到企业经理,各级政府审计机关、企业事业单位内部审计机构相继开展了厂长(经理)离任审计,取得了可观的成效,经济责任审计方兴未艾。

(二)政府经济责任审计发展的历史环境

厂长(经理)离任审计产生与发展,对于企业领导干部的监督与考核起到了一定的作用。经济责任审计本身也随着政治经济形势的发展得以深化,随着我国经济体制改革的深入,先后出现了承包经营责任审计和任期经济责任审计等形式。

承包经营责任审计伴随着承包经营责任制的出现而产生的,审计工作吸取了厂长(经理)离任审计的科学内容,逐步建立起一整套的承包经营责任审计的模式。随着承包经营责任制的终止,现代企业制度的建立,又产生了任期经济责任审计。任期经济责任审计又是在承包经济责任审计基础上产生的一种新的审计模式。无论是承包经营责任审计还是任期经济责任审计,都是对厂长(经理)离任审计的一种完善和提高,都是经济责任审计向更高层次发展的一次全面提升。在经济责任审计发展的不同历史阶段,审计的发展都面临着不同的历史背景与环境。

1986—1993年,全国经济体制改革进入了承包经营责任制时期。承包经营责任制共分三个阶段。第一阶段是承包试点阶段,这一阶段主要实行的是单项承包制,即利润承包。在单项承包开展不到两年,全国大部分国有企业正式铺开了第一轮承包经营责任制,这是第二阶段的承包经营责任制,这一阶段实行的是综合承包。曾一度出现了对固定资产"掠夺式"使用、对企业的积累分光、吃光的现象,是这一阶段出现的不足。由于承包经营责任关系中过分强调了承包经营者的权利和作用,忽视了广大职工在企业内的主人翁地位,不仅在固定资产使用、财务成果分配等方面的"短期行为"没有得到有效遏制,而且还出现了用人方面的"短期行为"。为了有效遏制企业承包经营中的"短期行为",在企业中建立有效的制约机制,在第一轮承包结束后,第二轮承包则采用了"全员资产承包"的形式,这是第三阶段的承包经营责任制。"全员资产承包"将承包过程分为两个环节,即资产承包和经营承包。资产承包是全体职工向国家承包资产经营权的过程;经营承包是全体职工选聘经营者的过程。从理论上说,这种承包方式比"综合承包"方式科学得多,至少说企业全体职工的主人翁地位得到了重新确认。但是,由于政府体制改革的滞后,企业产权关系不明确,再加上承包过程中有关政策不到位,全体职工的意志被少数人意志代替,"全员资产承包"仍然没有达到预期效果。

伴随着企业承包经营责任制的推行,我国财税体制也进行了重大改革,1987 年开始,在"以税代利"的基础上,实行了"第二步利改税"的改革。这一步改革重点内容之一是调整税种,即在流转税中增加增值税,而且增值税与产品税并行;在利后税中取消了调节税,保留了所得税,实行国有大中型企业按55%的固定比例税率、小型企业按八级超额累进税率、"三资企业"按优惠税率征收所得税。尽管"第二步利改税"与"第一步利改税"相比,在税制上有了较大完善,但是,在不同类型、不同所有制企业之间的税负仍然有较大差别,税负不公的矛盾困扰着企业承包经营者,严重影响了国营企业的积极性。国营企业实行承包经营责任制以后,各项政策法规制度中放松了对承包人权利的控制,各级政府对承包者实行"以包代管",忽视了对承包人经营和分配行为的监督与制约,再加上国家税收政策的缺陷,一些企业承包人只包盈不包亏,偷税漏税、截留国家财政收入、侵吞、挪用企业资金等,致使国有资产大量流失。这种情况为经济责任审计提出了新的课题。

1987 年以后,在深入开展厂长(经理)离任经济责任审计的同时,在"鞍钢"等大型国有企业率先开展了承包经营责任审计,此后逐步在全国铺开。承包经营责任审计是在承包经营责任制基础上产生的一种审计方式,承包经营责任制的不断完善,给承包经营责任审计提供了更加广阔的舞台和优越的环境。但是,由于承包经营责任制本身的先天性不足,面对国有企业长期以来计划经济体制思想观念的积淀,制度创新无法打破经营者的"集权"与全体职工主人翁地位的矛盾,随着承包经营责任制的终止,1994 年以后承包经营责任审计也不得不向其他经济责任审计方式的转移。

1994 年以后,我国经济体制改革进入了一个崭新的阶段。1994 年初,企业会计制度的改革为现代企业制度建立铺平了道路。企业会计制度改革中,根据社会主义市场经济和与国际接轨的要求,制定并开始实施了《企业会计准则》,实现了我国会计模式的根本转变;1994 年下半年,在一部分企业开展了现代企业制度改革试点,随后在全国企业全面铺开。现代企业制度是指以企业资产产权为中心,围绕着正确处理企业投资者、债权人和经营者之间的权利、利益分配关系而建立的一种企业管理制度。现代企业制度的核心问题是明晰产权,我国国有和集体企业现代企业制度的建立,必须达到明晰产权、政企分开、制度合理、管理科学的要求。随着政企的分开,企业投资者的产权的明晰,建立一套科学合理的管理制度则是建立和完善现代企业制度的长期性任务。

此后,我国宏观经济体制也进行了重大改革,如财税制度中的"分税制"改革,金融体制中的调整金融机构及其职能、完善金融体系改革,外贸体制中扩大企业直接出口权的改革等,我国宏观经济体制的改革,不仅适应了企业体制改革的要求,同时,也促进了政府机构的改革和政府职能的转变。

近几年来,我国政府机构改革主要是沿着转变政府职能、减员增效的方向发展,党的"十七大"及十一届全国人民代表大会提出了建立服务性政府的目标,即在政府服务体制的建立上着力职能转变、理顺关系、优化结构、提高效能,形成权责一致、分工合理、决策科学、执行顺畅、监督有力的行政管理体制,以逐步适应社会主义市场经济的要求。在我国政府行政体制改革中仍然面临着一个非常严峻的问题,即在我国适应社会主义市场经济体制的法律法规体系不完善、党政机关主要负责人权力过分集中、缺乏监督与制约、政府行政组织外部和内部各项控制制约机制不健全的情况下,如何有效约束党政机关、国有或国有控股企业事业单位主要负责人管理决策行为,以弥补宏观和微观制约机制的缺陷,是我国经济体制和政治体制改革的重要内容。在这种特殊的经济环境中,加大对政府领导干部个人行为的监督,完善对领导干部个人履行责任的评价机制,是弥补现行干部管理制度缺陷的有效措施。

随着企业现代制度的建立,国有企业的承包经营责任制也宣告结束。企业制度的改革也要求干部制度进一步改革,如何加大干部监督力度,加快干部人事制度改革步伐成为社会突出问题。这时,一些地方在总结对企业承包经营责任审计的基础上,进一步完善了企业主要负责人经济责任审计,同时,开始对党政机关、事业单位领导干部经济责任的审计。山东菏泽地区任期经济责任审计工作的经验在全国得到推广,该地区审计机关在认真总结任期经济责任审计理论和实践经验基础上,率先全面开展了国有企业及国家控股企业领导干部任期经济责任审计,同时还开展了县以下党政领导干部任期责任审计;并在此基础上,对党政领导干部经济责任审计试点范围又扩大到了县以上党政机关的领导干部。菏泽地区的经验很快推广到全国,到2006年7月底,全国已对八万多名企业和党政机关领导干部进行了经济责任审计,五百多名县以上党政领导干部接受了审计,其中包括大量的市(厅)级领导干部和十名以上省部级领导干部。

经济责任审计由企业领导干部经济责任审计,发展到"承包人"和"发包人"双重经济责任审计,再发展到包括所有国有企业和党政机关领导干部在内的任职期间的经济责任审计。其审计主体主要是由国家审计机关或在审计机关认为必要时委托的社会审计组织,审计内容主要是对领导干部所在部门、企业、事业单位重大投资项目决策、财政、财务收支、资产、负债和损益的真实性、合法性、效益性以及在经济管理活动中经济责任履行情况。可见,任期经济责任审计已是一种综合性审计监督行为。

政府经济责任审计抓住了"经济责任"这个核心问题,围绕着领导干部个人经济责任展开调查取证,并根据取得的证据对领导干部任职期间经济责任进行评价。经济责任审计是一个新生事物,它在经济体制改革的过程中,随着社会主义市场经济体制的不断完善,也在不断的发展完善,这也是社会经济发展以及经济体制改革和政治体制改革对经济责任审计的牵引和推动的结果。

经济责任审计每一阶段的发展都必须吸纳前一阶段的合理成分,扬弃与本阶段不适应的部分,而取得新的进展和发展的,大到审计的目标和作用,小至审计主体、审计对象与内容、审计方法等都是如此。任期经济责任审计是经济责任审计发展的一个崭新阶段的产物,也是其发展的一个亮点。但是这并不意味着经济责任审计的发展仅此一例。目前,就任期经济责任审计本身来说仍然没有达到尽善尽美的地步,由于人们对经济责任审计认识上的局限,任期经济责任审计的许多理论问题仍然没有解决,审计工作中还有诸多不尽如人意的地方;任期经济责任审计的范围、程序、审计报告以及如何将审计纳入有效的干部管理制约机制中等一系列问题,仍需要通过进一步探讨并在实践中加以解决。从经济体制改革深入发展的角度讲,目前,经济体制还处在不断创新发展优化之中,中央和地方、政府与企业事业单位、单位内部各方利益的博弈仍在继续,经济责任审计还必须随经济体制的变化而进行改革。因此,经济责任审计的理论的科学研究也应与时俱进,跟上时代的步伐,进一步揭示经济责任审计发展的内在规律,有力指导政府经济责任审计向更纵深发展。

三、政府经济责任审计发展的几个阶段

经济责任审计是在我国计划经济体制基础上产生,在计划经济向市场经济过渡过程中逐步发展的一种特殊审计类型。随着我国经济体制改革的深入进行,市场作为配置资源的主导力量正发挥着越来越大的作用,社会主义市场经济体系不断建立健全,推动了政府、企业事业单位经济责任关系的不断变化,从而也驱动了经济责任审计内涵的不断扩展,这从经济责任审计发展的三个阶段可以明显看出:从1985年以来,经济责任审计经历了厂长(经理)离任审计、承包经营责任审计、任期经济责任审计三个阶段,经济责任审计每一个发展阶段都是在前一阶段经济责任审计的基础上适应经济体制所要求而形成的一种经济责任审计新模式,都是对前一阶段经济责任审计的优化与创新。

（一）厂长（经理）离任审计

1. 厂长（经理）责任审计的依据

厂长（经理）离任审计是经济责任审计发展的初始阶段或最初形式,使政府审计机关针对原国营企业主要领导人——厂长（经理）离任时经济责任履行情况的审计。自1985年4月份开始,全国部分省市审计机关率先开展了厂长（经理）离任审计的实践探索。厂长（经理）离任审计受到了国务院和审计署的高度重视,根据国务院《关于审计工作的暂行规定》,审计署在1986年底发布了《关于开展厂长离任经济责任审计工作几个问题的通知》。这些文件的下达,为全国厂长（经理）离任审计提供了法规依据。

2. 厂长（经理）责任审计的内涵

1985—1987年,全国普通开展了厂长（经理）离任审计。根据有关法规文件规定,厂长（经理）离任审计是在厂长（经理）任职期满,由政府审计机关在企业主管部门（或会同组织人事部门）的提请下,对厂长（经理）任职期间经济责任履行情况进行的审计。在审计机关认为必要时,也可委托部门或企业内部审计机构对所在部门或企业的厂长（经理）任职情况进行审计评价。在厂长（经理）离任审计实践中,审计机关主要围绕着企业财务收支真实性、合法性这一目标,对厂长（经理）任职期间各项经济技术指标完成情况、企业经营管理情况、企业财产物资保管利用情况进行了审计。根据厂长（经理）离任审计的实际情况,审计学术界对厂长（经理）离任审计作出了如下定义:"厂长（经理）离任审计是指在企业厂长（经理）任职期满离任时,由企业主管机关（或会同干部管理机关）提出申请,由国家审计机关或国家审计机关委托企业主管部门审计机构,对企业厂长（经理）任职期间企业财务收支是否合法、盈亏是否真实、经济效益是否达到目标,国家集体财产有无损失浪费等进行核查,以确定厂长（经理）任职期间各项经济责任履行情况的一种审计工作"。[①]

厂长（经理）离任审计的定义明确了命题:①厂长（经理）离任审计的主体是国家审计机关和企业主管部门内部审计机构;②厂长（经理）离任审计的目标是厂长（经理）任职期间经济责任履行的真实性、合法性和有效性;③厂长（经理）离任审计的委托人是企业主管部门（或主管干部组织人事部门）;④厂长（经理）离任审计的对象是企业财务收支、企业经营管理和财产物资管理活动等;⑤厂长（经理）离任审计的时间是厂长（经理）任职期满离任时。

---

①　刘世林.审计发展与创新——经济责任审计及其发展目标研究.广州:广东科技出版社,2003:46.

（二）承包经营责任审计

1. 承包经营责任审计的依据

企业承包经营责任审计是在承包经营责任基础之上产生的一种审计,它是厂长(经理)离任审计在承包经营责任制度下的体现和延伸。它主要是针对企业承包经营者和发包方在承包经营期间就承包合同订立过程以及承包合同中规定的承包责任履行情况进行的审计。随着我国经济体制改革的深入进行,1986年12月国务院发布了《关于深入企业改革增强企业活力的若干规定》,从1986年底开始,在一些大型国有企业开展了承包经营责任制试点;1987年3月召开的第六届人大五次会议明确指出:1987年经济体制改革的重点放到完善企业经营机制上,根据所有权与经营权分离的原则,认真实行承包经营责任制。此后,承包经营责任制在全国大型企业中得到普遍推行。承包经营责任制共经历了试点、"两包一挂"和全员资产承包三个阶段。在这三个阶段中,审计工作自始至终伴随着承包经营责任制的发展而发展。1987年,四平市审计局率先开展了承包经营责任审计,1988年7月审计署发布了《关于全民所有制工业企业承包经营责任审计的若干规定》之后,承包经营责任审计不仅在工业企业全面展开,而且也在其他实行承包经营责任制的所有企业逐步展开。

2. 承包经营责任审计的内涵

承包经营责任审计主要围绕着国有企业承包经营者在承包期内的财务活动、经营活动的真实性、合法性、合理性和有效性的目标展开,主要对企业承包合同的内容的合法性、指标的合理性,承包合同执行过程中财务收支,资产增值保值,各项承包经营指标完成情况进行审查和评价,为承包经营合同的奖惩措施的兑现提供可靠依据。承包经营审计的基本定义为:承包经营责任审计是国家审计机关及其委托的其他审计组织对承包合同双方在承包合同的定立、执行和终结过程中,就其资产盈亏的真实性、承包合同的合理合法性、财务收支的合规性、履行承包合同实现经济责任的情况等所进行的检查和评议,以保护国家资产的安全、完整,维护国家、企业、经营者和生产者的合法权益,严肃财经法纪,提高经济效益,促进承包经营责任制的健康发展。[1]

承包经营责任审计的基本含义,至少包括以下内容:①承包经营责任审计的目标是维护企业财产的安全完整和增值,保证国家财政收入的稳定增长,促进企业依法经营,改进管理,增收节支,提高经济效益;②承包经营责任审计的主体是国家审计机关及其他审计组织;③承包经营责任审计的对象是承包合同双方及企业经营者;④承包经营责任审计的时间范围主要包括从承包经营开始至承包经营期满,承包经营者合同中规定的经济责任履行情况;⑤承包经营责

---

[1]　笪振斌,等. 企业承包经营责任审计. 北京:中国审计出版社,1990:80-84.

任审计的内容包括承包合同定立、承包基数测定、承包合同期间企业资产,负债和盈亏的核实,承包期满各项合同规定的指标完成情况等。

3. 承包经营责任审计内涵的扩展

承包经营责任审计是经济责任审计发展的第二个阶段,它是在承包经营责任制基础之上,根据承包经营责任制的要求和受托经济责任的基本结构,建立起的一种经济责任审计模式。这种模式与厂长(经理)离任审计相比,在内涵上有较大扩展,这种扩展是经济责任审计向更高起点、更高层次迈进的必然步骤,它使得经济责任审计内涵更为丰富和完善。其内涵扩展主要是以下几个方面:

(1)审计主体的扩展

企业扩权改革阶段,厂长(经理)仍以国家干部的身份由政府组织人事部门或政府主管部门任命与管理,厂长(经理)离任审计是政府考察企业领导干部的一种手段。厂长(经理)离任审计的主体包括政府审计机关和部门审计机构。承包经营责任审计主要是根据承包经营责任制要求建立起的审计模式,承包经营责任制中的企业经营者面对的受托经济责任的结构性质发生了变化,承包经营者不仅要向发包方承担外部经济责任,也要向全体职工承担内部经济责任,还要向银行及其他债权人承担社会经济责任,面对多种经济责任,承包经营责任审计的主体也呈多元化状态,主要包括政府审计机关,企业内部审计机构和社会审计组织。

(2)审计对象的扩展

厂长(经理)离任审计主要是针对厂长(经理)任职期满离任时经济责任履行情况的审计。其审计的对象是:企业财务收支活动、企业财产管理和经营活动以及企业盈亏实现情况和分配活动等。承包经营责任审计不仅是针对承包经营者的审计,也是针对发包方的审计,在承包经营过程中,有时是对发包方和承包方双方的审计。对于发包方审计,主要检查其发包方履行国家赋予的发包责任的情况,主要是通过发包合同的签订过程、发包合同中各项经济指标确认等,查证其经济责任的履行情况。对于承包方审计,则与厂长(经理)离任审计相同。

(3)审计目的的扩展

厂长(经理)离任审计主要是通过评价厂长(经理)任职期满离任时经济责任履行情况,为组织人事部门和企业主管部门正确考核、评价厂长(经理)业绩提供可靠依据。厂长(经理)离任审计目的重点在于评价,而承包经营责任审计与厂长(经理)离任审计有着共同的目的,但是承包经营责任审计更重要的考虑则是,加大对经营者的监督力度,更注重对承包经营者经营活动过程的监督,通过监督,促进经营者严格按照承包合同履行职责。

(4)审计范围的扩展

厂长(经理)离任审计的范围仅局限于事后对经济责任履行情况的评价,这主要是用于厂长(经理)的评价和人事组织安排,厂长(经理)离任审计只要求审计机关在厂长(经理)任职期满离任时进行审计即可,其具体审计范围主要是检查企业财务收支、财产管理使用、盈亏计算和分配方面的经济活动。而承包经营责任审计则将审计范围从事后扩大到事前、事中,除了在"事后"即承包期满对各项合同指标完成情况进行评价外,还要在"事前"即承包经营合同订立阶段对合同订立过程及合同各项指标进行审计,对承包期初资产负债实有数进行评估,以明确承包人的责任;还要在"事中"即承包经营过程中,对合同执行过程进行审计监督,以保证合同有效执行。

(三)任期经济责任审计

1. 任期经济责任审计的依据

随着企业现代制度的建立,国有企业的承包经营责任制也宣告结束。企业制度的改革要求干部制度进一步改革,因此加大干部监督力度,加快干部组织人事制度改革成为社会关注的突出问题。1995年中共中央颁发了《党的领导干部选拔任用工作暂行条例》,为加大干部监督力度提供了政策依据。这时,一些地方在总结对企业承包经营责任审计的基础上,进一步完善了企业主要负责人的经济责任审计,同时,开始了对党政机关、事业单位领导干部经济责任审计的探讨。山东菏泽地区任期经济责任审计工作的经验在全国得到推广,在认真总结任期经济责任审计理论和实践经验基础上,经党中央国务院批准,中共中央办公厅、国务院办公厅印发了《国有企业及国有控股企业领导人员任期经济责任审计暂行规定》。修订后的《中华人民共和国审计法》于2006年2月28日第十届全国人民代表大会常务委员会第二十次会议通过,并于2006年6月1日开始实施。新的《审计法》第二十五条规定,"审计机关按照国家有关规定,对国家机关和依法属于审计机关审计监督对象的其他单位主要负责人,在任职期间对本地区、本部门或者本单位的财政收支、财务收支以及有关经济活动应负经济责任的履行情况,进行审计监督"。中国内部审计协会也正在制定有关企业经济责任审计的实务指南。这些法规、规范将为企业经济责任审计的开展将起着重要的指导和规范作用。

2. 任期经济责任审计的内涵

任期经济责任审计不仅包括对党政机关领导干部任职期间的经济责任审计,也包括对事业单位、国有或国有控股企业主要负责人任职期间的经济责任的审计。这类审计主要是由国家审计机关或在审计机关认为必要时委托社会审计组织和企业内部审计机构,对企业、事业单位重大投资项目决策财政、财务收支、资产、负债、损益的真实性、合法性、效益性以及在经济管理活动中经济责任履行情况的监督、鉴证和评价行为。任期经济责任审计是一种综合性审计,其概念的基本含义是:①审计的目标是领导干部任职期间经济责任履行的真实性、合法性和有效性;②审计主体包括县以上政府审计机关;③审计委托人主要是干部管理机关和监督机关,如纪律检查委员会、监察部门、组织人事部门等;④审计的对象主要是指任职期满领导干部所在单位的经济决策、财政、财务收支以有关的经济管理活动。

第二节　政府经济责任审计的主体与目标选择

一、政府经济责任审计的内在规定性

经济责任审计经历了厂长(经理)离任审计、承包经营责任审计前期阶段的发展,于 1994 年后,进入了任期经济责任审计阶段。无论经济责任审计的外在形式如何变化,以国家权力机关对国家行政管理机关(政府)的授权,国家有关部门对国有企业事业单位的投资而生成的受托经济责任关系(审计的源头),以受托经济责任承担主体——国有企业和国家控股企业单位的主要责任人或法人代表在任职期间履行国家受托经济责任的行为,包括决策行为、财政财务活动、财经法规执行活动等(审计监督与评价的内容),根据国家相关法律、法规,组织人事部门、监督机关和纪检监察部门的提请或委派(审计立项依据),监督国有企业或国有控股企业单位法定代表人任职期间受托经济责任履行的合理性、合法性和有效性(审计监督内容),评价国有或国有控股企事业单位法定代表人任职期满国家受托经济责任履行的真实性、正确性、绩效性(审计具体目标)等,反映经济责任审计内涵的要素都没有发生变化。

撇开其外在的要素,就经济责任审计的内在规定性,即其基本内涵定义,政府经济责任审计是由政府审计机关接受国家干部管理、监督机关和企业投资者的提请或委托,对各级党政机关主要领导人、国有企业或国有控股企业事业单位的法定代表人任职期间履行国家受托经济责任过程进行的监督和对履责结果进行的评价,以监督党政机关主要领导人、国有企业或国有控股企事业单位法定代表人任职期间的经济决策、财政财务收支等各项管理活动的合理性、合法性和有效性,客观评价上述领导干部任职期间提供的反映经济责任履行情况的各项资料、指标、数据的真实性、完整性和可靠性。

政府经济责任审计的内涵至少表达了以下信息:

(1)政府经济责任审计是以国家经济责任为基础,对于国家经济责任以外的其他经济责任,如法人之间的受托经济责任、法人与个人的受托经济责任等,不构成经济责任审计的基础。因此,经济责任审计调整的是国家与经济组织、国家与经济组织主要负责人之间关系。

(2)政府经济责任审计不仅是被审计人任职期满对其经济责任履行情况的

评价,更重要的是对其任职期间的任职过程的监督。如果将经济责任审计定位在对被审计人任职期满经济责任履行情况评价,就会导致审计目标偏离,削弱审计的监督功能。

(3)政府经济责任审计应紧紧围绕着被审计的领导干部任职期进行,在任职期初审计应以摸清家底,明确责任为目的,在前任与后任之间划一个界限,可与前任离任审计结合进行;任职期间审计,主要以检查监督被审计人任职期间各项经济活动合法性、合理性,各项经济资料真实性、正确性为目的,这种审计可结合常规审计进行;任职期满审计,主要以评价被审计人在任职期间各项经济活动是否合法、合理、有效、各项经济指标完成程序,各项综合经济责任履行情况等,这种审计可以独立立项。无论是与其他审计相结合,还是独立立项,都要以被审计人为中心,建立完整审计档案,形成一个对被审计人从任职到任职期满的跟踪审计过程。

(4)政府经济责任审计监督与评价,针对的是党政机关主要领导人、国有企业或国有控股企事业单位的法人代表的经济责任,在审计过程中,必须在取得审计证据的基础上,分清组织责任和个人责任,处理好组织和个人责任的关系。但这并不意味着审计取证范围受到限制,只要是在被审计人管辖范围内的所有经济活动,资产实物和会计及其他资料,都是审计取证的对象。

(5)政府经济责任审计的提请委托,要进行立项,要完整委托立项手续,并明确委托审计目的,组织、人事部门的委托应以评价被审计人的任职期满经济责任履行情况为目的;纪检、监察部门委托应以查证监督被审计人任职期满经济活动过程为目的,但两者目的应更多地结合。

(6)政府经济责任审计对党政机关主要负责人、国有企业或国有控股企事业单位法定代表人进行监督和评价时,主要以政府审计机关和内部审计机构为审计主体,但在分权经济责任条件下,今后可能出现在政府部门中的职能部门和企事业单位内部的总经理和中层部门主要负责人的审计,可以根据受托经济责任关系的特点,由政府机关和企事业组织内部组织人事、纪检等部门提请或委派内部审计机构进行审计,但是内部审计机构不应涉及经济组织外部经济责任的审计,因此它不是政府经济责任审计的主要力量。

二、政府经济责任审计的主体选择

政府经济责任审计是专门针对政府经济责任进行查证、评价和监督工作。在政府经济责任审计主体的选择上,必须按照经济责任性质的要求,正确选择审计主体的同时,还必须科学划定不同审计主体的管辖范围,把政府经济责任审计推向规范化、可持续的良性发展的轨道。我国政府经济责任关系由法定经济责任关系和契约经济责任关系两大部分构成。尽管这两种经济责任关系产生的根源不同,经济责任的承担者不同,但两者实质是相同的,都是一种国家责任。政府经济责任的这种性质,为选择经济责任审计主体提供了客观依据。

在政府经济责任关系中,所谓法定经济责任关系是特指中央和地方各级人民代表大会与各级政府及其部门、各级政府及其部门上下级之间的经济责任关系。中央和地方各级人民代表大会代表国家通过立法的手段,对各级政府及其部门授权,各级政府及其部门理所当然地要向国家承担保证经济稳定、持续、健康发展和社会稳定、进步的责任。在这种经济责任关系中,各级人大、上级政府是经济责任的赋予者,中央和各级地方政府是经济责任的承担者和履行者。

政府法定经济责任关系的基本特点是:政府法定经济责任的权利和义务主体的一方是人民代表大会和上级政府,另一方则是各级下一级政府,是授权客体一方。各级政府的行政经济管理权由代表国家行使立法权的人民代表大会和上级政府授予,将各级政府、国有企业和国家控股企业纳入各级政府的管辖范围,对各级政府主要领导人、国有企业主要负责人的经济责任审计,这既是对政府履责过程和结果的审计,也是政府自身履行管理职能的体现,因此这种审计必须由政府审计机关执行。

在我国现行行政体制下,各级政府机关之间履行的是一种政府法定责任,这种法定经济责任不是一种完全意义的法定经济责任,而是在各级政府机关内部分权基础上构筑起来的经济责任关系。由于各级政府是一个庞大的体系,各级政府及其部门的经济管理权不仅是由各级人民代表大会授予、并向同级人民代表大会负责的,而是由上级政府机关分权而得,故要向上级政府负责并报告工作。因此,对于各级政府及其部门负责人的经济责任审计,也应主要由政府审计机关进行。

在政府经济责任关系中,所谓契约经济责任关系是特指政府与国有企业、国家控股企业之间的经济责任关系。国家作为国有资产所有者身份对国有企业进行投资,国有企业与国家控股企业的经营,理所当然地要向国家承担保证国有资产增值、保值的责任。在这种经济责任关系中,政府是经济责任的赋予者,国有或国家控股企业事业单位是经济责任的履行者。在现代企业制度下,企业各制约因素,如董事会、总裁或经理和部门经理之间,又存在着一种分权机制,在企业单位内,又形成了经营者向法定代表人承担经济责任,部门经理向总经理或总裁承担经济责任的多层次经济责任结构。

政府契约经济责任关系的基本特点是:政府契约经济责任的权利和义务主体的一方是政府,另一方则是企业、事业单位。国有企业、事业单位和国家控股企业的资产经营权由代表国家行使经济管理权的政府授予,也必然将国有企事业单位和国家控股企业纳入各级政府的管辖范围,对国有企事业单位主要负责人的经济责任审计,同样也是在履行政府职能,必须由政府审计机关进行审计。

在现代企业制度下,国有企事业单位及国家控股企业法定代表人履行的是一种政府契约责任,这种契约经济责任不是一种完全的契约经济责任,而在企事业单位内部,这种责任性质发生了一系列变化。由于企事业单位是一个独立的经济实体,其本身除了法定代表人是国家经济责任承担者外,企事业单位内部的经济责任的承担者与经济责任赋予者之间,是完全通过合同或契约形式建立起的经济责任关系,这种经济责任关系不属于国家经济责任关系。因此,对于国有企事业单位和国家控股企业各部门负责人的经济责任审计,应主要由企事业单位内部审计进行。

政府经济责任审计主体的选择,完全依赖于其经济责任关系的性质,凡是属于国家经济责任关系的范畴,对其经济责任履行的审计,都应由政府审计机关来完成。凡是不属于国家经济责任关系的范畴经济责任,对其履行情况审计一般不应由政府审计机关进行审计。无论是政府经济责任审计,还是企业经济责任审计,社会审计组织都不能成为其经济责任审计主体。其主要原因在于:①经济责任审计是一种特定经济责任的审计,这种经济责任只有国家经济责任和企业内部经济责任,基本不涉及经济组织的社会经济责任;②社会审计本身的职能和目标是对经济组织财务信息的真实性、公允性的公证性评价,而经济责任审计的基本内容则是经济责任承担人的履行经济责任的行为过程;③社会审计组织通过对会计资料真实性、公允性的检查,主要评价被审计组织的整体财务责任,而不是对经济组织经济责任承担人承担的全部责任的审查和评价。

鉴于以上原因,在经济责任审计中,特别是政府经济责任审计中应尽可能地选择政府审计机关作为审计主体。而企业内部经济责任则是政府经济责任在企业内部的延续,在企业内部分权的基础上,对直接向政府承担经营责任制的企业高层管理者应选择政府审计机关作为经济责任审计主体;对承担企业内部管理责任制的企业各部门、中心、下级企业负责人的经济责任审计,则应该选择企业内部审计机构作为其经济责任审计的主体。此外在企业内部审计机构不健全或审计力量不足的情况下,也不排除选择会计师事务所作为企业经济责任审计主体的可能性行,但是在企业经济责任审计中,会计师事务所得审计业务、采取的工作方式,必须服从企业经济责任审计目标的需要。

三、政府经济责任审计的目标定位

人类社会经济活动是一种有目的活动,在各种经济活动中,要有效实现其目的,必须事前设定一个具体、明确的目标。经济责任审计,作为一项重要的社会实践活动,要在社会实践中充分发挥作用,实现其内在价值,必须事先确定一个目标走向。"所谓审计目标,是指审计实践活动的预期结果或预期效果,是对审计目的或主观要求的一种客观性矫正,它规定审计工作的基本方向和发展趋势,界定了审计工作的基本范围"。① 我国政府经济责任审计作为政府控制经济活动的一项重要手段和内容,对审计工作结果的预期除了有主观要求以外,还必须根据其客观环境、审计本身的功能等客观因素,对其主观要求进行矫正,排除那些与客观因素不相适应的、脱离现实的主观目的和期盼,使主观目的和要求与客观因素相协调。

1. 政府经济责任审计目标的制约因素

制约和影响政府经济责任审计目标的主客观因素主要有以下几个方面:

一是审计委托目的。中共中央办公厅、国务院办公厅于 1999 年联合颁发的《县级以下党政机关领导干部任期经济责任审计暂行规定》指出,党政机关领导干部任期经济责任审计是"为了加强党政领导干部的管理和监督,正确评价领导干部的任期经济责任,促进领导干部勤政廉政,全面履行职责。"《国有企业及国有控股企业领导人员任期经济责任审计暂行规定》指出,国有企业及国有控股企业领导人员任期经济责任审计是"为了加强对国有企业及国有控股企业领导人员的管理和监督,正确评价企业领导人员任期经济责任,促进国有企业加强经营管理,保证国有企业资产保值增值"。根据中央和国务院的文件精神,可以判断,我国政府经济责任审计的委托目的主要是:全面评价领导干部的勤政廉政责任,查清企业领导人员任职期间各项经济责任的履行情况,促进国有企业加强经营管理,保证国有企业资产保值增值,从而保证企业财务收支、财产实物、业务经营等管理活动及其信息的真实性、合法性和效益性。

二是审计委托人的性质。政府经济责任审计的委托机制与其他常规审计不同,其委托制约条件是:

(1)在何种情况下才能委托审计机关进行经济责任审计,《政府责任审计暂行规定》指出,领导人员任期届满,或者任期内办理调任、转位、轮岗、免职、辞职、退休等事项前,以及在企业进行改制、改组、兼并、出售、拍卖、破产等国有资产重组的同时,应当接受任期经济责任审计。

(2)何种组织才能委托审计机关进行经济责任审计,《政府责任审计暂行规定》进一步指出:"根据干部管理、监督工作的需要和党委、人民政府的意见,由组织人事部门、纪检监察机关向审计机关提出对领导干部进行任期经济责任审计的委托建议,审计机关依法实施审计"。"企业领导人员任期经济责任审计应当由企业领导人员管理机关报本级人民政府批准,由人民政府下达指令"。任期经济责任审计委托人主要是领导人员管理机关和本级人民政府。从委托人性质看,经济责任审计委托人主要是干部管理部门,这些部门除了对有关领导人员的日常考核管理外,还包括对领导人员任职期间执行有关法律、法规、党纪

---

① 刘世林. 审计原理与实务. 北京:高等教育出版社,2000:13.

等方面进行考核。从这种意义上说,政府经济责任审计目标,不仅要服从政府及企业管理者对企业经营合法性管理的需要,而且要对服从国家对党政机关领导干部管理和经营业绩考察的要求。

三是审计主体地位。关于经济责任审计主体,政府经济责任审计的主体,首先是政府审计机关,政府审计机关作为经济执法机关,是维护国家整体利益的代表,对于企业领导人员在执行其职务时,经济责任履行的合法性、效益性实施监督与评价是审计机关义不容辞的责任。其次是系统审计机构,它是政府部门、企业内部控制和风险管理工作职能的一个组成部分,对规范政府和企业的管理活动,降低管理风险,提高企业价值方面有着不可推卸的责任。

2. 政府经济责任审计的目标

政府经济责任审计的目标,实质上是以保证经济活动的合法性和有效性为主要内容的审计目标。因此,企业经济责任审计的目标应是:检查与评价国有企业或国有控股企业单位主要负责人及其各部门负责人,在任职期间各项经济责任履行情况,由此促进被审计对象经济决策行为和经营、管理活动的真实性、合法性和有效性。

政府经济责任审计目标分为基本目标和具体目标。基本目标是审计工作固定目标,在相当长一段时间内,基本目标是相对稳定的。除非是经济责任审计主体的结构、职能发生了变化,其基本目标才可能发生变化。以检查与评价党政机关领导干部、国有企业或国有企业事业单位主要负责人任职期间各项经济责任履行情况为中心,进一步促进领导人员经济决策、经营管理活动的真实性、合法性和有效性,这一基本目标对所有具体审计目标都有指导与约束作用。现阶段,我国政府经济责任审计必须围绕着这一目标展开:政府经济责任审计具体目标是在基本审计目标约束之下,随着经济责任审计对象、项目变化而变化的明细目标。具体审计目标的变化主要体现在不同的审计项目在其审计重点、范围、具体内容方面的差别,因为不同的领导干部有着与之职位相应的经济责任范围,在其职责范围内,因领导干部的个人执法能力、工作方式不同而导致其工作着力点的差异,这些差异,是牵动经济责任审计具体目标变化的主要原因。如对司法机关领导干部的责任审计,主要考核其执法的规范性、准确性和有效性,群众对司法机关的满意程度;对教育部门领导干部的评价要点是其办人民满意教育的规划以及实现程度,科教强省、强市战略中教育发挥的作用,以及对地方经济发展的贡献度等。

第三节　政府经济责任审计的对象与范围

一、政府经济责任审计的对象

审计对象是审计关系中被审计主体查证监督的经济责任载体,也称审计客体。审计的本质是"独立的经济监督活动",这种监督必须依托一定的手段,针对一定的对象。在实际工作中,审计要实现其监督目标,必须经过三阶段:搜集证据是审计程序的初始环节,提供信息即编制和报送审计报告是审计程序的中间环节,实施控制即审计处理是审计程序的最终环节。搜集证据和编制审计报告是取得、完善审计证据体系,形成审计结论意见的阶段,称为审计查证阶段;报送审计报告和审计处理是利用这一特定手段对经济责任承担者的行为加以控制和影响的阶段,称为审计监督阶段。审计查证是审计监督的基础,审计监督和审计查证作为审计监督过程的两个阶段,两者有着相互联系的不同对象。

(一)政府经济责任审计的查证对象

审计查证是搜集审计证据、编制审计工作底稿和审计报告工作的统称,是审计证据从原始状态到形成证据体系的过程。这一过程,自始至终都与被审计单位的有关经济活动资料、财产实物和经济责任承担者的经济行为有关,因此审计主体要搜集证实被审计单位经济活动的真实性、合法性和有效性的证据,必须从上述客体入手。审计查证对象主要包括:

1. 被审计单位的会计资料、统计资料、业务资料及其他资料信息

经济活动可以通过会计资料、统计资料和业务资料的记录、计量、核算加以记录和反映。审计主体对会计等资料的审查主要出于两个目的,一是通过会计资料审查揭示经济活动过程的合理性、合法性和有效性,传统的查错防弊审计,主要是出于这种考虑;二是通过对会计资料本身的检查,证实会计资料自身真实性、正确性和公允性,现代财务审计主要是出于这种目的。其他资料包括:经济合同、决策方案、企业章程等,这些资料也可以作为审计证据加以搜集与整理,这些资料能够弥补会计资料方面的不足。

2. 被审计单位的财产实物

财产实物是指被审计单位各种有形资产。财产实物的安全完整程度、增值保值情况,体现了财产实物管理者履行其管理责任的情况。财产所有者将财产经营权、管理权授予企业经营者,其最低要求是在数量上的安全完整,在价值上要保值增值。审计主体接受财产所有者委托,检查财产经营者、管理者的财产管理责任履行情况,必须从财产实物数量和价值审查入手,以揭示经营者财产经营、管理活动是否符合授权人的要求。财产实物是否安全完整、增值保值情

况如何,这也是评价财产经营者和管理者经济责任履行情况的重要依据。

3. 经营者组织经济活动的行为

经营者是指接受财产所有者(包括国家、法人、外商和个人)授权从事经济组织活动管理的。经营者对某一经济组织进行管理,其决策、组织和管理行为对整个经济组织起着决定性的作用,经济组织的整个经济活动都在经营者的控制指挥之下,经营者经济行为本身就是对经济责任的履行。经营管理者的经济行为符合授权人的要求,是有效履行经济责任的基本保证;否则,经济责任履行就会受到偏离委托人的要求,就要打折扣。审计主体通过对经营者组织经济活动行为的查证,揭示经济责任审计的基本目标。

(二)政府经济责任审计评价对象

"独立性的审计监督"是审计的本质,经济监督与评价过程就是审计目标的实现过程。审计监督的基本目标是:保证经济活动的合法性、合理性和有效性。审计目标与"经济活动"的直接联系是要求审计主体必须对整个"经济活动"实施控制,并按照委托人的要求实现经济活动的目标。

经济活动对企业来说是指整个生产、流通、分配、消费以及管理、经营活动。从整个经济活动纵向结构来看,包括决策活动、组织活动和作业活动三个层次,其中决策和组织统称为管理活动。在整个经济活动系统中,决策活动决定了经济活动的方向和性质,组织活动决定了决策贯彻执行程度,作业活动构成了整个经济活动的整体框架,是决策、组织活动效果的反映。管理活动决定作业活动和整个经济活动的本质特征。审计要对整个经济活动实施有效控制,就必须对整个经济活动本质特征起决定作用的经济管理活动实施控制,对于经济活动中大量的作业活动,应通过建立健全有效内部控制系统加以控制。

根据我国审计理论研究结果、审计实践经验的总结和有关法规规定,审计评价的具体对象主要有:企业财务收支管理,财产实物管理、经济活动管理等。

(三)政府经济责任审计对象的特殊性

政府经济责任审计是现阶段我国审计领域出现的一个重要审计类型,它不同于常规审计。常规审计与经济责任审计的基础都是两权分离与受托经济责任关系,在这一点上经济责任审计与常规审计没有太大的区别。但是,企业经济责任审计的特殊性恰恰在于查证国有企业或国有控股企业主要负责人个人"经济责任"。经济责任审计与常规审计两者的主要区别在于:经济责任审计查证监督的是经济组织管理者个人经济责任,而常规审计查证监督的是经济组织的组织责任,前者既对个人,有时也对集体,而后者只对集体,除非个人出现违法乱纪的现象,并成为违法乱纪的行为者和责任人。这种区别为我们进一步探讨经济责任审计的对象提供了前提。

经济责任审计作为一种专门查证监督被审计的党政机关领导干部和国有

企业或国有控股企业事业单位主要负责人个人经济责任的审计活动,其审计对象的主要表现形式和实质性内容之间的必然联系是:审计对象的形式是被查经济责任的载体,实质内容是涵盖在各种载体中的个人经济责任。因此,经济责任审计对象的研究应从以下两下方面入手:①分析确认经济责任审计对象的边界范围;②从集体责任中剥离被审计人个人经济责任。

经济责任审计与现代常规审计相比,其审计对象的外在形式和范围应是一致的,这是因为审计对象是被查经济责任的载体,被查的经济责任与经济组织的整体经济责任往往是一个整体,蕴涵在审计对象的背后。人们在查证被审计人个人的经济责任时,不可能先将被查的经济责任剥离出来,而是先通过对审计对象的查证,了解掌握了单位组织经济责任履行情况后,再从组织责任中剥离个人责任。只有这样,才能达到其经济责任审计目标要求。在没有剥离个人经济责任前提下,对审计对象的查证必须是全部的,而不是部分的,必须是完整的,而不是局部的。因此,政府经济责任审计对象有时应与常规审计对象保持着一致性。

二、政府经济责任审计的范围

政府经济责任审计面对的是向国家承担法定经济责任和契约经济责任的党政机关领导干部、国有企业或国有控股企业事业单位主要负责人个人经济责任。党政机关、国有企业的全部经济活动及其相关资料,都是反映和体现领导干部经济责任履行情况的基本载体。由于领导干部属于管理层人员,其所履行经济责任的活动主要是决策和组织层次的活动,因此,经济责任审计应主要围绕着党政机关、国有企业决策、组织活动、管理活动来进行。但是这种审计所取得的结果是常规审计的结果,所审查的是组织责任而不是领导干部的个人经济责任,要真正查清领导干部的个人经济责任,就必须在常规审计的基础上,进一步深入分析经济责任客体范围。这里,以党政机关领导干部和国有企业或国有控股企业主要负责人个人经济责任范围为主线,进一步揭示政经济责任审计的对象范围,人员范围和时间范围。

(一)政府经济责任审计对象范围

经济责任审计内容范围,实质上是经济责任审计对象所涉及的经济责任领域。从经济责任审计评价的目标来看,经济责任审计对党政机关领导干部的责任评价实质上是一种结果和绩效的评价。如何科学界定责任绩效审计评价的对象及其内容和范围,不仅是一个理论命题,也是一个实践问题。

界定责任绩效审计评价对及其内容和范围,仍然应当从受托责任的原理出发。"财产所有权与经营权"的两权分离,在市场经济条件下已演变为"社会经济资源的所有权与其经营运作权"的分离。"两权"分离后,政府及其部门、企业事业单位以其特定的方式掌控着各种社会经济资源的经营运作权,为了促使社会经济资源经营运作的适当性、规范性和有效性,责任绩效审计通过其特定方式对经济资源经营运作中各个要素及其全过程实施控制,绩效审计实质上就是对社会经济资源的经营运作权的一种监督与制约手段。在市场经济条件下,任何社会经济资源都体现为一种"劳动价值"或称为有价值的"商品"。马克思主义劳动价值论认为,商品的价值归根结底是"劳动"创造的,商品的价值是通过人类的活劳动和物化劳动形成的。从社会再生产过程来考察,商品的价值总是比前期投入的生产要素的价值即生产成本大。商品增大的价值部分,在资本主义生产中,通常称为剩余价值,活劳动和物化劳动渗透在商品价值的形成过程中。社会经济资源经营运作权所包含的内涵是:物质资源和人力资源的经营运作权,其中,物质资源包括财力资源,即以价值形态出现的资金、资本和无形资产等以及以实物形态出现的、可用价值计量的各种财产物资。绩效审计既要监控和制约构成社会经济资源的各要素,又要监控和制约社会经济资源的运动过程。因此,责任绩效审计对于社会经济资源经营运作权的监控和制约应从财政财务管理、财产实物管理、人力资源管理、业务经营管理四个方面进行。责任绩效审计对象及其内容和范围的界定,为科学制定绩效审计评价数据指标体系提供了理论基础。

综上,可以据理认为,经济责任审计的范围不能只局限于财政、财务活动和业务经营管理活动两个方面,因为上述两个方面的内容不能够全面概括党政机关、领导干部的责任范围,一个党政领导干部应承担财政、财务管理责任、资产实物管理责任、人力资源管理责任、业务经营管理责任等诸多方面。国务院下发的《政府责任审计暂行规定》第一条明确指出,"为了加强对党政领导干部的管理和监督,正确评价领导干部任期经济责任,促进领导干部勤政廉政,全面履行职责,根据《中华人民共和国审计法》和其他有关法律、法规,以及干部管理、监督的有关规定,制定本规定"。暂行规定明确指出了"正确评价"与促进"全面履行"经济责任是审计的基本目的,正确评价应以全面评价为前提,如果没有全面评价,就难以得出公正客观的评价结果。因此,党政机关领导干部经济责任审计的对象范围应是上述四种责任的全面评价。

(二)政府经济责任审计的被审计人员范围

国务院下发的《政府责任审计暂行规定》第二条明确指出"本规定所称县级以下党政领导干部,是指县(旗)、自治县、不设区的市、市辖区直属的党政机关、审判机关、检察机关、群众团体和事业单位的党政正职领导干部;乡、民族乡、镇的党委、人民政府正职领导干部(以下简称领导干部)"。从这一规定可以看出,县以下党政机关领导干部经济责任审计的人员范围,包括县级各政府部门正职领导干部,如科(局)长等;还包括乡、镇党委书记、乡、镇长。20世纪90年代以后,审计机关又开始了对县以上、省(部)级以下中央部门和各级地方政府领导干部经济责任审计的试点,并在逐步全面铺开。政府经济责任审计的被审计人员范围比较复杂,界定的业务主要应从以下三个方面入手:一是从政府经济责任涉及的单位性质来看,包括党政机关、审判机关、检察机关、群众团体和事业单位党政正职的领导干部;二是从政府经济责任涉及的单位层级来看,包括乡、镇级以上、省、自治区、直辖市以下各级党委、政府正职领导干部,也包括中央各部委以下、县级局、委、办以上等各级政府部门正职领导干部;三是从政府经济责任涉及的职位来看,包括中央各部部长,省、市、县、乡各级党委书记、各级行政长官,省以下、县以上各级政府部门的厅、局长等。

(三)政府经济责任审计的任期范围(期初、期中、离任)

无论是政府及其部门主要负责人,还是企业事业单位主要负责人,作为一个经济组织的决策者、经营者和管理者都有客观存在着一个任期问题,这是我国干部管理中的一个重要内容。对于经济责任审计的时间范围,目前,是一个讨论的焦点问题。一种意见认为,经济责任审计是对领导干部任职期满这一时点上经济责任的评价,这种观点的主要理由是:①经济责任审计的目的是为组织人事部门及有关领导考察任用干部提供真实可靠的依据,组织人事部门要求审计部门审计查证任职期满时经济责任履行状况。领导干部经济责任履行情况集中体现在任期期满各项经济指标完成情况和经济发展总体情况以及个人违法犯罪情况方面。②经济责任审计是我国干部管理体制改革的一种尝试,是加强干部管理的措施之一而不是全部,试图把整个干部监督和考核的工作全部过程压到审计人员头上,是不现实的,审计只能起评价作用,而不能"包打天下",审计无法对干部履行职责全过程进行全方位控制。③经济责任审计本身要求查证的范围广、政策性和时效性强,审计风险较大,如果将领导干部任期过程纳入审计范围,势必进一步加大审计风险。

另一种意见持有者认为:①经济责任审计虽然是为组织人事部门提拔任用干部提供依据,但是,将审计引入干部管理机制最主要的目的是通过这种方法,管好用好干部,保证领导干部任职期间,勤政廉政、积极有效的履行职责,经济责任审计不仅仅是对领导干部任职期满经济责任履行情况评价,更重要的是利用这种评价机制达到控制领导干部合理、合法、有效地履行职责的目的。②领导干部期满时各项经济指标完成情况,经济发展总体情况是一种结果,达到某种结果的途径有多种,例如,这种结果是否真实、可靠,这种结果利用何种手段实现等。对"结果"的评价比较简单,问题是整个"结果""实现"过程,必须通过对"过程"的查证和控制,才能使结果与预期目标实现。在当前,我国对领导干部缺乏有效的约束机制的前提下,通过对领导干部任职期间履行责任过程的审计监督和控制是一种比较好的选择。③领导干部经济责任贯穿于整个任职期间,应视为一个整体,对领导干部经济责任评价应全面把握经济责任整体履行情况。不能只仅仅从任期期满这一时段或时点的相关资料、指标进行推断整体,这样会使审计人员风险更大。

根据以上两种观点的对比分析,可以认为经济责任审计的时间范围,不能只局限于任职期满这一段时间,应把着眼点放在整个任职过程中。这是因为,无论是从领导干部经济责任的范围的完整性、全面性考虑,还是从领导干部经济责任评价结果的客观性、公正性,以及降低审计人员的风险角度考虑,都应该将经济责任审计的时间范围扩展到整个干部任职过程。

经济责任审计时间范围应分为三个阶段:

第一阶段,领导干部任职期初审计,这一阶段是以摸清家底,明确领导干部责任目标、分清上任和下任经济责任的审计。在以往的经济责任审计中,相对忽视了对领导干部任职期初的审计,对于单位有多少资产、多少负债、本地区经济发展水平等主要反映经济责任的各项数据、价值指标不清楚,不仅给任职期满的评价带来了困难,而且领导干部本人也对单位资产、负债以及经济发展状况心中无数,难以制定科学合理的工作目标和计划,同时也给领导干部管理机关后期的评价和"问责"留下了诸多困难和缺陷。领导干部任职期初审计主要是针对领导干部管辖权限范围内资产数量和价值、负债的真实性、经济发展水平等情况进行界定与评价,不仅能使审计人员能明确前任领导干部与后任的责任界限,期末评价具有可对比的标准,也使现任领导干部本人心中有数、方向明确,从而为领导干部合理、合法、有效履行职责奠定了良好基础。在第一次实行经济责任审计时,任职期初审计必须单独立项进行,如果经历了前任任期目标完成情况审计,也可以将前任任期目标审计中的部分审计结果,代替下任任职期初审计的部分内容,后任任期审计可以利用前任任期目标完成情况审计的资料。

第二阶段,领导干部任职期中审计,这一阶段是以检查监督领导干部任职期间合理、合法履行经济责任的审计。领导干部任职以后的经济责任是否有效履行主要是通过财政财务收支活动合理性、合法性和有效性来反映的,这一阶段经济责任审计,主要对单位财政财务收支合理性、合法性、有效性的审计。对政府、企业、事业单位的财政财务收支审计也是常规审计的主要内容。领导干部任职期中审计与常规审计无论是在内容上和方法上有许多重叠部分,因此,领导干部任职期中审计可以与常规审计同步进行,并且利用常规审计的有关审计结果,监督、评价领导干部任职期中财政财务收支责任履行情况。这里必须指出的是,由于领导干部任职期中经济责任审计与常规审计的目标、要求和审计报告接受单位不同,尽管两者在内容上、方法上多有相似之处,但任职期中审计与常规审计的审计评价意见不同,其审计报告必须单独编制,单独报出。

第三阶段,领导干部任期期满离任审计,这一阶段经济责任审计是指机关、企业领导人任期期满或其他原因而离任之后,到新岗位上任之前所进行经济责任履行情况的评价。离任审计应分为三个次阶段:一是搜集证据阶段,即围绕着某一经济责任主体所承担的法定经济责任进行查证;二是确认经济责任阶段,即在对经济责任主体法定经济责任进行查证基础上,确认被审计人个人经济责任;三是评价经济责任阶段,即在确定了事实责任之后,再根据相关经济指标与任职期初审计结果相对比,评价经济责任履行情况。

在经济组织持续经营的前提下,由于经济业务的连续性,经济责任审计中前任、现任、后任被审计人的经济责任的范围,无论在内容上还是在时间上都具有前后任期的衔接性,这种衔接性,给不同阶段审计结果的利用提供了可能。一般来说,经济责任审计对其他阶段审计结果的利用有三种情况:①离任审计利用期初审计结果,主要是利用期初审计确认的任期目标、资产、负债等有关价值指标与离任审计时实现的各项价值指标进行对比,评价被审计人经济责任履行情况;②本届离任审计利用上届领导人离任审计结果,主要是通过上届领导人审计结果中认定的资产、负债所有者权益等相关数据,了解本届任期内各相关数据变化情况,并为确定本届领导人离任审计重点提供依据;③离任审计利用常规审计结果,离任审计与常规审计绝大部分内容和方法是一致的,只有在划分经济责任时,经济责任审计才有其特殊性,在对一般问题的评价上,经济责任审计可直接利用常规审计结果。

第四节　政府经济责任审计的内容和特点

一、政府经济责任审计的内容

经济责任审计的内容是经济责任审计对象的详细化,是在其对象范围的基础上的进一步展开。对党政机关领导干部经济责任审计的对象范围在上一节已作论述,因此,政府经济责任审计的内容应从财政财务管理、财产实物管理、人力资源管理、业务经营管理四个方面展开。政府经济责任审计中,要审查财政财务管理、财产实物管理、人力资源管理、业务经营管理数据的真实性,合规性和有效性。数据资料的真实性审计是合法性、有效性审计的基础。在数据真实性审计中,应检查各项预测决策资料及其数据的真实性、可靠性,以评价会计资料的真实性责任的履行情况;经济责任履行合法性审计,在检查数据资料真实性可靠性基础上,检查其内部控制的健全性和符合性、有效性,检查各项管理制度的健全性和财务管理工作的规范性,以评价经济活动合法性责任履行情况;经济责任履行有效性审计,在对数据资料真实性、经济活动合法性检查的基础上,检查经济活动结果的经济性、效率性和节约性,以评价各项决策、决策执行的有效性责任的履行情况。

(一)财政财务决管理任审计

党政机关领导人员财政财务活动管理责任的审查实质上是从各项资产、资本的价值角度对企业领导人员经济责任履行情况的评价。财政财务管理责任是领导人应承担的主要经济责任。财政财务管理责任的审查的范围包括:财政财务决策责任审计、财政财务日常管理责任审计、财政财务分配责任审计评价等。

财政财务决策责任审计,是对财政财务决策信息资料的审计、对财务决策执行方案的审计、对财务决策执行过程的审计以及对财务决策执行效果的审计。财政财务日常管理责任审计,是对财务管理内部控制和风险的审计和对企业核算资料真实性、筹资投资合法性、资金使用有效性的审计。企业财务分配及社会贡献审计,是对财务分配责任、上缴税收责任、社会公益责任、负债偿还责任、社会积累责任(社会后劲)等方面进行审计。

(二)资产实物管理责任审计

党政机关领导人资产实物管理责任的审查实质上是从资产实物量的增减变动角度评价党政机关领导人员对资产决策、管理责任制履行情况进行的评价。对资产实物的管理包括购建、储存和使用的管理,也称资产实物配置的管理。资产实物配置管理中,保证财产实物的保值增值,资产购建活动的合法、有效也是领导人承担的主要经济责任。企业资产实物管理责任的审查范围包括,企业资产投资与购建决策责任审计、企业资产的管理责任审计、企业资产配置结构及企业发展潜力审计。

党政机关领导人员资产实物管理责任的审计中,首先是对投资与资产购建决策责任审计,即对重大资产投资、购置项目决策信息资料、决策的执行方案、决策的执行程序以及项目的执行效果进行审计。资产的管理责任审计,是对资产管理内部控制和风险、资产核算资料真实性、资产增减变动合法性、资产保值增值情况和资产使用效果进行审计。资产配置结构及发展潜力审计,是对资产配置结构适当性、资产新旧程度与更新程度、资产新技术含量与使用功能和环保资产与节能材料利用情况的审计。

(三)人力资源管理责任审计

人力资源决策管理责任审计实质上是从人力资源配置、变动角度评价领导人员对人力资源资源决策、管理责任制履行情况监督与评价。组织的领导者需要对人力资源情况记录的真实性、人力资源管理的合规性和人力资源管理的有效性负责。人力资源管理责任的审计范围包括:人力资源政策决策审计、人力资源管理责任审计以及企业人力资源配置结构和可持续发展能力审计。

人力资源决策审计,是对人力资源决策的资料、程序、方案以及政策制定和决策执行情况的审计。人力资源管理责任审计,是对人力资源管理内部控制和风险的审计,人力资源信息资料的真实性的审计,人力资源招聘、培训、任用、解聘合规性的审计和对人力资源使用有效性的审计。人力资源配置结构及可持续发展能力审计,是对人力资源配置合理性的审计,对人力资源综合素质情况的审计,对中层以上领导干部能力的审计以及对全体职工对政府目标认知度的审计。

(四)经营管理责任审计

政府领导人员业务经营管理责任审计,实质上是从政府所管理的业务(社会事务)经营决策、业务经营管理的角度,对领导人员业务经营决策、管理责任制履行情况进行的监督与评价。经营业务情况能从一定程度上反映领导者的领导能力,另外,经营业绩的好坏也是衡量领导者经济责任的一种方式。政府业务经营管理责任的审查范围包括:经营管理制度和决策审计、经营管理责任审计以及经营的社会环境责任审计。

政府经营管理制度和重大经营决策审计,是对经营管理制度的制定程序、方法和重要决策过程科学化、民主化规范化的审计,对经营管理制度和决策制定内容合理性、可行性和有效性的评价,对经营管理制度、决策制定方案审计和对经营管理制度、决策制定效果的审计。政府经营管理责任审计,是对政府物资采购、社会产品生产、商品销售内部控制和风险审计,对经营管理信息资料真实性审计,对经营业务过程合法性审计以及对经营业务过程有效性审计。政府经营的社会环境责任审计,是对经营业务的诚信度审计(价格、质量、数量等),对经营业务对公益事业的影响度审计,对生产业务"三废"处理程度审计和对生产经营对生态环境影响的审计等。

二、政府经济责任审计的特点

政府经济责任审计有着显著的特点,主要表现在:

(1)时效性强。经济责任审计程序实施与被审计人的任期有直接关系,经济责任审计项目实施时间应在领导干部任期期满后到担任新职之前这一段时间里,错过这个时间,任何审计程序实施的现实作用和实际意义则不甚显著,而常规审计则不受时间限制,它可以在任何时间实施审计程序。

(2)针对性强。经济责任审计程序和方法的实施必须紧紧围绕着领导干部个人经济责任进行,其运行轨迹主要针对领导干部个人行为,而常规审计程序实施则围绕着整个被审计单位进行。

(3)开放性强。经济责任审计起因是组织人事部门的提请,审计处理是由组织人事部门根据审计结果进行,审计的两端具有开放性的特点,而常规审计常常则不具有这一特点。

经济责任审计作为一种特殊审计,与常规审计相比,在理论上和实践上存在着一些相同或相似之处,也存在着诸多的区别。所谓常规审计是指对政府及其部门、企事业单位的财政财务收支及其所反映的经济活动的真实性、合法性和有效性为目标的审计监督活动,例如,财政财务审计、绩效审计、企业财务审计、管理审计等。政府经济责任审计与常规审计在本质上的联系是:两者产生的客观基础相同,其审计程序与方法相同或相类,都是审计的不同类别,执行《审计法》和其他财经法规,等等。两者的区别亦是很明显的,主要是:

1. 产生的特定条件不同

常规审计是在被审计单位的会计核算组织健全内部控制系统完整有效的条件下所进行的一种诚信审计,常规审计着重对被审计单位会计核算资料与经济活动进行检查分析评价,也是一种管理规范审计。而经济责任审计是在被审计单位内部控制系统可能失效、单位负责人权利过分集中条件下而进行一种法纪性和管理性的评价审计,经济责任审计强调对单位主要负责人个人执法、履职和有无重大经济犯罪活动进行审计,其审计环境与要求存在较大差异。

2. 审计的立项依据不同

常规审计的立项依据除了有审计法规以外,还要依据上级部门批准的审计计划、审计委托书或审计合同;其审计服务的对象不仅包括政府及其有关部门,还包括与被审计单位有经济责任关系的政府部门、金融机构、企事业组织以及公民个人,常规审计是因事立项,一事一项。而经济责任审计立项依据除了有关审计法规外,主要依据是组织、人事和纪检、监察部门的审计提请书或委托书,其审计服务对象主要是上述政府部门,政府经济责任审计是因人立项,因被审计个体不同而有差异。

3. 审计对象与审计目的不同

常规审计的对象一般是指被审计单位的财政财务活动、财产实物和会计核算资料,通过对财政财务活动、财产实物和会计资料检查,以证实会计资料的真实性、公允性,实现财产实物价值的真实性以及管理的安全性与完整性,促使经济活动的合理性、合法性和有效性。而经济责任审计的对象一般是指各级地方党政机关的领导干部、国有企业或国有控股企业单位的法定代表人的经济责任所涉及的经济决策活动、财政财务活动和财税法纪执行过程,以专门监督和评价领导干部任职期间经济责任履行情况。

4. 审计报告的内容不同

常规审计报告中,包括政府财政财务审计中经常使用详细式审计报告和独立财务审计中经常使用的简式审计报告。尽管上述两种审计报告形式差异较大,但都基本实现了规范化,特别是简式审计报告,不仅在内容上实现了标准化,在用语上也实现了规范化。政府经济责任审计报告采用的是一种非标准化审计报告,它与政府财政财务审计报告有相同之处,也有不同之处。相同之处是审计的"基本情况"和"审计发现"两段内容;不同之处是对审计结论性意见和审计评价的内容。财政财务审计报告中"审计评价和结论性意见"段的内容主要是根据"审计发现"中揭露出的问题发表的评价意见;而经济责任审计报告中的"审计评价和结论性意见"段,首先要根据"审计发现"中揭露出的问题明确领导干部个人责任,并根据其个人责任范围内各项指标实现情况,评价其经济责任履行情况。

5. 审计时间跨度不同

常规审计的时间跨度往往与会计年度相一致,一般为一个预算年度或会计年度,在特殊情况下,可以延长或缩短时间跨度,但一般延长时间跨度不会超过半年,而缩短时间跨度则可能把审计时间跨度缩为半年、3 个月或 1 个月等。由于常规审计时间跨度较短,审计活动也多是一次性的审计项目。而经济责任审计的时间跨度与一个被审计的领导干部任职期限相一致,根据不同层级的领导干部的任职期限长短,其时间跨度可分为 5 年、4 年、3 年。由于经济责任审计时间跨度较长,对一个领导干部的审计项目一般为任职期初审计、任职期中审计、任职期满审计多次性的审计项目。尽管在任职期初、任职期中审计可以与上一任任职期满审计相结合,或利用其审计资料,或与常规审计相结合,但必须把上一任领导人任期期满的审计资料,转换为本任任职期初的审计资料,把本任任期内常规审计资料转换为任职期中经济责任审计资料,把多个具体审计项目资料归纳到某一个领导干部经济责任审计项目中去。

第三章　政府经济责任审计分析
评价标准论

第一节　政府经济责任审计分析评价的思路与原则

政府经济责任审计是审计机关在审计信息资料真实性、被审计的经济行为合法性审计的基础上，客观、公正地评价被审计人的业绩和功过是非，对其应当负有的经济责任进行监督与评价的活动。分析与评价是政府经济责任审计的主体内容，也是其基础工作。经济责任审计分析与评价包括对经济责任履行情况真实性、合法性、有效性的分析与评价，同时也包括对被审计人组织、协调与管理能力和绩效的分析与评价。经济责任审计分析与评价，既与审计过程的质量相关，又与审计实施阶段结束后对相关资料进行分析、综合的程度相关，是一项能够体现审计职业责任和业务技能的工作，其工作质量也决定着经济责任审计目的的实现程度。因而，构建科学合理、实用的经济责任审计分析评价体系，对政府经济责任审计工作意义重大。

一、政府经济责任审计分析评价的思路

政府经济责任审计分析评价是对被审计单位和被审计人的具体情况，对其履行经济责任情况的分类、归纳、对照标准、做出相应的评价意见的工作过程。审计分析评价是一项复杂的工作，它因分析评价对象所担任的职务、从事的职业、所在的行业、任职的单位以及所承担的经济责任、任期内工作目标、职务行为等因素的差异而有所变化。因此须掌握分析的客观依据，找到分析评价的抓手，掌握分析评价工作的基本要素，合理布局审计分析评价工作，这样能够分析评价得心应手，事半功倍。

政府经济责任审计分析与评价的布局须充分考虑以下基本要素：

（一）审计对象要素

这是审计分析评价的"经度"。政府经济责任审计分析评价是具有具体对象客体的，审计对象构成了对经济责任履行情况的审计评价的基本内容，对象

客体对分析评价工作有重要影响和制约力：经济责任审计分析评价的主要数据来自于审计的对象或与审计对象相关的信息源,这些对象和信息源的数据构成了各种相关指标,反映了被审计对象对经济责任的履行情况。因此经济责任审计分析评价实质上是对经济责任审计查证和评价对象的定位,故分析审计评价必须与审计对象、内容进行挂钩,因对象而异,因项目而异,这样可以使审计分析评价更加具有针对性,更加适合被评价对象的实际情况,因而更能提高审计工作的效率和效果。

审计分析评价要对审计对象进行科学分类,首先,要按被评价对象职务性质进行横向分类;其次,要在横向分类的基础上对被评价对象进行层次性分类,以找到审计对象的群体化和个性化的特征。这在政府经济责任审计评价指标的选择上非常重要,既要充分考虑被评价对象的职业特点、职权范围等要素,在对某一个具体评价对象的分析评价时,既要有与其他评价对象一致的共同性内容,又要有与其他评价对象不同的特色性指标,从而保证分析、评价尺度的公平性、合理性和科学性。

（二）评价责任要素

这是审计分析评价的"纬度"。政府经济责任审计的分析评价工作须分清被评价对象所承担经济责任的内容、性质和范围,例如,政治责任与经济责任、法定责任与附加责任、直接责任与间接责任等,还有改革开放中的工作失误与有意钻改革的空子、弄虚作假、牟取私利的责任、一般违纪行为与违法行为的责任等,以准确界定被审计对象应负的经济责任。因为,当今社会经济活动日趋复杂化、多元化和复合化,要界定被审计者的经济责任有时混杂了许多其他因素,很容易分散了审计人员的注意力,有时甚至会误导审计人员的判断,所以审计分析评价工作须考虑被审计人应承担什么责任以及能够承担什么,再分析其已经履行的什么责任以及履行结果如何,评价其履行责任的优劣程度,这样考虑决定于政府经济责任审计分析评价涵盖的范围。

在实施审计分析对评价时,首先要对经济责任审计评价的基本内容进行规划,其次,要根据不同的具体评价对象的职权范围明确其具体责任,依据其责任范围界定对各个具体对象的评价内容;根据分析评价的内容、性质和范围选择分析方法和评价指标,使分析评价工作更具体、更有针对性,保持审计工作的层次性和递进性。

（三）任职目标要素

这是审计分析评价的深度。作为政府机关、企业事业单位主要领导人,为官一任都必须完成其任职工作目标,任职工作目标完成情况如何,也充分反映了其经济责任履行效果。被审计人在任职期间,所有的工作内容千头万绪,无不与其工作目标有着紧密的联系,各项工作目标的实现,都是其勤奋工作、廉洁奉公、科学管理、规范运作的结果,对于党政机关领导干部和企业事业单位主要负责人经济责任审计评价,首先要关注的是对其工作目标实现情况的评价,经济责任审计分析评价重点的选择,首先也要与被审计评价对象任职目标挂钩,并由此决定相应的审计内容。

经济责任审计分析评价与被审计评价对象任期目标挂钩,首先,要明确界定不同被评价对象的具体工作目标,例如企业董事长的工作目标是:在任期内要保证企业贯彻执行党和国家的各项方针政策,制定和颁布的各项政策、方针、规定、制度必须符合上级政策精神,保证企业各项决策科学、合理和有效,促进企业价值观实现最大化。因此在选择其经济责任分析评价时,就应紧紧围绕这一个目标,建立较为合理、可行的更为公正的分析评价指标体系。

(四)评价范围要素

这是审计分析评价的广度。经济责任审计范围及审计对象涵盖的范围,也是经济责任审计分析评价的范围。经济责任审计分析评价对象以及用以衡量被评价人经济责任履行情况的目标性数据,其指标体系的覆盖范围必须与被评价经济责任的涵盖范围相一致。审计的广度有多宽,审计分析评价就必须与此对应。以下各章本书会详细论述,我国企业事业单位主要领导干部主要应向上级政府或国家承担财政财务收支责任、资产管理责任、业务经营管理责任、人事行政管理责任等。审计分析评价就必须对此进行分析、对比,给出评价性审计意见。因此,经济责任审计分析评价也应包括上述四个方面的经济责任的监督与评判工作。

综上,政府经济责任审计分析评价应依据审计的"经度"、"纬度"、"深度"和"广度"四要素进行,以此界定分析评价工作,决定审计工作的程序和手续,判断审计分析评价工作的具体方式、方法。

二、政府经济责任审计分析评价的原则

在经济责任审计分析评价过程中,审计人员要根据被审计单位领导人的任期目标、责任范围,有针对性的选择分析评价具体对象和内容,然后确定审计分析评价的标准和依据,再将收集与分析的被审计人履行经济责任审计的实际情况与既定审计标准进行对照,进而推出审计结论。这是一项全面、系统且深入细致的工作,要做好这项工作,审计人员须以以下原则为指导:

(一)全面性原则

所谓全面性,就是通过分析评价工作及其指标的选择所建立起来的分析评价指标组合,能全面或基本全面覆盖被审计人员经济责任的全境,经选择的用来评价被审计领导人经济责任的指标体系的覆盖范围必须与其经济责任的涵盖范围一致。一个领导干部任职时间有长有短,一般 4~5 年一任,其经济责任

的时间范围应该与其任职时间范围相一致;领导干部可以有不同的领导职务,包括党政机关、国有企业事业单位主要领导人等,无论担任什么样职务,其承担的经济责任都应与其所行使职权的范围相一致。在选择经济责任审计分析评价指标时,必须充分考虑被审计领导人员的任职时间和管辖范围,评价指标组合在覆盖领导干部经济责任方面不能有重大遗漏。特别是当前,一些地方经济责任审计只注重领导干部历任前一段时间的经济责任的考核评价,而由于受一些历史条件限制,忽视了领导干部任职初期和期中经济责任的考核评价,故在评价指标中没有反映期初和期中经济责任履行情况的考核内容,这样的分析、考核和评价难免以偏概全,很难做到客观公正。

(二)针对性原则

所谓针对性,就是通过分析评价指标的选择所建立起来的评价指标组合,能针对不同岗位的领导人员具体情况,经选择的用来评价被审计企业领导人经济责任的指标要与其从事的行业、具体工作性质相对应。如对于国有企业的董事长,其经济责任审计评价指标组合应主要围绕评价其各种重大决策,如重大投资筹资决策、重大经营管理决策、重大人事决策等方面的责任履行情况而构建;对于国有企业厂长(经理),其经济责任的审计评价指标组合应主要围绕其各项经济管理活动,如财务收支管理、财产物资管理、经营业务管理、人力资源管理等方面责任履行情况而构建其经济责任评价指标组合等。

(三)适用性原则

所谓适用性,就是通过评价指标的选择所建立起来的评价指标组合适用于不同管理目标的领导人员,并且能够根据不同情况进行组合,以适应不同审计项目的具体要求。经济责任审计评价指标组合不是越细致、越复杂越好,指标组合应尽量简化、明了,多余的指标一个不要,但是,也不能过于粗放,无的放矢。针对某一项经济责任建立指标组合时,要采用主干指标与辅助指标相结合的办法进行分析与评价,主干指标就是直接实现评价目标的指标,例如要分析评价企业领导人财产管理责任履行情况,其主干指标就应是"资产增值(保值)率"指标;要评价销售经营管理责任履行情况,其主干指标就应是"销售目标实现率"指标等等。辅助指标就是对主干指标的补充、调整指标,企业领导干部在履行其经济管理责任时各项管理目标的实现过程是十分复杂的,会受到各种因素,例如经营管理环境、内部控制、风险管理等因素的影响,而造成主干指标计算结果不能如实反映经济管理责任履行情况的结果,如果在主干指标中不能将各种因素影响加以消除或降到最低,评价指标就无法客观公正地反映经济责任履行情况。因此,在一个评价指标组合中应使主干指标与辅助指标有机结合,才能保证评价指标的良好的适用性。

（四）沟通性原则

所谓沟通性，就是通过评价指标的选择中要与相关人员（如被审计领导人员、被审计的企业领导人员的上级领导以及其他领导人员）沟通，同时要与部门（如经济责任审计的领导管理部门、经济责任审计的委托或委派部门等）进行沟通和联系，所建立起来的分析评价指标组合要与经济责任审计的委托、委派目的相沟通和连贯。为了保证评价指标组合的全面性、针对性，使审计取证工作得到各个方面的支持，使经济责任审计的评价结果得到各个相关方面的认可，在指标组合构建过程中就要及时沟通；为了保证审计效果的充分利用、规避审计风险，审计人员应该与被审计对象充分沟通使其认可所选分析评价指标的同时，评价指标组合要经过一定程序在相关会议（如联席会议）中通过。值得一提的是，虽然任何一个经济责任审计评价指标组合都必须遵循经济责任审计基本目标的要求，但是在制定评价指标组合时也不能不考虑审计委派或者委托人的具体要求，因为这种具体要求充满着个性化特征，往往这种个性化特征是决定经济责任审计项目成败的重要因素。

（五）有效性原则

所谓有效性，就是通过分析评价指标的选择所建立起来的评价指标组合要在考虑成本效益原则的基础上，保证各种现代审计手段能够充分运用，评价指标组合要体现对经济责任履行有效性评价的主流趋势。从评价指标组合的每一个指标来说，要从技术上保证可操作性，每一个指标的数据要有完善的信息收集渠道，每一个指标的数据所反映的经济含义一定要明确，通过指标中的数据进行计算，得到的结果要能反映出所审计实际需求。从评价指标组合本身来说，要从整体上保证节约审计资源或成本，运用指标组合评价经济责任要能做到直接与项目审计目标的贯通。在建立分析评价指标组合时，应以经济性、效率性、效果性评价指标为指标组合中的主体指标。当然，以有效性评价指标为主体指标并不排斥真实性、合法性评价指标的存在，经济活动中真实性、合法性的确认和评价是有效性评价的基础，有效性的评价是在评价指标及其数据中排除了不真实数据和违法违规数据的影响之后运用"干净"指标和可靠数据来进行的分析评价。

第二节　政府经济责任审计分析评价标准的设计

分析评价标准是用来衡量被评价对象是非、优劣的尺度。任何一项工作的考核评价都必须建立在相应的考核标准基础之上，如果缺乏科学合理的考核评价标准，各类职责的履行、各项工作的进行就没有成败与优劣之分，就失去了动力和评判的准绳,同时评优罚劣是推动经济活动向更高、更好的目标发展的原动力,也是制约各种阻碍经济活动消极因素的有效工具,一个企业如此,一个地区、一个单位都是如此。因此,政府经济责任审计必须建立一套科学、合理、实用的分析评价标准,以有效监督与考评被审计对象任职期间经济责任的履行情况,并推动被审计单位和被审计人职责更好地履行。

一、政府经济责任审计分析评价标准构建的依据

政府经济责任审计分析评价是对党政机关、国有企业、事业单位主要领导干部经济责任的履行过程和效果进行分类、研析和评判。实施分析评价必须具有相应的标准和程序,分析评价标准既是审计人员的操作准绳,也是被审计人员行为的导向。审计过程中这些标准被视为是被审计对象经济责任履行情况的定性和定量的标准,是对经济责任履行过程和效果的数据化、具体化的反映,是审计人员对照被审计对象,并做出分析评价意见的判据。

在审计分析评价中,所使用的分析评价标准能否客观反映被审计人履行经济责任的过程和效果,是否与经济责任履行客观事实相符,将直接关系到审计分析评价结果的客观性、公正性和公信度,关系到审计工作的效率和质量,具有十分重要的作用。因此,经济责任审计分析评价标准的选择显得十分重要,标准的选择要有客观依据,要为社会、审计方与被审计人所公认。

政府经济责任审计分析评价标准主要涉及反映经济责任履行过程的信息、履行过程的行为以及履行过程所产生的结果三个方面的分析评价,即经济责任信息评价、经济责任过程评价、经济责任效果评价。而确定这类标准具有一系列依据,即标准的产生源于审计需要和审计行为发生时内部外部环境。因此,政府经济责任审计分析评价标准构建的基本依据应包括"客观事实"依据、"法律法规"依据和"任期目标"依据。

(一)客观事实依据

政府经济责任审计分析评价标准的构建应针对被审计单位或审计人的客观现状,具有实用性、可行性和针对性,与经济责任审计的评价对象的基本特征相适应,这样审计分析评价标准才能实际应用,否则从理论上说是先进的,或者在其他审计项目或其他审计对象来说是先进的标准,而对新的具体审计项目不一定适用,可能出现"水土不服",所以审计标准首先应考虑审计环境和被审计者的客观事实。

从经济责任信息评价的角度来看,经济责任履行方面的信息必须是真实可靠的,即以客观事实为基础的。经济责任履行情况的信息的可靠性是以客观事实为依据的,不符合客观事实的信息是虚假信息,构建经济责任信息真实可靠性的标准应以发生的经济责任履行活动的事实为依据。

政府经济责任信息真实性、可靠性的分析评价,实质上是对经济责任"涉评数据"真实性、可靠性的分析评价。所谓经济责任审计分析评价"涉评数据"是指经济责任审计分析评价指标中用于计算指标值的数据,例如,在用于评价政府资产管理有效性责任,"国有资产增长率"指标中,计算指标值数据中的分母"任职期末全部资产价值额"、分子"任职期初全部资产价值额"就是"涉评数据"。因为这些数据是从被审计单位或有关部门取得的,用于评价被审计领导干部经济责任履行情况和效果的依据。

涉评数据是经济责任审计分析评价的主流信息,按照其来源和性质不同,又可分为"价值型"数据、"数量型"数据、"影响性"数据等。价值型数据,主要是来源于反映价值运动的信息数据,其增减变动以价值变动为特征,例如,银行存款、应收账款、实收资本、负债等数据信息。数量型数据,主要来源于反映实务数量变动的信息数据,其增减变动以实物量、劳动量、信息量变动拉动价值变动为特征,例如,固定资产、存货、消费者支持度等数据信息。影响性数据主要来源于反映对审计客体产生某种影响的因素信息,通常是被审计单位生产经营管理的软件部分,它的变动可以对审计客体产生各种影响,营造有利或不利的氛围,例如,内部控制、风险管理、生态环境等数据信息。

不同特征的数据信息真实性、可靠性判断标准,虽然都是来源与"客观事实",但是由于不同特征数据信息产生的方式不同,反映客观事实的"证据"特征也不相同。价值型数据信息的产生主要是通过被审计单位会计记录或统计及其他业务记录形式并经过分析计算完成的,在对价值型数据信息的记录、分析、计算中都离不开原始记录单据。因此,价值型数据真实性、可靠性判断标准是目标数据与原始单据反映的原始数据的一致性。数量型数据信息的产生一般也离不开会计、统计及其他管理活动的记录、分析和计算,但是这种数据与价值性数据最大的不同是,它有实务存量作为参照物,可以直接将目标数据与实物存量比较判断其真实性和可靠性,因此,数量型数据真实性、可靠性判断标准是目标数据与实物存量的一致性,而原始单据只能作为辅助判断标准。影响性数据往往是一种因素影响效果数据,对这一类数据信息真实性、可靠性判断,在没有可靠的原始记录和规范的信息渠道的前提下,操作起来较为困难,在今后的管理机制改革中,应对这一类信息的采集建立规范的信息平台和可靠的信息渠道。目前对影响性数据真实性、可靠性判断标准应主要从规范的信息生成和采集渠道是否畅通、信息的整合方法和技术是否科学、有效方面入手。

(二)法律法规依据

从经济责任履行过程分析评价角度来看,经济责任履行活动必须合乎国家法律法规要求,构建经济责任履行合法合规性的标准应以有关的经济责任履行活动法律法规为依据,即被审计单位和被审计人履责行为必须遵纪守法,那么分析评价其履责的审计标准同样必须遵纪守法,分析评价的标准不得与法律法规相抵触,且与法律法规相衔接。

在我国现行法规体制下,我国实行的是国家集中统一的法律体系制度,在立法上各级地方政府和部门的法规制度必须服从最高层次上位的法律法规。作为制约与规范政府经济责任审计分析评价标准的法律法规,主要包括三个层次:最高层是中央级各项经济法规,主要包括全国人民代表大会通过并颁布的法律、全国人大常委会颁布的法律;第二层是国务院颁布的行政法规;第三层是中央各部委和各级地方政府颁布法规,主要包括部门行政法规和地方性法规。在经济责任审计分析评价标准的选择上,应采取自上而下的选择原则,即在党政机关、国有企业、事业单位领导干部履行经济责任的过程中,判定其行为是否合法、合规,首先选择最高层级的法律作为评价标准,如果遇到最高层级法律规定无法覆盖的经济行为,其次是选择国务院发布的行政法规作为评价标准;如果遇到以上两级法规都无法覆盖的经济行为,则应选择各级有关政府部门或地方政府发布的管理规定作为评价标准。这集中体现了合法性、合规性审计的基本特征。

对于党政机关、国有企业、事业单位领导干部履行经济责任情况的分析评价,还要考虑不同管理层次的要求,对于设计宏观管理层次的党政机关领导干部,其经济责任履行情况的分析评价标准要兼顾到有关管理层级的法律法规,在同层级法律法规不违背高层级法律法规的前提下,要尽可能选择同层级法律法规或单位内部规定作为经济责任履行情况的主要分析评价标准。对于国有企业、事业单位的领导干部经济责任履行情况的分析评价,主要涉及企业单位内部决策和管理活动,而企业内部规定,即被审计单位内部规定的约束内部人员行为、调整内部关系的各种规章制度,在企业单位各项内部规定不违背高层级法律法规精神的前提下,可以尽可能选择企业单位内部规定作为经济责任履行情况的主要分析评价标准。这集中体现了合规性、合理性审计的基本特征。

(三)任务目标依据

从经济责任履行效果评价角度来看,经济责任履行效果必须合乎领导干部工作任务目标的要求,因为工作任务是领导干部履行经责任的基本要求,领导干部履行经济责任效果主要体现在各项具体工作任务的完成情况之中;而任务目标是否实现,可以作为衡量其任务完成情况和效果的基本标准,因此,任务目标应是选择经济责任履行效果分析评价标准的基本依据与要素。

党政机关、国有企业、事业单位应完成的各项任务,主要通过其制定规划、计划、预选、决策等手段加以明确和规定。在规划、计划、预算、决策中,不仅详细规定党政机关、国有企业、事业单位应完成的各项任务指标,还应规定其任务预期目标,作为考核任务是否完成,任务完成质量的标准参数。但是,在现行管理体制下,党政机关、国有企业、事业单位规划、计划、预算、决策中规定的预期任务往往是比较抽象的、笼统的非具体任务,而规划、计划、预算、决策中规定的预期任务目标也是比较模糊的、难以定量的目标,往往越上层、越是政府行政机关,工作任务与目标越具有弹性,这就给政府经济责任审计评价标准的选择带来诸多困难。这一问题的解决办法是,首先要改变现行的规划、计划、预算、决策的传统模式,在制订规划、计划、预算、决策中将工作任务具体化、明确化,预期目标清晰化、数据化,为政府经济责任审计分析评价标准的选择提供可靠的依据。

当前在情况下,政府经济责任审计评价标准的选择,首先,是要从党政机关、国有企业、事业单位规划、计划、预算、决策中选择较为具体的、比较明确的数据化目标作为经济责任审计分析评价的标准,对于那些没有规划、计划、预算、决策或任务及其目标规定不明确的经济活动,要从同行业经济活动平均先进水平、本单位的历史平均先进水平中在选择评价标准。值得一提的是,无论是同行业的平均先进水平还是本单位历史先进水平,都必须强调"平均先进"四个字,平均先进首先是平均,其次是先进,两者不可偏废一方,这是保持先进合理性重要尺度。

评价经济责任履行效果实质上是评价经济活动履行的有效性,包括:经济性的分析评价,即在经济责任履行过程中投入和产出的对比关系是否最佳,在执行经济决策过程中是否节约资源;效率性评价,即在经济活动中对人力资源的使用是否合理,劳动生产率是否最高;效果性评价,即在经济活动发生后,是否给单位和社会带来较大的效益,包括经济效益、社会效益、环境效益等。选择经济责任审计分析评价标准时,应注意经济性、效率性、效果性的不同含义(对此中外审计界有不同看法,不同的界定),选择宽严适中的经济责任审计分析评价标准。

二、政府经济责任审计分析评价标准的构建要求

在政府经济责任审计分析评价过程中,不仅要选择分析评价指标,也要选择分析评价标准。评价指标是对经济责任履行情况的具体的量化反映,指标一般有指标值;评价标准是对经济责任履行优劣的综合衡量。政府经济责任审计分析评价标准的选择是经济责任审计评价的基础性工作,分析评价标准选择的是否科学合理,更具全局性意义,它关系到审计分析评价结果的公正性、客观性和权威性,关系到分析评价项目的质量水平。因此,在选择政府经济责任审计分析评价标准时,必须达到以下要求:

(一)客观性

客观性就是通过分析评价标准的选择能够客观地衡量被审计者经济责任

履行情况,得出的审计结论与客观事实相符。经选择的用来分析评价被审计领导人经济责任履行情况的标准,应体现客观性。第一,分析评价标准的选择要能反映经济责任履行的客观事实,保证评级标准与客观事实的衔接性,评级标准不能脱离经济责任履行过程和效果的实情,选择评价标准的客观事实依据必须可靠。第二,要实事求是的选择评价标准,在经济责任审计分析评价标准的选择中,要尊重客观实际情况,既不能人为的提高标准,也不能人为的压低,标准要服务于审计目标。第三,要以公正客观的态度制定评价标准(在没有现成标准的情况下,或对现有标准进行组合时),对审计对象要一视同仁,不能搞“双重标准”或“多重标准”,更不能有倾向性标准,渗入个人偏好、主观臆断和感情色彩。第四,要持之以恒的坚持既定评价标准,评价标准要具有一定“刚性”特征,不能因人变更,若确实需要变更,必须启动规范的变更、调整程序和手续,评价标准不能朝令夕改,不能给评价标准留有人为的“操作空间”。第五,评价标准覆盖面要完整,特别是当前,一些地方经济责任审计只注重领导干部离任前一段时间的经济责任的考核评价,而相对忽视了领导干部任职期初和期中经济责任的考核评价,在评价标准中没有反映期初和期中经济责任履行情况的考核标准,这样的考核和评价会产生以偏概全,有损于客观公正的原则。

（二）针对性

针对性就是选择的分析评价标准能针对不同岗位的领导人员具体情况,与被审计单位领导人经济责任履行情况相适应,能够准确分析与评价被审计人经济责任履行的实际情况,给出较为准确的分析评价结论。如对于党政机关的主要领导干部,政府经济责任审计分析评价标准主要针对其宏观经济决策、宏观经济管理来构建分析评价标准;对于国有企业的董事长,其经济责任审计评价标准应主要围绕企业各种重大决策,如重大投资筹资决策、重大经营管理决策、重大人事决策等方面的责任履行情况而构建评价标准;对于国有企业总经理,其经济责任的审计评价指标组合应主要围绕其各项经济管理活动,如财务收支管理、财产物资管理、经营业务管理、人力资源管理等方面责任履行情况而构建其经济责任评价标准等。针对性是为了更好地服务于审计目标,更好地提高审计的工作质量和效率。

（三）通用性

通用性是对针对性的互补,针对性不等于专用性,即一个审计项目一套标准。因为不同的政府经济责任审计项目具有一定相通性和共性,所以审计分析评价标准也应具有一定的通用性。通用性就是选择的分析评价标准能够适用于同类管理目标的不同领导人员,经选择的分析评标准标能经得起时间的纵向检验和空间的横向检验,通用性使不同的审计项目具有一定的可性,可以放大政府经济责任审计的社会影响力。当然,不同时期、不同地区由于经济发展水平不平衡,领导干部所承担的经济责任范围也不相同,要想建立一套广泛使用和任何时期、任何地区、任何人员的经济责任审计都适应的分析评价标准几乎是不可能的。但是,这些并不意味着分析评价标准的通用性要求不存在,凡是可以是制定经济责任分析评价通用标准都应建设一套规范的、具有一定适应性分析评价标准,如对领导管理决策、协调平衡能力、廉洁自律等方面,是具有许多共性的,完全可以建立通用性的标准体系。即使有的标准不能全域通用,但是可以在不具备区域间、行业间通用的条件下,至少可以追求区域内、行业内、部门内、企业内、单位内的局部通用。要实现经济责任评价标准的通用性,在制定分析评价指标时就应该考虑分析评价指标体系的规范性,为建立通用的分析评价标准体系构建基础;同时,还要深入调查了解不同区域、不同行业、不同部门单位、不同企业之间的差异性以及差异的原因,这些都为建立通用的评价标准奠定了坚实的基础。

（四）公认性

公认性就是通过分析评价标准的选择,建立具有针对性的分析评价标准体系能够得到社会公众和相关人员的广泛认可,只有政府经济责任审计分析评价标准得到广泛认可,才能使分析评价结果具有公信度和权威性。因此,在建立分析评价标准时,要与相关人员广泛沟通,如与被审计领导人员、被审计单位上级主管部门领导等;也要与相关部门和单位集体沟通,如经济责任审计的领导管理部门、经济责任审计的委托或委派部门等进行沟通和联系;构建分析评价标准既要与经济责任审计分析评价衔接,也要与现行体制下对领导干部和厂长(经理)的其他考核评价相连贯,与社会通常的评价相结合。为了保证分析评价标准的公认性、权威性,使经济责任审计分析评价工作等到各个方面的支持,经济责任审计的分析评价结果得到各个相关方面的认可,政府经济责任审计分析评价标准可以在实践中试用,寻找标准使用中的成功经验,发现存在的不足,同时检查审计结果的偏差有无标准不当的因素和影响,这样可以最大限度地保证审计效果、规避审计风险。当然,审计人员选择审计分析评价标准应办理相应的手续。

（五）先进合理性

先进性就是通过分析评价标准的选择所建立起来的评价标准体系,本身反映的是地区内、行业内的先进水平,分析评价标准要具有对被审计单位和个人的引领和导向功能,具有鼓励先进、鞭策落后、"审计一家带动一片"的功能,其先进性就显得十分重要。评价标准经济责任审计分析评价标准的先进性,首先是分析评价标准具有科学性,被能使评级标准调动领导干部和群众主动性、积极性、创造性,如果分析评价标准制定得不科学,在政府经济责任评价中必然会带来不公正的评价结果,这样的评价结果就会受到质疑,产生一系列负面影响。

其次,是评价标准具有认同性,其适用范围具有广泛性,要实现这一点,评价标准的建立要正确处理"平均"与"先进"的关系,不要一说先进,就将分析评价标准建立得高不可攀,在被评价对象中只有少数人或几乎无人能实现,这样势必扼杀多数被评价人的积极性;同时也不要一说平均,就认为是"吃大锅饭",或就认为是分析评价标准虚无化,将评价标准建立的门槛太低,这样也无益于公正客观的分析评价标准的建立。所谓的先进性,就是平均与先进相结合的原则,即政府经济责任审计分析评价标准应建立在保证使具有一般工作能力以上的人都能通过自身的努力提高管理水平而得以实现的尺度之上。

三、政府经济责任审计分析评价标准的分类构筑

政府经济责任审计分析评价应该根据被审计单位担负的不同职能,以及其组织所要求到达的不同目标,来确定审计分析与评价标准。被审计单位所在行业、部门和地区不同,其业务领域与范围不同,被审计人所处的政治、经济和社会环境不同,审计分析评价的标准也自然会有所不同;为制定具有广泛适用性的评价标准和建立科学、合理的经济责任审计分析评价标准体系,必须对政府经济责任审计分析评价标准实施分类构建,以提高其针对性、科学性和有效性。经济责任审计分析评价标准的分类的制定,主要有以下几个方面:

(一)按被审计对象分类制定分析评价标准

按被审计单位领导人员责任范围分类,政府经济责任审计分析评价标准可分为党政机关主要领导干部经济责任分析评价标准、企业主要负责人包括企业董事长和厂长(经理)经济责任审计分析评价标准、事业单位主要负责人经济责任审计分析评价标准。

党政机关主要负责人,主要承担着地方和部门的重大决策和决策组织实施与监督管理的责任。对党政机关负责人经济责任分析评价主要围绕上述内容进行。党政机关主要负责人的重大决策责任主要包括:重大的财政政策的制定、重大财政事项决策,重大资产配置、处置政策的制定和投资处置决策;重要的产业政策的制定;重大人力资源管理政策制定、地方主要领导干部的选聘决策;重大社会事务管理决策,如地区、行业经济社会发展战略方针与政策的制定、经济工作中心任务的确定等。对政府领导干部经济责任分析评价标准的构建应坚持重点突出、兼顾平衡的原则。所谓重点突出就是围绕着党政机关主要领导干部履行经济责任中的重要问题,建立重点评价标准。所谓兼顾平衡就是围绕党政机关主要领导干部履行经济责任中的普遍性问题,建立系统性分析评价标准,使政府经济责任审计分析评价标准更具宏观性、全面性、前瞻性和建设性。

公司董事长和厂长(经理)是企业的主要负责人,主要承担着企业重大经济

决策和决策具体实施的责任,对企业主要负责人经济责任分析评价主要围绕上述内容进行。董事长承担的企业重大财务决策,如企业对外融资、筹资和对外开放投资决策;重大资产处置决策,如固定资产投资决策、重要固定资产资产转让、投资、捐赠、报废处理决策等;重大经营活动决策,如经营政策、方针的制定、经营目标和经营范围的选择等;重大人力资源决策,如总经理的招聘、任命、奖惩、辞退等。厂长(经理)承担有企业财务管理、资产管理、经营管理、人员管理的重要责任。企业财务管理责任制包括财务管理内部控制度的构建、财务预算执行、财务收支管理、会计核算体系建立、会计信息披露、分配政策的执行等;企业资产管理责任包括资产管理内部控制的构建、资产的配置和使用、资产的保值和增值等;企业经营责任主要包括经营活动内部控制制度的构建、物资采购供应、产品生产加工、商品销售等;企业人员管理责任主要包括岗位责任制及内部控制制度构建、企业劳动组织建立、企业人员定岗定编、各岗位人员配置、职工招聘、培训、奖惩、解聘等。对企业主要负责人经济责任审计分析评价标准的建立,应本着任期目标为核心,使政府经济责任审计分析评价标准更具综合性、规范性、科学性和可行性。

事业单位主要负责人是事业单位的决策者,也是重要的执行者,事业单位主要负责人的经济责任审计分析评价标准应有决策与执行方面的责任内容。事业单位主要负责人承担着业务管理与事业发展的责任,包括配置适当的人财物资源,完成本部门本单位业务目标,其业务内容因事业单位性质、业务内容而有较大差异。但是,它不以市场经济利益为主要目的,也不同于政府,拥有巨大资源与行政权力,负责组织经济和社会事务管理,而是通过自身业务活动为社会公众与特定领域提供管理、技术、业务等方面的专门服务,其职责是特定的和有限性。因此,政府经济责任审计分析评价标准应更具专指性、开放性、严密性、公认性和协调性。

(二)按经济责任的结构分类制定评价标准

政府经济责任审计评价的基本内容包括经济活动财政财务责任、管理责任和绩效责任,由此审计分析评价标准可以分为财政财务责任分析评价、资产管理责任分析评价、人力资源管理责任分析评价和经营业务责任分析评价等多类标准。但是政府经济责任审计中有时很难细分出上述三类责任,并明确界定其三类的界限,审计分析评价往往是综合性经济责任,只是为了理论表述方便,才做出这样的分类,以使大家更清楚地认识经济责任的构成。

财政财务管理责任分析评价是经济责任审计分析评价的主体内容,包括对党政机关领导干部财政管理活动和企业事业单位主要负责人的财政、财务收支管理活动的分析评价。对党政机关领导干部财政财务管理活动的分析评价,主要是从宏观角度评价其管辖区域内各项财政收支指标是否达到上级规定或社会认同的水平;对企业事业单位主要负责人财务管理活动的分析评价,主要是从企业事业单位的中观或微观角度,评价其任职期内各项财政、财务收支指标是否达到计划或单位目标的要求。财政财务活动分析评价首先以财政财务信息真实性分析评价为基础,然后再对财政财务活动合法性、有效性进行分析与评价。因此,在财政财务管理活动分析评价标准中,不仅应包括合法性、有效性的分析评价标准,也应包括财务信息真实性、可靠性的分析评价标准。

资产管理责任的评价是政府经济责任审计评价的主要内容,包括党政机关领导干部资产管理活动和企业事业单位主要负责人财产管理责任的分析评价。对党政机关领导干部财产管理活动的分析评价,主要是从宏观角度评价其管辖区域内各项国有资产总量和有关价值指标是否达到上级规定和目标要求,以及对资产实物有无管好用好,发挥最大社会效益和经济效益;对企业事业单位主要负责人财产管理活动的分析评价,主要是从企业事业单位的微观角度评价其任职期内各项国有资产数量和价值指标是否达到目标要求。资产管理活动的分析评价,主要是根据被评价对象任职期满所管辖区域或企业事业单位国有资产的总量和价值与其任职期初国有资产的总量和价值对比的基础上,考核、评价其国有资产的保值和增值情况,国有资产管理活动的分析评价标准有时就是国有资产保值、增值的分析评价标准,即被评价对象任职期初所管辖区域或企业事业单位国有资产的总量和价值的增减变动情况。

人力资源管理责任的分析评价,主要是对党政机关、国有企业、事业单位在人力资源管理方面所制定的政策及其执行效果的分析评价。对党政机关领导干部人力资源管理责任的分析评价,主要是从宏观角度评价其管辖区域内人力资源配置、使用、考核、薪酬等决策及决策执行是否产生应有的社会效益和经济效益;对企业事业单位人力资源管理绩效的分析评价,主要是从企业事业单位的微观角度评价其人力资源配置、使用、考核、薪酬等决策及决策执行是否对企业事业单位生产经营管理和其他业务活动产生积极的促进作用,人力资源有无盘好、盘活。人力资源管理责任的分析评价,实质上是通过人力资源积极性、主动性是否有效发挥,其工作效率能否充分提高,对劳动者工作效率的影响等因素考察分析的。因此,人力资源绩效评的分析价标准重点是建立组织整体工作效率的标准,在此前提下要对各种影响因素,如人力资源配置结构标准、人力资源选拔使用标准、人力资源工作效率标准以及人力资源薪酬分配标准做到合理协调和权衡。

管理和经营责任的分析评价是有关管理责任和经营效益的评价,包括党政机关领导干部和企业事业单位主要负责人管理活动的合理性、有效性和经营活动效益性的分析评价。对党政机关领导干部管理和经营责任的分析评价,主要是从宏观角度评价其管辖区域内各项经济发展和社会进步方面的指标是否达到上级党和政府的要求,是否得到社会认可;对企业事业单位主要负责人管理和经营责任的分析评价,主要是从企业事业单位的微观角度评价其任职期内各项经营活动效益指标是否达到计划与目标要求。经营和管理责任的分析评价,政府部门领导干部主要是根据被评价对象任职期满所管辖区域社会经济文化发展水平、辖区居民富裕程度、社会安定和谐、居民和企业满意度等评定的;企业事业单位负责人主要是从企业事业单位内部管理控制制度的健全有效程度、单位或公司治理机制的合理情况、重大经济活动决策科学性有效性、各项经营活动的经济和社会效益、各项事业的可持续发展程度等方面,考核与评价其责任履行情况的。

(三)按经济责任评价目标分类建立分析评价标准

按经济责任审计的分析评价目标分类,经济责任审计评价标准可分为反映经济责任的信息资料真实性分析评价标准、履行经济责任行为合法性分析评价标准和履行经济责任有效性分析评价标准。

反映经济责任的信息资料的真实性标准是考核、评价财务信息及其他相关管理经营信息的完整性、可靠性的工具。主要包括各种会计资料,如会计凭证、会计账项记录、会计报表以及其他相关管理经营资料所反映内容的一致性、资料覆盖范围的全面性、信息资料结构的完整性等。在分析评价信息资料真实性过程中,对于原始单据真实性、内容完整性的分析评价是整个真实性分析评价的基础,因为原始单据是财务信息及其他管理经营信息的重要来源。同时,在分析评价财产记录资料或各项资产保值增值信息时,对于资产的实际存量和价值的核实验证也是一项重要的基础工作。

履行经济责任行为合法性的分析评价标准主要是法律、法规、政策、制度等标准。法律法规执行情况的分析评价包括对被评价对象所管辖区域、单位的各项法律、法规的执行情况和被评价对象个人法律法规遵循情况的分析评价。前者是对被评价对象执法管理、创造执法环境以及党风、政风情况的分析评价,后者是被评价对象有关个人违法违纪责任的查究,无论是党政机关领导干部还是企业事业单位主要负责人,其执法责任的分析评价和查究都是从上述两个方面进行的。对党政机关领导干部执法管理和个人执法情况的分析评价标准的建立,一是要根据党和国家的各项法律法规、方针政策、规章制度,且注意法律法规的相关性、层次性、地域性和时效性;二是要根据被分析评价对象所在地区和部门的整体执法情况,制定裁定违法犯法的统一操作标准;三是要根据被评价对象的具体违法违法乱纪方式方法及其影响程度、分析评价对国家、对社会产生的不良影响以及造成的社会经济损失程度制定恰当的查究方法与标准。

分析评价经济决策的有效性标准实质上是分析评价经济活动绩效的标准。这些标准包括:经济性评价标准,即在贯彻某项经济决策过程中投入和产出的对比关系是否最佳,在执行经济决策过程中是否体现节约资源原则;效率性评价标准,即在执行决策的经济活动中对人力资源的使用是否合理,劳动生产率是否提高;效果性评价标准,即在执行决策以后,是否给单位和社会带来较大的效益,包括经济效益、社会效益、生态效益等。在利用这些标准进行评价时,要将评价标准与具体评价指标相结合。由于有些指标反映的内容是相对的、有局限性的,因此,在分析评价时应利用实现确定的标准指标,与实际完成指标相对比,才能恰当分析评价被评价对象履行经济责任的实际结果的优良程度。

第三节 政府经济责任审计分析评价标准的架构

一、经济责任划分标准的若干界限

政府经济责任审计的目的是分析评价领导干部的履行经济责任的情况,而经济责任是一个动态的、立体的、综合的概念,即被审计人履行经济责任是在一个特殊的环境之中,不可避免地受其外在客观环境的制约和影响,履责或未履责有时不能够完全归咎于被审计人,因此要正确界定被审计单位或被审计人属于其自身努力和自我行为前提下的经济责任的履行情况,将那些非主观因素导致的失责现象加以剔除,就是要正确划分被审计人员的任期责任与前任责任、直接责任与间接责任、主观责任与客观责任、主要领导责任与重要领导责任、集体责任与个人责任。

1. 任期责任与前任责任的区分

任期责任与前任责任的划分,在审计中关键是要对存货的质量、债权的可收回程度、固定资产投资决策等进行分析评价,对于一些前任留下的历史遗留问题,需要以严谨认真的态度,实事求是地分析评价,以界定前任与现任双方的责任。对于一些工程投资浩大、工期长的"烂尾"项目,出现重大事故、遗留重要的债权债务纠纷,经营不善造成的不良社会影响等,要分析评价前任领导重大经营决策以及经营管理失误给后任领导人带来的影响,后任领导不能割断与前任的历史联系,必须收拾前任领导留下的"烂摊子",这是前任领导的决策不善的责任,而不是后任领导执行不力的结果。如果后任领导能够控制局面,使前任不良影响得到减缓,并逐步开始良性循环,这不仅不是后任领导之"过",反而是其一功,是其履行经济责任最好的例证。当然,前任法定代表人做出的错误决策造成的经济损失,应当追究前任的经济责任,不能因为前任领导调离就不追究,或追究后任领导的责任。

2. 直接责任与间接责任的区分

政府部门或企业事业单位主要领导对部门、本单位管理工作负责,对其经济工作、经济效益及所负的经济责任负全面责任。这并不意味着这个部门、单位的所有经济责任都由领导干部一人承担。按经济责任分工原则，部门或单位领导人员对其直接分工负责工作承担直接责任，对其他领导成员分工的工作只负间接责任或管理责任；即对其任期内直接决定的重大事项承担直接责任，对未经其审批的各职能部门负责的日常经营管理过程中发生的问题，由当事人负直接责任，领导人负间接责任。如果领导干部直接指示或授意属下从事违法乱纪活动，领导干部负直接责任，如果基层负责人违背领导指示办理，自行其事，或打着领导干部的旗号"偷梁换柱"造成的不良后果，领导人往往应负有管理不严的领导责任，即间接责任，而不负直接责任。

3. 主观责任与客观责任的区分

主观责任指的是政府部门或企业事业单位领导干部以权谋私、滥用职权、钻改革的空子谋私利、玩忽职守等主观故意给组织和社会造成损失的行为。由于一些不可抗拒的外在因素或不可料逆的随机因素造成的不良后果或其他问题属客观责任。问题的难点在于领导干部疏于管理和履责造成的后果，即领导干部个人没有从中谋取利益，有时不易区分主观之故意还是主观之无意。对于领导人任职期间的经营管理决策的失误，要看其是否遵循了正常的决策程序，有无外在环境变化造成的不可抗拒的客观因素，有无事先不可预计的变故，如果有这种变故是否足以造成领导干部决策的困难。由于未按科学程序决策，对经济形势和投资情况掌握不准所造成的损失属主观责任；而由于经济体制转变过程中国家政策调整、市场巨变，在实施过程中遇到重大自然灾害、上级指令性任务等因素造成的损失属客观责任。

4. 主要领导责任和重要领导责任的区分

区分主要领导责任和重要领导责任关键要注意：对领导干部直接主管的工作，由于不负责任、不履行或不正确履行职责，对造成损失的负直接领导责任的，应以主要领导责任对其进行追究；对协助他人分管的工作或参与决策的工作，由于不履行或非正确履行职责，对造成的损失负次要领导责任的，应以重要领导之一责任对其进行追究。

5. 集体责任和个人责任的区分

区分集体责任和个人责任要注意的是，由党政机关领导班子集体研究决定的事项出现问题，追究集体责任，同时要追究领导班子正职的责任。因为当前我国政府部门大多实行行政首长负责，负责党政机关主要负责人在决策和管理中负有主要责任，掌握着决定权和控制权。企业、事业单位的领导机制，如果实行合议制（领导成员遇事一起协商，经协商达成一致后决策）或票决制（领导成员投票决策，表决时少数服从多数），出现决策或执行问题主要由集体负责，因为主要负责人只是其中一票。有的部门和单位领导决策介入行政首长负责制和票决制两者之间,例如,某一投资项目因决策失误造成损失,在追究责任时,法人代表强调经过了领导班子集体研究决定,这时就应看该项目是否经过可行性研究论证,若决策前未进行认真考察论证,尽管研究决策时班子内大多数成员表示赞成,但仍要追究法定代表人的责任,因为主要负责人对班子决策有主导责任。对违反民主集中制原则,由领导班子正职或其他成员个人决定的事项,应由个人承担经济责任。

二、政府经济责任审计分析评价标准的内容

政府经济责任审计分析评价标准是对审计单位或被审计人经济责任的内涵和外延的解读、细分和认定,并使之量化,变得清晰化、可理解和可核准,因而使得审计人员能够据此,对照经济责任的实际履行情况,做出审计分析评价结论。为了完成这一使命,政府经济责任审计分析评价标准可以划分为评价指标计算范围的标准、涉评数据的判断标准和经济责任定量分析评价标准三类。

(一)评价指标计算范围的标准

评价指标计算范围是指涉评数据计算的空间跨度和时间跨度,即涉评数据包含的经济责任内容和口径。它解决的是涉评数据计算的空间跨度和涉评数据计算的时间跨度两领域的命题。

涉评数据的空间跨度是指被审计者经济责任的范围域,即什么内容是经济责任涉及,哪些不是;也就是"涉评内容"的总量统计。如某被审计企业领导干部,其管辖该企业全部经济活动,那么企业的资产、负债、所有者权益、收入、成本费用、利润等资料数据都纳入涉评内容。

涉评数据的时间跨度指即涉评数据所涉及的经济责任时间范围。因为被审计单位会计、统计和业务核算数据与政府经济责任审计所需要的数据不是一一对应的,完全满足审计需要的,因此审计人员需要对被审计单位会计、统计核算账面数作分析转换,使之能够直接于经济责任的分析评价。涉评数据计算的时间跨度要通过一定方式按涉评内容进行数据转换,涉评内容的数据转换,即将涉评事项按发生频率或金额统计后转换成涉评数据。计算涉评数据一般转换计算方法是:比率转换法——用发生频率或金额的对比关系转换;评分转换法——将涉评事项用评分的办法转换成涉评数据。例如,按年度计算涉评数据——涉评事项按年度统计的发生数额,一般计算转换标准是:

$$涉评数据年度额 = 1月份发生数 + 2月份发生数 + \cdots + 12月份发生数$$
$$= 月平均发生数 \times 12$$

按年度平均数计算涉评数据——涉评事项按年度统计的平均发生数额,一般计算标准是:

$$涉评数据年平均额 = 1月份平均数 + 2月份平均数 + \cdots + 12月份平均数$$
$$= (年初余额 + 年末余额) \div 2$$

涉评数据的采集过程是对被审计单位有关证据材料的整理过程,以过滤掉一些不属于审计范围的多余的证明材料,使所有材料都符合审计范围的要求,也使有关经济责任履行情况的数据材料落于被审计时间区域之内,没有过时的或未来式的材料;也完成了有关资料数据与经济责任审计分析评价标准口径一致性调整工作。

(二)涉评数据的判断标准

1. 涉评数据真实性判断标准

所谓涉评数据真实性,就是指涉评数据符合所反映的经济业务或客观事实的基本情况,其数据生成依据方法符合其规范性要求。在审计实际工作中,如何判断原始数据真实性,往往与其数据的来源、性能、分类有关。

从数据的来源来看,政府经济责任审计分析评价指标所需要的原始数据包括从账面上搜集的反映经济活动中经济量的数据;也有从账面和账面以外搜集的反映财产实物变动数量和其他经济活动的数据;还有从非会计资料中搜集的反映经营管理活动情况的数据等。

对不同来源的数据要采用不同的判断标准:

(1)对于从账面上搜集的反映经济活动情况的价值型数据,首先要根据核对该类数据的生成过程,判断其账面数据的计算、记录是否符合会计准则和会计制度的规范性要求,分析原始数据生成基础——原始凭证的可靠性。其次,在上述两项判断的基础上,再核实对所搜集的原始数据账面记录与其相应原始凭证记录的一致性,若两者一致,说明该类数据是真实的;若不一致,则说明该类数据可能存在虚构成分。

(2)对于从账面和账以外搜集的反映财产实物变动数量和价值的数量型数据,首先要核实实物盘点或实物计算过程的规范性、操作程序的合规性,分析盘点实物的产权归属确认是否正确,盘点实物所包含的实物范围是否客观;然后,核实、分析实物数量和价值确认的方法的合规性、有效性;如果上述基础工作的操作程序符合规程,资产实物范围客观,数量和价值确认方法合理、有效,那么即可判断为原始数据的真实;否则,就难以判断其原始数据的真实性。

(3)对于从会计资料以外的经济活动中搜集的影响型数据,首先,要判断相关数据来源渠道是否权威和规范,个别从社会上取得一些反映客观经济情况的数据,要看其是否由权威部门发布,从一些媒体搜集的原始数据,先要评估该媒体的可信度,即公众对其的信任度;然后,再对数据进行核实等;最后,要对取得的数据进行印证,即根据媒体提供的信息,与有关数据指标进行对照,或重新测算或对比分析,挤干水分,经验证的数据更能反映经济活动的真实情况。

2. 涉评数据的完整性判断

涉评数据的完整性是指原始数据群整体结构的完整性和原始数据个体涵盖内容的完整性。原始数据群是根据经济责任分析评价指标要求确定的所要采集的评价数据构成的分析评价数据群体。如果评价的原始数据组合中，缺少某一项或几项数据，就会造成其计算指标不完整，从而影响对被评价对象的分析评价效果。因此，在采集数据时，必须要保证原始数据群的完整性，对原始数据群完整性判断，就是依据对某一具体评价对象评价中选择的评价指标，将某一评价指标涵盖的范围作为评价涉评数据完整性的标准。因为评价原始数据群是根据评价指标的需要而确定的数据群，因此，评价时要根据对每一具体评价对象评价指标所需要确定的原始数据群列表，一一核对其是否完整。对于个体数据涵盖内容的完整性判断，主要是依据个体数据的规范计算范围和口径，来判断其数据涵盖内容是否完整，若原始数据计算口径与规范计算口径一致，即判断为经个体数据涵盖内的完整；否则，若原始数据计算口径与规范计算口径不一致（无论其口径大小）则判断为个体数据涵盖内容是不完整的。

3. 涉评数据可靠性判断

涉评数据的可靠性是指原始数据能够反映客观事实真相的特征。它除了包含原始数据真实性、完整性的特征外，还包含数据的可印证性和可信赖性。在实际工作中，有些数据可以通过相关资料直接搜集，直接将账项记录与实物核对，就可确认其真实性、完整性；有些数据，特别通过媒体或社会调查等其他渠道取得的数据，由于数据收集的信息面较广并且十分复杂，靠一般的核对方法和分析性复核的方法无法取得证实其真实性完整的资料，对于这一类数据就要根据审计人员的判断与分析来确定其可靠性。

判断数据的可靠性是降低政府经济责任审计风险的有效途径之一，判断某一个体数据是否可靠，可以从以下几个方面进行：一是，判断数据的来源渠道是否可靠性，例如官方正式公布的数据比某些媒体宣扬的数据可靠，在社会上信誉度较高的媒体公布的数据比信誉度较低的媒体取得的数据可靠；亲自从社会调查中取得的第一手资料，比经别人加工过的社会调查数据可靠；从独立来源或内部控制完善的单位取得的数据比与被评价对象有关联的部门和单位或内部控制薄弱的单位取得的数据可靠，如此等等。二是，判断数据是否经得起验证，在搜集数据过程中，有些数据往往不会孤立存在，而是与其他数据、资料信息有着广泛的联系，由此，采集数据要善于分析所采集数据的来龙去脉，抓住其数据的生成根源和线索，找出与其他事物、现象以及数据的内在联系；通过不同渠道、不同方法取得同一数据之间的相互印证，若相关数据印证基本一致，即认为该数据能经得起验证；反之，若相关数据印证差距其大，即认为该数据经不起验证。三是，要评估原始数据与客观事实的相符程度，评估原始数据与客观事实的相符程度,即具有主观因素又具有客观因素,从主观因素来说,原始数据与客观事实相符程度与审计人员对证实数据是否与客观事实一致性的证据质量有关,审计人员认为某项证据可信,完全是由于有可靠依据对该证据做出了可靠的检验;从客观因素来说,原始数据与客观事物相符程度与审计人员掌握的证实数据是否与客观事实一致的证据的充分性有关,审计人员具有充分的证据证明其数据是可靠的,完全可以做出该数据可靠性的判断。

(三)经济责任定量分析评价标准

政府机关和企业事业单位领导人经济责任审计的分析评价,可以采用定量评价与定性评价相结合,以定量评价为先导、以定性评价为主体内容、定量评价与定性评价同步进行的评价机制。在对政府机关与企业事业单位领导人经济责任进行评价时,应实行"三级"评价模式,即单项指标评价、分类指标评价、综合评价。

1. 单项指标分析评价标准

单项指标分析评价是指根据已核实确认的原始数据,计算各单项指标的实际值并考虑客观因素予以增减调整,按照单项指标考核标准确认每一单项指标的得分,并依据相关证据分析评价各个单项指标实现情况的分析评价活动。对单项指标可以用百分制评分法进行分段考核计分,当单项指标计算结果正好落在评价标准规定的范围以内,该指标基本得分可以是满分,若该指标计算结果超出规定标准或达不到规定标准可调加或调减基本指标得分。在指标基本得分的基础上,审计人员还可根据实际情况结合基本指标的调整指标得分对指标得分作出微调。

在实际操作中,单项指标评价是对每一指标实行分段计分的基础上,再根据指标体系中指标重要程度对指标计算得分进行微调,从而计算出每个单项指标的得分。在对单项指标计分时,按指标自身的特点将其分为标准点是优劣临界点和标准点是最优临界点两类评价标准。标准点为优劣临界点的指标分段计分,一般指标达到目标,标准得分为 100 分,为基本得分;指标每增若干个百分点,即从标准得分中增加一定的分数,一直增到上限为止;指标每降若干个百分点,即从标准得分中扣减一定的分数,一直扣到底限为止。标准点为最优临界点的指标分段计分,一般指标达到目标,标准得分为 100 分,为最高得分;指标每增减若干个百分点,即从标准得分中扣减一定的分数,一直扣到底限为止。在指标基本得分基础上,审计人员可根据实际情况对其进行微调,即计算出单项指标得分。

依据记分标准计算单项指标得分的公式是:

单项指标得分 = 单项指标基本得分 ± 单项指标微调得分

各个单项指标完成情况的考核标准可根据有关法律法规、规章制度的规定、该指标的计划值、上期实现值、行业平均先进值进行选择,一个单项指标必须对应一个考核标准。

2. 分类指标计分评价标准

分类指标评价是在单项指标评价的基础上,对每一类指标进行的分类综合评价。在分类评价时,应按照审计分析评价指标选择时的指标分类进行。指标分类评价采用百分制计分标准,各分类指标得分值根据各单项指标得分值和各单项指标所占的权重计算得出。按分类指标进行的评价,即将各个单项指标的得分与各该指标在其所在类别占的比重计算出每一类指标的得分。一个分类指标记分标准关键是计算指标比重标准,各指标计分比重标准可按照重要性原则,在判断每一指标重要程度后确定。

评价指标分类可以按政府经济责任的内容和范围,将评价指标分为财务活动管理指标、财产实物管理指标、人力资源管理指标、业务经营管理指标四类。按照单项指标的标准比重分计算各类类指标得分计算公式是:

$$分类指标得分 = \sum 单项指标权数 \times 单项指标得分$$

或:

财务(财产、经营、人力资源)管理指标得分 = 真实性指标得分×该层指标权数 + 合法性指标得分×该层指标权数 + 有效性指标得分×该层指标权数

也可以按政府经济责任审计评价目标分为真实性与可靠性指标、合规性与合法性指标、合理性与有效性指标三个层次。其计算公式是:

$$真实性指标得分 = \sum 单项指标得分 \times 单项指标占全部指标权数$$

$$合规性指标得分 = \sum 单项指标得分 \times 单项指标占全部指标权数$$

$$有效性指标得分 = \sum 单项指标得分 \times 单项指标占全部指标权数$$

当然也可以按照其他标准进行分类。计算分类指标得分,首先,要给定各类责任得分的权重,然后据以计算各单项指标的综合得分。

3. 全部指标计分分析评价标准

全部指标评价也称经济责任的全部定量评价,是将各类分析评价指标的分类得分进行加权平均,计算出经济责任履行情况的整体综合得分,并据以判断、评价审计对象经济责任的履行情况。

综合指标评价采取百分制计分方法,综合指标得分根据各分类指标数值和各分类指标在总体指标中的权重计算得出,然后根据全部得分进行定性评价。根据全部指标记分标准计算全部指标得分公式是:

$$综合指标得分 = \sum 分类指标权数 \times 分类指标得分$$

计算被评价人全部得分,首先,要给定各类责任得分的权重,然后据以计算

各类指标的全部得分。

4. 经济责任综合分析评价标准

经济责任综合分析评价是定量分析与定性评价相结合的分析评价。定量分析就是评级指标定量计分的过程,定性评价就是对领导干部各项经济责任履行指标的优劣评价,包括业绩评价和问题评价。业绩评价——履行责任后的正面效果评价;问题评价——履行责任过程中的存在的不足与缺陷分析。

定性评价要注意以下几点:首先,对单项指标定性评价,包括基础指标评价,其中有正面因素评价,也有负面因素评价;调整指标评价,即调增因素评价或调减因素评价;单项指标整体评价,即单独对本指标中正反、调增调减因素综合影响的评价。其次,是综合评价,在计算出综合评价指标值后,依据综合指标计算结果,结合单项指标评价内容得出综合结论。在综合评价中,也应根据综合指标得分将评价结果分级,根据干部考核的分级和具体情况可将评价结果分为优、良、中、差四级,或以其他等级、层次、级差方式反映。

第四章　政府经济责任审计程序和方法论

第一节　政府经济责任审计的程序

审计程序是指审计主体将依据审计责任产生、履行和完成等审计实施环节连接起来的整体,按审计的工作性质和管理要求所排列出的各工作环节、步骤的先后次序。审计程序分为审计机关管理程序(审计一般程序)、审计现场工作程序(审计业务程序)和审计人员取证程序(审计操作程序)三个层次。

一、政府经济责任审计的基本程序

政府审计基本程序是指政府审计机关对审计业务的管理程序。政府经济责任审计有一套与常规审计不同运行规则和程序,参与经济责任审计的政府审计机关一旦接受委托、委派均必须严格按照政府经济责任审计的程序进行审计,不能以任何借口和理由以其他审计代替经济责任审计的规范程序。根据经济责任的基本特点和具体工作内容,政府经济责任审计的基本程序广义上应由计划、准备、实施、终结、后续五个审计阶段构成(狭义的审计程序仅指审计项目程序,只包括准备、实施和终结三阶段)。

（一）计划阶段

政府经济责任审计的计划阶段是指政府审计机关在计划期初或报告期末制定计划期政府经济责任审计计划的工作步骤,它包括计划制定、讨论修订和报批三个环节。通常情况下经济责任审计计划的制定应在报告期期末进行,争取在计划期开始前完成计划制定、修订、报批全部工作,政府经济责任审计计划一旦经有关部门批准,即具有法规和制度约束力。

1. 政府经济责任审计计划编制的依据

中共中央办公厅、国务院办公厅印发的《政府责任审计暂行规定》第五条指出"根据干部管理、监督工作的需要和党委、人民政府的意见,由组织人事部门、纪检监察机关向审计机关提出对领导干部进行任期经济责任审计的委托建议,审计机关依法实施审计"。上述规定明确了政府有关部门作为经济责任审计的委托建议人,政府有关部门的经济责任审计委托建议,是政府经济责任审计基本计划的编制依据。

在实际工作中,可以采取"公示制"的办法来解决审计委托依据不明确,委托方式不规范的问题。所谓"公示制"就是由审计部门先列出计划期内"任职期满领导干部情况一览表",其格式如表4-1所示。此表在领导干部所在单位或辖区公示,发动领导干部所在单位,辖区群众对其经济责任履行情况进行评级,或对其违法违纪行为进行举报,从而使有关政府部门取得领导干部任职情况的第一手信息。公示期满,有关组织人事、纪检监察部门应将公示结果及时向审计机关进行通报,从而为确定经济责任审计对象,为编制年度审计计划提供依据。

表4-1　　　　　　××审计局2008—2009年经济责任审计计划

被审计领导干部姓名	所在单位职务	审计对象	审计范围	审计时间	备注
李爱国	财政局局长	财政决策及管理	2007年5月~2008年5月任职期间所有资料	2009年6月	理由:(1)群众举报存在社会影响大的经济问题(下略)
张建安	教育局局长	地区教育决策及管理	2008年9月~2008年9月所有资料	2008年10月	理由:(1)群众评议教育管理责任履行不当(下略)
沈加生	卫生局局长	医疗卫生管理情况	2007年11月~2008年11月所有资料	2009年12月	理由:(1)常规审计较少(下略)

2. 政府经济责任审计计划的形式

由于经济责任审计涉及的党政机关领导干部人员多、范围广,无论是从审计力量,还是从审计时间要求上看,都无法在有限时间内对全部任职期满的领导干部普遍地轮流审计一遍,再加上不同党政机关或企业领导干部任职时间和任职期满时间基本一致或相近,在同一时期内,同一地区内任职期满的领导干部较为集中,这就给审计机关增加了更大的工作压力,不仅任务难以完成,而且审计风险也相应增加。因此,当组织人事、纪检监察部门将本地区计划年度全部任职期满的领导干部公示资料移交审计机关以后,政府审计机关必须按照一定的标准进行"抽样",符合抽样标准的领导干部,抽出作为计划期经济责任审计的"对象",并列入年度审计计划。

审计机关根据组织有关部门移交的公示资料,应依据以下标准进行抽选:①在公示中群众举报有经济问题或评议认为经济责任履行不佳的领导干部;②组织上准备提拔任用的领导干部;③在当地影响较大,一般认为政绩卓著的领导干部;④连年盈利或连年亏损企业的领导干部;⑤常规审计项目开展较少,审计机关了解较少单位的领导干部。符合上述标准的领导干部,即先抽出作为经济责任专题审计的对象。而对于那些不符合上述标准的领导干部,虽然在近期不进行经济责任审计,但是,可以用常规审计的方式弥补,也可以根据以往常规审计项目审计结果,判断其个人经济责任履行情况。

审计机关根据上述标准抽出的被审计的领导干部按"一人一项",即每个领导干部经济责任审计即为一个审计项目,列入经济责任审计年度计划表。

审计机关在编制年度审计计划时,审计对象和范围是根据被审计领导干部的职权范围和任职期限确定的,这是因为领导干部任职期限内,其经济责任履行具有连续性和完整性的特点,如果不按其职权范围和任职期限确定审计对象和范围,就意味着没有把任职期内所有涉及其经济责任履行过程纳入对象和审计范围,那么这样的审计结果是不完整的。这一点必须引起审计机关的高度重视。审计时间一般安排在被审计人任职期满以后,如果考虑到时间的紧迫性或审计力量的均衡性,审计时间的安排也可提前,但无论是审计时间安排在任职期满前,还是任职期满后,其审计时间与任职期满的时间相距不应过远。

年度审计计划编制完毕以后,应上报本级人民政府,政府与组织人事、纪检监察部门会同审计部门进行联席协商以后,最终确定是否计划批准,以及计划有无调整项目。若计划中有调整项目,政府应责成审计机关进行调整补充,再报人民政府审批。经人民政府审批的审计计划,即是正式执行的计划文本,政府对审计计划的批准手续,就是政府委托审计机关进行经济责任审计的手续。

(二)准备阶段

审计准备阶段是审计组织以下达审计任务开始到审计组进驻被审计单位或开始进行实地取证前的工作步骤。该阶段内,审计机关根据审计计划所列的项目,开始在审计机关内调配审计力量,下达审计任务。在这一阶段审计机关应完成以下工作内容:

1. 安排审计任务

根据年度审计计划安排的每一审计项目的时间,审计机关须在审计项目实施前10~20天着手进行审计项目的准备工作。准备工作先需要解决的问题是在审计机关内部要明确审计项目的性质,分析政府经济责任审计可能遇到的困难和问题,事先对困难和问题做出合理估计,并寻找出现问题的防范对策;特别是对那些资金规模较大、经济关系复杂、领导干部任职时间比较长的被审计单位,更需要充分考虑到经济责任审计的特殊性,并根据具体情况,明确审计人员的分工,清晰审计授权,安排任务要细致,采用的审计方法措施要缜密、得当。

2. 组建审计组

现场实施审计的组织是审计组。经济责任审计部门接到审计任务以后,应组织审计组,根据审计项目的特点和要求,安排适当的审计人员。审计组至少由两个以上人员组成,其中组长一人,组员若干人;审计组实行组长负责制,其他成员在组长协调下工作,审计组成员应按分工各负其责。

3. 签发审计通知书

审计组成立以后,简短的动员和审计任务布置之后,即可进驻被审计单位。根据《审计法》规定,审计机关应当在实施审计之前,向被审计单位和被审计的领导干部送达审计通知书,审计通知书是政府审计机关告知被审计单位和被审计的领导干部接受审计的一种书面文件,审计通知书由审计机关负责人签发。审计通知书格式如图4-1所示。

×××审计局(审计机关名称)
审计通知书
审通字(××)××号

_____同志:

　　根据××××××,决定派出审计组,从××年××月××日起,对您进行经济责任审计。请予以积极配合,并提供有关资料和积极配合审计组工作。

　　审计组长:×××

　　审计组员:×××　　　　　　　　　×××(审计机关全称及印章)

　　抄送:×××　　　　　　　　　　　　××年××月××日

图4-1　审计通知书格式图

上述格式样本是发给被审计领导干部个人的经济责任审计通知书,发给被审计单位(被审计领导干部所在单位)的审计通知书可以仍然采用常规审计通知书格式。

(三)实施阶段

审计实施阶段是审计人员进驻被审计单位后实施调查取证到取证结束的工作过程。这是审计工作的关键性阶段,一般占整个审计程序一半以上的时间。

审计机关在审计实施阶段的具体工作内容如下:

1. 派出审计巡查人员

审计机关领导和管理人员,应深入审计现场了解情况。因为政府经济责任审计的复杂性,审计组进驻被审计单位后,会遇到许多问题和困难,有些问题是事先所没有预计的,有的是审计组无法解决的,如在实际工作中,有可能出现审计人员素质局限影响工作进度,派出的审计组和审计人员之间也可能会出现进度不平衡而影响项目目标的完成,被审计单位不配合等,这些都需要领导出面协调予以解决。

2. 复查审计信息质量

审计机关应加强审计信息质量控制。在审计实施阶段,审计管理人员应严格按照《审计具体业务规范》和《审计具体准则》的相应要求,检查审计人员实施的审计过程,并评价审计人员审计操作的规范性,抽查审计记录和审计工作底稿,以判断审计业务是否执行了审计工作方案,拟做出的审计结论和意见是否适当。

3. 整体研究协调审计项目的实施

审计管理人员深入审计现场,不仅要复查审计组工作质量,还要分析研究审计实施的整体情况,对出现的问题要积极寻找对策;对实施审计中的薄弱环节,属违纪性质的问题,应根据有关法规制度,进行严肃处理;属于技术性问题,应及时加以专业指导;属审计力量不足的问题,应及时调整审计力量,保证审计项目顺利完成。

4. 移交与移送问题

在审计过程中,审计组经过调查取证,发现重大经济犯罪案件嫌疑,应及时向审计机关领导反映,特别是在收集到部分经济犯罪证据或旁证证据的,审计组应向审计机关提出提请司法介入申请。审计机关根据审计组提出的"提请司法介入建议书"及其相关证据,出具"提请司法介入意见书"。"提请司法介入"是指审计查证中,因有重大经济犯罪嫌疑,由于受查证手段限制而无法找到证明被审计人重大经济犯罪确凿证据的事件,而提请司法机关运用司法手段协助调查取证的一种查证方式。这种方式是一种新的探索,特别是在政府经济责任审计中,加强了审计与司法机关的合作。审计机关"提请司法介入"实质上是对被查证的领导干部的问题部分移交司法机关,对于一般性问题仍由审计机关继续查证,并做出评价意见。审计机关"提请司法介入",应向司法机关报送"提请司法介入意见书",检察机关接到"提请司法介入意见书"后,应介入着手开展调查取证,配合审计机关将被审计事项查清、查明。

(四)终结阶段

审计终结阶段是指审计组完成现场取证以后,撰写审计,并将审计报告送达审计机关的工作过程。审计机关收到审计组报送的审计报告后,应按照程序加以审定。审计机关在审计终结阶段应完成以下工作内容:

1. 审定审计报告

审计机关受到审计组上报的审计报告后,应按照程序进行审定。审计机关对经济责任审计报告审定的内容是:①审计组实施的审计程序是否符合《审计法》规定,是否按经批准的审计实施方案执行审计程序;②审计报告所认定的事项是否真实,证据是否充分确凿,经济责任的确认是否适当;③对问题的定性、定量是否准确,所作的结论是否正确,提出的处理意见是否合适、可行等。

2. 出具经济责任评价书

"经济责任评价书"是审计机关根据审计组报送的审计报告及其相关证据资料,提出对被审计领导干部经济责任履行情况评价意见的书面文件,相当于常规审计中的"审计意见书"。"经济责任评价书"的主要内容应包括:①经济责任审计的范围、内容及起止时间;②审计机关根据审计报告认定的事实;③对被审计人经济责任履行情况评价意见;④要求被审计单位对审计中发现的问题自行处理的意见或建议。经济责任评价书格式如图4-2所示。

××审计局经济责任审计评价书

×审评字(××××)字第××号

××审计局关于×××同志任期经济责任履行情况评价

××市人民政府:

根据审通字(××)××号,关于对×××同志经济责任审计通知书,自××年××月××日至××年××月××日对该同志任职期间经济决策和业务管理活动以及遵守国家财税法的情况进行了审计,对其经济责任履行情况的评价如下:

经审计,……(略)

根据上述情况,现提出下列意见和建议:

(略)

××审计局(审计机关全称及印章)

2002 年××月××日

抄报:分管领导、纪委、组织部等

抄送:被审计单位

图4-2　经济责任评价书格式图

3. 建立审计档案

审计机关对已处理完的审计项目,应对审计工作底稿进行分析整理,建立审计档案。在审计机关,实行"谁审计,谁立卷"的原则,由审计组负责人或指定专人负责,根据审计项目进行搜集整理,并按规定的顺序编目,装订成册做到案结卷成,归档保管。

(五)后续审计阶段

政府经济责任审计后续审计实质上是以经济责任审计评价意见为依据,对审计发现问题的处理和对审计发现典型经验的推广。它包括三方面的内容:一是被审计单位有关领导根据审计部门上报的被审计领导干部"经济责任评价书"和"提请司法介入意见书"、"移交司法处理意见书"中所反映的审计意见进行程序化处理;二是被审计单位有关领导部门根据审计机关上报的"经济责任审计报告"和"经济责任评价书"等书面文件中提出的审计意见对领导干部所做出的处理,奖励表彰、升职、晋级或处分、免职、降职等;三是督促有关部门认真贯彻审计机关提出、由被审计单位有关领导签发的各项整改意见和措施。其工作内容是:

1. 分析审计机关对领导干部的评价意见

主管领导及其相关部门收到"经济责任评价书"后,组织有关单位对审计评价意见进行研究。对经济责任评价书中揭露出的领导干部任职期间存在的问题作分类排队,对于重大经济犯罪问题,审计机关提请司法介入或移交司法机关处理的问题,以司法机关处理意见为准;对于一般性工作失误,须分清事实,根据情节或按审计机关意见处理或重新提出处理意见。

2. 给审计机关回复意见

主管领导及其相关部门收到审计机关的"审计报告"、"经济责任评价书"等有关文件后,在分析评价意见的基础上,应给审计机关书面回复,回复意见的内容应包括:①被审计单位领导及相关部门对审计机关的上述文件中提出的哪些意见是同意的,并将在对领导干部的组织处理时准备采用的;②被审计单位领导及相关部门对审计机关报送的上述文件中提出的哪些意见是不同意的,并在对领导干部组织处理不准备采用的;③被审计单位领导对审计机关报送的文件中提出的意见准备采用或不准备采用的理由。

3. 下达对领导干部组织处理决定

主管及其相关部门对审计机关的有关经济责任评价的书面文件进行分析后,根据工作需要及其评价意见,做出领导干部提拔使用、继续原职使用、降职使用、不再使用或者移交司法机关追究刑事责任等处理意见,以书面的形式下达到各有关部门、被审计领导干部本人和审计机关。

4. 督促各部门落实整改

主管领导及其相关部门根据审计机关报送的有关经济责任评价的书面文件中的有关问题的处理意见,就被审计单位及其各部门的内部控制、风险管理提出整改措施,审计机构不仅要对整改过程进行督促检查,而且要对整改结果进行评价,以巩固与扩大政府经济责任审计的成果。

二、政府经济责任审计的实施程序

经济责任审计的实施程序是审计组组织项目审计的业务程序,也是审计组进行取证的现场工作程序。政府经济责任审计实施程序包括以下几方面工作内容:

（一）编制经济责任审计方案

审计方案是审计组根据审计基本计划的要求和被审计单位、被审计人情况初步调查的结果,编制的审计项目行动方案。通过审计方案来确定经济责任审计业务查证的基本步骤。编制审计方案阶段应做好以下工作:

1. 调查了解被审计领导干部的基本情况

审计组进驻被审计单位或被审计单位,将有关资料送达审计机关指定地点后,审计组要组织力量对被审计领导干部个人情况和被审计单位的情况进行初步调查,调查的主要内容包括:①被审计单位基本情况,如单位性质、隶属关系、单位内部机构设置。若是企业还要调查企业规模、职工人数、资金总额、主要投资人、主要经营的业务范围等。②被审计单位业务情况,如财务会计机构的设置和工作制度、业务流程等。③被审计领导干部个人情况,如被审计领导干部日常工作特点、主管与分管以及与其他领导的分工等。

2. 明确审计的基本内容和范围

审计组根据审计机关提供的被审计领导干部的相关资料和经过初步调查了解的情况,界定本项目审计的基本内容和范围,为编制审计方案提供依据。在明确审计基本内容和范围时,要了解被审计领导干部的工作职务、职责、单位性质,这对确定审计内容非常重要。例如:被审计领导干部是政府主要负责人,对其审计的内容应集中在所管辖地区的宏观投资决策、地区经济管理以及个人履行职务活动遵守财经法规情况等方面。例如被审计领导干部是一个国有企业董事长,对其审计的内容应集中在企业重大投资筹资决策、企业重大人事决策、企业财务收支管理以及个人履行职务活动遵守财经法纪情况等。同时还要进一步了解被审计领导干部在日常工作中最关注的领域或直接执掌的业务,领导干部日常亲自执行的工作,也就是经济责任审计重点查证的范围。

3. 编制审计实施方案

审计方案应通过表格形式表示,在审计方案中,应清晰反映审计的具体内容。审计方案的内容包括:①编制计划方案的依据;②被审计领导干部名称;③审计目标、范围、内容和重点;④实施步骤和预定起讫时间;⑤审计组长及其成员分工;⑥编制日期等。审计实施方案如图4-3所示。

<table>
<tr><td colspan="3">××同志经济责任审计工作方案</td></tr>
</table>

××同志经济责任审计工作方案

编号（××）审字××号　　　年　月　日
被审计单位：　　　　　　　审计方式：
项目名称：
编制审计方案的依据
审计目标
审计内容和范围：
具体实施步骤：（从××年××月××日至××年××月××日,共　天）。
1. ××月××日至××月××日 调查了解基本情况
……
2. ××月××日至××月××日 评价内部控制系统
……
3. ××月××日至××月××日 审查财产实物、会计账项,搜集审计证据
……
4. ××月××日至××月××日 汇总整理审计工作底稿
……
5. ××月××日至××月××日 编制审计报告
……
审计组成员　审计组长：×××
　　　　　　成员：×××　　×××　　×××
审计机关审批意见：
　　　　　　　　　　　　　　　　　年　月　日

图4－3　经济责任审计工作方案

审计方案由审计组在实施审计前编制完成,报经审计机关批准后,由审计组长负责组织执行,在审计实施过程中,若发现审计方案不适应实际需要,可根据具体情况,按规定的手续进行调整。

（二）测试内部控制系统

内部控制系统是在组织内部建立的各种控制组织和控制制度的总称。内部控制系统的建立和健全,有利于经济组织维护其财产安全完整,保证其会计资料真实、正确和会计信息可靠,促进其各职能部门和工作环节提高工作效率,从而保证整个经济活动的正常运行,有效避免错误和弊端发生。评价内部控制系统,找出内部控制系统的薄弱环节,从而确定容易出现错弊的环节,为确定审计查证重点提供依据。内部控制的评价一般程序分为健全性测试、符合性测试和功能性测试三个阶段。采用三段式的审查方式,是以设计、修订组织内部控制系统本身为目的而采用的评价方式,而那种以分析确定审计查证重点为目的的审查,则不必对其功能进行测试。

　　审计组在评价内部控制系统以后,应重新审查原拟定的审计方案。如果发现原审计方案确定的审计重点、范围、实施步骤等,与实际情况有很大出入,则应修订审计方案。修订审计方案时,应按规定的程序,在先征得审计机关同意后,再对审计方案进行调整。修订后的审计方案经审计机关主管领导批准后组织实施。

　　(三)测试查证审计对象

　　测试查证审计对象是审计现场工作的主要内容,是实现审计目标的重要手段,在测试查证审计对象阶段,其主要工作内容有以下几个方面:

　　1. 详细检查审计对象

　　政府经济责任审计的查证对象主要包括被审计单位领导干部管辖的财产实物,会计资料和个人履行职务活动。在审查时,应从以下方面入手:①盘存资产实物,即从盘存资产实物中取得证实资产管理责任履行情况的证据;②查证会计资料,即从会计资料查证过程中取得会计资料真实性与其所反映的经济活动合理,合法性的证据;③调查经济行为,即通过对经济活动当事人的行为调查直接取得证明经济行为合理,合法性的证据。审计人员在取证过程中,必须严格遵守各项审计操作规范。

　　2. 搜集审计证据

　　搜集审计证据是实质性测试的直接目的,通过查证有关审计对象,取得证明领导干部经济责任履行情况的证据,作为评价其经济责任履行情况的依据。审计证据搜集是否充分,不仅决定了对领导干部经济责任履行情况评价的公正客观性,也反映了整个审计工作质量的高低,须认真、细致、准确、及时。审计人员要搜集的证据包括:证明被查领导干部经济责任履行情况的书面资料,如决策计划方案、会计核算资料、会议记录、合同协议等;证明被查领导干部经济责任履行情况的实物资料,如财产实物等。在搜集审计证据时,要尽可能搜集那些反映经济责任履行情况的直接证据,同时,审计人员通过现场观察和询问当事人的记录资料也可以作旁证资料。

　　3. 提出提请司法介入建议

　　审计人员在审计取证过程中,对于发现的具有重大经济犯罪嫌疑的线索,但由于查证手续与技术的制约,无法取得有力的证据,审计组应向审计机关提出建议,请审计机关将此移交司法机关调查取证,这种移交实质上是部分移交,即只对个别事件移交司法机关介入调查,对一般经济责任履行情况仍由审计机关继续查证。

　　(四)分析、汇总、整理审计证据

　　审计人员搜集的原始证据虽然具有证据力,但这些证据处于潜在状态,不具有整体证明力,必须进行分析、汇总,并加以整理,才能使原始证据变为具有整体证明力的证据体系。审计证据的分析、汇总、整理,一般通过以下三个步骤完成:①证据筛选,即进一步鉴定审计证据个别价值的过程,经过筛选的审计证据表现出的特征是:审计证据与审计项目相关性强,而且具有重要性和证据力。②证据归类,即对具有证据力的审计证据,按照各分项目或审计要点进行归纳和分类,经过归类的审计证据具有审计证据体系已初步形成、审计证据的证明力已初步确认等特征。③证据鉴别,即在证据归类的基础上确认审计证据整体价值,完善审计证据体系的过程,经过鉴别的审计证据群,是一个具有充分证明力的审计证据体系。

审计证据经过分析、汇总和整理,完成了审计证据由证据力向证明力的质的飞跃。这个过程以及结果,须通过一定格式的书面形式加以反映,这种反映对审计证据分析、汇总、整理的过程和结果的书面资料就是审计工作底稿。编制审计工作底稿一般分为两个步骤进行:①编制个人审计工作底稿,在这个步骤,审计人员将自己在查证过程中搜集的原始证据进行核实、分析,对有用的证据加以集中归类,对无用的证据予以剔除;最后,得出小结性审计意见,按照一定格式加以记录,形成个人工作底稿。②编制汇总工作底稿,在此步骤,审计组长要认真核实,分析,认定每个审计人员的工作底稿,在此基础上,得出汇总性审计意见,并按规定格式加以记录,形成汇总审计工作底稿。

(五)评价经济责任履行情况

经过对审计证据的搜集整理,审计人员对领导干部履行经济责任情况进行了全面评价,以分清领导干部直接责任、管理责任和间接责任的范围,与此相对应,对领导干部经济责任评价一般分为决策责任、管理责任和个人遵守财经法规方面的责任三方面。

1. 决策责任评价

审计人员对被审计领导干部决策责任评价的要点是:①决策的合规性,即决策是否按照领导干部权限范围和规定的程序进行,对于越权决策或放权决策都视为不能正确履行经济责任。②评价决策的合法性,即决策内容是否符合国家法律规定,是否符合国家的政策,对于决策中有违背国家法律和政策的情况也视为领导干部正确履行经济责任。③评价决策的合理性和有效性,即决策方案是否合理,是否可行,执行后是否体现经济性、效率性和效果情原则;否则,也视为不能正确履行经济责任。对决策责任的评价还应分清领导干部在决策过程中所起的作用,领导干部不仅要对由自己直接拍板的决策方案失误负责,而且也要对应由自己决策而最终放弃决策权、由其他人决策导致的决策失误负责。

2. 管理责任评价

审计人员对领导干部管理责任评价的要点是:①内部控制系统建立健全和

执行的有效性,一个企业、事业单位和政府机关的内部控制系统是否健全,是否得到有效执行,与领导干部的管理有关,内部控制系统不健全或运行失效,都是单位"一把手"经济责任不能有效履行的反映。②会计资料的真实性和可靠性,会计资料失实、财务信息虚假与单位主要负责人有直接关系,单位负责人理所当然地要对其所管辖的会计资料失真、财务信息虚假负责。③经营成果分配的合理性、合法性,经营成果的分配是单位主要负责人直接管理的业务内容,经营成果分配是否合理、合法,取决于单位主要负责人的执法态度,经营成果分配违反国家财经法规亦须追究单位"一把手"的责任。④经营活动的合法性、有效性,企业主要负责人也要对经营活动的合法性、有效性负责,经营活动合法性、有效性是企业主要负责人综合经济责任的主要内容。

3. 领导干部个人遵守财经法纪责任评价

领导干部个人遵守财经法纪责任,主要反映在两个方面:一是在执行公务中是否严格依法办事;二是在执行公务中,是否利用手中职权,营私舞弊,贪污受贿,挪用公款。对领导干部个人遵守财经法纪责任评价,主要是对领导干部是否利用手中职权营私舞弊,贪污受贿,有无不作为、乱作为、严重渎职失职等行为。

（六）编制审计报告

审计报告是审计组对被审计领导人经济责任履行情况实施审计以后,就审计工作情况和结果向审计机关提出的书面报告。它是审计机关内部的工作报告,只反映审计事实和表达审计组的初步审计意见,而不是审计机关的最后结论性的评价意见。编制审计报告书要做以下工作:

1. 编制审计报告大纲

审计报告大纲是审计组在汇总审计工作底稿的基础上,按照审计报告书的基本要素和内容编写的汇报大纲。根据我国《审计机关审计报告编审准则》规定,审计报告书包括:标题、抬头、内容、签章、日期五项基本要素,其中审计报告内容是整个审计报告的正文,占据整个审计报告90%以上篇幅,审计报告大纲,就是关于报告内容的简要提纲。审计报告大纲一般由审计组长根据汇总审计工作底稿编制,为了保证审计报告的质量,全面反映审计组成员对领导干部经济责任审计的意见,在撰写审计报告书前,必须组织审计组全体成员对审计报告大纲进行讨论,根据讨论中提出的意见,对审计报告大纲进行必要的修改。

2. 撰写审计报告

审计报告书是根据审计报告大纲撰写的详细报告经济责任审计项目情况和结果的书面文件。审计报告书的基本格式如图4-4所示。

关于×××同志自××年××月××日至
××年××月××日任期经济责任的审计报告

局、部领导(或××局长):

根据审通×(××××)×号审计通知书,我小组已于××年××月××日至××
年××月××日对×××同志任期经济责任履行情况进行了审计,现报告如下:

一、×××同志任职单位基本情况

(略)

二、审计中确认的事实及发现的问题

(略)

三、对×××同志任期经济责任的评价意见

(一)(略)

(二)(略)

以上报告妥否,请审阅。

××审计局(部)×××同志经济责任审计组

××年××月××日

图4-4 经济责任审计报告格式图

3. 征求被审计人意见

审计报告书撰写完毕,必须在审计报告书提出以前征求被审计人个人意
见,若被审计人同意审计报告中经济责任履行情况的评价意见,即签署"同意"
意见,若不同意审计报告中经济责任履行情况的评价意见,即签署"不同意"并
可附签不同意的简短理由。无论是被审计领导干部个人意见如何签署,审计组
均不应随着修改审计报告的内容。办完征求被审计人意见的手续后,审计组即
完成了项目审计的全部计划,即可撤出被审计单位并将审计报告书报审计
机关。

第二节 确定审计取证对象的方法

在审计方法体系中,确定审计取证对象的方法仍属审计技术方法范畴,因
为这些方法在实际工作中具有可操作性的技术特点。如何确定审计取证对象,
关系到审计工作效率和质量,涉及审计成本和审计风险。因此,确定审计取证
对象的方法,历来为审计人员所重视。在现代审计发展中,先后出现了账表基
础法,控制基础法和风险基础法等确定审计取证对象的方法,这些方法在各个
历史阶段的审计工作中,都发挥了十分重要的作用。

一、账表基础审计相关的抽样方法

账表基础法是指以全部经济业务或会计事项的账表资料为基础,直接从会计资料进行入手,实施抽样审查,收集审计有关证据,形成审计意见和结论的一种技术方法。从审计对象范围上看,这种方法以凭证、账簿、报表为重心,以数据可靠性为着眼点,对大量的凭证、账簿、报表进行逐笔审查,并作系统分析,主要目的是查错防弊,也称为详细审计。从审计查证顺序上看,有两种顺序可供选择:一是顺查法,即按照反映经济业务的会计资料形成过程顺序取证的方法;二是逆查法,即按照反映经济业务的会计资料形成过程相反的顺序取证的方法。这两种方法都属于账表基础审计法。

（一）顺查法

顺查法是按照会计资料形成过程确定审计取证对象先后次序的方法。反映经济业务的会计资料形成过程是:经济业务——原始凭证——记账凭证——日记账,明细分类账——总分类账——会计报表。顺查法是以分析检查原始凭证为起点,通过检查记账凭证,最后审查会计报表的一种方法。顺查法从原始凭证入手,循序渐进,检查的资料全面而详细,精确度较高,一般说来不容易遗漏重大错弊问题,查账质量较高。同时此种方法也较简单,易于掌握,比较适用于业务量较少,凭证较少,存在问题较多的被审计单位。但是,由于这种方法事无巨细,面面俱到,不利于及时抓住主要问题,也不利于提高审计效率和质量。

（二）逆查法

逆查法是按照反映经济业务的会计资料形成过程相反的顺序进行审计取证的技术方法。在逆查法下,以审阅分析会计报表为起点,通过审查各种账项记录和记账凭证,最后核对分析原始凭证,从而取得审计证据。逆查法从分析会计报表入手,由表及里,由面到点,根据对面的分析,确定重点审计对象,也称为“以会计报表为导向”的审计方法。这种方法,着眼于大处,在抓重点的基础上,对于重大错弊事项进行详查;在纵览全面的基础上,明确主攻方向,有重点、有目的地进行审计。逆查法具有针对性强,能较快查清问题症结所在的特点,从而可以节省人力和时间,提高审计工作质量和效率,同时,还有利于抽样法运用。但是,由于不是对被审计单位资料进行详细而全面审查,而凭审计人员判断确定审计重点,容易出遗漏,此外,此种方法比起顺查法来,也较不易掌握。

二、制度基础审计相关的抽样方法

制度基础法也称系统基础审计法,是指从被审计单位内部控制系统审计入手,根据对内部控制系统的评审结果,确定实质性测试中应该检查经济业务的数量、重点、范围,根据审计检查结果形成审计意见的一种审计技术方法。制度基础审计法的理论根据是：如果产生财务信息的各种方法、技术以及防止和揭示差错或弊端而采取的各种制度、措施即内控系统在整个审计期间是可信的，则在这个系统下产生的会计信息和发生的经济行为也必然是真实的、正确的和可靠的。制度基础审计法下，审计对象的确定顺序是：先评价被审计单位的内部控制系统，然后根据内部控制系统评审结果，选择被审计内部控制系统的薄弱环节，作为下一步实质性检查的重点对象。最后，再对在内部控制系统薄弱环节产生的会计信息和发生的经济行为进行详细检查，从而得出审计结论。审计对象的范围确定方式是：通过对系统中各个环节审查，发现控制系统中的薄弱环节，并针对薄弱环节，确定审计对象的重点范围。

制度基础审计法为审计抽样方法的产生提供了广泛的基础。在此方法下，大量采用的是判断抽样方法，它是对任意抽样方法的完善和总结，又为统计抽样方法的产生创造了一定的条件。手工审计中抽样方法主要有：

（一）任意抽样法

现代审计发展初期，审计人员为了减少工作量，常常从被审计单位的会计资料和其他经济资料中，抽取部分资料进行审查。这种抽样，对于抽取哪些样本，抽取多少样本，都由审计人员随意决定，没有一定标准。这种抽样方法虽然简便，但由于对样本选择没有遵循一定规律和缺乏科学依据，因而审查的结论存在较大片面性，难以保证抽查样本的质量和审计结果的质量。

（二）判断抽样法

判断抽样法又称重点抽样法，即由审计人员根据被审计单位会计资料结构和质量情况，内部控制系统的评价结果，经过初步调查分析，估计可能存在的问题找出其中薄弱环节，有目的、有重点地选择被审计单位某一部分资料作为详细审计对象（即审计样本）的一种审计技术方法。判断抽样方法是对任意抽样方法的总结和完善，并在此方法基础上发展起来的一种抽样方法。判断抽样中样本抽取的质量高低，能否接近于总体特征，取决于审计人员的政策、业务水平、实际经验和判断能力，取决于审计人员对审计对象的了解程度和内部控制系统的评审结果。

三、风险基础审计相关的抽样方法

风险基础法是指在审计风险分析的基础上统筹使用各种审计测试方法，综合各种审计证据，以形成具有避免风险意义的审计结论的一种审计技术方法。风险基础审计方法运用中，计量审计风险的公式是：

期望审计风险 = 固有风险 × 控制风险 × 检查风险

在上述审计风险测算模式中，固有风险和控制风险的评估对检查风险有直接影响，固有风险和控制风险水平越高，审计人员应实施越详细的实质性测试程序,可以将检查风险降至最低水平。因此,当检查风险较低时,审计人员面临的审计风险就大。运用审计风险模式,将审计风险降至审计人员可以接受的程度,这种可以接受的审计风险称为期望审计风险。期望审计风险虽然受固有风险、控制风险和检查风险三个因素影响,但最终决定审计期望风险大小的因素是检查风险,检查风险决定审计人员收集证据的数量,当检查风险较低时,审计人员面临的审计风险就大。此时,必须搜集大量审计证据;审计人员愿意承担的风险越高,需要的证据越少。在风险基础审计中,根据审计风险值确定审计样本量的统计抽样方法也得到了广泛运用。

统计抽样方法是按照随机原则,运用数理统计法确定样本规模,并对总体特征进行推断的一种抽样方法。它是概率论、数理统计方法与审计结合的产物,统计抽样可用于符合性测试,也可用于实质性抽样,无论是用于符合性测试中的属性抽样,还是用于实质性测试的变量抽样,确定样本规模是审计能否达到预期结果的一个关键步骤。

统计抽样方法在一定程度上说,它是现代审计的一种重要方法,特别适用于电子计算机审计。其优点是:能科学地确定样本规模,能计算抽样误差,并将误差控制在预先给定的范围内,从而有效控制审计风险。但是它比较机械,使用起来比较复杂,只适用于资料比较齐全的被审计单位。

第三节 政府经济责任审计取证的技术方法

无论抽样审计还是非抽样审计,无论统计抽样还是非统计抽样,一旦审计对象确定以后,其从审计对象中搜集审计证据的方法是相同或相似的。审计取证的技术方法包括以下几类:

一、财产实物检查的方法

检查财产实物安全完整,主要通过盘存法,搜集有关财产实物账实一致性和所有权确认适当性的证据;通过鉴定法,以取得证实财产实物管理责任情况的证据。

(一)盘存法

盘存法是指通过对财产实物的清点、计量、盘查来证实账面反映的资产是否确实存在,以及资产所有权归属的一种技术方法。盘存法中所采用的步骤是:

确认账面应存数。根据账项记录和据以入账的原始凭证,核实账项记录是否真实正确,对于那些未入账的凭证,要视其具体情况据以调整账项,经过调整后的财产实物账面记录,即为账面应存数。账面应存数是衡量实际库存数是否正确的依据。

清点实际库存数。仓库库存的财产实物,在盘点时要进行清点。清点后仓库财产实物,要依据其原始单据,确认其所有权,对于那些清点中确认的所有权不属于被审计单位的财产实物,应从实地清点的财产实物总量中扣除;对于那些清查中查出的所有权属于被审计单位,而不在清点的实物总量中的实物,应在清点的实物总量中加入。调整后财产实物总量,即财产实物实际库存数。

比较财产实物的账实一致性。实物清点以后,将账面应存数与实际库存数比较,若两者一致,即说明财产实物账实相符;若两者不一致,账面应存数大于实际库存数时,即为库存财产实物短缺,账面应存数小于实际库存数时,即为库存财产实物长余。

在审计工作中,盘存法适用比较广泛,可用于库存现金盘点、流动资产盘点和固定资产盘点,盘点的形式可分为直接盘点、监督盘点、突击盘点和通知盘点等。

(二)鉴定法

鉴定法是指聘请或指派有关专家对财产物资的质量、性能进行鉴别的方法。由于财产物资技术结构和性能比较复杂,对财产物资的质量、性能鉴定也必须聘请专家进行,鉴定法的具体步骤是:

明确鉴定财产物资的范围和内容。明确财产物资的鉴定范围主要是对需要鉴定的财产物资的种类进行确认,如机器设备、房屋建筑物、原材料等;明确财产物资的鉴定内容主要是对需要鉴定的财产物资的经济技术指标确认,如财产物资新旧程度、财产物资损坏程度、财产物资的使用功能等。

聘请或指派内部专家对需要鉴定的财产物资进行鉴定。鉴定中,首先要对财产物资的质量情况进行分析评价;然后根据财产物资的质量情况和有关财产物资管理的经济技术方法,将财产物资数量转换成市场价值。

分析评价专家鉴定意见的可靠性。通过对财产物资质量和性能的技术鉴定,为确定资产的实际价值,评价被审计单位现有经济潜力提供依据。

二、书面资料检查的方法

书面资料包括会计资料和其他有关反映被审计单位经济活动和被审计人员履责情况的资料,如会计报表、会计账项、会计凭证、经济合同、计划、统计资料等。检查书面资料真实性正确性的方法主要有审阅法、核对法、调节法、比较法和分析法(后两种方法在下一节论述)等。

(一)审阅法

审阅法是指对书面资料的阅读和通查,以鉴别经济资料本身真实性和正确性及其反映的经济活动的合理性、合法性和有效性的一种技术方法。所谓阅读,是对某一项书面资料的详细研读。所有书面资料都是由多种单项资料构成,例如会计凭证,是指每项经济业务凭证都包括在内的凭证群体。对会计凭证阅读,就是对会计凭证群体中某一项会计凭证,就其内在勾稽关系和凭证票面内容的完整性所进行复核。通过阅读能发现所阅读的单项书面资料本身存在的问题。所谓通查,是对书面资料体系整体勾稽关系的研读。所有书面资料都不是孤立存在的,而具有紧密的相互联系。例如会计凭证和会计账簿、会计报表之间,内部都有着错综复杂的勾稽关系,通过对书面资料整体勾稽关系的分析,可以从中全面了解资料系统中存在的问题。审阅法可用于原始会计凭证、记账会计凭证、会计账簿、会计报表以及经济计划、经济合同、预算、规章制度等书面资料审阅。

（二）核对法

核对法是指对相关书面资料的相互对照和复核,以证实相关经济数据本身是否相符的一种技术方法。这种方法在审阅法的基础上,运用更为快捷、有效。因为通过审阅,发现书面资料中的可疑现象,再经过相关资料之间核对,就容易将审阅中发现的疑点查清。核对法是运用各种书面资料之间的相互制约或统驭被统驭的关系,来建立不同书面资料的核对关系的。根据会计学中复式核算原理,各种会计资料会形成一种互相制约和统驭、被统驭的关系,如会计凭证、会计账簿、会计报表之间,无论出现任何错弊,都会导致制约或统驭关系失衡。通过相互核对就可以发现书面资料本身是否真实、正确,所反映的经济活动是否合法。

核对法主要包括:凭证与凭证之间核对,凭证与账簿之间核对,账簿与账簿核对,账簿与报表核对,报表与报表核对以及会计资料与其他经济资料核对等。

（三）调节法

调节法是对因记账时间差异、结账时间与检查时间不同、错弊账项而造成的账面记录数与实际应记录数的差额进行调整的一种审计技术方法。调节法有三种用途:一是对未达账项调节;二是对结账数额的调节;三是对错弊账项的调节。

所谓未达账项,是指企业、机关、事业单位或其他经济组织与银行、其他单位或内部所属独立核算单位之间,一方已经入账而另一方尚未入账的账项。未达账项主要是被审计单位与其他单位通过银行进行结算中出现的同一笔业务因二者入账时间不同造成的一方入账另一方未入账的账项。对未达账项调节时,审计人员应先对银行对账单和日记账进行分析后,根据分析结果,重新编制"银行存款余额调节表",并将调节后的银行对账单与该调节后的银行存款日记账余额相核对。

结账数额的调节是指审计人员对账表所列数据进行审查确认时,根据审查日确认的账面数据和审查日到结账日实际发生的数据,调整出结账日账面应存数据的一种调节方法。这种方法主要用于审查会计报表所列的各项资产数额真实性和正确性。在实际工作中,审计人员一般是在被审计单位编制会计报表之日后进行审计,政府经济责任审计大多是事后审计,因此资产审查日往往迟于结账日。在这一段时间内,被审计单位经济业务已发生变化,而审计人员无法直接取得被审计单位结账日实际资产结存数来验证账实的一致性。采用调节法就是以审查日这一时点上资产实际结存数,将被审计单位在结账日到清查日正常业务而发生的资产增加、减少的数据相应进行调整,然后将审查日有关数据倒推到结账日,以调整后的数据与结账日账面余额或报表所列资产数据相核对,用以验证财务报表数据的真实性与可靠性。调节法一般在盘点法以后使用,其调节公式是:

结账日账面应存数 = 审查日实际库存数 + 结账日至审计日发出数 − 结账日至审计日收入数

在应用上述公式进行调节时,必须将结账日至审查日止资产实物收发业务有关凭证进行审阅核对,以避免结账日至审查日的发出量和收入量计算错误,从而导致结账日账面应存数计算错误。利用上述公式调节后,结账日账面应存数应与账表所列的资产余额相符,即可确认账表所列数据真实与正确;若不符,还应通过审阅、核对、查询等其他相关方法进一步查明两者不符的原因。

错弊账项调节是指审计人员对账表审查中发现的错弊账项利用编制调整会计分录的方式进行调整的一种方法。这种方法主要是在审阅、核对以及其他取证方法中发现问题后运用的,它是审计取证的直接方法。错弊账项调整过程一般分为三个步骤:①当运用其他取证方法发现错弊账项时,先将错弊账项的会计分录以及错误数据记录下来,并附有原始凭证、记账凭证和原错误记录的复印件;②列出该错弊账项所反映的经济业务的正确分录及其有关法规制度依据,以作为编制调整分录的依据;③编制调整分录,即根据错弊账项与正确会计分录对比结果列出调整分录。一般来说编制调整分录应遵循两点要求:一是关于调整分录中会计科目运用时,只运用反映经济业务最终结果的会计科目而不运用反映经济业务过渡过程的会计科目,即只调结果,不调过程。二是关于调整分录中数额时,只调整错误数额,不调整全额,即差额调整。

三、经济行为检查的方法

经济行为的合法性有效性,不仅可以从经济行为本身体现出来,也可以通过财产实物安全完整程度,会计资料的真实正确性等方面反映出来。政府经济责任审计工作中,审查经济行为的合法性和有效性是其最主要的目标,而对财产实物盘点、对账项资料的清查,不过是手段而已。以上所述检查财产实物安全完整和检查书面资料真实可靠的方法都属于查证经济行为合法有效的方法,但这些方法不是直接方法,这里只介绍直接查证经济活动本身所运用的方法,这些方法主要包括:查询法、询证法、观察法等。

（一）查询法

查询法是向被审计单位有关当事人、经办人、知情人调查询问,以了解被查经济行为或被审计责任人真实情况的一种审计技术方法。查询法往往是在审阅、核对、盘存等技术方法中发现疑点以后运用的。特别是在一些书面资料无法提供真实可靠的信息或书面资料不完整,有些经济行为事实真相没有记录等情况下,运用查询法不失为一种有效手段。

在对有关人员查询时,一般应根据查询对象确定查询方式;其查询方式,一般有揭示性和证实性两类;揭示性查询是由审计人员提出一些疑问,请被查询人根据自己掌握的事实情况回答,以揭露问题的真相;证实性查询是由审计人员提出一些有待征实的问题及其背景、数据等要求被询问人有选择性地回答,以证实问题的真相。

查询时,审计人员要讲究政策,讲究工作方法,尽量争取被审计单位及其被询问人的真诚合作,提供可靠有用的证据。

（二）函证法

函证法是通过向有关单位发函证实被审计单位债权债务真实性的一种审计取证技术方法。这种方法往往是由审计人员发函给被审计单位的债权、债务人及其他有关单位和人员,请求核实来往账目以及有关财产和余额,以补充审阅、核对、查询等技术方法的不足。

询证函一般分为两种方式:一种是积极式的询证函,即无论询证的内容与被询证单位账项记录相符与否,都要求对方回函的一种方式;另一种是消极式的询证函,即只有在询证的内容与被询证单位账项记录不符时,才要求回函答复的一种方式。询证函必须由审计组审计人员办理函件收发,不得由被审计单位代为办理。审计人员收到回函后,应及时与被审计单位有关记录核对,如有不符即可证实问题的存在。

（三）观察法

观察法是审计人员通过实地观察取得审计证据的一种审计技术方法,这种方法可用于对财产实物审查,也可用于对经济行为的现场观察。

观察法主要是对被审计单位内部和外部环境观察,了解被审计单位经营环境与经营素质;通过对被审计单位经营管理活动之观察,了解其经营程序是否合规;通过对被审计单位人员操作环节的观察,了解工作人员技能是否达到要求。运用观察法,应事前作好准备,有目的、有重点地观察某些事物。在观察时,要防止被一些假象蒙蔽,应注意不让被观察对象察觉,观察法的应用与查询、盘点等方法相结合,互补、互动,以取得良好的观察效果。

第四节　政府经济责任审计的分析方法

政府经济责任审计不仅要搜集到真实可靠的审计证据,还要根据证据提供的信息对被审计的领导干部经济责任履行情况进行分析,为客观公正评价其经济责任提供支持。审计分析方法是审计方法体系中最具活力的部分,它可以贯穿于整个取证过程中,也可以在审计取证结束以后单独进行,从审计工作一开始到整个审计工作结束都离不开审计分析。政府经济责任审计作为对领导干部任职期间个人经济责任的审计方式,审计分析方法的运用显得十分重要。

政府经济责任审计中常用的审计分析方法应有以下几种:

一、比较分析法

比较分析法是通过经济指标或相关数据的对比,寻找不同指标或数据及其所反映的经济现象的差异的一种审计分析方法。比较分析法一般采用实际与计划,现在与过去、本单位与外单位相关指标或数据比较的方式,来达到寻找差距之目的。比较分析法包括绝对数比较分析法和相对数比较分析法两类。

1. 绝对数比较分析法

绝对数是表明在一定时间、空间和条件下,社会现象的规模或水平的总量,也称为总量指标。通常以实物单位、货币单位、劳动单位等计量单位来表示。绝对数比较是审计分析中常用的方法,它是通过被审对象相同项目的本期实际指标同计划指标,或同上期实际指标,或同其他组织同期指标进行比较,从绝对数量上揭示差异数的一种分析方法。通过这种比较,一方面可以确定计划完成情况或经济效益高低;另一方面可以判断变化的情况是否正常,为查账提供线索。如果有异常现象,就可以进行跟踪追查,找出问题的关键。

审计工作中进行绝对数比较的范围十分广泛,它可以通过收集的各种会计资料和统计资料来进行分析,如会计报表中的收入和支出项目、资金占用和来源项目、单位成本、利润等项目。这些项目中有些发生数基本稳定,就可以通过本期与上期实际直接对比来发展异常变动现象,揭露问题,如统计报表中的产量、产值、职工人数、设备运转台时等;也可以同上期或计划进行比较,并编制相应的比较分析表。在政府经济责任审计中,绝对数分析法主要用来分析领导干部在任职期间各项经济指标完成情况的比较,从而为评价领导干部某项经济责任履行情况提供依据。

应当指出,绝对数比较分析法只适用于同质指标的数量对比,在运用此方法时,要注意对比指标的可比性。

2. 相对数比较分析法

相对数是指两个或两个以上互为联系的经济指标的数量之间的比例,也称为比率。由于绝对数比较必须强调对比指标的可比性,相对数比较却可将不可比较的两个或两个以上的指标用比率的形式化作可以比较的指标,所以相对数分析和绝对数分析结合运用,能够更完整地说明经济事物的性质和特征。反映各指标相对数的比率有多种形式,其主要形式包括相关比率、构成比率和动态比率几种。

相关比率是根据经济活动中客观存在的相互依存、相互制约的关系,将两个性质不同但又相关的指标加以对比求出的比率。

构成比率是指某项经济指标的各个组成部分与总体的比率。通过分析总体构成内容的变化,从而掌握该项经济活动的特点与变化趋势。

动态比率是将同一指标在不同时期的数值进行对比,求出一种比率,这是分析该项指标的发展方向和增减速度,以观察经济活动的变化趋势的一种比较分析法,故也称为趋势分析法。例如,将某一指标报告期水平与某一指标基期的水平相比,可以得到定基发展速度,表明这项经济指标在一定时期内总的发展速度;也可将每一期的水平与前一期比较,计算环比发展速度,表明这项经济指标在不同基础上发展变化的情况。

3. 因素比较分析法

因素分析法是用来计算几个相互联系的因素对综合经济指标影响程度的一种分析方法。通过分析计算,可以追溯影响经济指标完成的原因,确定各因素的影响程度,有利于判断经济责任的履行情况。在组织的经济活动中,许多综合性经济指标的变动,都是由许多因素变动综合影响的结果。这些因素有时按照同一方向变动,有时按照相反方向变动,而变动的幅度又各不相同。要测定各个因素对经济指标变动的影响程度,可以先按综合经济指标与各个因素之间的依存关系列出各因素之间的关系式,然后在假定其他因素不变,而其中一个因素变化的情况下,分析这个变化因素对总体指标影响程度。由此又可继续分析影响这个因素变化的原因,找出问题的关键,即通过计算可以看出综合经济指标的影响因素是依次地、逐个进行替代的。在比较前后计算的结果,以确定各个因素的影响值时,每一个中间环节都要连续重复加以比较,使每一个环节都能互相比较,环环相扣,因而因素分析法也被形象地称为"连环代替法"。

二、账理分析法

账理分析法是指利用会计核算工作中记账一般原理或账项结构原理,分析

经济活动或账项记录中是否存在问题的一种分析方法。账理分析法是审计工作中的常用方法,一般账理分析法包括以下两种方式:

1. 平衡分析法

所谓平衡分析法是运用会计要素之间相互依存和相互对应的平衡关系来发现会计要素变化中各种现象的一种分析方法。平衡分析法利用会计要素的相互依存和相互对应的关系进行分析时,主要有以下三种情况:一是"资产 = 负债 + 所有者权益";二是"利润 = 收入 - 成本费用";三是"资金占用 = 资金来源"或"现金流入量与现金流出量"对比,利用这三种平衡关系分析企业、事业单位的资产结构、盈利水平、资金状况等是十分重要的手段。通过"资产 = 负债 + 所有者权益"这一平衡关系,审计人员可以从中取得以下几个方面的信息:①企业或其他企业总资产价值中自有资金和借入资金的各占有份额,即企业或其他组织负债经营的成分有多大;②透过账面记录资产、负债、所有者权益三组数据的变化趋势,发现企业或其他组织资本运作手段的好坏;③透过账面记录资产、负债、所有者权益平衡关系的变化,把握资产品质的优劣。通过"利润 = 收入 - 成本费用"这一平衡关系,审计人员也可取得以下方面的信息:①企业盈利水平、企业销售水平和企业成本费用管理水平;②透过账面记录利润、收入和成本费用这一平衡关系的变化,也可以把握企业盈利、销售水平的变化趋势。通过"资金占用 = 资金来源"这一平衡关系,审计人员可以了解企业或其他组织资金占有结构和资金来源结构及其变化趋势。通过"现金流入量与现金流出量的对比关系,可以使审计人员了解企业或其他组织实际收益能力等。平衡分析法不仅在常规审计中是一种常用的分析方法,在政府经济责任审计中,也是一种十分有效的分析方法。

2. 账龄分析法

账龄分析法也称期龄分析法,是指运用某项内容或经济事项入账期限或在账面存续期限长短来分析经济事项发生是否异常的一种方法。这种方法可以用来分析存货、债权、债务以及对账龄较为敏感的一些经济事项的分析。账龄分析一般是按照某类经济事项按照其在账面存续的时间长短列表,再结合各类经济事项自身的特点,分析此类经济现象中存在的问题。例如审计人员根据某组织库存商品入库的账龄分析该组织商品管理情况,其账龄分析表如表 4 - 2 所示:

表 4 - 2 　　　　　　　　　**库存商品账龄分析表**

账龄分析表　　编表日期:2002 年 10 月 8 日

商品名称(类别)	购入(入账)时间	库存时间	库存数量	备注
甲类商品	2002 年 8 月 20 日	2 个月以内	50(吨)	

表4-2(续)

商品名称(类别)	购入(入账)时间	库存时间	库存数量	备注
乙类商品	2002年5月17日	半年以内	1000(件)	
丙类商品	2001年11月15日	1年以内	500(盒)	
丁类商品	2001年7月25日	1年以上	100(个)	

根据表4-2中所列,说明该组织有四类商品的存储时间超过1个月。其中,丁类商品储存时间已超过1年,假定库存商品计划期为1个月,库存商品作为组织的主要流动资产,有四类资产超过计划存储期限,以此,审计人员可以做出对组织库存商品管理中存在采购环节失误和销售工作不力的合理怀疑,究竟是否属于此类问题,还要通过进一步取证才能得到证实。除此之外,对于应收账款、应付账款也可采用账龄分析的办法,来判断被审计者在短期债权、债务管理中经济责任的履行情况。

三、疑点分析法

审计疑点是审计人员在审计中发现的违背常规的奇异迹象或不正常现象。疑点分析法是运用多种分析手段,围绕着奇异现象的发现、落实、排除而形成的自成一体的独特分析方法,这种分析方法是对那些记录资料不系统,或行为发生缺乏原始记录的经济活动追查较为适合。在政府经济责任审计中,对于领导干部在执行公务中的渎职失职、贪污受贿等重大经济犯罪行为的查证,亦是一种有效的分析方法。

1. 审计疑点排除分析方法

在对审计疑点进行分析时,审计人员会遇到两种现象,一是审计人员认为经济事项与一般情况不同,有异常的迹象或因主观客观原因所致假象,造成审计人员对某种行为或现象的怀疑,这种因正常客观原因造成的经济活动中的可疑迹象称为"假疑点"。二是审计人员认为与经济事项与一般情况不同、有异常的迹象中,缺乏正常的主客观原因,这种可迹象是客观事实真相的一种反映,导致审计人员对某种行为或现象的怀疑,这种因缺乏正常原因导致的经济活动中的可疑迹象称为"真疑点"。

在上述两种现象中,因为导致可疑迹象的"原因"被"现象"所掩盖,不经分析,审计人员无法知道哪些可疑现象是"真疑点",哪些可疑现象是"假疑点"。审计疑点的排除分析,就是为了在所有"审计疑点"中分出真假疑点,对于隐藏经济问题的"真疑点",应按照"疑点"的特征,采取进一步的分析步骤,将问题查清;对于"假疑点",经过分析认为无问题,即加以排除。审计疑点的排除分析即对真假"疑点"的分析,其分析方法主要有分析证实法和分析调查法。

分析证实是通过对审计疑点查证证据的分析,证实审计疑点中所反映的问题是否真实,从而确定对审计疑点是应加以否定还是应加以肯定。分析证实的具体步骤是:①对审计证据进行分析;②证实审计疑点的真假性质;③若是假疑点,即对疑点加以否定;若是真疑点,即采用调整账项的办法或提出审计意见的办法加以处理。

分析调整是通过对审计疑点查证证据的分析,确定审计疑点及其所反映的问题对有关资料正确性的影响程度,从而对错弊账项进行纠正的方法,其分析调整的具体步骤是:①分析错弊点和错弊程度;②找出调整的根据;③向被审单位发出调整错弊账项的通报,调整错弊后的账项,是正确账项,即排除了审计疑点存在的根源。

2. 审计疑点追查分析方法

审计人员在对审计疑点进行分析时,当通过查证、分析、认定与被审计人相关的财产实物、书面资料和经济行为中的可疑现象,发现其背后确实隐藏严重经济违法犯罪、营私舞弊或失职渎职行为,这时该审计疑点就是审计真疑点。由于构成审计疑点的原因不同,疑点的表现形式也分为动态疑点和静态疑点两个方面,对审计疑点的追查分析也必须根据疑点的不同表现形式采用不同的分析方法。

动态疑点作为经济活动中正在发生的可疑迹象,它是经济活动中错弊行为的反映,对其追查,必须深入检查与其有关的全部经济活动,其追查方法包括推理分析法和追踪分析法。推理分析法是运用逻辑学的原理,按照事物发展的一般规律进行合理推断的方法。首先根据审计疑点的具体内容,确定推理的前提,然后按照推理的一般程序进行分析,根据分析结果做出审计结论。追踪分析法是按照审计疑点提供的审计方向和审计线索,进行追查其发生原因和结果的方法。这种分析方法,首先要找出审计疑点产生和发展的运行轨迹;其次根据其轨迹追查经济活动事实真相。

静态疑点作为反映经济活动的资料中所表现出的可疑迹象,它是会计记录中和以前经济活动中的错误和弊端的反映,对其追查,必须深入检查与其有关的全部记录资料。其追查方法主要包括核对分析法和调节分析法。核对分析法,是运用有关经济活动记录资料中的勾稽关系,来追查其疑点发生的原因或结果的方法。经济活动资料除了包括决策方案、经营合同等有关文字资料外,而且还包括大量会计核算资料,核对分析主要是利用会计资料、统计核算资料和业务核算资料中的勾稽关系进行核对。在核对过程中,要对那些不符之处进行认真分析,找出不符的原因。调节分析法,是将不可比的经济活动记录数据调整为可比数据,并通过分析差异找出疑点发生原因的一种方法。调节法主要用于财产物资账项记录的检查,其具体做法是:①表格调节法,主要是利用表格的形式,将原账面记录余额调节为正确记录余额的方法。例如库存现金调节表,主要用于调节现金账面余额;银行存款调节表,主要用于调节单位账面余额与银行对账单差额;商品材料收付存调节表,可以用来调节材料商品账面余额等。②公式调节法,主要是以某一日期的账面记录余额为出发点,调整为另一日期的账面记录余额的一种方法。从时间顺序上说,表格调节法中的调节顺序是,由前向后调,调节出的数额即为期末余额;公式调节法中的调节顺序是由后向前调,调出的数额即为前期期末余额。通过对账面记录余额的调节,使账面记录之间具有可比性,从而可以进一步分析疑点的产生原因。

第五节　政府经济责任审计评价方法

在政府经济责任审计中,审计人员除了采用科学的方法搜集审计证据外,还要利用合理的标准对领导干部履行经济责任情况进行公正、客观的评价。在政府经济责任评价时,应根据不同的评价对象和内容,采用与之相适应的评价方法,一般来说,经济责任审计评价要从三个方面入手:一是对领导干部在任职期间建立制度、规范管理方面的审查评价;二是对领导干部任职期间各项任期目标完成情况方面进行评价;三是对领导干部个人廉洁勤政方面的评价,这是对领导干部个人品性方面的评价。其评价方法主要有:

一、制度评价法

所谓制度评价法是指对单位内部控制制度健全性、符合性测试的前提下,对内部控制制度的可信赖程度进行的综合评价方法,制度评价应按照以下三个环节进行:

(一)健全性测试方法

健全性测试是指对内部控制措施和制度是否健全和完善,已建立的控制措施是否有明确的控制目标,其内容是否符合国家规定,其操作程序是否经济可行等方面的测试。这种测试,完全是对制度本身的测试。健全性测试主要是通过对内部控制的调查与描述,评价其已建立起的内部控制环节和程序是否齐全、完整、有无制度、措施缺陷等。健全性测试的方法主要有作业现场观察法、内部控制流程图法和调查表法。但从目前所运用的内部控制测试方法来看,健全性测试最为规范和直观的作法为流程图法。因为作业现场观察法往往受观察人员和观察地点的限制,难以根据内部控制制度的观察结果进行系统地评价内部控制的健全程度。调查表法是以提问的方式调查内部控制的健全情况,由于调查表本身无法系统反映内部控制制度的情况,在评价其健全性、完整性方

面缺乏直观性。运用流程图法来测试内部控制的健全性时,其具体工作步骤是:

选择或确定一个理想的控制模式。对于一个单位来说,选择或确定一个理想的控制模式并不难。因为目前,不仅有众多可以借鉴的先例,而且国家有关部门也对内部控制制度建立的模式作了具体规定,例如财政部发布的关于企业内部控制的有关规定,现代企业制度模式本身就是一种较为规范的内部控制制度。尽管各单位有各单位具体情况,但这并不影响内部控制模式的可借鉴性与通用性。一般比较理想的内部控制制度应是控制秩序、控制环节与控制手续制度的相互衔接配套,控制目标和控制内容高度的和谐统一,从而形成有机的控制运行系统。选择或确定理想的内部控制模式,主要通过流程图加文字说明的方式加以描述。

调查了解现行内部控制情况并与理想模式比较。在调查了解过程中,要根据内部控制流程图描述的内部控制点和控制手续,一项一项与单位现行制度进行核对。核对时,一是要核对应设的内部控制点是否齐全,关键控制点设置是否恰当,控制目标是否明确;二是要核对各控制点上所有控制手续是否完善,其控制手续的内容是否符合法律制度规定。对于在测试中发现与其理想模式不一致的控制点和控制手续应在流程图中标明,用以评价其内部控制的健全程度。

初步评价内部控制的健全程度。审计人员将现行内部控制制度通过与流程图或调查表描述的理想内部控制模式对比以后,根据在流程图或调查表上所标注的内部控制测试情况或记录,对现行内部控制制度的健全性做出评估。其评估的主要内容是:现行的控制程序是否与理想模式一致,现行控制程序与理想模式的差距有多大,现行控制程序中的关键控制点中业务手续的设计是否与理想模式一致,关键控制点能否起到应用的作用;现行控制点中的各项业务手续是否齐全,各项业务手续运行是否正常。在评价中,应尽量将内部控制程序中各控制点和各控制点上的控制手续量化,按各控制手续的重要程度进行评分,将现行内部控制制度评分值与理想分值对比,初步评价内部控制的健全程度。

(二)符合性测试方法

符合性测试是指对内部控制是否确实存在,存在的内部控制制度是否确定得到贯彻执行,内部控制制度是否按制度规定和要求执行等方面的测试。符合性测试是在健全性基础之上的测试。符合性测试可以用流程图法、调查表法和现场调查法。一般来说符合性测试用调查表法较为有利,这是因为符合性测试是对内部控制制度贯彻执行情况的测试,在测试中,只是对单位正在贯彻的内部控制制度进行测试,那些在健全性测试环节检查出的并没有建立内部控制制度的环节,就不可能测试其执行情况。事实上,符合性测试是有重点、有目的测试,而不像健全性测试那样全面而系统。因此,符合性测试的特点与调查表测试法的特点较为吻合,内部控制调查表格式如表4-3所示:

表4-3　　　　　　　　　　　**内部控制调查表**

被调查单位:××企业

调查的问题:材料采购内部控制制度

调查部门:物资供应部、财务部、仓库

内部控制目标:材料采购、验收入库、核算手续贯彻执行情况

调查内容	调查结果			回答"是"后测试结果	回答"否"后处理意见
	是	否	不适宜		
1. 材料采购是否按计划执行		√			
2. 材料采购是否签订合同,是否按合同执行	√				
3. 材料运到后是否及时验收	√				
4. 材料验收手续是否全部按规定执行	√				
5. 材料验收是否先审核货单,再清点数量		√			
6. 材料验收是否有采购部门负责人,采购人员及仓库保管员三方在场	√				
7. 材料是否按期盘点		√			
8. 材料验收凭证是否齐全并及时转到财会部门	√				
9. 材料采购发票是否与发货凭证记录一致	√				
10. 财会部门入账前是否严格审核单据		√			
11. 财会部门据以入账的单据是否与规定要求的单据一致	√				
12. 财会部门是否审核、记账人员分开	√				
13. 财会部门入账是否依据验收凭证	√				
14. 财会部门总账和明细账记录一致	√				
15. 财会部门是否定期与仓库对账	√				

审计组组长:×××　　　　　　　　　　　　　　被调查人:×××等

调查人员:×××

调查日期:××年××月××日

表4-3中调查内容共15项,都是围绕着企业材料采购环节内部控制制度贯彻执行情况开展调查的。调查结果栏内有三种情况,其中"是"表示所调查内部制度得到贯彻执行;"否"表示所调查的内部控制制度没有得到执行;"不适宜"表示所调查的内部控制制度根本不适应被调查单位的情况或者没有按照内部控制制度规定和要求贯彻执行。

运用调查表法,调查内部控制制度的贯彻执行情况,可以发现内部控制的

制度强点和弱点以及所处的位置。但这种调查仅仅是一种表面化的调查,究竟调查表中所显示的内部控制的强点和弱点是不是真正的强点和弱点,还要进一步进行测试。符合性测试中,一是通过对业务流程的测试,检查内部控制制度是否确实得到贯彻或是否确实未得到贯彻。二是通过对控制程序中各控制点,特别是"关键控制点"功能的测试,检查内部控制的贯彻执行是否达到目标要求,其效果是否最佳。根据测试结果,根据评分量化办法,对内部控制符合性进行评估。

(三)内部控制制度可信赖程度的评价

内部控制可信赖程度的评价是对内部控制制度的综合评价,是在健全性测试和符合性测试基础上,综合前两个阶段的测试结果对内部控制制度整体功能和效果的评价。在评价中,审计人员应根据评价目的需要,首先要对内部控制的强点、弱点进行测试,然后根据对强点、弱点进行打分的办法对其进行量化。

在对内部控制制度打分量化中,要注意健全性测试和符合性测试结果的衔接性。健全性测试主要是围绕着内部控制制度的齐全、完整性进行的,通过这项测试,对于建立了内部控制制度的业务环节,或未建立内部控制制度的业务环节都进行量化,并编制内部控制制度量化评分表。假定全部测试的内部控制制度分值为100分,说明内部控制的全部业务环节均为内部控制"强点",而内部控制制度的业务环节则没有内部控制"弱点";若内部控制业务环节有"强点",且其"强点"评分分值为90分,而内部控制业务环节也有"弱点",且其"弱点"评分分值为10分,那么内部控制健全程度为90%。

符合性测试是在健全性测试的基础上进行的测试,它也是对健全性测试中,内容控制强点进行的再测试。在健全性测试阶段的内部控制"弱点"实质上是没有建立内部控制制度的业务环节或内部控制制度不完善的业务环节,在健全性测试中是"弱点",则符合性测试阶段似是"弱点"。符合性测试是针对健全性测试阶段的内部控制"弱点"的再测试,即对已设置完善内部控制制度的业务环节的内部控制制度贯彻执行情况的测试。在测试中发现的已设置并被有效执行的内部控制制度为符合性测试的"强点",而已设置未被有效执行的内部控制制度为符合性测试的"弱点"。

健全性测试的"弱点"和符合性测试的"弱点"构成了整个内部控制系统的薄弱环节。例如:当健全性测试内部控制"强点"评为90分,"弱点"评分为10分的前提下,符合性测试阶段再对健全性测试中90%的"强点"进行再测试,假定再将健全性测试分值为90分"强点"看成100%,90分"强点"中有90%得到了有效贯彻执行,10%未得到有效贯彻执行,即90%的"强点",10%的"弱点",那么符合性测试的结果就是90%×90%=81%的"强点",19%的"弱点"。以此,可以推断该内部控制的可信赖程度为81%。内部控制制度评分表格式如表

4－4 所示：

表4－4　　　　　　　　　　　内部控制制度评分表

内部控制内容	健全性测试				符合性测试				综合评价		备注
	强点分值	%	弱点分值	%	强点分值	%	弱点分值	%	强%	弱%	
材料采购控制	90	90	10	10	90	90	10	10	81	19	
产品销售控制	92	92	8	8	86	86	14	14	79	21	
内部会计控制	88	88	12	12	95	95	5	5	84	16	
综 合									81	19	

　　表4－4中反映的内部控制综合"强点"占81%,综合"弱点"19%,即可视为该单位内部控制制度可信赖程度为81%。一般来说,内部控制可信赖程度高低,要看审计人员和单位的接受程度,是相对比较而言的。通常情况下,内部控制的可信赖程度达到80%以上,应视为可信赖程度高,即内部控制程度基本健全,并能有效地发挥作用,审计人员应较多地信赖内部控制制度。内部控制的可信赖程度在60%～80%之间,应视为可信赖程度一般,即大部分内部控制制度健全,大多数均能发挥作用,在这种情况下审计人员应扩大测试范围和加深测试的程度。内部控制制度可信赖程度在60%以下,应视为可信赖程度低,即内容控制制度绝大部分内容不全和不能发挥作用,这种情况下,审计人员应对审计对象进行详细检查。

二、任期目标评价法

　　任期目标评价是指对领导干部任期目标完成情况的评价,党政机关领导干部和国有或国有控股企业事业单位主要负责人的任期目标往往有不同的表示方法或形式,当然,同一类型的领导干部其任期目标也有不同的表示方法或形式。党政机关、企业事业单位领导干部任期目标的表现形成归纳起来有以下几种:一是绝对数指标表示法,例如固定资产保值增值指标、国民收入完成额指标等;二是相对数指标表示法,例如地区劳动生产率指标、资本利润率指标、销售利润率指标等;三是文字叙述表示法,例如社会经济发展水平目标、决策管理水平目标、廉洁自律目标等。针对不同的形式的任期目标,必须采用相应的方法进行评价。任期目标评价法主要有指标评价法、标准评价法和打分评价法。

　　（一）指标评价法

　　指标评价法是指通过各种数据指标对领导干部任期目标实现情况的评价,包括绝对数指标评价法和相对数指标评价法。利用绝对数指标评价领导干部任期目标完成情况,以绝对数指标为尺度将目标性指标与实际性指标相对比进行评价。在评价过程中,一定要注意实际指标与目标性指标的可比性,无论在时间跨度上,还是在范围上都必须保持一致。

一般来说,领导干部任期目标绝对数指标的表现形式是领导干部所在单位经上级批准的年度计划和长期规划指标。年度计划指标反映了领导干部一个财政年度应实现的任期目标;长期规划指标一般是五年计划,领导干部任期一般为4～5年,领导干部任职开始时间、期满时间与五年计划的开始到期时间也不一致,评价任期目标完成情况应以任职期间全部完成的各项经济指标为依据。因此,对反映任期目标的各项经济指标也必须按领导干部从任职到期满的时间跨度为根据进行调整,以保证评价尺度的合理性、正确性。对于年度计划指标的调整,如果领导干部任职期正好是五年计划第一年1月份任职,第四或第五年12月份期满,直接将四年或五年的计划指标数相加,作为评价依据,如果领导干部任职期与日历年度不一致,也可以以日历年为准计算的4～5年计划指标数作为评价依据。如果是按五年规划指标作为评价尺度,那么可以将五年规划指标数的平均规划指标数,作为评价尺度,其计算理论公式如下:

按年度计划指标计算的评价尺度指标(以四年为期)＝第一年计划指标＋第二年计划指标＋第三年计划指标＋第四年计划指标

按五年规划指标计算的评价尺度指标＝五年计划指标－$\dfrac{\text{五年规划指标}}{5}$

以绝对数指标为评价尺度进行评价时,还必须对实际完成指标进行正确计算,其计算方法,包括直接计算法和间接计算法两种。直接计算法即将领导干部任职期间不同阶段完成的实际指标进行累计计算。间接计算法即按照一定标准将指标内涵与时间跨度与评价尺度不一致的指标换算成两者一致的指标。

以相对数指标为评价尺度,对领导干部任期目标实现情况进行评价,也要考虑计划指标与实际指标的可比性,无论是指标的计算范围、计算方法、时间跨度二者都必须一致。在利用相对数指标评价时,要注意三个方面的问题,一是实际完成指标与目标尺度相比而计算的未完成目标数;二是正好完成目标数,完成率达100%;三是完成数大于目标数,完成率超过100%。在对上述三种情况进行评价时,如果没有其他尺度,即以完成率为100%为完成目标任务,超过100%即超额完成目标任务,如果另有规定,则按其他尺度进行评价。

(二)标准评价法

标准评价法是指根据一定的非价值尺度对领导干部任期目标实现情况进行评价的一种方法。在实际工作中,有些方面是以价值指标进行考核的,有些方面则缺乏可用价值指标进行考核,例如,领导干部在任职期间勤政廉政方面、执法方面、履行管理职责方面等,都难以用一两个经济指标或根本无法用指标衡量。在客观标准缺乏或根本无法建立客观评价标准的前提下,必须考虑采用诸如法律条文、行为规范、制度措施等主观标准(非数量化)进行评价。评价时,要注意评价标准的权威性和规范性,有国家统一标准的,要尽可能运用国家统一标准,如国家没有统一标准的要运用在某一地区局部权威的标准。评价标准还必须是切实可行的、合理的、有效的,不能使随意变动,或游移不定。

运用标准评价法的关键是评价标准把握,需要审计人认真研究审计评价标准的具体内容,尽量使主观标准客观化。运用标准评价法可以采用单项评价方式、专题评价方式,也可以采用综合评价方式。在评价中无论采用何种方式,利用对单项或专题打分的办法,是主观标准客观化的一个重要手段。对单项或专题打分评价办法,也称为打分评价法。运用打分评价法可以只对主观标准评价领域打分,也可以对主观领域和客观领域综合打分。

打分评价法主要步骤是:第一步,确定打分评价范围。在实际工作中对领导干部经济责任评价涉及的主观评价内容是多方面的,根据政府经济责任审计的一般对象和范围,主观评价的内容应考虑以下几个方面:①勤政,廉政;②遵纪守法;③管理制度;④决策水平;⑤经营活动(业务活动)等。

第二步,编制评分表。根据上述五项内容,编制评分表,制定评分办法和标准。评分表的格式和内容如表4-5所示:

表4-5　　　　　　　　　　经济责任评价打分表

评价内容	价值(%)	(A)86~100分	(B)60~85分	(C)59分以下
1. 勤政廉政	20	工作认真负责,管辖范围未出现责任事故,被所在地区评为优秀先进,不用公款吃喝送礼,不到娱乐场所消费	工作情况一般政绩不突出,管辖范围内曾出现过中等以上责任事故,有公款吃喝现象或用款到娱乐场所消费的现象	工作表现较差,管辖范围内出现过重大责任事故,挥霍公款,浪费资金,有集体到娱乐场所消费现象,有重大贪污舞弊嫌疑
2. 遵纪守法	20	单位干部职工法制观念强,领导干部带头执法,单位未出现违法违纪、挪用公款、截留国家资金等情况	单位干部职工法制观念较强,领导干部有一定法制观念,单位未出现经济犯罪案件,无重大违法违纪行为	单位干部职工法制观念淡薄,领导干部有重大的违法违纪现象和经济犯罪行为
3. 管理制度	20	单位建立了严密的内部控制制度,并且贯彻执行有效	单位内部控制制度较为健全,并大部分得到了贯彻	单位缺乏内部控制制度,内部控制失效

表4－5(续)

评价内容	价值(%)	(A)86～100分	(B)60～85分	(C)59分以下
4. 决策水平	20	单位决策严格按照决策程序,决策方案科学合理	单位决策时有越权决策或不按程序办事的现象;决策方案较为合理	单位决策无程序,领导一人说了算,盲目决策,造成失误
5. 经营活动(业务活动)	20	单位经营业务活动有决策、有计划、有目标,决策计划得到严格执行,业务活动开展顺利效率高	单位业务活动有决策,有计划,有目标,但决策计划得不到全面贯彻,业务活动效率不高	单位业务活动无决策,无计划,无目标,业务活动效率低
合计得分	100			

第三步,对领导干部实际表现,对照上述标准进行打分。

当然上述标准,在运用时可根据具体情况进行调整,增加或减少评分项目,也可根据评价目的,调整各项评价内容的分值。

三、错弊责任与违法犯罪责任的评价方法

(一)错弊责任评价方法

在政府经济责任审计工作中,审计人员经常会遇到错误和弊端的问题。对于领导干部经济责任评价,首先要分清发生问题是错误性质还是弊端性质。所谓错误是指领导干部在执行职务过程中,违反了真实性、合法性、合理性原则,导致经济活动发生与目标要求以及法规制度要求不一致的现象。例如,在经营业务中因上当受骗签署虚假合同,违反了真实性原则;在业务经营中由于对法律条文或政策精神理解出现偏差,出现了不正当经营,违反了合法性原则;在业务经营管理中因对游戏规则的误解,造成某些业务活动的失误,违反了合理性原则。错误的发生,当事人无任何不良企图,由于政策法规知识贫乏、经验不足或者疏忽大意给单位所造成的某种损害。所谓弊端是指领导干部在执行职务过程中利用职务上便利和业务上的技巧,通过欺诈、伪装掩盖事实真相的手法,故意造成经济活动发生背离其目标以及法规制度的现象。例如,领导干部利用职务便利收受贿赂、贪污挪用公款、利用业务活动造假走私贩私等这类弊端的发生是一种有目的、有预谋、有计划的违法犯罪行为。

在对错误和弊端评价中,主要是正确区别错误和弊端,划清两者界限。错误和弊端的共同特点就是导致经济活动发生偏离其目标和要求,违反国家有关法规和制度,使经济活动的真实性、合法性和合理性受到了损害。错误和弊端的不同特点也是明显的:①两者产生原因不同,错误产生是一种无目的性的偶然事件,是当事人经验不足对政策和法规误解所致;弊端产生是一种有目的的

必然事件,是当事人利用职务便利和业务上的技巧,通过欺诈,伪装掩盖事实真相故意造成的。②两者表现特征不同,错误是一种无意识的行为,一般没有掩盖的痕迹,问题暴露比较明显;弊端是一种有意识的行为,一般掩藏比较深,问题暴露不明显,不易被人发现。③两者产生的经济后果不同,错误是一种无目的的过失,当事人并没有谋取某种利益的企图,虽然错误也能给单位造成一定伤害和损失,但是财产当事人被非法侵占的可能性不大,当事人个人难以从中获得经济利益;弊端作为一种有目的故意行为,其主要目的是谋取经济利益,它不仅能给单位造成重大伤害和损失,单位财产被当事人非法占有的可能性较大,当事人个人能从中获得多方面利益。

(二)违法与犯罪责任的评价方法

在政府经济责任审计中,审计人员同样会遇到违法与犯罪的问题。对领导干部经济责任评价,也应分清违法与犯罪的界限。所谓经济上的违法是指在领导干部履行职责过程中违反国家财经法律法规的行为,例如,违反国家有关财政预算法规、挪用财政资金、搞预算外项目;违反国家投资法规,搞违规投资;违反国家经营法规,搞非法经营;违反国家现金结算管理法规,设立"小金库"等。经济上违法行为一般打着为集体谋利的旗号侵害国家利益,谋取小团体利益。所谓经济犯罪是指领导干部在履行职责过程中,严重违反国家财经法律法规,利用非法手段侵吞国家集体财产的行为。例如,利用职务工便利收受贿赂、贪污公款等。

经济上违法和经济犯罪虽然是两个不同概念,但两者联系是非常紧密的,经济违法超过一定界限或超过一定的"度"就是经济犯罪。一般来说,经济违法和经济犯罪区分可以按两个标准,一是"度量"标准,根据我国有关法律规定,当事人贪污受贿或者挪用资金、截留国家资金在一定金额之下属一般违法活动,而超过一定金额则为经济犯罪活动;二是性质标准,根据常规思维,当事人的行为严重违反国家法律法规,违法违规资金个人没有侵吞而是由单位获得,一般认为是经济违法;当事人的行为严重违反国家法律法规,违法违规资金个人侵吞,一般认为是经济犯罪行为。

第五章　领导干部与厂长(经理)经济责任审计论

第一节　地方党政领导干部经济责任审计

为适应我国民主法治建设的需要,进一步推进干部选拔任用和管理监督工作的民主化、科学化、制度化,加强对权力的制约和约束,对各级党政领导干部实施经济责任审计很有必要。结合我国政治体制的特点,地方党委和政府的分工明确,所负责任各有侧重:党委则重于决策,包括制订中长期地区经济发展规划,重大经济项目决策,人事决策,类似于公司"董事会"的性质;政府的主要工作是贯彻党委决策,负责组织实施社会经济发展规划,组织社会经济活动,管理社会事务,类似于公司"总经理"。因此经济责任审计据此要各有侧重,对地方党委书记的经济责任审计与对地方政府领导干部的经济责任审计既有共同之处,又各有其重点。

一、地方党委书记经济责任审计

地方(包括市、县、区)党委正职领导干部应履行的经济责任是:贯彻执行上级党委和政府的各项经济方针政策,与领导班子其他成员一起,研究制定适应本地区经济发展的规划措施,提高本地经济发展速度和效益,提高人民生活水平。对其经济责任审计的主要内容和重点是:

(一)审查执行国家经济政策的情况

贯彻执行党和国家经济工作的方针、政策,结合本地区实际提出切实可行的经济工作思路是各级党委书记的责任,直接关系到一个地区的经济发展和社会的稳定和谐。在履行这一职责过程中,必定产生相应的政治和经济责任。

审查当地经济建设工作思路。是否坚持以经济建设为中心,开拓创新,制定的经济发展战略目标是否贯彻执行中央及省委、省政府制定的经济工作路线、方针和政策,有利于发展地区生产,是否符合当地实际和客观经济形势发展的需要,在实际工作中是否能贯彻始终,效果如何。

审查经济决策情况。是否围绕党的基本路线和改革开放的发展需要,组织领导班子研究做出相应经济发展决策,制订相应的配套措施,做好各项政策的协调工作。在科教、扶贫投入、减轻农民负担、改善投资环境等政策方面是否符合国家规定。

重大项目的决策情况。是否经过集体讨论,是否符合国家关于国民经济结构调整的大方向,是否进行了充分的可行性研究,有无盲目实施,造成损失浪费,增加地方财政和人民负担的情形。

(二)审查经济责任目标完成情况

第一,审查被审计人任期各年度国民经济与社会发展指标完成情况,考核所在地区国民经济发展情况的指标主要有:工农业总产值、国内生产总值、农民人均纯收入、财政收入等。在审计过程中,选择对上述指标有较大影响的单位进行延伸审计或审计调查。首先,审查指标完成情况的真实性,有无虚报浮夸、弄虚作假的现象,并挤出其"水分";其次,要将各项指标的实际完成情况与历史最好水平进行比较、与上级政府下达的责任目标数进行比较,审查经济发展指标的增幅,正确评价所在地区国民经济发展情况。

第二,审查工商企业的发展情况。首先,对企业特别是工业企业的整体发展水平和效益情况进行考察;其次,选择重点企业,对其企业产值、销售收入、利润、上缴税费、资产、负债、生产经营和管理水平等情况进行审计调查或抽样审计,看有无弄虚作假的现象。

第三,审查本级财政一般预算收入增加额和增长率。通过审查财政、财务收支情况,将本级财政一般预算收入实际完成情况与历史最好水平进行比较、与上级政府下达的责任目标进行比较,审查财政收入的增加额和增长率,正确评价所在地区财政一般预算收入的增长情况。

(三)审查国有资产管理情况

审查国有企业进行改制、改组、兼并、出售、委托运营、破产、拍卖、国有资产重组、国有股权转让等重大变更事宜,是否符合国家有关政策规定,是否经过领导班子民主讨论,报批审核手续是否完备、合法,对原有职工是否进行妥善安置。有无弄虚作假,造成国有资产流失,有无造成社会不稳定因素;被审计人在国有资产管理、使用和处置过程中,有无重大决策失误,有造成国有资产流失和以权谋私等问题。

(四)所在部门管理情况

审计党委机关、直属机关事务管理部门、直接分管单位的财务收支及相关经济活动的真实、合法、效益情况。主要审查领导干部有无搞不正之风,利用职权为小集体和个人谋取利益;在任期内配发的办公物品,如通讯工具、办公设备、交通工具等,应检查其离任时是否移交,有无转移、隐匿、丢失或损坏。

（五）个人廉洁自律情况

审查各级党委书记廉洁自律的情况，按照政府领导干部廉洁自律的内容进行核查；同时还包括组织人事及纪检监察部门要求审计的其他内容。

二、地方政府领导干部经济责任审计

政府领导一把手是各级政府贯彻落实上级党委、政府的路线方针政策和本级党委决策的组织实施者。对其审计的主要内容与党委书记经济责任审计的内容有关联又有区别，实施审计时应紧扣地方经济工作中心，抓住重要财经法规政策执行、重大经济决策、重大投资项目，以及重要财政收支、财务收支活动开展审计和审计调查，重点查清以下情况：被审计对象任职期间主要财政工作目标完成情况；被审计单位有无违反国家财经法规和政策的重大问题；被审计者本人在财政收支、财务收支中有无侵占国家资产、违反领导干部廉政规定和其他违法违纪的问题，着重检查与审核被审计者"能不能干"和"干不干净"两个问题。

根据上述审计重点，在实施地方政府领导干部经济责任审计时，应在紧紧围绕《政府责任审计暂行规定》所确定的六项内容的前提下，根据其工作职责、范围和要求的特殊性，重点对以下事项进行审计和审计调查：

（一）审查国家财经法规及有关政策贯彻执行情况

政府及其所属财政、税务等部门贯彻执行国家《预算法》、《税收征管法》等法律、法规、制度情况。通过查阅政府、财政部门收发文登记簿，各主管部门颁发的涉及财税政策的文件、会议纪要（纪录）、批示等，检查其有无擅自出台税费优惠政策，减、免、缓征各级税费，影响国家财政收入的问题。通过查阅财政、物价、计划、经贸等部门的有关文件及相关会计资料和档案，检查各类资金、基金和收费项目是否符合国家政策规定，有无依据有关部门的批准，有无擅自扩大收费范围、提高收费标准的乱集资、乱收费、乱摊派情况，以及降低标准少征、漏征情况。审查领导干部是否贯彻有关扶持贫困地区发展的文件精神，在政策、资金、技术上向贫困地区倾斜。对各级财政部门投入贫困市县的资金、物资能否及时、足额地投放到到位，有无挤占、挪用等问题；任职期间，减少了多少贫困人口，贫困程度有何改善，有无假报政绩，隐瞒贫困人口、虚增人均收入的问题。对救灾、救济款物的分配、发放进行审计和审计调查，看有无克扣、挪用、贪污或私分救灾、救济款物行为，核查救灾、救济款物发放的真实性。审查农民负担政策的执行情况，主要审查农民纯收入。将农民纯收入数与市、县统计部门的公布数进行比较，确认统计部门公布数是否真实、基本真实或不真实。对乡镇领导审计时，重点审查统筹款和乡镇基金的征管情况。下达统筹款项目和指标是否超过国家政策的规定，有无提高标准和自立项目收费，有无搭车收费和"三乱"现象,有无层层加码加大农村组织和农民个人负担问题。审查农业投入、科技教育投入情况,对农业的投入是否根据《农业法》的规定,按照财政收入增长的比率,逐年加大对农业的投入;对科技、教育的财政投入,是否按规定逐年增加;有无拖欠教师工资的现象。收集、了解地方经济发展情况及采取的各项措施,各项主要经济指标的完成情况和财政收支结余等反映社会经济发展质量指标的完成情况,如地区的国民生产总值、财政收入、政府负债、国有资产总值等。

(二)审查重大决策及其执行情况

主要审查与财政收支、财务收支相关的重大经济决策及其执行情况。通过对与财政收支、财务收支相关的重大经济决策依据、程序及其执行结果的审计和审计调查,查清地方政府领导干部在行政和具体的项目决策方面,是否符合有关法律、法规和政策,是否经过充分的可行性论证,是否能做到坚持原则,实事求是,能否发扬民主,做到集体决策,有无超越职权决策、盲目决策和个人武断决策等问题,决策项目资金来源上有无违规举债、挪用国家专项资金以及乱集资、乱收费、乱摊派以及加重企业和人民群众负担的问题,有无存在因决策失误造成直接经济损失或重大损失浪费的问题。

在审查中,应主要通过审查财政收支、财务收支情况看政府决策的执行情况,因为财政收支、财务收支是地区经济活动的集中反映,是考核政府领导经济工作实绩的主要内容。对于财政预算管理的审查,主要审查预算资金管理和预算外资金管理。对预算资金管理审查,主要检查是否按财政体制和预算级次编制预算,预算分配是否符合收支平衡、讲究效益的原则。预算的追加是否按程序和权限审批,上下级结算是否真实、合规;未批复的待分配指标的安排是否经政府批准,有无领导个人乱批条子,向无预算、非预算单位拨款或越级拨款等问题。对预算外管理检查,主要检查财政预算外资金的来源是否正当,是否纳入财政专户,资金的管理使用是否合规有效。重点查清有无隐瞒收入和截留、挪用情况。

财政收入审计包括:

(1)财政收入征收、管理情况的审计。审查各项财政收入是否及时足额解缴入库,有无超越权限随意减免不征收和人为调节收入行为;退库手续是否完备,有无违规退库的问题;上级返还的各种收入、下级上解收入是否及时入账,有无隐瞒挪用等问题。

(2)税收征管及政策执行情况审计。审查是否按照法定的税率征收税款,税款是否及时、足额征缴入库,有无以计划或定额收税、包税等问题,有无税收流失的问题;审查税务部门有无违规设立过渡户滞留延压税款,收取利息的问题;审查有无变相减免税收的问题。

(3)行政性、事业性收费收入审计。审查财政部门是否给执收单位下达收费指标,将收费收入实行提留、分成和与单位经费挂钩等问题;延伸审计重点的执收单位或部门,审查各项收费是否经批准,有无私设收费项目,提高收费标准,扩大收费范围和无证收费问题;能否严格执行"收支两条线"管理规定,有无隐匿、拖欠、截留、坐支、挪用等问题。

(4)罚没收入审计。延伸审计重点的执罚单位或部门,审查罚没行为是否符合处罚条例,有无滥收乱罚和以罚代处的问题;罚没收入是否及时足额上缴财政,纳入财政预算管理,有无自行提成、坐支、截留等问题;罚没物资是否有登记制度;处理拍卖是否由财政部门、公证部门与主管部门共同处理,有无故意压价私分等问题。

(5)基金收入的审计。审查基金是否按规定的范围、标准和比例征收,有无随意调整的问题;征收的管理措施是否到位,有无欠缴和任意减免等问题;基金是否做到专户储存,有无多头开户、公款私存,有无贪污、私分、私设"小金库";有无动用基金放贷、投资,造成基金损失等问题。

财政支出审计包括:

(1)财政支出的真实性审计。审查财政部门是否及时、足额按本级人大批准的支出预算向各部门批复预算;审查支出项目是否真实,有无虚列支出,套取财政资金;年终有无突击拨款或预拨下年度经费减少财政结余的情况;有无人为地调整财政支出,造成财政结余失真问题。

(2)专项资金审计。审查各项专项资金是否及时、足额地拨到有关主管部门或用款单位,是否做到专款专用,有无滞留、挤占挪用等问题。

(3)基金支出审计。审查基金支出是否规定的用途安排使用,有无挤占挪用。如:养老保险金和待业人员生活费等是否按国家规定的项目、标准和比例及时发放,有无故意拖欠、扩大或缩小发放范围、提高或降低标准等问题。

(4)财政结余审计。通过审查财政、财务收支情况,确认其结余是否真实,有无"水分";界定其净结余和专项结余,专项结余是否结转下年度同类科目继续安排使用。

(5)往来账款审计。审查暂存资金的项目、来源、性质和原因,有无将隐瞒的收入、虚列的支出、克扣预算单位的资金等存放在暂存科目;审查暂付资金的去向、用途、时限和原因,有无违规借出资金,转移挪用和贪污等行为;审查有无长期挂账或被其他单位和个人占用等问题,确认往来资金余额。

(三)审查国有资产管理、使用和保值增值情况

通过比较领导干部任职期初和离任时国有资产数量的增减变化、质量的好坏高低,确认国有资产保值增值情况。审查的内容包括:审查国有资产管理部门是否建立健全国有资产管理制度,切实履行监督、检查国有资产运营的职责,是否认真做好国有资产清产核资、产权登记、产权界定、资产评估工作。国有企

业兼并、出售、委托运营、破产、拍卖、资产重组、国有股权转让等手续是否完备、合法,有无弄虚作假,造成国有资产流失的问题。审查国有资产管理部门组织国有资产收益收入的情况。国有资产管理部门是否及时、足额收缴国有资产收益,有无挤占、挪用、隐瞒、截留国有资产收益,有无在财政以外体外循环,以及对该收国有资收益不及时收缴入库等问题。被审计人在国有资产管理、使用和保值增值,保证国有资产安全运营,以及在处置国有资产过程中,决策有无重大失误,是否造成国有资产流失,有无给当地经济和企业职工造成严重损害。

(四)债权债务的审计

审查债权债务的总体状况和规模。比较任职前后的债权债务增减变化状况,分清债权债务的种类和性质。分析任前发生的债权债务对本任经济目标完成产生的影响;查清任期末有问题的债权、债务。较大的债权债务形成和对外担保是否经过集体研究,是否属于领导干部个人决定,是否存在较大风险。有无超越偿还能力,盲目举债,给以后年度财政支出增加压力等问题,有无存在违规投放财政资金或举债等问题。

(五)部门单位的经济管理状况审计

通过对被审计领导干部所在政府机关和其直接分管的单位的经济活动审计,可以直观地了解某一地区经济运行、政令上传下达的真实情况,以反映领导干部协调管理能力。

审计政府机关、机关事务管理部门、直接分管单位的财务收支及相关经济活动的真实、合法、效益情况。主要审查领导干部有无搞不正之风,利用职权为小集体和个人谋取利益问题;审计重点部门、单位的财政收支、财务收支情况,选取的审计标准为:一是重要的经济建设部门、经济管理部门;二是对政府财政收支、财务收支有较大影响的部门和单位;三是使用财政资金较多的部门和单位;四是群众反映强烈的热点问题所涉及的部门和单位。主要审查这些单位在预算执行及其他财政收支活动中有无违纪违规违法行为,以及被审计人是否负有经济责任。

(六)财政收支、财务收支工作目标完成情况审计

主要审计的内容是:本级财政收入总量、构成、增长情况、占 GDP 的比重以及人均财政收入水平,反映被审计对象任期年均地方财政收入增长情况和人均可用财力。农业、水利、交通、能源、城建等基础设施投入,以及科技、教育、文化、卫生、体育、宣传、广电、环保等社会事业投入和发展情况,反映其投入效果。利用外资情况:分合同利用外资额和实际使用外资额两方面反映,然后反映被审计对象任期年均实际利用外资增长情况。财政投资及由财政承担或担保的负债情况:主要审计政府债务是否全部纳入预算管理,摸清政府债务规模、偿还能力、债务资金的使用结构和效益。社会保障事业发展状况,一般包括养老保

险基金、失业保险基金、解困资金、城市居民最低生活保障资金的征缴和及时、足额外发放情况。税费上缴情况：主要反映对上级财政的贡献情况，税费上缴款项包括上划上级税收收入和各项专项资(基)金，其他财政收支、财务收支工作目标完成情况等。

（七）审查遵纪守法和廉洁自律的情况

审查领导干部任职期间有无弄虚作假、虚报浮夸、骗取荣誉或弄虚作假来掩盖工作中的严重过失，达到个人的目的。审查有无违反纪检、监察部门制定的领导干部在公务活动应遵守的廉政规定的行为。在财政收支、财务收支、重点工程项目建设等社会经济活动中，有无侵占公有资产、行贿受贿等违反国家法律的行为。完成组织人事、纪检监察等机关委托的需要审计的事项，弄清群众反映较多的与财政财务收支相关的重要问题，以及其他可能发生的以权谋私的事项。

三、政府部门领导干部经济责任审计

政府部门主要是指县以上各级政府部门，包括中央部委、省级各厅(局)、市(地)级各局(处)，它是县以上各级地方政府的职能部门和业务管理部门。这些部门，有的履行政府宏观管理和调控的职能，如财政部门、税务部门、金融管理部门、工商行政管理部门等；有的履行政府综合管理的职能，如国家发改委、国家经贸委等；有些则履行政府对行业系统管理的职能，如农业部门、水利电力部门、交通部门、卫生部门、教育部门、科技管理部门等。不同类型的部门履行的职能不同，其任期目标也不同，因此，对于不同政府部门经济责任审计的内容也不同。但是在实际工作中对不同的政府部门经济责任审计则主要围绕着各个部门的具体业务范围而展开，归纳起来，我国上述三类职能业务部门主要业务范围应分为三大部分。第一部分是国家预算资金和信贷资金的管理，如财政部门、税务部门、金融部门等管理各项财政收支、信贷收支等。第二部分是社会公共资金，如农村水利部门管理农村发展基金、教育部门管理教育事业费、科研部门管理科研事业费、文化体育部门管理文化体育事业费、民政部门管理民政事业费等。第三部分是部门内部财产管理和财务管理等，部门内部财产和财务管理是各部门普遍存在的通用业务。政府经济责任审计应根据各部门的实际情况，分别围绕上述业务评价其主要负责人的经济责任。

（一）政府部门领导干部经济责任审计的总体内容

政府部门领导干部的经济责任指被审计人在组织、领导本单位、本部门履行职能过程中所发生的财政、财务收支及相关经济活动中所应承担的组织、管理和绩效责任。相应审计的主要内容是：

1. 经济工作目标完成情况的审计

针对领导干部所在单位不同，其职责、任务也不同的特点，对照被审计者任

期的工作目标、工作责任,紧扣财政、财务收支审计情况,确定具体审计内容。主要审计内容是:审计单位主要经济指标完成情况,审查被审计人所在单位预算执行及其结果,考核综合指标是否达到规定的目标值。主要包括:本级政府和上级主管部门下达的各项经济指标和各项财政财务指标。财政财务指标主要包括:资产负债率、资产增长率、资产保值增值率、专项资金(基金)支出率、财经(计划)目标和各项经济指标完成率等。审查被审计者任期前所发生的重大经济事项和遗留的债权债务对本任期工作目标的实现与经济指标的完成产生的影响程度。审查任期期间遗留的诉讼、索赔和经济担保等未决经济事项的情况。审查宏观经济政策的贯彻执行情况和遵守国家财经法规的情况,以及客观经济形势的变化对本部门、本单位的影响。

2. 预算执行及财务收支情况审计

主要审查的内容是:经费领拨审计,包括编报预算的依据是否真实可靠,预算计划与实际执行是否相符,对下属单位批复的预算是否与财政部门批复的相一致。对下属单位的拨款是否结合资金需要进度和资金结存情况按规定标准及时足额拨付,有无截留、挤占、挪用的问题;有无向没有经费领拨关系的单位拨款或越级直拨经费的问题。经费的追加与核减是否有批复,查明追加的用途与核减的原因。

收入的审计包括:收入的真实性审查,任职期内,财政拨款、上级补助、预算外收入、事业收入、经营收入、其他收入等各项收入总额和明细。核算是否完整、正确,有无隐瞒、转移私设"小金库"问题。收入的合法性审查,即各项收入来源是否正当;有行政事业性收费、罚没款、物的单位和部门,行政性收费、罚没项目及其标准是否符合法律、法规的规定收费及罚没收入是否按规定实行了"收支两条线"管理,是否执行"收缴分离"、"罚缴分离"制度,收费票据是否合规,应缴款项是否及时足额上缴国库或同级财政专户,有无坐支、截留、贪污、私分等问题。罚没财物管理制度是否健全、有效;分析单位部门收入总额的构成比例及其增减变动,掌握其基本情况。

支出的审计包括:支出的真实性,审查各项支出总额和明细。核算是否完整、正确,有无虚列支出、弄虚作假,将预算内经费转预算外,设置"账外账"、"小金库"等问题。支出的合法性,审查各项经费是否按预算批复或是财务制度规定的用途来开支,有无滥发钱物、挥霍浪费的问题;人员经费、工资、补助、福利费是否按规定的范围、标准计提、使用和发放;各项专项资金是否做到专款专用,有无截留、挤占、挪用、浪费损失问题;基本建设项目是否按规定立项审批,进行公开招投标;有无计划外投资、擅自扩大建设规模问题。支出的效益性,审查支出的必要性,尤其是基本建设和固定资产购置方面的支出是否合理,有无重复建设和盲目购买的问题。计算支出增长率、人均费用比率、招待费支出比率,衡量领导干部任职期间是否厉行节约、讲究实效。分析单位部门支出总额的构成比例及其增减变动,掌握基本情况。对支出审计应通过往来账款审计,审查往来资金的来龙去脉及余额的真实性,看有无呆账、死账和账外债务,并及时查明原因,分清经济责任。通过银行账户情况审计,审查银行账户开户情况、账号、借贷各方发生额及期末余额是否相符,有无隐瞒账户、公款私存、贪污挪用等问题。通过预算外资金审计,审计代政府管理的预算外资金的筹集、分配、管理、使用和效益情况,并评审其管理控制制度。

3. 国有资产管理情况审计

审查被审计者任职初期与审计截止时的国有资产的数量、价值和结构的增减变化情况,有无流失、损失现象,查明原因和责任。审查资产的核算、管理制度是否建立、健全、有效。资产的增添和处置是否经过集体讨论,经过国有资产管理部门的审批,是否及时准确地反映,大宗购置是否执行政府采购制度;资产使用结构是否合理,有无闲置浪费等现象。

4. 专项资金的管理、使用情况审计

审查单位部门管理的专项资金管理制度是否健全有效,专户专存,资金利息收入是否按规定转入专项资金,有无自立名目计提费用,挤占挪用。审查单位部门的专项资金的分配、管理、使用和效益情况。

5. 重大经济决策审计

审查重大经济决策、实施和效益情况,包括重大的对外投资、基本建设、招商引资、企业改革、改组、改制、出台的宏观经济管理措施及制度建设等。审查单位部门制定的经济管理政策的效果和有关损失浪费情况。

6. 债权债务审计

核实债权债务的总体状况,分清种类和性质;分清被审计人在债权债务形成和对外担保或用财产抵押过程中所负的主管责任和直接责任。债权方面,着重审查有无长期挂账不清收,造成呆账、死账以及随意冲销债权,造成债权丧失、资产流失等问题。债务方面,查清负债的决策依据、原因、用途及其形成的过程,是否存在潜在风险。

7. 内部控制制度审计

审查被审计人所在单位是否按规定建立内部控制制度,重点查清财务内部控制制度的种类、范围和结构。审查这些制度,如固定资产采购制度、经费审批制度、会计制度,是否符合各项财经法规及本部门、本行业的有关政策规定和本单位实际;日常工作中是否遵照执行。

8. 遵纪守法及个人廉洁自律情况审计

审查被审计者廉洁自律的内容,按各级政府领导干部廉洁自律的内容进行核查。查明任职期间,有无利用职权,非法为自己或他人谋取经济利益,如个人报酬、住房;有无因被审计人过失造成所在部门、单位发生经济方面的违法乱纪问题。审查有无违反纪检、监察部门制定的领导干部在公务活动应遵守的廉政规定的行为。

(二)国家预算和信贷资金管理的审计

1. 国家预算资金管理的审查

国家预算资金管理的部门主要有财政部门、税务部门、海关等,在这些部门中,财政部门是预算资金管理的综合部门,既对预算收入进行管理,也对预算支出进行管理;而税务、海关则是对部分税收收入进行管理的部门,其职能相对较为单一。对于上述部门预算资金管理责任进行审计的内容是:

(1)财政部门预算收入和支出管理的审查

审查时,其一是审查财政部门是否严格执行各项预算指标,查明有无擅自开口子,自行决定减(免)税的问题;其二是审查财政部门收到的税款及其他财政收入是否及时入库,并按规定上解,查明有无戴留国家财政收入的问题;其三是审查财政部门是否乱设名目,进行乱收费,税费收入是否根据有关规定,取得的收入是否及时入库,有无私设"小金库"的情况;其四是审查预算收入和预算外收入是否分清,查明有无将预算收入转入预算外,以隐匿国家财政资金的情况;其五是审计财政部门是否按照预算进度向有关单位或重点工程拨款,查明有无因拨款进度过快造成资金在有关单位积压和财政紧张,有无因拨款进度较慢,影响事业开展和重点工程建设进度的事件;其六,是审查财政部门在拨款过程中,有无收受贿赂,收取回扣的犯罪事实。

(2)税务部门税收收入和税款入库的审查

主要审查税务部门税收管理制度是否齐全,对每笔税款征收有无严密的复核制度,查明有无制度不落实导致税收流失的情况;审查税务部门税收工作是否严格遵守税法有关规定,查明有无随意开口子,收"人情税"的现象,审查税务部门有无将税款及时入库,并及时上解财政,税款上解数额是否真实、正确,查明有无少解应解税额,截留国家财政资金的情况;审查税务部门有无利用手中权利,捞取个人好处,导致国家税款流失的情况。

(3)海关关税收入的审查

主要审查海关进出口货物报关手续是否齐全,查明有无走私、放私的情况;审查海关进出口业务中关税计算是否正确,查明有无少计关税的情况;审查海关关税解缴是否及时,查明有无隐瞒、截留关税的情况;审查海关各项法规制度贯彻执行情况,查明有无利用手中权利收受贿赂的事实。

2. 国家信贷资金管理的审查

国家信贷资金的管理部门主要是中国人民银行,中国人民银行作为国家信贷管理部门,其主要职责包括:根据国家预算,编制信贷计划;组织信贷计划的执行,负责国库管理等。对于国家信贷资金管理部门经济责任审计,应围绕着其履行职能的业务范围审查以下内容:①审查信贷计划编制是否严格遵守信贷平衡的原则,查明在编制信贷计划时是否留有缺口;②审查信贷计划的编制是否严格按国家有关法规规定和财政预算中有关信贷指标进行,查明有无信贷计划与财政预算脱节的问题;③审查信贷计划执行是否按照规定,各项信贷指标是否得到落实,查明有无违反规定,不按信贷指标执行,超计划放款或突破计划,下达放款指标;④审查国库管理情况,查明在国库管理中有无严格的规章制度,国库管理是否适合本地区的预算资金解缴入库的需要。

(三)社会公共资金管理的审计

社会公共资金是指由财政部门根据国家预算拨款,由负责管理社会公共事业的各政府部门控制使用和管理的资金。这部分资金其性质仍属于国家预算资金,但是,由于这部分资金拨付给负责管理社会公共事业的各政府部门以后,将这部分资金主要用于社会公共事业,故称社会公共事业资金。社会公共事业资金主要包括:农村水利事业费、教育事业费、科研事业费、文化体育事业费、医疗卫生事业费等。对社会公共管理部门主要负责人社会管理事业费管理责任的审计,主要应围绕各种事业费的投资、使用、管理进行。

1. 农林水利资金审查

农林水利资金是由财政部门根据国家预算指标的规定,拨付给农业、林业、水利等部门,并且由上述部门控制和管理,专门用于农林水利事业开支的资金。例如,农业发展基金、农田水利费、支农扶贫资金、育林基金、新草地开发建设基金、发展粮食生产专项资金、"三北"防护林建设资金等。在经济责任审计中,对于农林水利部门主要负责人审计的审查内容是:

(1)审查农林水利部门对农业资金的管理控制的合理、合法和有效性

第一,要审查农业事业费管理控制制度是否健全,特别是在确定农业事业项目时,是否经过科学论证,项目立项的报批手续是否齐全,查明有无在未经论证、项目报批手续不全的情况下,即批准资金划拨,使项目进入实施阶段。第二,审查农业部门对农业资金的投资使用监管是否有力,根据具体投资项目立项、申报、施工、竣工等各环节的手续健全程度,查明农业部门对事业单位在资金使用管理上的监管是否严格,有无保证国家专项资金使用的合理、合法和有效。第三,审查农业部门对资金的拨付、使用是否符合国家有关法规规定,根据农业部门会计核算资料及其资金拨付手续,查明农业部门对专项资金的拨付是否及时和足额,查明农业部门有无截留、挪用国家专项资金,从而影响农业事业的发展,并造成重大损失。第四,审查农业部门对投资项目的选择(招标)程序是否合规,项目选择范围是否适当,查明投资项目选择时有违反招标操作规程,徇私舞弊造成事业投资失败,查明有无因选择投资范围不当,造成投资项目无

法达到目标要求的情况。

(2)审查农林水利部门对林业资金管理控制的合理、合法和有效性

对林业事业费审计,重点审查各地政府部门的育林基金和"三北"防护林工程投资。审查时,一是要认真检查各种基金和投资管理控制是否合理,主要检查各项制度是否健全,育林基金发放和工程投资款项的拨付是否有严格的手续,使用过程的监管措施是否到位,基金资助和工程投资项目是否分轻重缓急,选择投资范围是否确实需要;二是认真检查各种基金和投资的管理控制是否合法,主要检查各种基金和投资是否严格按照国家有关法规规定进行管理和控制,查明政府部门有无截留各项事业费,或从事业费用提取不适当的管理费或回扣;查明政府部门有无利用种种借口,挪用国家专项资金或随意改变国家专项资金的用途,以谋取私利;三是认真检查各种基金和投资的有效性,主要通过工程施工过程和工程发挥的效能,来检查政府部门投资的有效性。在工程施工过程中,要检查投资方案是否切实可行,资金是否及时到位,查明有无提前拨款或推迟拨款的问题,查明有无因为政府部门的工作不到位而影响工程进度和质量的问题;要检查工程完工后所发挥出的效能,是否达到预期目标要求,查明在项目立项中有无盲目决策的问题。

2. 教育经费管理审查

教育经费是指由教育主管部门管理控制,由财政部门根据预算指标规定,直接拨付给教育单位或拨付给教育主管部门,由教育主管部门再转拨给教育单位的人工费和事业费。教育主管部门直接管理的教育经费主要有教育部门统筹经费和财政部门拨入经费。无论何种经费,都由教育主管部门吸纳、转拨和监督。在经济责任审计中,对教育经费的审计主要审查以下内容:

(1)教育经费吸纳的审查

首先是对教育部门统筹经费的审查。教育部门统筹经费主要是按照有关税种的一定比例征收的教育费附加、农业税附加以及其他统筹项目,这些项目由有关部门征收以后直接拨付教育主管部门。教育统筹资金的吸纳审查,主要审查教育部门在吸纳统筹资金以后,是否又出台乱收费、乱集资项目的规定,即资金吸纳范围是否无限制地扩大;教育部门创收资金是否纳入统筹资金进行控制管理,有无将吸纳的统筹资金或创收资金,存入"小金库"。对财政拨入教育经费吸纳的审查,重点检查教育部门账面记录反映的吸纳数量是否与有关部门拨付一致,查明有无隐瞒教育经费吸纳数量的问题。

(2)教育经费的转拨的审查

对教育经费的转拨审查,主要审查转拨到各教育单位的经费是否及时足额,转拨数额的确定是否严格按照国家教育法规及相关法规规定,查明有无截留、挪用教育经费的问题;审查教育主管部门留用比例是否适当,有无任意提高

留用比例,教育主管部门统一购置的设备是否真正用于教学单位的教学工作中去,查明有无将截留的教育经费用于购建高档轿车、建设豪华宾馆以供领导使用等问题。

(3)教育经费的监管的审查

教育主管部门将教育经费转拨到各教育单位后要加强监管。该项目审查时,主要检查教育部门有无专门的教育基金使用管理制度,其制度是否适应教育基金监管的要求,查明有无资金转拨以后,对其放任不管,酿成重大贪污舞弊案件等问题。

3. 医疗卫生和计划生育经费管理审查

医疗卫生和计划生育经费是指国家财政部门根据预算指标要求,拨付给医疗行政主管部门和计划生育管理部门的专门经费。对于医疗卫生、计划生育经费审计的主要内容是:①审查医疗卫生主管部门对国家医疗卫生事业财政拨款的分配使用是否正确、合法,查明卫生主管部门在资金分配上是否符合专项费用分配使用的有关规定,查明卫生主管部门有无截留、挪用或个人非法占有医疗卫生资金的问题。②审查医疗卫生主管部门的行业管理是否严格,对于下级部门、医院、卫生防疫站的管理制度是否符合国家法规规定;查明一些重点医疗单位的行风是否端正,医院、卫生防疫站有无乱收费的情况以及"看病贵"、"看病难"的原因。③审查计划生育经费的管理使用是否严格遵守国家法规制度。审查国家财政拨款时,要注意计划生育拨款是否足额,各地区各部门之间的分配比例是否合理,资金下拨时,是否突出重点;审查违反计划生育政策罚款时,要注意罚款是否正当,是否符合有关法规规定;审计计划生育经费使用时,要注意审查计划生育经费的使用是否符合政策规定,有无挪用计划生育经费的问题。

除此以外,还有对交通部门的养路费审计、科研部门的科研事业费审计、文化部门的文化事业费审计等,由于这些部门经费审计的内容与上述部门审计的内容大体相同,不再赘述。

(四)政府部门财产和财务管理审计

1. 政府部门财产管理审查

政府部门的财产是指政府部门开展业务活动或从事经济管理所必须的物资资源,主要指固定资产和低值易耗品等。在经济责任审计中,对于政府部门的财产审计,主要是针对固定资产的购建、使用和管理的审查。对固定资产购建的审查,主要检查基本建设投资项目的报批立项手续是否齐全,查明有无报批手续不全,擅自开工的项目等;审查投资项目资金是否来源于政府投资,自筹资金来源是否合法,查明有无通过非法手段取得建设资金;审查政府采购项目是否经过招标,查明有无不经招标,由主要负责人在招标市场外选择供货商,个人收受巨额回扣的情况;审查固定资产使用管理制度是否健全,查明有无违反规定配备个人专车,有无为领导干部个人建造豪华别墅的问题。同时,也要审查低值易耗品的采购是否有计划,计划是否得到认真执行;审查低值易耗品的领用管理制度是否健全,手续是否完备。

2. 政府部门财务收支管理审查

政府部门财务收支主要是指政府各部门的行政经费收入和支出。经济责任审计中对政府部门财务收支审计主要审查的内容是:①审查部门财务收支是否有健全的管理制度和内部控制制度,其制度是否得到有效贯彻;查明财务收支管理手续是否健全,财务收支活动是否得到有效控制。②审查政府部门财务收入是否合法,查明有无参与有关企业的经营活动而取得非法收入;审查政府部门有无将预算资金与部门内部财务资金相混,有无将国家拨入专项资金挤入部门财务资金。③审查企业财务支出是否合法,查明有无违反国家规定或违反财务制度的开支;审查企业资金管理是否合规,查明有无将部门经费或预算资金转入"小金库"以供非法活动开支。④审查政府部门主要负责人有无乱担保,查明有无因随意给企业单位贷款提供担保,而陷入法律诉讼,使国家财产蒙受损失等情况。

第二节 国有及国有控股企业负责人经济责任审计

国有企业及国有控股企业是我国国民经济的支柱,是国有经济的重要组成,控制着国民经济命脉,对于发挥社会主义制度优越性,增强我国的经济实力、国防实力和民族凝聚力,具有关键性作用。国有企业及国有控股企业主要负责人经济责任审计是一种综合性审计,它是随着国企改革的不断深入,适应改进和完善国有企业监督体系、强化对权力的监督和制约的客观需要而推行的新型审计。国有企业及国有控股企业主要负责人包括企业董事长和总经理,两者在企业管理中承担的不同责任,因此,经济责任审计的基础内容也不相同。

一、公司董事长经济责任审计

在现代企业制度下,董事长作为公司决策机构的董事会的主要负责人,向全体股东承担有科学决策和正确贯彻决策方案的经济责任。《中华人民共和国公司法》中明确规定了董事会的主要职权,其职权范围包括:①重大筹资、投资项目决策;②重大生产、销售活动决策;③重大财务活动决策;④重要组织人事决策。企业法定代表人自然要对董事会决策的科学性、决策执行的合法性和有效性负责。因此,对决策活动审计主要从决策过程的合法性、决策方案的合理性、决策执行的可控性入手。

（一）重大筹资、投资决策审计

近几年来，我国企业在重大筹资、投资决策中存在着许多问题，这些问题是制约企业生存和发展的消极因素，主要表现在筹资、投资活动中，一些企业决策人缺乏科学的投资融资知识和经验，一味盲目扩张；一些企业法定代表人大权独揽，利用职权在筹资、投资过程中谋取个人非法利益；在企业筹资、投资活动中，决策失控必然会导致筹资、投资活动失败，故对重大经营活动决策审计主要从以下方面入手：

1. 审查筹资、投资决策有无政策和法律依据

在审查筹资项目时，要重点查明筹资方法和手段是否符合国家规定，发起成立新企业是否符合国家产业政策，企业或拍卖所取得的资金是否按规定清缴税金、清偿债务；企业出售股权、发行股票和债券有无国家有关部门，如人民政府、证监会、中国人民银行的批准文件；在审查投资项目时，要重点查明企业重组收购其他企业、购买债券、股票是否符合有关法规规定，查明国家生产投资项目是否依据国家相关法律规定进行立项等。

2. 审查筹资、投资项目决策规程是否得到遵守

对于筹资、投资目决策规程的检查，应突出检查企业是否建立的决策规程，企业投资筹资决策是否有章可循；同时，也要检查决策规程是否得到贯彻，有无在投资、筹资过程中"一人说了算"的现象，要划清领导正常"拍板"与独断专行的界限，要划清决策人的"魄力"与一意孤行的界限；同时，还要检查领导有无在筹资、投资决策过程中蓄意破坏决策规程，从中营私舞弊、谋取私利的情况。

3. 评价已选取的决策方案是否科学合理

任何决策方案所谓最佳都是相对而言的，一个决策方案要想达到十全十美是困难的，但是这不等于说容忍出现明显的漏洞或重大缺陷，例如：筹资、投资决策方案制定其客观依据不明确，或明显违反常规，其执行结果与预期结果相差巨大等。要评价重大筹资、投资决策是否科学合理，不仅要注意筹资、投资决策方案本身的可行性，同时，还要根据决策等执行有实际数字与决策中的预期数据相比较，检查决策执行效果。

（二）生产经营决策审计

对经营决策的审计，同样也要从程序的审查入手，并且对决策方案进行再评价，同时，还要进一步考核其执行效果。对于经营决策程序审计，即是对经营决策者在决策等活动中是否遵守已有的规程，有无违反规定或破坏现有的决策程序。在进行程序审计中主要是对决策中，从方案制定到确定决策方案是否由最高决策者单独完成，或者决策方案不经讨论和论证，直接"拍板"。

对于经营决策方案的评价，主要是针对经营财务决策方案本身的科学性、

合理性进行评议和估价。在评议和估价过程中,要充分利用经营预决策和财务预决策方法,对决策方案中相关数据作正确性测量和评估,同时,还利用专家评价结果,对决策方案做出恰当的评价,在评议和估价过程中,还要注意决策方案中的重大违法违纪现象,例如,企业经营策略中有无违纪国家规定,超出规定经营范围;企业在确定利润分配比例时,有无非法侵害国家利益或其他投资利益的情况等。

对于决策方案执行情况审计,重点审查有无决策者利用职权无理干扰决策执行的情况等。

(三)企业重大财务决策审计

对重大财务决策的审查,一是围绕着财务决策过程进行审查,主要查明财务决策方案和规划的制定是否经过集体讨论,主管领导对于重大财务决策方案的制定是否独断专行,有无抛开其他有关人员一手包办财务计划和预算工作等情形。

对于财务决策方案的审查,要重点检查各项资金需要量的确定有无科学依据,各种投融资方案是否切实可行,商品销售、成本开支计划是否符合企业实际,各项资金的结构比例是否适当,利润分配方案是否兼顾国家、投资者、经营者、职工和其他相关单位的正当利益,大型固定资产投资项目资金来源渠道是否合法等等,查明财务决策方案中有无违反合理性、合法性原则的内容。

对于财务决策执行情况的审查,主要是针对企业主管财务的领导,检查各项财务审批制度是否健康执行,财务审批中是否严格按照审批权限执行,查明有无越权审批的现象;检查各项财务控制制度是否有效执行,财务收支业务各项手续制度的执行是否严格,查明有无蓄意破坏财务管理手续制度,导致企业资金严重流失和浪费的情况。

(四)重大组织人事决策审计

企业重大组织人事决策是指企业合并、分立、变更形式、解散方案拟定、决策公司内部机构设置,聘任或解聘公司经理,聘任或解聘副经理、财务负责人等一系列重大活动。关于组织人事决策活动是否可以作为企业经济责任审计的内容,目前在审计界有两种不同的认识:一种意见认为,重大组织人事决策活动是企业行政管理的范畴,审计是一种经济监督活动,主要是针对企业重大投资、财产管理、经营活动、财务活动等经济活动的评价和监督,而企业行政管理,不属于审计评价、监督的对象。而另一种意见则认为,企业重大组织人事决策活动,虽然是企业行政管理的范畴,但是首先它是企业管理行为,企业行政管理能与企业经济管理有着深刻的内在联系,有的行政管理往往具有行政管理和经济管理双重职能。企业重大组织人事决策活动就具有这双重职能。因此,它也应列为经济责任审计的范围。

国有企业重大组织从事决策审计,作为企业经济责任审计的一项重要内容,对其审计应分别从组织机构的决策和人力资源决策两方面的审计入手。

1. 企业组织机构决策审查

《中华人民共和国公司法》第四十六条中明确规定了企业董事会行使"拟定公司合并、分立、变更公司形式、解散的方案,决定公司内部管理机构的设置"的职权,从而明确了企业高层决策者具有企业组织机构决策的权利,并向投资者承担相应的经济责任。

审计机关对于企业组织机构决策的审计时,首先要检查公司合并、分立、变更公司形式、解散方案的合规性、合法性和合理性。

合规性检查主要是检查公司合并、分立、变更公司形式、解散方案制定的依据是否确实存在,制定过程是否符合规程要求。在检查时,审计人员要重点查明公司合并是否经过论证,有无切实行的论证方案,公司合并方案制定程序是否符合操作规定;公司的分立是否符合有政策要求,有无违纪有关制度规定,公司分立是否经有关政府部门同意,有无擅自制定分立方案情况;同时还要进一步查明,公司变更公司变是否符合条件,公司形式变更是否经工商部门同意或批准,有无违反操作规程的现象;公司解散是否确实因为公司破产,公司解散是否先在税务机关和工商机关办理纳税和经营注销手续。

合法性检查主要是检查公司合并、分立、公司形式变更、解散方案制定过程中有无重大违法案件和在方案中有无重大违法事项。在审查时,要重点检查在公司合并、分立、公司形式变更、解散方案制定过程中,有无利用企业合并、分立的机会非转移国家财产,造成国有资产重大流失;有无在公司形式变更中,借机改变企业产权结构和经营方式,非法占有国家财产和从事非法经营活动,有无利用企业解散、破产清算过程,损害国家利益,谋取个人或为其他组织个人谋取非法利益;同时,还要重点检查公司合并、分立、变更公司形式、解散方案中,有无与《公司法》《合同法》《会计法》等相关法律相抵触的内容,有无弄虚作假,编造假数字、假证明、假资料以欺骗国家和其他投资者的情况,等等。

合理性检查主要是检查公司合并、分立、公司形式变更、解散方案的内容是否科学合理,方案是否最优,方案执行有无障碍,执行结果是否保证有效维护国家和其他投资者的共同利益;方案中有无重大漏洞,在执行中是否给国家和企业带来严重损失。

2. 企业人力资源决策审查

审计机关对于企业人力资源决策审查时,一要审查企业内部机构设置的合规性和合理性;二要审查企业的人才选拔决策机制的合理性和有效性。

对企业内部机构设置合规性审查,主要是检查企业内部机构是否符合《公司法》的规定和企业章程的要求,有无随意改变企业机构设置的情况;检查企业内部机构设置方案是否经股东会、董事会批准,有无以股东会、董事会决议文件为依据。对于企业内部机构设置决策合理性审查,主要检查内部机构的设置方案是否体现内部控制的要求,体现业务牵制原则,查明有无只设置对一般业务流程和中下层管理部门的相互制约机制,而缺乏对高层管理者的有效制约机制;查明是否只体现部门内部的牵制,而缺乏部门之间的相互牵制原则;查明各项内部控制制度设计中,各控制点的控制手续设置和控制程序的设置是否适当等。同时,还要检查企业内部机构设置方案是否体现经济性、效率性原则,在审查时,要对机构设置方案中的内部控制系统设计可能给企业带来的收益和因此而增加管理费用开支进行评估和对比,查明内部机构设置方案中,内部控制系统设计在预计收益和成本的对比关系,以评价其方案的经济性;同时要对机构设置方案中的内部控制系统设计中预计产生工作磨擦、内耗等因素的评估,以评价其方案的效率性。

对企业人才选拔机制的合理性、有效性审计,主要是针对董事会对企业总经理、副总经理、财务部门负责人选拔和聘用机制进行的审查。在审查时,主要检查企业人才选拔是否制定科学的选拔程序和标准,人才选拔程序和标准是否得到严格遵守,查明企业在人才选拔时,有无违反规定程序和标准,任人唯亲,甚至收受贿赂,压制人才;检查企业选拔出的人才是否知人善任,对于总经理、副总经理、财务部门负责人的工作安排是否做到职权分明,制约机制是否完善等。

二、企业厂长(经理)经济责任审计

厂长(经理)是企业主要经营者,企业经营活动作为企业重大决策的执行过程,其经营活动的好坏,不仅是对决策效果的反映也是决策执行效果的具体体现。按照企业经营活动的内容结构划分,企业经营活动主要涉及企业财产实物的经营和管理、资金资本的营运和管理,生产经营活动的组织和管理。在经营管理中,最具有灵魂性的环节就是经营管理和企业内部控制运行是否有效,因此,对于企业的经营活动审计主要是针对企业厂长(经理)的经济责任所进行的查证和监督。企业的经营审计也称为管理审计,主要包括资产安全性审计、资本营运合理性审计、经营过程的合法性审计。

(一)国有资产的管理和保值增值审计

对国有资产保值增值审计,主要从真实性、合法性、效益性三个方面进行:

真实性审计。分别审查资产负债表所列全部资产、负债、所有者权益项目的真实性、完整性与计量准确性,摸清家底;比较任职前后资产总量与净值;重点关注:会计资料本身的真实性、完整性问题(包括是否存在账外账问题、会计报表的编报及合并范围是否符合有关会计制度规定等问题);企业会计报表、合

并会计报表的编报是否规范及盈亏是否真实性问题,是否存在采用弄虚作假虚增利润、为企业领导人员脸上贴金的问题;同时,还应对企业年度利润构成情况进行分析,从而对企业的经营业绩做出客观评价。

合法性审计。各项资产的取得与处置,负债、权益的形成是否符合法定程序。

效益性审计。要关注企业的资产质量,重点关注企业是否存在数额较大的潜在损失或不良资产;各类资产的结构是否恰当,有无闲置浪费现象;资产与负债、权益与负债的比率是否合理。

对资产保值增值审计,主要是针对企业的各种资产和负债安全性和效益性的审计。企业资产保值增值,不仅是企业对投资人承担的主要经济责任,也是企业经营管理者个人承担的重要责任。资产能否保值增值,各项资产、负债是否安全,使用中是否产生巨大效益,这是检验企业主要负责人,包括决策人和经营者经济责任履行情况的直接依据。资产保值增值审计不仅要对所有资产的实物和价值进行审查,同时,也要对负债的真实价值进行审计,因为负债也会影响资产的数量和价值。

1. 固定资产审查

固定资产是企业的主要经济资源,企业决策者和经营者在对固定资产投资决策和对固定资产管理使用中负有直接的经济责任。对固定资产的审计,主要从以下几个方面入手:①审查固定资产购建是否纳入企业总体规划,购建固定资产有无合法的报批手续,其资金来源渠道是否正当;②审查吸收投资接受损赠的固定资产有无投资或接受损赠的合同或协议,吸收投资或接受损赠的固定资产账务上处理是否恰当;③审查固定资产使用管理制度是否完善,对固定资产是否经常盘查,定期维护保养,有无无视安全规定超期、带病使用固定资产的情况;④审查固定资产出售或对外投资、捐赠是否有正常的报批手续,是否经股东大会通过,有无擅自将企业固定资产出售、投资或捐赠的情况;⑤审查固定资产盘盈盘亏是否真实,盘盈盘亏的原因是否清楚,理由是否正当;⑥审查固定资产价值确认和会计核算是否正确,查明有无对固定资产价值高估冒算,人为虚增的现象,有无价值核算不准,折旧计算过高过低,导致固定资产价值不实的情况。

2. 流动资产审查

企业流动资产主要由货币资金、短期债权和存货构成,这类资产流动性较强,反映管理者经济责任履行情况较为灵敏。因此,流动资产审计是经济责任审计的重要内容。对流动资产审计,主要是检查各项流动资产记录价值是否真实,有无虚假数字,在此基础上还应审查以下几个方面:①审查各种流动资产库存比例是否合理,各种流动资产管理制度是否健全,每种流动资产的收入、购进、开支、发出手续是否严密;②审查现金、银行存款以及其他货币资金等资金的流向是否正常,各项资金开支、使用是否合法,有无乱设"小金库"的情况;③审查短期债权中的应收账款、应收票据等各种债权的发生是否有合法的手续,信用条件和收账政策的确定是否合理,销售合同、协议是否有效,货款结算方式是否符合规定,有无长期拖欠无法收回的现象;④审查短期债权中的预收货款、其他应收款等债权发生的理由是否正当,有无将其他债权混入预收货款、其他应收款的情况;⑤审查各种存货采购计划是否合理,有无根据合理订货模式制订采购计划,有无因存货比例不当或采购模式不当导致生产停产,有无存货积压的问题;审查存货安全管理制度是否健全,有无因管理混乱,经常导致存货丢失、霉变、损坏等情况;审查存货发出手续是否健全,查明存货消耗、使用中有无严重浪费,有无利用存货发出机会盗窃、倒卖国家财产的现象。

3. 长期投资审查

企业对外投资,其回收期在一年以上的投资,即为长期投资,其实这仅仅是指长期债券投资,一般来说企业对外进行产权投资,除非企业出让产权或被投资企业破产清算时收回全部或部分投资,一般情况下企业无法从被投资企业抽回投资。在我国对传统国有企业进行股份制改造的过程中,国有企业对外投资的形式:一是实物投资,二是证券投资。由于投资的方式不同,对投资决策者、管理者来说,承担的经济责任也不同。因此对长期投资审计,主要审查以下内容:①检查投资方案的制定合理性,特别是要查明对外投资合同协议中各种条款是否有效维护了投资者的合法权益;②检查对外投资的资产确认数量是否真实,有无聘请注册会计师对企业资产、实物进行价值评估,由企业自行确认资产价值的,其价值确认标准和依据是否符合有关法律规定;③检查股票投资的核算管理是否符合规定,查明有无将企业投资与个人投资相混淆,造成亏损由企业承担,盈利由个人享有的情况;④检查债券投资是否合法,查明有无购买不经有关部门批准擅自发行的债券;⑤检查投资收益是否按规定入账,有无将投资收益故意不入账,借以隐瞒利润,减少向各方投资人分配数额;查明有无虚增投资收益,借以虚增利润,夸大业绩的情况。

4. 无形资产审查

企业无形资产是指企业的可以长期使用,但无实物形态的经济资源,或者企业拥有的一种法定权利或优先权。无形资产主要包括专利权、专有技术、商标权、商誉、著作权等知识产权和土地使用权。对无形资产审计,首先要验证无形资产账项记录的真实性、公允性,在特定条件下,根据市场经济规则要求,评估无形资产价值;其次是对无形资产收入、入账、摊销、转让、出售的合理性、合法性、合规性进行检查,以查明有无利用调高、调低无形资产价值、虚增资产等情况。

5. 短期负债的审查

短期负债也称流动负债,是指偿还期在一年以内或超过一年的一个营业周期以内偿还的负债,主要包括短期借款、应付票据、应付账款、应交税金、应付利润和应付工资等。对流动负债审计,首先要审查流动负债记录的真实性,查明有无虚列、少列负债,以影响领导人经济责任评价的问题。其次,要审查流动负债发生、偿还的合法性,借款有无正当理由,有无骗取贷款的情况,查明应付款项的管理是否严密,有无利用应付款项账户,掩盖非法行为的情况等。

6. 长期负债的审查

长期负债是指偿付期在一年以上的负债,包括长期借款、应付债券、长期应付款等。对于长期负债的审计,主要审查以下内容:①审查长期负债的手续是否齐备,各项长期负债是否合法,有无违反规定,或不经有关部门批准,擅自发行长期债券。②审查长期借款数额是否真实,借款中,有无利用不正当的手段取得贷款,有无以高额回扣取得贷款的现象;查明贷入的款项使用是否正当,有无将贷入的长期借款挪作他用。③审查长期债券发行是否与有关发行单位签订合同、发行方式、条件是否明确规定,是否符合有关规定,查明有无故意让利,而从中收取回扣的情况。④审查长期应付款的金额、应付期限等是否属实,查明有无在引进设备上损害国家利益或其他严重违法违纪问题。

(二)企业经营活动过程审计

企业经营活动过程虽然不是其主要负责人亲手操作的业务行为,却是企业主要负责人管辖的主要范围,经营活动是否能沿着正确经营方向发展,经营活动中有无重大违法犯罪行为,与企业主要负责人能否正确履行其管理责任有着十分密切的关系。因此,对企业主要负责人经济责任审计,要延伸审查企业的经营活动过程。企业经营过程一般由材料物资采供、产品生产、产品销售三个阶段构成。在审计中应严密注视企业生产经营活动,借以查明企业主要负责人在企业生产经营过程中经济责任履行情况。

1. 材料物资采购供应的审查

企业材料、物资采购供应环节,是生产经营过程的开端。企业主要负责人对于材料采购供应过程的管理,主要是采购供应计划和制度管理。在经济责任审计中,对于材料物资采购供应的审计应主要围绕着企业主要负责人的职责范围进行,对于那些应由材料物资采购供应部门负责的材料安全性、收、发、存业务的合理性、合法性问题,只能作为查证企业主要负责人的经济责任的一种佐证,而不是经济责任审计的主要内容。因此,材料物资采购供应审计应从以下方面进行:①审查材料物资采购供应内控系统的健全性、合理性及可操作性。②审查材料物资采购供应计划制定的合理性。企业材料物资采购供应计划的制定,必须经企业主要负责人同意方能执行,在审查中,要分清材料物资采购供应中出现的问题是属于计划本身的问题,还是计划执行中的问题,如果是计划本身的问题,则应由企业主要负责人承担主要责任。

2. 生产经营过程的审查

企业生产经营过程是连接采购供应和销售环节的中间环节,属于物质财富的创造领域。对物质财富创造领域的审计,历来都是企业管理审计的重要内容。在经济责任审计中,应重点审查生产劳动组织的设计配置,各项管理制度和操作规程设计以及生产计划的制订等内容:①生产劳动组织设计的审查,主要审查生产组织的设计和建立是否符合有效管理原则,查明有无因生产组织设计不合理、导致部门重置、职能交叉、各自为政、协调困难等问题;审查劳动组织的结构是否与生产产品类型相适应,是否有利于各生产环节职能的发挥,查明有无因劳动组织配置不合理,导致人、财、物资源严重浪费的现象。②管理制度和操作规程设计的审查,主要审查管理制度设计是否符生产管理的要求,查明制度体系有无因存在重大缺陷,而导致生产过程失控的现象;审查操作规程设计是否合理,查明生产过程中各项设备、生产线等操作规程是否适当,有无因操作规程不当,而存在重大事故隐患的情况。③生产计划的审查,主要是审查生产计划制订是否符企业经营决策的要求,查明有无擅自改变企业经营方向和生产范围的情况;审查生产计划制订的科学性,查明有无因生产计划缺乏科学性,导致生产延误或大量积压产品的问题。

3. 产品销售过程的审查

企业销售过程是生产过程的末端,是生产的产品价值得以实现的环节,在整个生产过程中具有十分重要的地位。任何一个企业领导对销售环节中每一项工作,从营销策略和计划的制订,到销售网点的布局,以及售后服务均给予高度关注,因为流通反作用于生产,制约生产经营全局。对销售过程的审计应从以下几方面入手:①营销策略和计划制订审查,主要检查企业制定的营销策略是否适应市场变化情况,有无建立专门的市场调研队伍;营销策略是否根据市情况变化及时得到调整;检查商品销售计划制订是否与企业营销策略相适应,查明有无计划不当,造成对生产的影响。②销售网点布局的审查,主要审查企业销售网点布局是否符合商品产品销售的流向和趋势,查明有无因网点布局不合理影响销售的情况。③售后服务措施的审查,主要审查企业售后服务措施的制定有无吸引顾客或客户的功能,查明售后服务措施与服务成本的一致性、协调性。

(三)企业财务审计

企业财务活动,是其独立于生产经营系统之外,又与生产经营系统有着密切联系的一种经济管理活动,这种活动属于物质财富的分配领域的活动。对国有企业财务审计,其经济责任审计与常规审计相比在内容上有不同侧重,常规审计不仅要审查财务管理活动,同时也要审查具体的财务收支活动。而经济责任审计主要是针对企业主要负责人在财务管理方面所承担的责任,因此,其侧重点主要在财务管理活动方面,就是遇到对财务收支活动审查,也是为搜集有关财务管理效果方面的信息所进行的审计。对国有企业财务审计,主要包括对财务收支管理活动审计,财务分配管理活动审计和财务信息管理的审计。

1. 财务收支合规性审计

企业财务收支活动是企业财务活动的主要部分,其业务繁杂,涉及的范围广,是审计工作的一个难点。对财务收支合规性审计,重点是审查与企业主要负责人相关的财务收支管理活动。其主要内容有财务管理制度建立健全性审计、财务收支计划审计和重大财务收支项目审计。

(1)财务管理制度建立健全性审查

企业财务管理依据制度的建立和完善,一般来说,财务制度健立健全的企业,其财务秩序就好,财务制度有重大缺陷或无财务制度的企业,财务秩序就混乱,也容易出现贪污舞弊的事件。作为企业主要负责人理所当然地要为企业财务管理秩序负责。审查时要注意:①主要审查各项财务管理制度是否建立,建立的财务管理制度是否切实可行,财务管理制度的执行效果是否良好,财务收支混乱的现象有无得到有效控制;②主要审查企业财务管理各级分工是否明确,主要负责人有无越权管理,严重冲击企业财务管理秩序的情况;③主要审查企业制定的财务政策,如商品交易、货款结算、信用条件、收账政策,各种资产管理措施、资产减值准备计提是否合理,有无因各种财务政策不当造成重大损失的现象。

(2)财务收支计划审查

企业财务收支必须有计划,实行计划管理是现代企业财务管理的重要手段。在制订财务计划过程中,企业主要负责人的责任是:提出制订财务计划的指导思想,根据企业经营范围和规模,提出资金需要量,并对资金筹集措施提出意见,对财务收支计划最终拍板。因此财务收支计划制订过程中,企业主要负责人应承担重要责任。对财务收支计划审计时要注意:①审查财务收支计划方案制订是否有客观依据,查明有无不顾客观实际情况、"拍脑袋"定计划、导致计划无法执行的情况;②审查财务收支计划中提出的资金需要规模和数量是否符合实际,查明有无利用不正当的方法"圈钱"或利用正当方法筹集的资金使用不当,致使资金剩余过多造成严重浪费的现象;③审查已执行的财务收支计划是否失控,有无人为造成大幅度突破计划,导致筹资、投资重大失误的问题。

(3)重大财务收支项目审查

重大财务收支项目,一般由企业主要负责人审批,在经济责任审计中,必须加强对重大财务收支项目的审计。对重大财务收支项目审计主要从以下方面入手:①审查重大财务收支项目是否属于计划内收支项目,有无擅自改变计划随意决定筹资、投资项目,导致计划无法执行的情况;②审查重大财务收支项目的合规性、合法性,查明有无违反有关规定,搞非法集资、筹资活动,有无擅自决定对外投资活动;③审查重大财务收支项目的经济效果,查明有无因投资失误造成重大浪费给企业带来严重损失。

2. 财务分配的合法性审计

企业财务分配,主要有三个层次:一是企业与职工之间的分配,主要是指工资、津贴、奖金的分配;二是企业与国家之间的分配,主要是指依法缴纳税金;三是企业与所有者之间的分配,主要指对已实现的净利润进行分配。财务分配是企业财务活动中涉及面最广、内容最为复杂的一种经济活动。实际工作中,出现的问题也比较突出,其问题的主要根源,还在于企业的决策或高层管理者。因此,对财务分配合法性审计,是企业经济责任审计中应予高度关注的一项内容。对财务分配合法性审计,应按上述三个不同层次,对其分配过程和结果进行审计。

(1)企业职工工资、津贴、奖金分配的审查

在企业职工工资、津贴、奖金分配活动中,其主要负责人掌握着职工工资标准制定,津贴、奖金发放办法和发放总额确定等权利,企业职工工资、津贴、奖金分配是否合理,能不能起到调动全体职工积极性的作用,这与企业负责人的工资标准制定、奖惩办法的确定有着直接关系。对于职工工资、津贴、奖金分配的审计,重点审查工资标准确定是否合理,对每个职工工资的确定是否公平公正;津贴、奖金发放办法是否符合国家有关规定,工资、津贴、奖金增长速度是否超过经济效益增长速度,有无滥发补贴、奖金的现象;对职工奖励是否根据其业绩,有无不从业绩、只凭关系发放奖金的情况。

(2)缴纳税金情况审查

依法纳税是每个企业和公民的义务,企业是否依法纳税,直接涉及企业与国家之间的利益分配关系。对于缴纳税金情况审计,主要检查的内容是:①检查企业是否按规定定期如实向税务机关申报缴纳增值税,纳税申报资料中有无漏报、瞒报,有无利用虚假增值税发票进行抵扣的现象;②检查企业是否按规定代扣代缴个人所得税,查明有无利用转移开支、分配实物办法偷逃应缴个人所得税;③检查企业利润计算的真实性,查明有无利用虚增成本、隐瞒利润的办法偷逃企业所得税的情况;④还要检查其他税种缴纳情况,查明有无偷逃其他税种的现象。

(3)利润分配的审查

企业向投资者分配利润,也必须由企业主要负责人进行决定,在利润分配中能否严格按照国家法律、法规、企业章程、投资协议等具有法律效率的文件规

定,合法、合理地分配利润,也是企业主要负责人的经济责任。在审计时,主要是针对企业向国家分配利润的比例,企业向其他投资者分配利润的比例,以及企业提取的盈余公积等是否符合有关法律法规文件规定,查明有无擅自改变分配比例或该分不分的情况。

第三节　事业单位领导干部经济责任审计

事业单位是指没有生产性收入,由国家经费负担各项经费开支,具有一定目标、规模和系统而从事对社会发展有重大影响活动的单位,如教育、科研、卫生、文化、民政、体育、广播等。在我国现行财政体制下,事业单位包括全额拨款单位和差额拨款单位两类,这些都纳入财政预算。事业单位除了预算收入外,还有预算外收入;为了重点扶持某项事业的发展,国家还拨出专项资金进行投入,因此,事业单位的收入还包括专项收入。不同的事业单位其预算收入和支出的项目和具体内容不同,其管理方式也不同,事业单位在预算资金的使用管理中,必须严格按照国家有关规定,制定严密的管理制度和手续,加强对各种预算资金的开支、使用的控制,保证国家预算资金使用的合理性、合法性和有效性。对事业单位预算资金应分别对不同的事业单位,根据其预算资金管理的特点确定其审计的内容。对事业单位领导干部经济责任审计的主要内容为:

一、教育事业单位经济责任审计

教育事业单位主要包括大专院校和中小学。接受国家教育主管部门拨款的全日制大学、各高等专科学校、职大、电大、夜大、函大、成人自学考试以及中小学校都属经济责任审计的范围。能否管好用好国家教育投资,是考核教育事业单位主要负责人是否能正确履行其经济责任的主要内容。

1. 教育事业目标完成情况的审计

根据任职期间的经济责任目标和财政、财务收支审计情况,审查单位的综合预算执行及其结果是否达到规定的目标值,如经费自给率、资产负债率、资产保值增值率、人员经费和公务经费占全部经费的比例等,及经济责任目标规定其他指标完成情况。对事业发展情况审计,要根据各单位的不同性质,审查事业单位新产品开发目标等综合指标,将各项指标的实际完成情况与历史最好水平进行比较、与上级主管部门下达的责任目标进行比较,正确评价被审计人任职期间的事业发展情况。

2. 预算资金使用和管理的适当性、合理性审计

预算资金的拨入,往往根据学校发展需要而进行;而学校发展目标是由教

育事业单位主要负责人根据教育事业的发展需求确定的,预算资金使用往往与教育事业发展目标和方向相联系,它既是预算资金决策的主要内容,也是教育事业单位发展目标和战略决策的主要因素。因此,在审查预算资金使用决策时:

(1)审查教育单位发展目标的科学性、适当性

高等院校、中小学的发展目标和方向是否适应社会经济发展状况的要求,是否反映了教育事业单位发展目标至关重要。目前,一些教育事业单位的发展目标和方向十分令人担忧。有些学校办学基础薄弱,师资力量匮乏,学生生源不足,在这种情况下不是积极练"内功",而是为了赶时髦、上等级、上级别、上规模,人为地把学校发展目标定得高远宏大,脱离实际需要和可能,不仅给财政造成很大压力,而且为达到这种"目标",劳民伤财,影响了学校的正常发展。审查时,审计人员应针对教育单位的远景规划及其投资规模,分析学校发展前景,评价其发展目标是否适当,投资规划是否应该执行。

(2)审查预算资金使用的合规性

预算资金使用必须与预算资金来源相适应,全日制大学的资金来源主要是国家财政部门通过主管部门拨入或直接拨入的预算资金。其预算资金主要是根据学校类别、教职工在编人数、在校学生人数、学校规模、创收能力、支出定额加专项补贴计算核定的。预算支出数减去自创收入后的余额数为预算补助数。专项补助费,主要有专业设备补助费、外籍专家经费、离退休人员经费、特别项目补助费等,这些费用一般按具体补助项目的规模、需要确定数额。预算资金使用计划实质上是由财务部门编制并由单位主要领导人审核批准上报;资金预算,经教育主管部门和财政部门批准后,即成了预算资金拨款计划,也成了教育单位预算资金的使用计划。在审计时,审计人员应围绕着各教育单位的"部门预算"和总预算,审查其预算资金使用计划、决策有无违反国家财经法规,有无通过弄虚作假手段虚报预算,以套取国家预算资金的情况;审查资金预算支出项目是否与其正常的单位发展目标相适应,查明有无因不负责任或目标确定不合理,造成事业单位预算资金短缺,影响事业发展的情况。

(3)审查预算资金使用的合法性、合理性

教育事业单位预算资金使用必须根据财政和教育主管部门批准的预算执行,不能随意改变资金用途挪作他用,更不能由个人侵吞。在预算资金使用上,在坚持按规定用途使用的同时,还应坚持根据预算中的资金总量,合理安排使用进度,保质保量完成预算任务。学校是培养人的地方,国拨教育经费的使用应重点保证教育质量,其预算资金的投入应突出重点,节约使用。

对于预算资金使用的合理性、合法性审计,应审查以下内容:①审查预算资金使用是否符合国家有关法律规定,主要检查教育单位,是否不顾国家规定将

预算资金用于对外投资,或用于其他非法途径,查明有无擅自挪用贪污国家预算资金的情况。②审查预算资金使用是否坚持保证重点,兼顾一般的原则,预算资金使用是否重点用于保证教学工作需要,是否围绕着教学和科研两个中心,进行合理投资,查明有无不顾教学科研需要,把预算资金投放于其他次要方面,造成教学设备设施缺乏,影响教学和科研工作正常开展,从而影响教学质量和科研水平提高的情况。

(4)审查预算资金使用管理的有效性、规范性

大专院校、中小学校预算资金的使用,应严格按照预算规定的项目执行,以便促进教育教学目标实现和保证资金使用效果的提高。加强对预算资金的控制和管理,提高预算使用效果,首先,要建立以教育事业单位各部门负责人为控制中心内部控制系统,在组织上和制度上形成对资金使用权限的横向制约机制;其次,要建立以教育事业单位主要负责人为核心的资金外流管理系统,形成一级管一级、上级管下级、下级促上级的纵向制约机制;最后,要建立健全事前、事中、事后全方位预算资金跟踪制约系统,做到预算资金使用事前有计划,事中有制约,事后有审批的全过程制约机制。

对教育事业单位预算资金使用管理的有效性和规范性审计的具体内容是:审查预算资金使用的有效性,检查预算资金使用是否按进度完成,其使用效率是否符合预算进度要求;检查预算资金使用是否保证教学质量和科研水平的提高,其使用效果是否达到预期目标;审查预算资金管理的规范性,主要检查预算管理机制是否健全,资金使用是否有严密的控制手续等。

3. 预算外收入、分配和支出的合法性、合规性审计

(1)审查预算外收入的合法性与合理性

教育事业单位教育经费来源除了国家财政部门通过预算无偿拨入的预算资金外,还有预算外资金收入,也称预算外收入。教育单位的预算外收入,历来是违法违纪事件的多发点。

对于预算外收入的合法性、合理性审计,主要审查以下内容:①审查预算外收入范围的合法性。审查时,主要围绕着高校和中小学各项创收收入范围的有关规定,查明有无违反规定进行创收的问题,查明有权办研究生班和其他业余培训班的单位,有无为了吸引学员,对不符合条件的学员"网开一面",只要有钱无论什么人都可以拿文凭、拿学位的情况。②审查预算外收入收费标准的合法性。审查时,主要围绕着各类创收班和对外服务项目的收费标准确定,查明教育事业单位收费是否严格按照国家规定标准,有无违反规定标准进行创收的问题,查明有无利用合法的创收渠道,违规收费,如随意抬高培训费、择校费、对外咨询服务的收费标准等现象。③审查预算外收入项目的合法性。审查时,主要围绕着每一创收项目的报批手续,查明创收项目是否经有权批准的部门批准,

有无合法完整的手续,例如,对外班是否经教育主管部门批准,是否有发放文凭和学位证书的权利,在项目的宣传上,是否采取欺诈手段,骗取学员信任等。④审查创收组织方式的合规性。主要围绕着创收单位的收费管理情况,查明创收单位创收业务管理混乱,导致创收失控,影响正常教学和科研工作等情况。

(2)审查创收分配的合法性

高校、各中小学的创收分配中的矛盾也十分突出。由于在创收组织方式上各地、各教育事业单位不统一,有些单位就一个单位内部创收组织方式也有多种形式,一是教育事业单位统一组织创收,设立专门的创收管理部门,统一政策,统一收费标准,创收收入按规定在学校进行统一分配;二是各系部自行组织,各系部根据不同情况自行确定收费标准和收费办法,按照规定自行在校内进行分配;三是"跟单帮"式的创收组织,创收收入全部归个人所有,一般来说,个人"跟单帮"形式不可取,因为这种创收学校完全处于失控状态,更谈不上分配的合法性。前两种方式一般是较为可行的方式。

对于创收分配的审查,主要审查以下内容:①创收成本费用审查。创收成本,主要是创收过程中必然发生的一些教室租赁费、业务开发费、教师课时费、教材费等成本性开支。对上述成本费用审查,主要审查各种费用开支是否真实,有无高估冒算,特别是业务开发费、教师课时费开支,查明有无随意支付业务开发费,故意加大教师课时量或提高教师课酬标准,以达到虚增成本,隐瞒收入的目的。②创收纳税审查。创收缴纳税种主要包括应缴营业税、应缴个人收入所得税等,一般来说,高校和中小学创收,应按规定缴纳上述两项税,审查时,要注意单位代扣代缴数额是否正确,查明有无将学校应分配的收入代替个人缴纳税金的问题,同时也要查明有无不依法代扣代缴个人所得税问题。③创收净收益分配审查。创收收入扣除应缴国家税金和成本以后的余额即为创收净收益,创收净收益要在学校和创收单位之间分配,在对创收净收益分配审查时,主要通过核实创收收入、创收成本和创收税金缴纳数量是否真实,来查明有无弄虚作假,欺骗学校的情况。

(3)审查创收支出的合法性

创收支出是指对创收净收益的支出使用。创收净收益一般实行按学校基金切块分配使用。切块分配时,主要按教育事业发展基金、集体福利基金、奖励基金三部分进行,这三块的比例一般为 6∶2∶2 比较合适,即教育事业发展基金占 60%,集体福利基金占 20%,奖励基金占 20%。

对创收净收益分配使用的审查:①要审查其分配是否符合上述标准,有无差距太大的情况,查明有无挤占教育发展基金的现象;②审查创收净收益使用是否符合规定用途,查明有无挪用挤占教育事业发展基金等现象。

4. 任职期间单位资产、负债情况审计

主要查明接任时和任职期间的债权、债务的变化,分析变化的趋势是否与单位业务管理与发展方向一致,同时分析单位的账账、账实是否相符和完整,有无虚假及损失情况;任职期间执行财经法规,遵守财经纪律的情况,如有无"账外账"、"小金库"、"公款炒股"、"滥发钱物"等情况。

5. 评价任职期间单位的财务管理内控制度

审查被审计人所在单位是否按规定建立内部控制制度,重点查清财务内部控制制度的类型、范围和结构。

6. 领导干部本人遵守党纪、政纪和廉洁自律有关规定的情况。

二、科研事业单位经济责任审计

我国科研工作主体是科学研究单位,如科学研究院、研究所等。科研事业单位的经费有两个方面的来源,即外来经费和自创经费。其外来经费主要有国家财政拨补款、有关政府部门拨补款、申请科学基金拨款、贴息贷款、国内外捐赠款等,这些经费主要由财政或科研管理部门根据科研单位的实际情况给予适当拨补的办法拨入;对于不同的科学研究,其研究资金的管理采用不同的方法,基础型研究实行"基金制",即由国家拨给一定额度的科研事业费,科研事业单位通过申请科研基金,取得科研经费补偿;应用型研究实行"合同制",即由科研事业单位与国家签订应用研究技术合同,根据合同提供产品或科技服务,并按合同取得科研经费补偿;社会公益事业方面的研究,例如医疗卫生、计生、环保、情报、计量、观测、农业科技等基本技术研究和标准的确定以及实行财政拨补、包干使用的管理办法。自创经费主要有科研单位成果转让收入、经营收入、附属单位上缴的收入等。对科研事业单位经济责任审计,主要围绕着科研事业费收入和使用、科研成本计算和科研收益分配三个方面,审查其主要负责人的经济责任履行情况。

1. 科研工作目标完成情况的审计

根据任职期间的经济责任目标和财政、财务收支审计情况,审查单位的综合预算执行及其结果是否达到规定的目标值,如经费自给率、资产负债率、资产保值增值率、人员经费和公务经费占全部经费的比例等,及经济责任目标规定其他指标完成情况。对事业发展情况审计,要根据各单位的不同性质,审查科研事业单位新产品开发目标等综合指标,将各项指标的实际完成情况与历史最好水平进行比较、与上级主管部门下达的责任目标进行比较,正确评价被审计人任职期间的事业发展情况。

2. 科研事业费审计

科研事业费是国家财政部门根据科研事业单位申报的科研项目拨到各级科委并由科委归口管理,并根据科研项目研发需要拨到科研事业单位的研究项目补助经费和科研事业单位科研成果转让收入、经营收入等自创项目收入转入的自创经费。科研事业单位,作为一个科研项目和经费管理的科学研究实体,具有独立的法人资格,一方面通过组织单位内部各部门向国家有关部门申报课题,取得研究经费;另一方面对已取得的科研事业费根据需要在单位内部进行分配并控制使用。科研事业费的收入分配和使用,是科研事业单位经费管理的主要内容。对科研事业费审计,应从以下方面入手:

(1)科研事业费收入审查

科研事业费收入主要有两个部分,一部分是外来经费,主要是财政补贴经费,另一部分是自创经费,主要是单位组织经营收入所取得的经费。外来经费收入中包括财政补贴收入、贴息贷款、国内外捐赠。一般来说,财政补贴收入主要由政府科技管理部门控制,财政补贴收入能否及时到位,有无被截留,主要涉及政府科技管理部门的责任。而对于贴息贷款和国内外捐赠的资金,则是直接由科研事业单位取得的经费,科研事业单位经济责任审计,重点是审查贴息贷款和国内外捐赠资金取得的合规性、合法性。审查时主要审查贴息贷款的取得是否有完整的手续,其优惠条件是否符合国家规定,国内外捐助资金取得,有无附加条件,特别注意国外机构的捐助资金的来源。自创经费主要来自于科技成果转让、经营收入、附属单位上缴收入等,在审查时,主要审查科技成果转让手续是否齐全、合法,转让的科技成果中有无国家严重控制的或禁止转让、出售的技术秘密,转让科技成果的转让价格是否符合国家规定,有无徇私低价出售科技成果的情况。

(2)科研事业费分配使用的审查

科研事业费下达到科研事业单位以后,科研事业单位应按照一定比例提取科研管理费,用以科研行政管理方面的开支,其余应按计划及时定额下拨到各部门或课题组。在科研事业费进行分配时,应严格按照国家或项目合同中规定的科研管理费提取比例进行提取,不得多提、重提。在科研事业费使用中也应严格按照规定的使用范围进行控制,不得以任何理由任何借口,挤占、挪用科研事业费,以保证科研事业合理、合法分配、使用。在审查时,首先,要审查科研事业费分配比例是否符合规定,有无超过国家或合同中规定科研管理费的分配标准,多提、重提科研管理费;审查科研事业费在各项目组和部门之间分配是否适当,审查有无因经费分配不合理造成部门、项目经费苦乐不均,影响科学研究的问题。其次,要审查科研事业费的使用是否符合国家或合同规定的范围,科研事业单位提取的科研管理费和分配到各部门的科研事业费是否真正用于科研管理和研究,查明有无利用科研管理费,购买高档轿车或用于请客送礼,挥霍浪费;查明科研事业费的使用是否坚持专款专用,有无超范围、超标准使用的情况,有无挪用科研事业费的现象。再次,要审查新产品试验费、中间试验费和重要科研项目补助费,查明科技"三项"费用是否坚持专款专用原则,有无在不同项目中进行串用,有无将科技"三项"费用挪用于计划外基建工程,弥补人员经费、管理费不足或乱发奖金、实物等情况。

3. 科研收益和分配的审计

(1)科研成本审查

科研收益与科研成本有着直接的关系,科研成本计算的真实性、合法性、合理性影响科研收益计算的正确性。根据有关制度规定,科研成本核算的范围包括:科研课题所使用的材料费、燃料费、设备购置及使用费、劳务费、业务费和院、所、室管理费。

对科研成本计算的审查,主要审查的内容是:①审查各成本项目开支范围是否符合有关法规、制度规定,查明有无将不属于科技成本开支范围的支出,例如,因违反有关规定的罚款、滞纳金等列入成本开支范围,查明有无将高规格的宴请和发放的纪念品混入会议费,计入科研成本;②审查直接计入科研成本中的一般设备购置费开支是否合规,查明有无将专项控购物品购置费与一般设备的购置费相混淆,挤入科研成本,专控物品购置是否办理了批准手续;③审查直接计入科研成本或期末按比例摊入科研成本的奖金、福利费和其他劳务费支出是否符合开支标准和范围,有无擅自提高标准和扩大范围的现象,分摊计入科研成本的各项费用是否属实,有无弄虚作假,乱挤科研成本的现象。

(2)科研成果收入审查

科研成果收入一般包括:承担主管部门下达的科研项目而取得的基金收入和科研"三项"费用收入以及部门委托科研项目的合同收入,科技转让和技术服务取得的收入,科研产品销售收入,科研附属部门的服务性收入等。对科研成果收入审计,重点检查其收入的真实性与合法性,具体审查的内容是:①审查科研事业单位的科研成果转让或销售,是否建立了一套严密的管理体系和管理制度,查明有管理混乱,各部门各自为政,导致科研事业单位科研成果和销售收入严重流失的情况;②审查科研成果收入是否按规定都纳入单位的统一核算体系中,查明有无账外账、收入不入账、资金不入户、建立"小金库"的现象。

(3)科研收益分配的审查

科研收益是科研成果收入扣除科研成本、销售费用和各种税金的余额。科研收益的分配就是将科研收益按规定比例,在科技发展基金、集体福利基金、职工奖励基金中进行分配。在审计时,主要进一步核实科研收益计算的是否真实、正确,查明有无少计、漏计或多计的情况;审查科研收益分配前是否按规定照章纳税,查明有无偷税漏税的情况;审查科研收益在"三项基金"中分配比例是否适当,查明有无随意扩大职工奖励基金比例,并以此挤占其他资金比例的情况。

4. 其他审计

如在职期间单位资产与负债情况的审计、任职期间单位的财务管理内控制度的评价、领导干部本人遵守党纪政纪和廉洁自律有关规定情况的检查等在前面已有说明,在此不再赘述。

三、文化事业单位经济责任审计

文化事业单位主要是指从事文化艺术、出版、影视、新闻、文化馆站、公共图书、文艺演出、经营演出场所等活动的单位。文化事业活动在社会经济活动中是一个特殊的领域,与企业不同,其经济活动中具有浓厚的人文、艺术色彩。文化事业单位,作为专门从事文化、艺术活动的单位,必须坚持为社会服务,为人民大众服务的方向。在日常文化活动中,一方面可以通过从事健康有益的社会文化活动取得一定收入;另一方面又必须坚持正确的政治方向,不能以经济效益取代社会效益,社会效益放在第一位。因此,文化单位负责人的经济责任审计中,主要是评价其依法履行职责,依据社会效益标准评估其经济责任履行情况。

(一)文化工作目标完成情况的审计

根据任职期间的经济责任目标和财政、财务收支审计情况,审查单位的综合预算执行及其结果是否达到规定的目标值,如经费自给率、资产负债率、资产保值增值率、人员经费和公务经费占全部经费的比例等,及经济责任目标规定其他指标完成情况。对文化事业发展情况审计,要根据各单位的不同性质,审查事业单位新产品开发目标等综合指标,将各项指标的实际完成情况与历史最好水平进行比较、与上级主管部门下达的责任目标进行比较,正确评价被审计人任职期间的事业发展情况。

(二)艺术表演事业单位审计

艺术表演单位主要是指艺术表演团体和艺术表演场所。艺术表演团体又称剧团,是以文艺演出为主要业务的文化事业单位,在经济上,通过演出活动取得收入和接受国家财政或上级主管部门补助的法人实体。艺术表演场所,又称剧场、剧院等,是为文艺团体提供表演场所的单位,主要通过"门票"或包场取得收入和接受国家财政和上级主管部门补助的法人实体。

1. 艺术表演团体审查

艺术表演团体是生产精神产品的单位,艺术家们必须坚持为人民大众服务、为社会主义服务政治方向,不能为了取得收入而迷失方向。因此,经济责任审计在加强对艺术表演团体主要负责人经营活动审计的同时,更主要的要审查其在组织艺术表演活动中是否坚持正确的政治方向,查明有无为了取得收入,而演出低级趣味或其他损害言精神文明建设的文艺作品。在审查时,主要审查的内容是:

(1)剧团收入审计,剧团收入主要有财政或上级部门补助收入、专项拨款收入、社会赞助收入、业务收入、经营收入、附属单位上缴收入、其他收入。对剧团收入审计,主要检查剧团收入是否通过演出健康的文艺作品取得,查明有无因演出有碍精神文明建设的文艺作品受到有关部门查处;检查艺术演出团体的各项收入是否真实,对全部收入是否及时入账,有无贪污私分的情况;检查艺术演出团体演出管理制度是否健全,对于演员"走穴"有无严格管理措施;检查其他收入手续是否完备,有无截留转移、私分或进入"小金库";检查文艺团体是否及时定额照章纳税,查明有无偷税漏税的情况。

(2)剧团支出审计,主要审查剧团各项行政管理支出是否真实、正确,查明有无违规定范围和标准,虚列支出,伪造决算行为;审查剧团排练制作开支,演出费开支是否超支,有无铺张浪费的情况;审查剧团有无将贪污、私分款项列入演出成本开支,查明有无违背专款专用原则,挤占挪用,改变专款用途,将公款据为己有的情况。

(3)剧团效益审计,对剧团效益审计是在评价其社会效益基础之上,再根据相关经济指标评价经济效益的。在对剧团经济效益审计时,主要检查各项收入、支出是否真实、合法,查明收支环节的违法行为,堵塞收入支出方面漏洞;审查演出活动的经济性、效率性和效果性,查明每一剧目排练、每一场演出是否本着合理节约原则,有无铺张浪费;查明业务活动中的排练活动与演出活动支出、收益比例是否适宜;查明演出的文艺节目受社会欢迎程度。

2. 艺术表演场所审查

在现行管理体制下,艺术表演场所也是一个独立经营的实体。对艺术表演场所的审计主要从以下方面入手:

(1)剧场、剧院收入审计,剧场、剧院收入主要包括财政或上级主管部门拨入的专款收入和自身业务收入和附营业务收入,审查时,首先审查专款收入是否及时到位,对专款管理是否有专门的管理办法;审查自身业务收入管理核算制度是否健全,收入手续办理是否完备,各项内部控制制度是否有效;审查自身业务收入记录是否真实可靠,查明有无收入不入账,直接坐支收入的现象;审查自身业务收入是否符合有关法规制度和收费标准,查明有无乱收费,一切向钱看的倾向;审查租场演出是否有合法手续,查明剧院、剧场与演出商签订的演出合同是否合法有效,是否明确规定了有关纳税条款和费用结算办法等;审查文艺演出质量,查明自身业务收入是否因引入一些黄色或其他不健康的文艺演出取得;审查附营业务收入,检查各项附营业务是否符合国家有关规定,查明附营业务中有无危害精神文明建设的项目,附营业务收入是否真实。

(2)剧院、剧场支出审计,审查人员经费支出中的津贴、奖金等非固定工资部分,查明有无任意扩大提高标准的现象;审查公用经费支出有无单据不合法,手续不健全,查明有无乱挤费用、虚列结报、转移隐匿余额的现象;审查专用经费支出是否坚持专款专用原则,查明有无挪用、私分专款的现象。审查剧场开支的"走穴"演员出场费部分,查明每场演出演员的出场费标准制定是否合法、合规,有无不考虑观众经济能力和地方经济状况,超额支付出场费,带动门票价格提升的情况;查明有无在高额出场费以外再代缴明星演员的个人所得税,给"走穴"明星、演员偷税漏税造成可乘之机。

3. 图书、文物文化事业单位审计

图书、文物、文化事业单位主要是指文化系统的公共图书馆、新闻出版系统的出版社、杂志社和分别隶属于不同系统的博物馆、展览馆等。对图书文物文化事业单位经济责任审计的主要内容是:

(1)公共图书馆审查

图书馆是专门收藏各类书籍、报刊,并利用收藏的文献资料为社会政治、经济、文化、科学、教育等服务的事业单位,又称公共图书馆。根据我国的具体情况,图书馆的经费主要由国家财政部门通过预算拨入,主要用于图书购置和管理经费支出。同时,图书馆经费中,也有少量的服务收入,例如,文献信息资料编印服务收入,科技课题咨询服务收入,代查代译资料服务收入,农业培训讲座服务收入,复制、复印、影印、缩印服务收入,场地设备出租收入等,该收入主要用于图书馆经费补充。对图书馆经济责任审计的内容是:①审查开办的服务项目是否经有关部门批准,查明有无巧立名目乱收费的情况;审查借书证办理与押金收退手续制度是否严密,查明有无乱支乱分押金的问题。②审查图书资料采购、验收、审批、报销、登账、上架业务手续是否齐全,图书入库、上架是否办理交接签字手续,图书剔除、报废、丢失是否办理注销手续等。③审查图书采购经费与管理经费比例是否适当,查明有无挤占图书采购经费,而将采购经费挪作他用或利用采购经费购置高档消费品等情况。④审查年度图书采购、上架计划目标是否实现,查明图书采购、上架目标没有实现的原因。⑤审查图书馆各项服务收入管理制度是否健全,查明各项收入是否及时入账,账项资料反映是否真实,有无利用各项服务收入设置"小金库"等。

(2)图书、报刊出版发行事业单位审查

图书、报刊出版发行事业单位包括出版社、报社、杂志社等,图书报刊出版发行事业单位,也是一块重要的文化、舆论、宣传阵地。我国的图书、报刊出版发行事业单位,担负着宣传马列主义、毛泽东思想、邓小平理论和江泽民"三个代表"重要思想的重要任务,也承担着宣传先进文化思想科学理论的重要职责。因此,我国图书、报刊出版发行单位的业务活动不仅具有一定的经济意义,也有着更加强烈的政治意义。对图书、报刊出版发行单位经济责任审计的内容,一是要强调业务的经济性与政治性的统一,不能像企业审计那样,只审查与经济直接相关的问题,其触角要延伸到有关政治领域;二是要强调社会效益和经济效益的统一,在审查社会效益的基础上,再考虑经济效益的问题。对图书、报刊出版发行事业单位经济责任审计主要审查以下内容:①审查图书、报刊出版计划,主要审查图书、报刊出版计划制定是否按照规定的程序,查明有无越权制定、审批计划的情况;审查图书出版计划中有无不健康的书目,查明有无将格调低下、黄色淫秽、政治反动的书刊列入计划;审查计划执行情况,查明图书出版计划是否完成。②审查书号管理,主要审查出版图书书号管理是否符合规定,查明有无为追求经济效益出售书号问题,审查出版社内部书号使用是否与出版计划相联系,选择出版课题是否"以包代管"。③审查报刊的办刊方向是否正确,定额是否准确,查明报刊的格调是否与其地位、名称相适应,查明报刊发表的文章有无格调低下或有严重政治问题。④审查稿酬管理制度是否健全,主要审查稿酬发放标准是否经上级主管部门或物价部门批准,查明有无任意提高稿酬标准,稿酬支付是否经过编辑、编辑室主任与总编辑三审确定;审查稿酬计算是否按样书字数、印书册数的稿酬支付率计算。⑤审查图书、报刊发行,主要审查图书、报刊发行办法是否合法,出版单位自办发行或委托书店发行的手续是否合规,查明出版与发行是否分开,有无书刊由个体书商自行出版并自办发行的情况。⑥审查图书、报刊的价格制定是否合法,查明有无违反新闻出版部门和物价部门规定,随意定价的问题。

(3)文物管理单位审查

文物管理单位主要是指博物馆、展览馆等文物收藏保管和展览单位。对文物管理单位的审计主要从以下方面入手:①文物管理单位收入审查,文物管理单位收入主要有国家财政拨入、上级主管部门拨入和文物单位自创收入。在审查时,重点检查文物管理单位收入管理制度是否完善,查明各项收入是否符合国家规定,各项收入是否及时如实入账,有无少记、漏记的情况;审查文物单位自创收入是否合法,查明有无将国家保护文物进行倒卖,获取自创收入,审查文物单位门票收入是否纳入预算管理,有无不纳入预算坐支门票收入的情况。②文物管理单位支出审查,文物单位支出主要分为正常事业支出、专项补助支出和专项基金支出。在审查时,审查正常事业支出是否符合规定,查明有无利用正常事业支出,如文物普查等,进行游山玩水,在正常事业费支出中有无其他费用挤占文物购置费的问题;审查考古发掘支出,古建筑维修支出等开支是否超预算,开支是否真实合规;审查文物专项补助是否专款专用,有无挪用挤占的情况。③文物收藏的审查,主要审查文物藏品保管制度是否严密,安全防范措施是否落实到位,文物出入库手续是否健全。审查文物藏品的质量是否经专家鉴定,文物价格确定是否合理等。④文物专用基金的审查,主要检查文物专用基金提取比例是否符合国家规定,使用是否对口,有无挪用现象,审查专用基金支出是否专款专用,查明有无乱挤其他资金的情况。

4. 音像制品生产发行单位审计

音像制品生产、发行单位,既具有企业的性质,又具有事业单位的性质。音像制品生产是一个十分复杂的过程,在生产过程中,既要考虑制品的质量,又要考虑其价格、成本;既要考虑艺术性,也要考虑其经济性。对音像制品生产发行单位经济责任审计,首要的问题是要审查其产品的政治性是否合格,在此基础上,还要审查音像制品生产发行过程中各项经济管理责任履行情况。其具体审查内容如下:

(1)音像制品制作成本审查

音像制品成本包括的内容较多,如人员劳务费,包括剧本酬金、导演、演员及其他工作人员劳务费等;制作材料费,包括胶片、器材购置费、背景、场地设置租赁费等;管理费等。对音像制品成本审计,主要审查以下内容:①审查成本管理制度是否健全,检查剧组、摄制组等,人员管理制度是否齐全、有效,各项成本开支有无规定合理的范围和正常的开支标准,各项支出、消耗是否按要求进行建账记录;②审查各项成本开支是否依据规定的标准,演员、导演及其他工作人员劳务费开支是否符合标准,材料费开支是否符合规定范围,查明有无随意抬高标准支付劳务费或随意扩大范围列支材料费的问题;③审查有无弄虚作假,虚列成本项目,开具虚假费用发票进行报销的问题。

(2)音像制品发行收入审查

音像制品发行收入是其制作单位发行其产品取得的收入,其审查的主要内容是:①审查音像制品发行权费结算和发行拷贝销售收入计算是否正确,查明有无隐瞒收入的情况;②审查发行权费结算方法、计价标准、发行拷贝销售的记录是否真实可靠;③审查发行单位发行活动是否合法,发行单位发行音像制品时是否与著作权人签订发行协议,是否按规定的发行费用提成比例支付发行费;④审查发行手段措施是否合法,查明有无将音像制品改头换面,欺骗消费者或观众,查明有无发行盗版出版物的情况。

关于事业单位经济责任审计的内容,还涉及农林水事业单位、民政保险事业单位等,由于上述单位业务有些与企业的经营活动相近,有的则与前面介绍的事业单位业务活动相一致。因此,对于其他事业单位经济责任审计可比照上述介绍的经济责任审计内容处理,此处不再赘述。

5. 文化单位预算执行情况及单位财政、财务收支情况审计

(1)预算资金使用的合规性审计

预算资金使用的合规性审计,主要审查其使用是否与预算资金来源相适应,计划、决策有无违反国家财经法规,有无通过弄虚作假手段、虚报预算,以套取国家预算资金的情况,支出项目是否与其正常的单位发展目标相适应,有无因不负责任或目标确定不合理,造成事业单位预算资金短缺,影响事业发展的

情况。

(2)预算资金使用的合法性、合理性审计

对预算资金使用的合法性、合理性审计主要审查其使用是否符合国家有关法律规定,有无不顾国家规定将预算资金用于对外投资,或用于其他非法途径,有无擅自挪用贪污国家预算资金的情况。

(3)预算资金使用管理的有效性、规范性审计

审计预算资金使用的有效性,检查其使用是否按进度完成,效率是否符合预算进度要求,效果是否达到预期目标;审计预算资金管理的规范性,主要检查预算管理机制是否健全,资金使用是否有严密的控制手续等。

(4)单位财政、财务收支情况审计

查明各项收入是否真实、合法,各项收费是否经报批并按核定标准执行,有无乱收费问题,收费收入是否按规定实行"收支两条线"管理,会计账户设置是否合规,各项支出是否真实、合法。

(5)预算外收入、分配和支出的合法性、合规性审计

6. 任职期间单位资产、负债情况审计

此期间主要查明接任时和任职期间的债权、债务、账账、账实是否相符和完整,有无虚假及损失情况;任职期间执行财经法规、遵守财经纪律的情况,如有无"账外账"、"小金库"、"公款炒股"、"滥发钱物"等。

7. 评价任职期间单位的财务管理内控制度

审查被审计人所在单位是否按规定建立健全内部控制制度,重点查清财务内部控制制度的种类、范围和结构。

8. 领导干部本人遵守党纪、政纪和廉洁自律有关规定的情况。

第六章　政府绩效责任审计论

第一节　政府绩效责任审计概述

政府绩效责任是指政府各部门、各单位在组织经济活动和管理社会事务方面产生的业绩和效果所应担负的责任,这是政府经济责任的重要构成部分。政府机关掌握有社会资源,但没有部门利益,不以市场利润为自身目标,各级政府及其所属部门和单位在其履行经济责任的过程中,要追求的是实现既定的社会经济发展目标,力求以最小的投入取得最好的产生和效果,节约社会资源,放大社会效益和经济效益,这是考核政府组织与管理经济活动有效性和效益性的重要衡量标准,也是政府及其管理部门经济责任履行情况的主要体现,因而绩效责任的分析评价在政府经济责任审计中具有非常重要的地位。

一、政府绩效责任审计的含义

"绩效"(Performance)一词是从国外引进的词汇,一般解释为"业绩",也被解释为"执行的行为过程、方式"或"责任等的完成"①。在我国对"绩效"一词也有多种不同的解释,在不同时期、不同发展阶段,对不同的对象,绩效有着不同的含义,目前学术界和企业界较为普遍认同与采纳的定义是:"绩效=结果+过程"。可以看出,所谓"绩效"是指的工作业绩和效率,对员工来说,是指那些经过考评的工作行为表现及其结果;对组织而言,是指预定的任务在数量、质量、效率等方面完成的情况。绩效审计是针对一个组织在履行其职能过程中对预定的任务完成的数量、质量和效率的检查和评价,这是一种业绩评价。政府绩效审计是专门针对政府机关决策、管理方面的业绩所进行的审计,包括财政绩效审计和管理绩效审计等。

政府管理绩效责任审计实质上是对政府机关其管辖范围内经济活动有效性审计,是对经济活动中投入和产出的审计。投入是指为"产出"而投放到社会

---

① 张建国,等.绩效体系设计.北京:北京工业大学出版社,2003:25.

生产经营活动中的价值的总和,包括资金、技术和人力资源投入。产出是指因"投入"而使社会生产经营活动所产生的社会经济效果。投入和产出是一个连续不断的过程,因此,经济活动有效性审计是指政府审计机关和其他审计机构对被审计单位经济管理活动的经济性、效率性、效果性审计。从经济活动有效性审计价值和目标的逻辑上看,它是在对反映经济活动的信息资料真实性、可靠性和对经济活动的合法性、合规性审计基础上而进行的一种评价式的审计;从经济有活动效性审计的技术上来看,它是在充分利用反映经济活动的信息资料真实性、可靠性和经济活动合法性、合规性审计的结果而进行的一种数据式审计。在现代审计模式下,经济活动有效性审计并不是一种单纯的经济性、效率性、效果性审计,而是一种以真实性、合法性审计为前提的综合性审计。

通俗地说,经济活动的有效性审计就是"效益"审计。但是不同的经济组织对效益有不同的理解和追求,政府及其部门对效益的定位是一种宏观性的、以国家利益为前提的追求;事业单位对效益的定位是一种社会性的、以广泛的服务对象的社会利益为前提的追求;企业对效益是一种微观性的,以企业合法性为前提的追求。因此,对经济活动有效性审计在不同的领域,应有不同的重点目标和追求。一般地说,对政府及其部门的经济活动有效性审计一般称为绩效审计,即对政府及其部门宏观决策和财政资源配置、使用有效性审计;对事业单位的经济活动有效性审计一般称为管理审计,即对事业单位内部管理和服务社会的有效性审计;对企业一般性的经济效益审计,是对企业内部控制和风险管理、资本运作和配置有效性的审计。

经济活动有效性审计中经济性审计,是对生产经营过程的预期投入与预期收益的比较性审计,重点是考察预期投入的合理性、节约性。这种审计对重大决策特别是重大投资项目决策、工程概预算、各种计划预算方案审计等意义十分突出,经济性审计一般以事前审计为主。效率性审计是对生产经营过程中实际劳动时间、数量的投入和劳动成果目标达成情况的对应性审计,重点是考察投入社会生产过程中的劳动量与其劳动成果的匹配性;通过对生产经营过程的各个环节的计划完成进度和情况的审计,以促进劳动效率的提高,效率性审计一般以事中审计为主。效果性审计是对生产经营过程所产生的最终成果的评价性审计,重点是考察生产经营过程及其项目目标实现的优劣性;通过对生产经营过程及其项目本身目标实现及其所产生的社会经济效果的评价,以确定其目标实现优劣,效果性审计一般是以事后审计为主。

二、政府绩效责任范围的界定

政府经济责任审计的价值取向是"为民执政"理念,即政府心为民所系、权为民所用、利为民所谋,责为民所负,政府机关及其所属部门与单位都是在此理念引领下来履行自身的经济责任和社会责任的。政府绩效责任审计本着这一理念,即为社会经济健康、可持续发展、为社会和谐及民主法制的进步、为综合国力的增强和人民生活水平的提高为目标而尽职履责。在这一总体目标导向下,延伸到政府机关各个具体领域和具体管理业务,凡是对政府上述绩效价值增值目标有影响的绩效责任因素,都是政府绩效责任审计的客体范围,都应纳入审计人员对政府绩效分析评价的视野,进而言之,凡影响政府绩效责任履行及与此相关联的经济、政治、社会、文化、管理、科技因素都是政府绩效责任审计的范围。

政府的社会经济管理活动是推动社会经济发展的基本牵引力,是实现社会财富价值增长目标的根本性因素之一。政府的社会经济管理活动实质上是在国家或人民(国家一切权力和资源归人民)授权的条件下,政府机关及其所属部门所行的经济管理权,执行着经济组织与社会监管的职责,同时也是政府机关及所属部门履行经济责任的过程。在国家或人民的授权下,政府机关领导干部及其国有企业、国有控股企业负责人的经营管理活动必须根据授权的目的、范围以及授权的基本要求进行,政府绩效责任分析评价的范围必须根据政府社会经济管理和企业经营管理边缘而定。授权理论认为:"财产所有权与经营权"的分离在市场经济条件下已演变为"社会经济资源的所有权与其经营运作权"的分离。"两权"分离后,政府管理者和企业经营者以其特定的方式执掌着各种经济资源的经营运作权,其管理活动的领域和职责范围涉及了"业务经营管理权",并在此基础上产生的"货币资产的支配权"、"实物资产的使用权"和"人力资源的配置权"等。[①]

马克思价值论认为,在市场经济条件下,任何社会经济资源都体现为一种"劳动价值"或称"商品"。商品的价值归根结底是"劳动"创造的,商品的价值是通过人类的活劳动和物化劳动形成的。从社会再生产过程来考察,商品的价值总是比前期投入的生产要素的价值,即生产成本费用要大,商品增加的价值部分,在资本主义生产中通常称为剩余价值。活劳动和物化劳动渗透在商品价值的形成过程中。社会经济资源经营运作权所包含的内容是:物质资源和人力资源的经营运作权,其中,物质资源包括财力资源,即以价值形态出现的资金、资本、技术和无形资产等,以及以实物形态出现的各种财产物资。政府绩效审计既要监控和评价经营运行权所消耗和占用的社会经济资源,而且要监控和评价经营运作权的运作过程,进而言之,政府和企业经营者所拥有的"业务经营的管理权"、"货币资产的支配权"、"实物资产的使用权"和"人力资源的配置权"等的运行在形式上表现为社会经济管理活动或企业的经济管理活动。其中,业

---

① 尹平.政府审计基本理论与实务.北京:中国财政经济出版社,2008:33.

务经营管理权的运行主要包括商品生产中供、产、销、运的过程,其实从实质上看,社会再生产过程不仅包括商品生产的供、产、销过程,还包括以货币资产支配权运行为主的财政财务管理活动,以实物资产的使用权运行为主的实物资产管理活动和以人力资源的配置权运行为主的人力资源管理管理活动,这些活动构成了广义的社会经济管理活动或企业事业单位经营或业务活动。

广义社会经济管理活动或企业事业单位的经营管理或业务活动是实现社会发展目标决定性的动态因素,经营管理者行使上述权利、履行管理基本职责促进了社会生产、交换、分配、消费过程的实现,构成了社会生产和再生产过程,即要从社会再生产过程整体来分析评价政府机关、国有企业和国有控股企业负责人经济责任的履行情况,特别是其绩效责任的履责情况。由此,政府绩效责任审计包括了财政财务管理、实物资产经营、人力资源管理、业务经营管理等诸多方面的内容。

三、政府绩效责任审计的基本内容

政府绩效审计也是对政府机关及其各部门、国有企业事业单位经济活动有效性审计,它是对经济活动的全面性、模块式审计,其模块的建立必须依据经济活动的结构。对于一个经济组织来说,其经济活动实质上就是一种特定的再生产过程。经济组织在组织社会产品的生产、分配、交换、消费过程中,商品生产的直接目的就是要推动其价值实现,推动和规范社会再生产过程中的价值实现有效手段之一就是实行契约制度,通过契约形式,在经济组织内部科学的配置权力、合理的界定责任。

一般来说,在契约经济条件下,经济组织可以按照构成商品的价值要素将经济组织的内部权力划分为资金配置权、财产使用权、人事管理权、业务经营权。相应地,也应依据这种权利划分方式将经济组织内部责任划分为上述四个模块。经济活动有效性审计就是对资金配置与管理活动——财政财务活动、财产使用与管理活动——资产管理活动、人力资源配置与管理活动——人事管理活动、原料购进、产品生产及商品销售活动——业务经营活动的有效性审计。

以政府和企业均作为一个行政和经济组织的视角,观察其经营和管理活动,从行政和经济组织经营和管理活动横向结构来看,包括财政财务管理活动、实物资产管理活动、人力资源管理活动、业务经营管理活动。"从其纵向结构来看,包括决策、组织和作业三个层次,其中决策和组织层次统称为管理活动","决策活动是企业经活动的最高层次,它决定着经济活动的发展方向和性质,组织活动是企业经济活动的中间层次,它决定着企业决策的贯彻执行程度"。"内部审计要实现其目标要求,审计主体必须以企业决策活动和组织活动——经济管理活动作为检查监督客体"。① 同理,政府绩效审计实质上是针对政府机关及其部门、国有或国有控股企业和事业单位经营和管理活动各个领域及各个层次的审查分析、综合评价。

从这一视角出发,政府绩效审计的内容作为其审计对象的分解和扩展,第一,应将其经营控制组织(包括公司治理机制、行政及业务管理机构的构建、管理机构内的岗位设置)和控制制度(包括企业规章制度、管理政策、业务流程、控制手续)即内部控制系统纳入政府绩效审计检查评价的内容,因为政府和企业经营控制组织和制度——内部控制系统是包括决策和决策执行系统,即经营管理系统运行的平台和控制器,整个业务经营活动都受到其制约和影响,若这个平台和控制器发生故障,其经营决策和执行系统都会偏离其管理主体履责尽职的正确方向。第二,应将政府和企业决策系统纳入政府绩效审计检查评价的内容,因为决策系统是政府和企业经营风险的源头区、高发区,无论是政府和企业组织管理还是作业管理环节发生的风险,其根源都首发于决策环节,只有控制好决策,才能将风险控制在有限的范围之内。第三,应将政府和企业决策执行系统——经营管理系统纳入政府审计分析检查与综合评价的内容,因为决策执行系统是既是内部控制的执行系统也是风险管理的执行系统,整个系统贯穿于政府和企业全部经营管理活动,内部控制系统的好坏与风险管理系统的好坏都通过决策执行系统表现出来,当然决策执行系统自身的优劣也可以在此显现。从取证和评价的角度看,政府绩效审计应将内部控制系统、风险管理系统和经营管理系统作为审计客体纳入绩效责任的审计内容。

第二节　财政财务管理绩效审计

财政财务绩效审计是由财政财务审计和绩效审计两个词汇组成的一个复合词汇,从字面上理解它包含了财政财务审计和绩效审计的双重含义。财政财务活动分为狭义财政财务活动和广义财政财务活动。狭义财政财务活动仅仅包括财政财务部门及其工作人员所进行的财政财务资金的收入、分配活动;而广义财政财务活动不仅包括财政财务部门及其工作人员的财政资金收入、分配活动,而且也包括财政财务部门以外的各级政府部门的财政财务资金收入、分配和使用活动。广义的财政财务绩效审计实质上是由国家审计机关针对财政财务和财政财务部门以外的经济组织对财政财务资金的收入、分配和使用行为过程和结果的检查评价和监督。财政财务绩效审计的具体范围应通过广义财

---

① 刘世林.中国内部审计学.南京:东南大学出版社,1991:12.

政财务范围和绩效评价范围在实践中进行有机整合后加以确定。作为财政财务绩效责任审计的财政财务管理合理性有效性评价,主要是对财政财务活动的经济性、效率性、效果性或经济效益的评价。其评价内容包括:

一、财政财务决策审计

财政财务决策主要包括,政府机关及其部门、国有企业事业单位财政财务预算编制和重大项目决策,包括重大筹资决策、重大投资决策、重大工程概算预算、财政财务预算、决算以及财政财务资金使用及分配政策的制定等内容。

(一)财政财务预算审计

财政预算编制过程是国家财政活动的重要组成部分。从总体上说,这项工作分为两个环节:一是财政部门组织预算草案的编制;二是"人大"对财政预算草案的审议并通过。财政绩效审计是在"人大"在审议通过财政预算草案前,由审计机关对财政部门组织预算草案编制过程的审计。在财政部门组织财政预算草案的编制过程中,最能体现财政活动绩效的是预算草案编制在程序上是否符合要求,这反映了预算草案编制的效率性;预算草案编制在结果上是否科学、可行,在"人大"通过时能否使多数代表满意,并一次性通过,财政预算资金的收入、分配方案是否在不同行业、不同地区之间保持公正、公平,这体现了预算草案编制的合理性。财政预算编制绩效审计,主要是对财政预算编制过程的审计和对财政预算结果的评价。目前,在实际工作中,一般是在财政机关将预算草案编制完毕,经政府主要领导讨论同意后直接由人大会议审议,事前并未交审计机关进行审计,尽管目前财政预算草案在提交人大会议前不交审计机关审计的理由有很多,但是随着我国审计工作与人大审议预算草案的制度的逐步完善,财政预算草案编制成为财政绩效审计的一项重要内容乃大势所趋。

(二)重大项目决策审计

政府机关及其部门和国有企业事业单位重大决策项目主要包括重大筹资决策、重大投资决策、重大工程概算预算、财政财务预算、决算等。通过对与财政收支、财务收支相关的重大经济决策依据、程序及其执行结果的审计和审计调查,查清地方政府领导干部在行政管理和具体财政财务收支项目决策方面,是否经过充分的可行性论证,是否符合有关法律、法规和政策,是否能做到坚持原则、实事求是,能否发扬民主,做到集体决策,有无超越职权决策、盲目决策和个人武断决策等问题,决策项目资金来源上有无违规举债、挪用国家专项资金以及乱集资、乱收费、乱摊派以及加重企业和人民群众负担的问题,是否存在因决策失误造成直接经济损失或重大损失浪费的问题。通过审查重大财政决策项目方案,查明方案是否经过集体讨论,是否符合国家关于国民经济结构调整政策和产业经济政策,是否进行了充分的可行性研究,是否切实可行达到预期目标等。通过审查财政、财务收支情况,将本级财政一般预算收入实际完成情况与历史最好水平进行比较、与上级政府下达的责任目标进行比较,审查财政收入的增加额和增长率,正确评价所在地区财政一般预算收入的增长情况。

二、财政财务决策执行效率审计

财政财务决策执行主要体现在财政财务收入、财政财务资金配置、财政财务支出等方面。审查时主要评价财政财务资金预算收入是否达到预算目标、财政财务资金配置是否合理、财政财务资金预算支出是否合理有效等。

(一)财政财务资金收入审计

财政财务资金收入活动是财政收入预算的重要执行环节,包括国家财政机关、税务机关及其他有权收取税费收入的政府机关从企事业单位或纳税人个人收取的各项税费收入的活动。组织财政资金收入是财政、税务及其他相关政府部门的一项重要职能。财政财务资金收入绩效审计是由政府审计机关对财政收入预算执行的行为过程和结果的审计。在组织财政资金收入过程中,财政预算收入工作任务是否有效完成,不仅取决于预算本身的科学性、合理性,预算指标制定的适当性、可行性,而且也取决于财政、税务部门及其他相关政府部门的责任心和工作效率。关于财政预算的科学性、合理性,预算指标的适当性、可行性属于财政预算编制的问题,而财政税务部门及其他相关政府部门组织财政资金收入过程则是财政预算执行主要内容之一。财政财务资金收入绩效审计,主要是针对财政收入预算执行情况所进行的审计,对预算内收入和预算外收入的审计,主要是针对财政收入的审计,主要强调对财政预算收入执行过程是否按照规定的预算执行进度,及时定额地完成各项财政资金的征收、入库、解缴任务,这实质上这是一种"业绩"或"效率"审计。

(二)财政财务资金分配审计

财政资金分配活动应包括预算分配和预算分配方案的执行两个环节。在编制预算过程中,对财政资金的分配起主导作用的是分配活动。虽然预算分配方案的执行在预算资金分配过程中不起主导作用,但是这个环节则是决定预算分配资金能否及时有效发挥作用、实现预算目标的重要环节。财政财务资金分配绩效审计,是由政府审计机关对财政财务分配预算方案执行过程和结果的审计。财政财务预算分配方案的执行过程中,预算执行的进度非常重要,必须严格按照预算执行方案中规定分配金额、分配进度严加控制,无论预算执行进度快与慢,都会影响整个预算资金分配的效果;同时,也要对预算资金分配方案执行的数量加以控制,否则也会影响财政资金分配效果。因此,财政财务资金分配绩效审计主要是针对财政财务资金分配方案执行进度和规模所进行的审计,它主要强调资金分配进度是否严格执行财政预算分配方案规定,分析预算执行进度快与慢的原因,以评价预算执行进度的适当性;同时,还要分析预算资金分配规模是否按预算严格控制,分析预算资金分配规模对预算资金分配效果的影响,以评价预算分配规模的合理性,预算资金分配绩效审计是一种以"效率性"审计为主,兼顾其执行效果的审计。

三、财政财务决策执行效果审计

财政财务决策执行效果审计也称财政财务管理成果审计,财政财务管理成果审计主要是对财政财务资金使用效果评价,其评价内容是:财政财务资金使用中财政财务资金的周转速度、财务收入预算或计划执行情况、利润计划实现情况、财政税收计划完成质量和效果,以及公共投资项目中对外投资收益目标实现情况、债权收回债务偿还情况、资本保值增值情况、对外担保风险控制与降低度等。财政财务管理成果审计评价主要是效果性评价。

(一)财政资金使用审计

财政财务资金使用主要是指预算资金分配到各个具体项目或预算资金使用单位的过程中或由各项目业主或预算资金使用单位对预算资金的项目资金安排、筹集、吸纳以及开支使用活动。财政财务资金使用绩效审计是由政府审计机关对接受财政拨款的党政机关、事业单位经费安排使用,和由财政投资的固定生产购置建设项目资金的使用结算过程和结果进行的审计。由于财政财务资金使用涉及面非常广泛,影响对象众多,持续时间较长,由此审计活动也相关因素多、触角广泛、涉及面宽。一般来说,财政资金使用过程中,党政机关事业单位的行政经费的使用主要体现工作效率,行政经费使用节约,反映了工作效率的提高;事业单位的事业费的使用,主要体现了工作成果和工作效率,事业费使用的节约在一定意义上反映了工作效率提高;另外,在一定意义上也反映其工作是卓有成效的。固定资产购置和建设项目经费使用节约,不仅在一定意义上反映了因其人力资源的节约而体现出其效率性,同时也反映了因物质资源使用的节约而体现出的经济性,固定资产投资项目与其他财政资金投资的相比,另一个重要特征就是其效果隐蔽性和长期性,因此固定资产投资的财政资金的有效使用,其经济效益和社会效益更加突出。财政资金使用绩效审计,主要是针对党政机关、事业单位行政费用和事业费的使用效率和效果、固定资产投资项目的建设资金经济节约性和项目运行的效益性进行的审计。财政资金使用绩效审计是一种包括效率性、经济性,效果性在内的一种复合性审计。

(二)公共投资项目审计

公共投资项目实际上包括一般性的行政经费和事业经费投资项目,同时也包括大型的、专门性的固定资产投资项目。在资金使用过程中,一般性的行政经费和事业费投资,是政府机关及其部门及事业单位履行其管理职能和推动各项社会公益事业发展的基本保证,这些经费的开支使用,必须符合投资目标和社会需求。大型固定资产投资项目是对国民经济具有深远影响力的投资项目,如"三峡"工程项目、"西气东输"工程项目、"南水北调"工程项目等,一旦这些项目建成,会对整个地区或整个国民经济产生重要的作用。这种作用和影响主要体现在项目建成以后能否达到生产设计能力,建设质量有无保证,能否实现投资建设所预计的经济效益;同时还体现在工程项目建设过程中能否保证不破坏自然环境,并能获得预期社会效益。这种影响好坏、大小,在一定程度上取决于规划者、管理者和建设者的决策管理水平和科技运用水平。

我国财政资金投资方面的审计仅限于对投资项目合法性、合规性评价,而对其效果性评价则较少,这种审计目标的建立,主要是现行体制和习惯思维的原因。现阶段,我国正在下大力气整治投资领域里的腐败问题,随着我国经济、政治体制改革的不断深入,投资领域里的违法犯罪活动也将逐步得到有效遏制。但是,财政资金投资项目的效果性如何,评价中又是一个比较复杂的问题。这是因为,投资项目的效果必须通过工程的投资、建造、竣工、收回投资和对生态环境、社会发展的影响等一系列工作程序加以实现,其影响因素较多,时间跨度较长,涉及的领域较广,不确定性因素也较多,难以在一个不太长的时间进行完全计量和确认。从目前看,无论是体制上还是技术上,对投资项目效果性审计都难以全面展开。但是,财政资金投资项目的有效性问题肯定是一个必须解决的迫切问题。

第三节　实物资产管理绩效审计

资产按是否具有实物形态,可分为实物资产和非实物资产。实物资产主要包括存货、低值易耗品、固定资产、投资性房地产等,具体表现为产品、办公用品、厂房、设备、办公用房屋及建筑物、用于出租或持有以备增值的房屋建筑屋等;非实物资产主要包括无形资产和货币性资产等。此处所讲的资产主要是指实物资产。

政府的实物资产包括中央政府和各级地方政府在全国和各地方投资兴建和购置的各种公共设施和各类资产,例如机场、码头、车站、公路、铁路和其他公共设施以及房屋、建筑物、车辆、机器设备、材料物资等社会生产、生活资料。各级党政机关资产实物管理责任,主要是对各种公共设施和各类公共资产的购建、储存和使用的管理,保证资产购建活动的合法和有效,确保财产实物的保值增值,提高地方和行业的经济的可持续发展能力。政府实物资产管理绩效责任审计也称实物资产管理有效性审计评价,主要是评价资产实物管理活动所产生的效益,包括财产实物购置建设、库存与管理、配置使用等方面所产生的经济效益和社会效益等。

一、实物资产管理决策绩效责任审计

资产实物购置建设审计,主要评价的是从其购置建设的决策及决策执行等方面考量资产实物购置建设效果,其主要评价内容是:重大工程建设决策评价、工程质量验收决策评价、工程建设成本升降评价、物资采购决策和计划评价、物资采购招标决策评价、实物采购数量价格评价等。资产实物购置建设效果审计评价主要是对资产实物购置建设经济性评价。

固定资产投资是指政府将货币资产转化为实物资产的主要途径。政府机关及其有关部门通过对各种工程投资项目以及政府采购项目,将财政资金投放到社会再生产过程,以实现货币资金向实物资产的转化。在这个过程中,党政机关领导干部必须树立科学发展观,正确把握投资方向,搜集真实可靠的相关信息资料、进行可行性研究,选定决策方案,同时还要对投资形成的实物资产严格管理,以确保政府投资的合法性和有效性、实物资产的安全性和资产增值的可靠性。

1. 固定资产投资决策效率审计

党政机关领导干部对固定资产投资与购建决策是其所要承担的主要责任。对政府投资与资产购建决策责任审计,是对重大资产投资、购置项目决策信息资料真实性、投资决策的方案、决策的程序合法性、有效性的评价。近几年来,随着我国经济实力的不断增长,政府投资的范围和规模在逐步扩大,同时也给政府投资的决策者带来了新的挑战。在政府重大投资项目决策中,决策程序和决策方案缺乏规范性和科学性是当前较为突出的问题,这些问题的出现往往与决策信息缺乏真实性、可靠性有着直接的关系。

投资和购置项目决策效率不仅仅体现在决策过程的时间长短和速度上,更主要的是体现在决策能否真正贯彻科学发展观,坚持公开、透明和广泛体现民意之上,投资和购置项目的决策要真正处理好公平和效率的关系,绝不能片面强调效率和速度而忽视公平、公正和公开。因此,政府经济责任审计工作中评价投资和购置项目的效率,主要审查的内容是:审查投资和购置项目决策是否在规定的时间完成,查明有无办事拖拉、议而不决的现象;审查投资和购置项目决策民主决策程序是否到位,查明有无民主决策"走过场"或以提高效率为借口排斥群众参与决策的现象;审查决策程序的设计是否科学,查明民主决策是否与单位内部控制有机结合起来,有无"只控下不控上"的现象。

2. 投资和购置项目决策方案审计

评价投资和购置项目决策方案是对决策者为实现决策目标而设计的手段、

措施和途径的总称。方案的设计过程是一个对投资目标的性质、数量、时限和范围等要素进行深入分析的过程,需要运用假设、推理、判断等一系列分析技巧。从政府投资和购置项目决策的角度看,拟定方案包括投资构想及论证、方案设计及完善等几个顺序相连的环节。投资构想,是从现有条件或可能争取到的条件下,初步构想投资方案的大体框架;构想论证是对基本构想进行进一步的分析研究,推敲基本构想的可行性、经济合理性以及投资风险大小等问题;方案设计是在前两个环节的基础上,使基本构想具体化,具有直接可操作性的过程,方案设计应注意突出本方案的特征,以便与其他方案相区别;方案完善则是在方案设计完成之后,对方案予以进一步修正,以弥补可存在的某些不足。可选择方案的数量至关重要,一方面是因为没有一定数量的方案,就无法在选择方案时"沙里淘金",特别是方案拟定时遗漏了某种可行方案,企业最后选定的投资方案就有可能不是最好的方案。另一方面评价方案的可行性是投资、购置项目决策程序中的关键环节,是最终选择方案的直接依据,方案的可行性研究主要是以方案的现金流量为基础,分析项目的成本——效益,权衡方案的风险和收益,考察项目对企业价值的潜在影响。方案评审则是一种综合的评价,即根据投资决策目标全面分析方案的经济效益、社会效益,有时还包括环境效益和生态效益。

方案选择是对经过可行性研究的备选方案进行全面考虑、去劣存优,选定最终方案的过程。要正确的进行方案选择,必须掌握方案的取舍标准,而取舍标准又是同投资决策目标紧密相联的。一般来说,方案取舍主要是看备选方案能否保证最有效率、最有把握、最为迅速的实现预定的投资决策目标。在同样可以实现投资决策目标的前提下,要使投资收益尽可能大而投资成本尽可能少,使实现投资决策目标的把握尽可能大而风险尽可能小,使实现投资决策目标所需时间尽可能的短。

二、投资、购置项目决策执行审计

重大资产投资、购置项目决策执行的审计主要是对项目决策方案的可行性和合理性、科学性的分析,以评价投资和购置项目决策执行的效率性和效果性。重大资产投资购置决策方案可行性审计应主要是对投资、购置项目决策执行方案可行性分析的审查。

（一）重大投资项目决策执行方案的可行性审计

按规定,投资和购置项目都必须由资格审定合格的单位制定若干决策方案,并对方案进行可行性研究,出具可行性研究报告。在投资、购置决策中进行的可行性分析是制定审计方案的重要依据。在方案的可行性研究中,对可行性研究报告分析的内容有:为什么要投资、购置该重大资产,说明这个项目在工艺技术上的可行性、经济上的盈利性,决定项目规模、原材料供应、市场销售的条件;说明资产投资、购置的自然条件和社会条件;说明投资、购置项目何时开始、何时投产、何时收回,选择最佳投资时机;说明投资项目的资金来源、建造、日常经营管理有谁来负责。对方案可行性分析的审计,包括对投资、购置项目及其规模、方案等是否经过多方案比较优选,各项数据是否齐备可信;是否运用效益考核指标对投资估算和预计效益等指标进行详细分析考核;可行性分析是否对项目经济效果进行了静态和动态的分析、财务分析和国民经济发展影响性评价。

(二)投资决策执行效果的审计

任何决策方案所谓最佳,都是相对而言的,一个决策方案想达到尽善尽美的程度是十分困难的。但是,决不能出现明显的漏洞或重大缺陷,例如:筹资、投资决策方案制定的客观依据不明确,或明显违反常规,其执行结果与预期结果相差甚远等。要评价重大投资、购置项目决策是否科学合理,不仅要注意投资、购置项目决策方案本身的可行性,同时,还要根据决策等执行的实际数字与决策中的预期数据相比较,检查决策执行效果,进一步评价所选方案的合理性。方案的合理性主要是指投资、购置项目方案内容必须以国民经济长远规划和地区规划、行业规划的要求来编制,审计机构应检查计划外投资项目或建设内容,尤其应防止低水平的重复建设和盲目建设;该投资方案是否考虑了本企业的经济实力和实际需要等。

重大资产投资、购置项目决策的执行效果的审计,是通过资产投资、购置项目决策的执行结果与预期比较,检验预期的目标是否实现的一种事后审计。项目决策执行效果的好坏与投资项目决策执行责任制度息息相关。

投资、购置项目决策执行责任制度的健全性,是保证投资、购置项目决策效果良好的主要制度保障。首先,决策者必须承担相应的决策责任和风险,由于项目决策所预期的目标实现的影响因素众多,一个项目的决策失误之后,对于决策责任的分析和评价将非常复杂,有时可能在项目建设阶段甚至是完工时才暴露出来,决策者的责任的范围应该明确清晰,避免存在责任空缺、多头负责等责权界限模糊的现象。其次,决策执行者包括物料采购、工程建设、工程监督与验收、项目财务收支等的负责人也必须承担起各自所负的责任,不能越权,不能蓄意浪费项目物资、谋取私利。

对投资、购置项目决策执行的审计,主要是针对项目决策者和执行者责任制度有效健全性的审计,检查各项审批制度是否健康执行,财务审批中是否严格按照审批权限执行,查明有无越权审批的现象;检查各项决策执行制度是否得到有效执行,查明有无蓄意破坏财务管理手续制度,导致企业资金严重流失和浪费的情况。例如,在基本建设方面,擅自搞计划外基本建设,随意更改基建计划,兴建应停建缓建项目,将生产成本、管理费用挤入基建工程成本。甚至将基建材料物资倒卖出去,一方面将其虚增成本,另一方面又将所得收入占为己有,大肆侵吞挥霍。

三、政府资产监管和控制绩效责任审计

党政机关领导人或有关政府部门负责人对其所管辖范围内实物资产所进行的监管和控制活动,是政府资产的管理活动的重要组成部分,其主要目的是确保国家实物资产的安全性,保证资产的保值增值,存量资产配置、流动、使用的合法、有效性。政府资产的监管和控制责任审计,是对资产管理内部控制和风险、资产核算资料真实性、资产增减变动合法性、资产保值增值情况和资产使用效果进行审计。此处从资产管理与购建记录的真实性,资产管理活动的合法性、有效性三方面对领导干部进行经济责任审计。

(一)实物资产监管和控制制度的审计

资产增减变动监管和控制是政府机关及其部门的重要责任,按照资产的产权归属不同,政府机关及其部门负责人对资产增减变动应承担直接责任和间接责任。政府机关及其部门对所辖区域和系统资产增减变动的监管和控制大体上包括地方和系统制定法规制度、建立和完善资产内部控制系统、对资产增减变动实施程序控制等,以保证所辖地区和系统资产增减变动的合法性、合规性和效率性。资产增减变动监管和控制责任审计,主要针对的是上述三方面的内容。

1. 地方和系统资产监管法规和制度审计

地方政府机关及其部门资产变动监管主要通过建立有关法规制度并通过法规制度的实施来实现监管的目的。地方政府机关及其部门建立资产变动监管法规制度主要是保证资产变动的合法有序,制止国家资源的流失,降低资产变动成本、提高资源配置和流动效率。因此,对地方和系统资产变动监管法规和制度审计应主要审查的内容是:审查政府及其部门出台的行政法规是否符合国家和上级政府的政策、法律、法规精神,查明有无与国家和上级政府有关规定相违背的条款和内容;审查政府机关及其部门出台的行政法规是否完善,查明有无资产变动无法可依或法规混乱、政出多门的情况;审查各种行政审批制度是否只强化政府权力却忽视履行责任,查明有无政府行政审批手续过多、"一管就死"的现象,等等。

2. 资产管理部门内部控制健全性审计

资产管理的内部控制系统健全有效与否,直接决定了资产管理的效率,现代资产管理的主要任务是按照客观经济规律的要求,结合单位内部条件和外部的经济环境,合理组织资产的运行,不断提高资产的营运效果,确保资产配置实

用活动的正常进行。健全合理的内部控制有利于资产管理目标和任务的顺利完成,检查资产管理部门内部控制和风险管理情况主要从以下方面入手:

(1)检查资产增减变动手续制度是否健全。资产增减变动手续制度是控制资产变动合法性、有序性必要手段,包括原材料及其他物资采购进入库、各项资产的内部配置、成品入库、固定资产竣工验收、商品销售出库、固定资产的报废等各种计划、审批、招标、评标、验单、验货、记录、入库、保管、发货等一系列手续制度。对资产增减变动手续制度的审查,主要检查每一业务的业务流程设计是否合理,在每个控制点上的手续制度是否完善等。

(2)检查资产定期清查制度是否完善。一个单位的资产应定期清查,一个地区、一个行业的资产总量也应定期清查,这不仅是单位管理者及时取得资产存量和变动的信息,保证资产安全完整的有效的内部控制制度,也是政府及时摸清家底,有效控制资产流失的重要举措。财产清查中,单位的清查是政府清查的依据和基础,政府机关及其部门财产清查是对辖区和系统各单位财产清查结果的累积和综合。因此对于政府机关及其部门财产清查制度完善性检查,首先是检查辖区和系统内各单位定期财产清查制度是否完善,单位有无建立起定期的财产清查制度;其次是检查政府机关及其部门自身有无完善的财产清查制度等。

3. 资产监管和控制中风险管理措施的审计

检查风险管理措施主要通过确定资产管理流程的各个控制点,寻找存在的风险点,是资产管理内部控制和风险审计的重点。资产管理的控制点有资产采购与购建,资产入账,资产的损耗,资产盘盈、盘亏等,管理流程的风险点主要是资产流失点。造成资产流失的原因有:决策失误造成损失,利用非正常关联交易,向少数集体和个人转移资产;利用重组改制之机转移和侵占国有资产,设"小金库"和账外账;政府无偿划转的国有资产游离于监管之外;管理不善造成国有资产流失等。对资产管理的内部控制和风险的检查,应针对造成资产流失的原因,检查各个控制点上的控制手续是否真正能控制资产的各种流失渠道,能否有效避免相应的风险。

(二)实物资产存量及变化的监管和控制审计

实物资产存量及变化的监管和控制,实质上是对实物资产存量及变动的监管和控制的法规制度执行的过程,也是对实物资产实施控制的过程的监控。政府审计机关在对实物资产存量及变动的监管和控制过程审计中,主要通过检查政府机关及其部门所管辖单位的法规制度执行情况,反映出政府及其部门实物资产存量和变动管理能力,同时也要通过对政府及其部门自身监管和控制措施贯彻落实情况,反映其区域和系统实物资产存量和变动管理效果。

1. 实物资产存量监管和控制审计

实物资产存量监管和控制是对现存的实物资产的静态管理,主要是针对有形资产,如库存的材料、商品及其他物资的保管情况和在用、在库、在途固定资产实物统登、封存、养护情况的管理等。实物资产存量反映了一个地区、一个行业的经济实力和发展潜力,地区和行业经济发展必须以足够的实物资产存量作后盾。政府及其部门对实物资产存量的监管和控制,不仅要保证实物资产规模与其经济发展相适应,有效控制实物资产量的减少和流失,而且还要保证实物资产较强的增值能力,通过有效的监管和控制,促使存量资产优质化,将不良资产转化为优质资产。对实物资产存量监管和控制审计应从以下两个方面入手:一是审查实物资产总量的合规性,主要通过对地区或行业实物资产存量的抽样清查,判断实物资产的总体规模是否符合有关法规规定的要求,查明实物资产是否存在浪费和流失的情况;分析存量资产配置结构是否符合有关制度规定的要求,查明资产配置和使用不均衡、资产使用出现非正常"壁垒",影响资源共享的情况。二是审查实物资产配置结构的合规性,主要通过实物资产配置结构的分析,确认正在充分发挥效能的资产总量和不能充分发挥效能的资产总量所占的比重,查明有无因监管不善、控制不力而造成不良资产增加的情况。

2. 实物资产增加监管和控制审计

资产增加业务的审查,即审查各种增加计价是否正确,是否符合有关规定,手续是否完备,会计处理是否正确。具体来说,对资产的购入要审查该资产是否确实被审计单位或企业所需要,购入资产的资金来源是否合法,资产分类是否符合国家相关规定,增加该资产所需要的审批、手续是否完备;自行制造或建造的资产,所归属的所有料、工、费是否全部计入资产成本,是否存在虚增资产成本夸大资产价值的现象;盘盈的资产是否按规定入账,盘盈的固定资产是否作为会计差错调整以前年度损益;投资者投入的资产,是否按双方认定的价值计入实收资本,公允价值认定是否有据可依;非货币性交易、债务重组、企业合并获得的资产,涉及公允价值的,同样要检查公允价值的确定是否有据可依,资产入账价值的计算是否按照相关规定,交易是否合法。

3. 实物资产减少监管和控制审计

资产减少业务的审查,即审查各种减少是否合理合法,有无审批文件,手续是否完备,数据计算是否准确,会计处理是否符合规定。具体来说,对资产处置要审查有无相关审批文件,手续是否完备,是否确实从账上转出,并连带相关的资产减值、折旧、摊销同时转出;资产的盘亏是否查找原因,按归属分担;非货币性交易、债务重组、企业合并减少的资产,是否按账面价值转出,转出是否得到审批,相关手续是否完备等。

四、资产配置及使用效果审计

(一)实物资产配置情况的审计

资产配置结构合理与否、资产在未来的发展潜力如何,直接影响资产的利用效率、效果。资产配置结构与发展潜力的责任也是政府与企业的经济责任，因此，资产配置结构与发展潜力是政府绩效审计的内容。对资产配置情况进行审计，主要审查资产的配置是否符合经济性原则，要使最小的资产成本达到最大的使用效用，有无因资产配置不合理，导致资产浪费、重复消耗、业务效率低下等情况。

1. 资产配置结构适当性审计

所谓资产配置结构是指政府对固定资产和企业内部各类资产占总资产的比重，它可分为两个层次：一是流动资产与固定资产的比例；二是流动资产中货币资金、应收账款、存货等的比例。总资产中有多少是流动资产，流动资产中有多少是货币性资产对政府部门或企业来说是适当的呢？这要看政府部门和企业对资产的营运能力、偿债能力的要求。

合理配置流动资产，保持适当的偿债能力，是企业持续发展的保障。一个企业必须要保持比较高的短期偿债能力，若偿债能力不足，尤其是短期偿债能力不足，就不能偿还到期债务，不仅会影响企业信誉和以后的发展，而且可能直接威胁企业的生存。流动资产的流动性程度能较好地反映企业的短期偿债能力。流动资产中各个项目所占比例不同，体现的流动资产总变现能力也不一样。若货币资金、短期投资、应收票据占的比重大，则流动资产的流动性强；若应收账款、存货占的比重大，则流动资产的流动性相对较弱。如果应收账款的账龄较长，存货不适销对路，则会严重影响流动资产总体变现能力。企业为了保持较好的偿债能力，应该不断地增加营运资金，提高流动比率和流动资产的流动性。

对政府机关来说，资产配置的比例以适应其业务活动需求为宜，并根据其业务规模和范围的变化及时调整。

对资产配置结构适当性的审计内容有：审查总资产中流动资产的份额是否达到了相关规定的标准；流动资产中货币资金所占的比重是否达到了日常使用的规定额度；应收账款的流动性怎么样，是否存在多数账龄过长的现象；应收账款和存货的周转率是否达到了企业规定标准；审查总资产中固定资产的比例是否适合企业的实际情况，有无存在盲目投资导致资产流动性降低的现象。政府资产结构是否很好地适应了政府机关业务开展和管理活动的实施，有无存在资产不适用、高配或较多闲置，造成损失浪费的情况等。

2. 资产新旧程度与更新程度的审计

资产新旧程度反映了地区和行业资产的未来发展潜力，资产更新程度不但一定程度上反映了其资产发展潜力，而且也是资产有效管理的结果。对资产新旧程度的审计主要是对固定资产折旧的审计。审查时，重点审查固定资产折旧的方法、固定资产预计使用年限、预计净残值、折旧率和折旧额等。

资产更新主要是指固定资产更新程度,主要通过固定资产的更新率来评价。固定资产更新率指本期更新固定资产占期末固定资产的比重。它反映在原有固定资产规模基础上,以新的固定资产替换报废清理的固定资产,或补充原有固定资产的某些方面的不足所取得的成果和固定资产现代化程度的提高。对资产更新程度的审计主要内容有:资产更新频率;各类资产的平均更新程度是否达到政府部门和企业的规定要求;是否定期请专家鉴定资产更新后的资产价值,与以前相比营运和服务能力是否有了大幅度提高等。

（二）实物资产科技含量的审计评价

实物资产使用效率审计主要包括资产的技术含量和功能以及环保资产与节能材料利用的审计。

1. 资产新技术含量与使用功能的审计

实物资产的新技术含量与使用功能的高低,决定了地区和行业经济竞争力的强弱,因此,对资产新技术含量与使用功能的审计是地区和行业发展潜力审计的重要方面。

对资产新技术含量的审计主要包括是否请专家鉴定资产中新技术含量的价值,鉴定是否公允的反映了资产中新技术含量的比重及价值。

在现代市场经济环境下,资产的使用功能也开始多样化,对资产使用功能的审计主要包括资产目前的使用用途是否是最经济的,能给企业和社会带来最多的实际效益,是否是单位日常经营或管理中所最需要的,此种使用方式下资产的效用是否达到最大等。

2. 环保资产与节能材料利用情况审计

对于一些地区和行业的企业,生产经营会造成周围环境的污染,因此需要建造或购入用以处理污染物质的环保设备,因为这类设备大多成本比较高。因此,其利用情况的审计就成为地方领导干部和企业领导人经济责任审计的内容之一。

另外有一些企业,属于高能耗企业,节能材料的使用,可以大大降低生产成本,因此,节能材料的利用效率、效果直接影响了企业的生产经营活动的成功与否,节能环保自然也就成为地方政府机关和企业领导人经济责任审计的内容之一。

对环保资产与节能材料利用情况的审计,主要审查资产的管理制度是否健全、合理,责任是否清晰明确;环保资产是否得到全面利用,是否存在闲置现象;节能材料领用的审批制度是否健全;是否存在节能材料浪费的现象;节能材料的配额是否达到企业生产部门制定的标准等。

（三）实物资产实用效果审计

实物资产实用效果,一是看各项资产的价值是否有效增长,二是看在用资产是否安全完整,三是看资产使用收益是否达到既定要求。因此,对实物资产利用效果审计,应检查各项资产增值保值情况,检查各项财产的安全完整性,检查资产使用收益是否达到预期要求等。

1. 实物资产增值的审计

资产增值情况及使用效果经济责任审计的目的就是正确评价政府机关及其部门领导人员任期内科学配置资产结构,合理控制各类资产的规模,促进单位、企业加强和改善管理管理,保障资产保值增值。对党政机关领导人员进行实物资产监管和控制经济责任审计,是在查明资产实物总量真实性、可靠性,实物资产存量及增减变动合法性、合规性基础上,进一步查明实物资产配置的合理性、有效性。对实物资产增值情况审查,主要通过比较领导干部任职期初和离任时国有资产数量的增减变化、质量的好坏高低,确认国有资产增值情况。

对实物资产价值增长的直接影响因素——债权债务的审计,主要审查债权债务的总体状况和规模,比较任职前后的债权债务增减变化状况,分清债权债务的种类和性质,分析任前发生的债权债务对本任经济目标完成产生的影响;查清任期末有无问题的债权、债务;审查较大的债权债务形成和对外担保是否经过集体研究,还是领导干部个人决定,是否存在较大风险;有无超越偿还能力,盲目举债,给以后年度财政支出增加压力,以及有无存在违规投放财政资金或举债等问题。

2. 实物资产保值的审计

实物资产保值的审计实质上是对资产的安全完整性进行审计,主要审查各项资产的数量、质量是否与账面相符,是否存在毁损、变质现象,资产管理人员是否将异常情况予以恰当反映,是否制定了资产的安全保管措施,有无定期盘点制度等。各项资产的保值增值审计,主要通过计算保值率是否达到标准的方式来进行分析评价的。

对实物资产增值保值的审查,对实物资产本身的审查,主要检查国有资产管理部门是否建立健全国有资产管理制度,切实履行监督、检查国有资产运营的职责,是否认真做好国有资产清产核资、产权登记、产权界定、资产评估工作。检查国有企业兼并、出售、委托运营、破产、拍卖、资产重组、国有股权转让等手续是否完备、合法,有无弄虚作假,造成国有资产流失的问题。审查国有资产管理部门组织国有资产收益收入的情况。国有资产管理部门是否及时、足额收缴国有资产收益,有无挤占、挪用、隐瞒、截留国有资产收益,有无在财政以外循环,以及对该收国有资收益不及时收缴入库等问题。检查被审计人在国有资产管理、保证国有资产安全运营,以及在处置国有资产过程中,决策有无重大失误,是否造成国有资产流失,有无给当地经济和企业职工造成严重损害。

3. 实物资产使用收益的审计

审计人员应首先了解资产管理部门的职责分工情况,评价资产管理制度的健全性和合理性。资产管理部门的主要职责是制定资产管理制度并监督实施，负责资产的维护、保养、更新改造、检测、领用及保值增值。对资产管理部门职责履行情况的审查主要包括：审查资产管理制度、现场察看和检查资产使用情况、检查资产采购及建造业务、审查资产检测维修业务、审查资产管理及使用部门关系的协调性、审查闲置资产处理的有效性。

资产使用效果审计还应该关注有无因管理不善，造成国有资产流失现象。如有无人为转移、隐匿资产和不按程序擅自处置资产，造成国有资产流失；有无因流动资产管理不当，发生漏计、少计成本或挤占、挪用流动资金或侵占、毁损各种存货，导致流动资产消耗无法补偿；有无经营性固定资产闲置、被侵占，或违反规定不提或少提固定资产折旧，或净资产不按规定入账，导致资产流失；投资资金来源是否合法，投资效益如何，有无因决策失误而造成国有资产流失等。

第四节　人力资源管理绩效审计

"人力资源"一词是由当代著名的管理学家彼特·德鲁克（Peter F. Drucker）于 1954 年在其《管理的实践》一书中提出来的。在这部划时代的著作中，德鲁克提出了管理的三个广泛职能：管理企业、管理经理、管理员工及他们的工作，在论述管理员工及其工作时，德鲁克引入了"人力资源"的概念。其后不久，怀特·巴克（E. Wight Bakke）于 1985 年发表了《人力资源功能》一书，提出人力资源管理的概念，并详细阐述了人力资源管理的职能。他认为人力资源管理对组织的成功来讲同其他管理职能如会计、生产、销售等的管理一样重要。他提出，人力资源管理包括人事行政管理、劳动关系、人际关系以及行政人员开发等方面。特别是他提出了所有人力资源管理的结果所关注的一定是企业和员工根本利益的同时出现。人力资源管理的目的是通过协调组织内外部不同阶层人员的利益关系，促进组织内外部的人际关系的和谐，充分调动劳动者的积极性和创造力，以提高组织整体劳动效率和工作效率，为组织创造更大的价值。

在现代社会生活中人力资源管理，不仅是提高企业事业组织劳动和工作效率的需要，也是政府及其部门推动行政管理绩效的提高、建立和谐社会人际关系的需要，政府在人力资源管理中承担着十分重要的责任。当前政府人力资源管理的主要任务是：为适应我国民主法治建设和建立和谐社会需要，进一步推进干部选拔任用和管理监督工作民主化、科学化、制度化，提高各级党政机关工作人员勤政为民的意识，将各级政府及党政机关打造成具有较强执政能力、廉洁透明的责任型、效率型社会服务组织。要实现这样一个目标，必须加强对党政机关人力资源管理权力的制约和约束，对人力资源管理者进行有效的监管和控制。对人力资源管理绩效的审计,主要是审查政府及其部门人力资源战略决策制定水平、人力资源配置使用情况及评价人力资源战略决策的执行效果。

一、政府人力资源决策绩效审计

政府人力资源管理水平的高低,首先取决于人力资源战略和战术决策水平。同时,评价一个地区、一个行业人力资源管理水平的高低,最直接的办法就是看该地区、该行业的决策是否有效执行,能否充分调动各类人才的积极性和创造力。因此人力资源战略决策水平审计应主要从地方人力资源决策方案和人力资源决策方案执行方面入手。

(一)地方和系统人力资源战略决策审计

各级地方政府及其部门人力资源决策分为战略决策和战术决策。战略决策是指由地方政府及其部门对其地方和系统人力资源开发利用所作的长远战略规划。战术决策是指在政府及其部门战略决策主导下,由地方各单位、部门、企业制订的人力资源配置、使用决策方案,包括招聘、培训、晋升、考核和薪酬等决策方案。地方各单位、部门、企业制订的人力资源配置、使用决策方案,虽然由各单位制订,但是其方案必须经过政府及有关部门审批或认可,因此战术决策方案科学性与否也是政府及其部门的重要责任。地方和系统人力资源决策方案审计不仅要对战略决策的科学性进行审查,也要对战术决策方案进行审查。

各级地方政府及其部门人力资源决策主要是地方政府及其部门对其地方和系统人力资源开发利用所作的长远战略规划方案,人力资源开发利用决策方案中应包括人力资源开发利用战略目标、人力资源配置结构和总体规模、特殊人才的引进和培养的政策措施等内容。

人力资源开发利用战略目标是人力资源战略决策内容的核心和灵魂,科学的人力资源开发利用战略目标必须在摸清本地区和本系统人力资源现有状况的基础上,结合当地经济发展、产业结构、教育水平、人力资源需求情况提出。对人力资源开发利用战略目标的审计,主要审查人力资源战略目标的制定依据是否可靠,本地人力资源现有状况的调查是否真实详尽,检查有无虚构调查数据、状况分析失准的情况;审查人力资源开发利用战略目标的提出是否符合本地的实际,检查有无不顾本地实际情况致使战略目标过高难以实现,或战略目标过低难以发挥应有作用的情况,充分估计因战略目标失误可能造成人力资源结构失衡、某些领域人才过剩、某领域人才短缺影响当地经济发展的风险。

人力资源配置结构和总体规模,是人力资源开发利用战略规划的两个重要指标。总体规模是在未来一定时期内本地区、本部门可供利用的各类人力资源的总量,包括高级、中级和初级各个层次以及各种类型的人力资源。在人力资源战略规划中,要充分考虑到本地现有和外地引进两个因素,在本地现有人力资源实现充分就业的前提下,科学规划引进外地人才显得十分重要。配置结构是在总体规模规划基础上,因为地区内不同行业、不同领域对人力资源的需求的特点不同,在人力资源配置结构的规划中,应根据地区产业结构和特点的要求,合理配置各种不同类型的人力资源。对人力资源配置结构和总体规模的审计,主要审查人力资源需求和发展趋势的预测数据是否可靠、资料是否翔实,查明人力资源配置结构的分析是否客观,是否只注重利用而忽视开发;审查人力资源配置结构的规划是否符合规划目标的要求,查明规划中人力资源配置结构与产业发展目标是否脱节的同时,更要查明人力资源配置结构与战略规划目标是否脱节;审查人力资源开发利用规模是否在结构规划基础上做出,查明人力资源的需求规模与开发利用规模是否协调一致。

特殊人才引进和培养是地方政府为了促进当地经济发展所采取的一项重大战略举措,特殊人才的引进和培养的政策措施是人力资源战略决策的重要组成部分,是实现人力资源开发利用战略目标的保证措施。特殊人才引进必须有适当的政策措施,以吸引国内外优秀人才为本地经济发展做出贡献。特殊人才引进政策措施应包括人才引进岗位的规划布局,使引进人才有用武之地;人才引进的标准规定,保证引进人才工作有序,条件合格;人才引进各种优惠条件,如住房、薪酬及其他生活条件等,为引进人才创造一个干事创业的优良环境。特殊人才培养是从本地选拔基础较好的人才,通过一定的培养方式使之成为适合当地经济发展需要的合格的专门技术人才。其培养方式有经济资助、送出培训、课题立项等。对特殊人才引进和培养政策措施的审计,首先应检查人才引进政策措施的适当性,查明各项人才引进措施是否能真正起到吸引外地人才的作用,是否保证能吸引真正的合格人才;查明人才引进政策措施在引进人才方面是否能起的积极作用,是否存在因引进政策措施的失当,挫伤其他非引进人才积极性的情况。其次应检查人才培养政策措施的适当性,查明人才选拔机制是否坚持公平公正公开的原则,在人才培养政策措施中是否保证这一原则的有效贯彻;查明所采取的培养措施是否有利于人才健康成长,在人才培养政策措施中有无拔苗助长的现象等。

（二）地方和系统人力资源战术决策审计

地方政府和各部门人力资源战术决策是对战略决策的执行决策,一般是短期的、具体的操作性决策,主要包括人才招聘、培养、晋升、考核、薪酬等方面的决策。这种决策主要体现在年度人才招聘、培养、晋升、考核、薪酬的计划上。对地方和系统人力资源战术决策方案审计实质上就是对其人才招聘、培养、晋升、考核、薪酬的计划方案的审计。

1. 人力资源招聘方案的审计

人力资源的招聘方案主要考虑的方面有:①定编,是对招聘方案中量的要求,以地方政府和各部门年度内人员发展规划为前提,结合目前的岗位,并预测年度内可能出现的内部人员调剂及人员流失,从而规划年度内招聘的规模数。②职位需要,是对招聘方案质的要求。通过"职位说明书"明确工作计划目标、企业对引进人员的素质要求,即目前职位空缺度以及聘任标准,以使企业在日常的招聘工作中有的放矢,并为招聘渠道的选择创造前提。③时间划分,是对招聘计划的时限要求。将年度招聘计划按一定标准划分,使工作有序进行,并且由此控制以老带新的合适比例,以利于协调工作、新老结合。审计人员对招聘方案的审计主要考虑的是被审部门和单位招人的原因、招聘的人数、有无适当的岗位等。这些就需要审计人员进入被审计单位后,到人事部门查看有关资料,并与相关管理人员进行交流,了解具体情况。

2. 人力资源培训方案的审计

一般部门和单位人事部门每年年底发放员工培训调查表,员工根据自身的培训需求提出申请,上报给部门负责人。部门负责人根据部门的实际情况制订本部门的培训计划,上报人事部门。人事部门根据各部门上报的情况,结合部门、单位岗位和个人的培训需求进行下一年度培训需求的分析,并制订出一套培训方案。除了内部员工的申请以外,还有职前培训,指的是对于新进人员或初次寻求工作的人员所实施的一种任职前的培训,其目的在于配合部门和单位特定的需要,传授某种专门知识和技能,以适应任职需要。具体的培训方案是:确定需要接受培训的人员,即受训者。这里的受训者既可以是新进员工,也可以是需要提高专业能力的老员工;选择需要开的培训课程,以及开课的时间、地点。另外对培训师的选择也是重要的一环,培训师资质量水平如何对培训的效果有很大的影响。审计人员在对培训的一系列方案有所了解之后,需要审查的是部门和单位制订的方案是否涵盖了所有的内容,制订的方案是不是满足了员工的需求。审计人员要和人事部门沟通,并获得培训方案的相关资料,对其进行审核。

3. 晋升方案的审计

人员晋升对于人力资源管理来讲还是很重要的。它既是一种激励的方法,也与未来的发展息息相关。所以人员晋升必须有一个非常明确的标准、竞争的机制和一个严格的试用期考核过程以确保质量。一般的晋升的方案包括:首先在有相应的职位空缺的情况下制订职位要求。人事部门应该会同本部门本单位其他部门拟定职位的详细职位要求,职位要求有工作职责、所需能力、工作经历等;接着制订征选候选人的方案,从而发掘更多人选,以加强竞争,使选择公平;再次人事部门要出台一套考核和测评的标准,有利于人力资源部门最终决定晋升人选;最后还要制订一套对晋升人员的试用方案,以确定被晋升人员能否胜任新职。审计人员就晋升方案对被审单位加以审查,主要看其是否合理和可行,这里就需要审计人员根据被审单位的具体情况,了解其制订的晋升方案的内容,视其是否符合单位实际,是否能达到预期效果。

4. 人力资源考核方案的审计

一般考核方案包括的主要内容有:①确定考评者和被考评者。考评者一般为被考评者的直接上级。被考评者是指适用于考评者下属所有职员,但在年度考评中考评期限不满 1 个月者,以及兼职、特约人员,不在被考评者之列。②确定考评方式。一般的考评方式有:个人试用考评、个人季度考评、个人季度述职考评、个人年度考评以及部门考评。③确定考评期限与程序。根据不同的考评方式,具体的考评周期也不一样。比如,个人年度考评,它具体的考评周期为一年,一般从 1 月 1 日至 12 月 31 日,实施考评的开始时间为次年的 1 月 15 日,实施考评的结束时间为 1 月 31 日。至于考评程序,考评的对象不同,考评的具体流程也不一样。这都需要政府机关及其各部门对其做具体的规定。审计人员需要审查的是被审计单位考核方案的制定情况,考评者与被考评者是如何确定的;部门与单位有无制定合适的考评方式,以及考评的期限与程序是否也确定下来。审计人员需要查看相关资料,并且与相关部门进行沟通与交流,评价考核方案的科学性和可行性。

5. 人力资源薪酬方案的审计

薪酬的根本功能是吸引、保留和激励企业所需的人力资源,调动员工工作的积极性、主动性和创造性。薪酬方案制定的原则有:公平性、竞争性、激励性、经济性和合法性。所以,薪酬方案应该围绕这些原则加以制定。薪酬制定的方案大概有这几方面的内容:①确定薪酬的类别。薪酬的类别一般有:年薪制、佣金制度、月薪点制、协议工资制以及简单计时、计件工资制。单位需要根据自身的实际情况确定薪酬的类别。②确定薪酬的发放标准。根据单位中不同层级的人,薪酬的发放标准也不尽相同。管理层的工资、奖金和福利相对较高,而一般员工则相对略低。但是制定的标准要合理,要符合公平的原则。③制定薪酬调整的相关规定。调薪原则上每年一次,但是物价指数急剧变化以及被认为有特别的需要时,也可以进行临时性调整,薪酬的调整也应该遵循公平性、竞争性、激励性等原则。调薪的幅度视不同企业(政府部门和单位执行公务员统一工资标准除外)具体情况而定。审计人员在了解了被审单位薪酬制订的方案后,要和有关部门,如人事部门、财务部门进行沟通,了解具体情况,同时还应该获得相关资料,以深入了解薪酬方案的制订情况。

二、人力资源管理政策和制度执行审计

政府人力资源管理效率和效果的优劣,不仅取决于该地区、该行业领导层对人力资源的重视程度,而且更主要的是取决于人力资源管理政策和法规制度

所反映的人才主流价值观,及其所营造的人才成长环境;同时,评价一个地区、一个行业人力资源管理效率和效果也是人力资源管理水平的直接反映;考核政府机关及其各部门、企业事业单位人力资源管理效率和效果,最直接的办法就是看该地区、该行业是否具有宽松的、公平的人才成长和发展的环境。

(一)地方和系统人力资源政策审计

地方和系统人力资源政策是人力资源决策执行的基本保证,人力资源政策主要通过制定人力资源法规制度加以体现。政府人力资源政策制定依据主要有两个方面:一是国家和上级政府的有关政策规定;二是当地和本系统经济发展、社会进步的需要。地方和系统制定人力资源政策的目的就是根据国家人才发展战略的要求,结合当地的实际情况制定一套适合本地发展需要的地方性、系统性法规制度,以充发挥人力资源在推动经济发展社会经部中的积极作用。

1. 人力资源法规制度的健全性审计

国家的人力资源管理政策主要体现在:干部选拔、人才引进、劳动关系、薪酬水平、社会保险、工作环境等方面,各级地方政府和部门应根据国家有关规定和本地方、本系统实际情况制定相应的法规制度和措施,以建立健全地方和系统人力资源管理制度。对地方和系统人力资源管理政策的健全性审计要从两个方面进行。

首先是从宏观层面上检查党政机关干部选拔政策和制度是否健全,查明在干部选拔中有无建立公开透明的选拔程序,党委政府对选拔领导干部是否规定了明确的任期目标;检查地方党委和政府有无符合当地和系统实际情况的人才引进政策,查明人才引进政策规定是否易于操作;检查各级地方和系统有无根据《劳动法》的要求,建立以相应的配套制度和管理措施,查明有无因配套制度措施欠缺导致国家法律法规制度难以落实的情况;检查各级地方党委和政府有无建立规范的薪酬监控制度,查明有无因薪酬制度不到位,导致不同阶层分配差距过大影响社会稳定的情况;检查地方社会保险法规制度是否健全,查明有无因社会保险法规制度的缺位,导致社会保险资金的挪用和流失的情况;检查人力资源环境政策制度的健全性,查明人力资源安全、卫生、保健工作环境是否得到有力保护等。

其次是从微观层面上,进入被审计领导干部管辖的重点部门、单位、企业人事部门检查其有无可供执行的统一、规范的人事制度及重点部门、单位、企业人事制度的制定情况。审计人员在对人力资源政策资料进行审计时,要着重检查劳动合同制度,主要涉及劳动合同的订立、变更、解除等法律政策的规定;检查劳资关系即由雇佣关系引起的劳资双方的权利、责任和利益关系,政府的政策法律法规是否对它进行基本的界定,特别是关于劳资纠纷的处理的政策规定;检查工作时间,即有关每日工作时间、每周工作时间、每周工作天数以及加班、休息等方面的政策与法规;检查工资水平,即政府根据各地经济水平和物价情况确立的最低工资水准的政策法规;检查社会保险与福利,涉及员工住房、医疗、失业、生育等方面的政策和法规;检查劳动安全与卫生方面的法规制度等,以印证政府及其部门政策法规的健全性。

2. 人力资源法规制度的合法性审计

对地方和系统人力资源管理政策的合法性审计也要从两个方面进行,首先,从宏观层面上,检查党政机关干部选拔政策和制度是否符合中央的有关党政机关领导干部选拔任用的规定,查明在干部选拔中有无违反公开透明的选拔程序规定,党委政府对选拔领导干部是否"暗箱操作";检查地方党委和政府的人才引进政策是否依据国家规定,查明人才引进政策规定是否与国家规定相一致,地方法规中有无严重违背国家政策规定;检查各级地方和系统有无违背《劳动法》的要求,建立的配套制度和管理措施是否符合劳动法规定精神,查明地方法规有无阻碍国家法律法规制度落实的情况;检查各级地方党委和政府有无建立的薪酬监控制度是否按劳分配为主的原则,查明有无因薪酬制度的违规,影响薪酬分配公平的情况;检查地方社会保险法规制度是否体现国家政策规定精神,查明有无因社会保险法规制度的违规,影响社会保险资金安全的情况;检查人力资源环境政策制度的建立是否合乎国家法规要求,查明有无因地方法规制度缺乏约束力度导致人力资源环境恶化的现象等。

其次,从微观层面上,进入被审计领导干部管辖的重点部门、单位、企业人事部门检查其执行的现行制度及重点部门、单位、企业人事制度的制定的合法性。检查重点部门、单位、企业是否有规范的劳动合同,劳动合同的订立、变更、解除是否合规;重点部门、单位、企业与员工的权利、责任及利益关系是否有成文的规定,是否界定清楚,有无显失公平的地方;检查重点部门、单位、企业是否按照不同季节或企业客观情况做出相应规定,有无明显损害劳动者利益的条款;检查重点部门、单位、企业所制定的工资水平是否按照当地经济和物价水平,根据同行业水平以及各部门的客观情况合理制定;检查员工在住房、医疗、失业、生育等方面有没有相应的保障,企业在这些方面做得是否到位。需要审查被审企业的有关保险、福利方面的政策资料,看其内容是否完善;检查人事部门制定的有关劳工安全与卫生方面的资料,看其制定是否全面完善、是否人性化,是否按照国家规定的有关政策制定。

(二)政府人力资源管理控制责任审计

人力资源管理实质上包括人力资源的决策、监控和服务全过程。在人力资源管理中,政府机关及有关部门肩负着人力资源配置使用政策制定、规划方案编制、对辖区内各单位人力资源配置和使用规划的贯彻落实的监控以及为人才服务等方面的责任。人力资源管理控制就是政府机关及有关部门在人力资源管理中,对单位人力资源配置和使用规划的贯彻落实的监控以及为人才服务活动。审计部门对政府人力资源管理控制活动的审计,也就是对管理责任和实施管理活动后的效果的审计。人力资源管理责任审计主要审计的内容是对人力资源管理的内部控制和风险点的审计,以及对人力资源管理决策方案执行合规性和有效性的审计。

人力资源管理内部控制是人力资源管理责任审计的一项重要内容,它主要检查和评价人力资源管理的内部控制制度是否适当,以及在多大程度上被人力资源管理人员有效地执行。通过对内部控制制度的测试,审计人员可以评估审计风险,从而确定审计的范围。人力资源管理风险审计的主要职责是:在人力资源的管理过程中风险易发生的地方(风险点)进行审计,并且将风险因素的变化及防范措施、建议及时报告给组织的最高领导层,以便能指导被审计单位进行人力资源管理,提高防范风险的水平。因此,人力资源管理风险审计的主要任务是找出风险点,即在人力资源管理的一系列工作中存在漏洞的地方。

1. 招聘环节的内部控制和风险审查

一般部门和单位招聘的主要流程有:制定招聘计划、发布招聘信息、简历筛选、电话通知、面试以及考核录用。这六个方面也是审计人员审查的重点,也就是审计招聘阶段所要关注的控制点。由于最后的录用阶段对招聘起着至关重要的作用,因此审计人员在对控制点进行审查时,要将录用作为关键控制点着重分析检查。

在制订招聘计划阶段,需要做的有:统计各单位、各部门中各岗位的需求情况,对这一情况进行核实、大致框定招聘对象的条件、制订招聘方案等。在这一过程中,如果对各单位、各部门、各岗位的人员需求情况统计不准确,会影响后续招聘流程;所以审计人员要抓住制订招聘计划阶段的这个风险点,进一步实施重点的审计。发布招聘信息也是一种邀约的形式,所以用人单位的意思表示要真实、清楚、具体,如果意思表示有出入或者不具体,那么可能会出现招聘不对口的情况,这会影响企业用人的质量,所以这也是招聘阶段的风险点之一,容易引发招聘纠纷,审计人员需要加以重视。筛选阶段最容易出现的问题是筛选出来的应聘人员不符合单位、部门的要求,或者有些应聘人员与招聘人员之间事先商谈好,存在"暗箱操作"的可能,所以审计人员要将这个问题作为风险点进行审查。不同的单位、部门有不同的面试的方式,审计人员在了解被审计对象的面试流程之后,主要观察其面试流程的合理性,及是否有不公平的情况存在;只要面试过程由不公平和不合理的现象存在,就会对招聘质量及招聘单位的声誉产生不良影响,所以审计人员也要将这部分作为风险点之一加以审查。在录用阶段,各部门和单位需要做的是通知被录用人员,以及与录用人员签订合同,合同内容应该体现公平、合理的原则,如果制订的合同内容不合理,或责权利不明晰,从一侧面上说是不公平的或不成功的,所以,合同内容的公平性以及合理性也需要作为一个风险点加以审查。

2. 培训环节的内部控制和风险审查

部门和单位的培训对象一般分为两种,一种是对新员工的培训;另一种是对老员工的在岗培训或后续教育。培训的主要流程有:确定受训对象、选择培训师、制订培训计划,这些均是内部控制的控制点,在这些控制点中制订培训计划是为关键控制点应备加关注,因为培训计划制订的是否合理,对培训的效果起到至关重要的作用。确定受训对象,主要的受训对象应该是在一定阶段需要接受培训的员工,其中包括新员工和老员工,对受训者的选择是重要的环节,各部门和各单位如果没有正确的选择培训对象,不仅不能达到培训的预期效果,而且浪费了宝贵的培训资源,使需要接受培训的人员没有获得培训机会,所以审计人员要将其作为风险点进行审查。选择培训师阶段,各部门和各单位要根据自身需要进行选择,其中单纯对培训师的选择是关键一环,培训师质量直接影响着培训的质量和效果,好的培训师传授的不仅是专业知识,而且将部门和单位的优良文化传递给了受训员,使他们能更好地为部门和单位服务,所以审计人员在该阶段关注的风险点是有无选择了适合的培训师。

培训计划是根据受训人员和培训师的需要制订的,制订培训计划首先要确定受训对象,接着结合培训师的需要以及部门和单位自身的需要,安排培训内容和培训课程,最后确定培训的时间和地点,其中最重要的是安排培训内容和培训课程。除了正确的受训者和合格的培训师以外,还需要有好的培训内容,培训内容的优劣对培训效果有重要的影响。所以该环节的风险点在于企业没有安排好培训内容和培训课程,审计人员需要对此加以重视,予以充分分析评价。

3. 晋升环节的内部控制和风险审查

晋升阶段的过程是:在有相应的职位空缺的情况下制订职位要求,制订出甄选候选人的方案和出台一套考核和测评的标准,最后制订对晋升人员的试用方案,以确定被晋升人员能否胜任新职和新岗位。每个阶段都是内部控制的控制点,审计人员都要进行审查,其中制定甄选候选人应该当作是关键控制点重点关注。

制定职位要求时要注意职位要求的制定是否真实、合理。部门和单位制定的职位要求不正确、不合理的话,可能会造成岗位冗余,影响企业的工作效率,所以审计人员在审计中应该将这部分作为风险点加以审计。制定甄选候选人方案中,最重要的是选择合适的候选对象,有些单位在选择晋升对象时存在任人唯亲的现象,导致选出的候选人不适合岗位的需要。对象不合适,再好的晋升计划都是徒劳的,所以该环节也应该被审计人员确定为审计的风险点。考核和评价标准要建立在公平、合理的基础上,公平、合理的考核和评价标准才能对候选人作出正确的评价。有些部门和单位在制定考核和评价标准时制定不一样的使用标准,对不同的人用不同的标准进行评价,导致结果缺乏公平性和可比性,这样对决定最后人选显然是不利的,所以审计人员应该以其为风险点重点审查。在决定被晋升的人选之后,还有一个试用期,在使用方案的制订中,对被晋升人员试用期的考核方式也是被关注的重点。有些单位觉得人员已经定好,试用只不过是一个形式,所以考核的标准没有针对性,甚至没有标准,所以审计人员应该将其作为风险点加以关注。

4. 考核环节的内部控制和风险审查

考核阶段的主要流程是确定考核者和被考核者、制定考核方式、确定考核的时间,这三个阶段被看作是考核阶段的控制点,其中确定考核者和被考核者是关键控制点。因为,正确的确定考核者和被考核者是考核达到预期效果的关键步骤。

在选择考核者和被考核者时应该全面考虑,做到考核者在考核时能对被考核者进行公平、公正的评价,为此应该避免将有一定利害关系的考核者和被考核者放在一起,所以审计人员在审查时需要将这方面作为风险点进行审查。制定考核方式也是考核阶段主要的环节之一。考核方式制定的如何,直接关系到考核的结果,考核方式的制定也要体现公平、合理的原则,这样对被考核者才有公平可言,审计人员在审查时要对此加以关注。考核时间一般是根据考核方式而定的,所以不同的考核方式对应不同的考核时间。考核需要一定的周期,所以要合理制定,尽量避免仓促行事,有些企业为了节约人力、物力强行缩短时间,这样严重影响了考核结果的准确性。这也应当作为一个风险点须予高度重视。

5. 薪酬环节的内部控制和风险审查

在这一阶段需要强调的是:确定薪酬的类别、确定薪酬发放的标准、制定薪酬调整的相关规定,这三个阶段是控制点,其中确定薪酬发放的标准是关键控制点。薪酬发放标准应该按照职位、工作量以及业绩来制定,企业(此处政府机关不在其列)在制定时应该体现公平、公正的原则,这对整个单位、部门的管理起到了重要作用。薪酬类别的确定主要根据单位部门自身情况来确定的,整个单位部门内部所制定的薪酬类别不一定要统一,但是一定要合理。审计人员需要对这一合理性加以审查。有些单位、部门在制定薪酬发放标准时没有按照实际情况,而是随心所欲,干部多发一点,工人少发一点。这样不仅不能体现公平,而且也会打击员工的积极性。薪酬的标准不是一成不变的,它会随着社会经济、单位自身效益的改变而改变。薪酬的改变也要体现公平性、竞争性和激励性的原则。所以审计人员审查的重点在于进行薪酬调整时是否遵循了公平、竞争、激励的原则。

第五节　业务经营管理绩效审计

政府业务经营管理有效性审计主要是对政府机关及其所属部门以及国有企业事业单位业务经营活动的经济性、效率性、效果性或经济效益的评价。包括绩效评价包括经济资源配置、经济活动中的投入产出、劳动生产及管理时间节约、经营活动业绩等;效益评价包括经济效益、社会效益、环境效益、资源效益、时间效益评价等。政府业务经营管理绩效责任审计的主要内容是:政府机关及其所属部门以及国有企业事业单位绩效管理制度评价,主要包括地区、部门、行业管理政策规章制度评价以及业务经营管理制度及决策执行效果的评价等。

一、业务经营管理决策责任审计

政府机关及其所属部门以及国有企业事业单位业务经营决策也称管理决策。由于政府机关属于宏观管理部门,其经营管理决策主要是针对地区和行业管理业务的重大决策,这种决策一般称为宏观决策;企业事业单位属于具体业务单位,其经营管理决策主要是单位重大事项的决策,这种决策一般称为微观决策。政府经营管理决策责任审计,既包括宏观决策责任的审计,也包括微观决策责任的审计。

（一）政府宏观决策责任审计

政府管理部门承担着推动地区或行业经济发展,建立公平公正的社会资源分配机制,构建和谐的社会的重任。其中最关键的问题是如何建立公平公正的社会资源配置和分配机制,因为只有公平公正的资源配置和分配机制下,才能有效地推动地方和行业经济发展,真正实现各种社会关系的和谐。在市场经济体制下,物质资源配置和分配在市场机制导向下向企业、集体、个人三者配置为主,政府配置为辅。但是,目前我国的社会经济资源配置,仍然以政府配置为主导;政府除了具有社会资源进行配置的职能外,还有引导其他社会公共资源配置的职能,它通过制定资源配置政策,利用其具有优先配置资源权利的优势来引导物质资源配置的方向,左右社会资源配置的走势。在当前情况下,社会公共资源的配置和分配领域矛盾比较突出,政府机关及其所属部门在配置和分配社会公共资源中,除了利用职权违法违纪谋取个人或某些利益集团的非法利益外,更为严重的是一些政府及其部门在公共资源的配置和分配决策中,只考虑本部门和单位或某些集团利益而忽视社会整体的利益,只讲究政治利益而忽视经济效益,严重影响社会经济的均衡发展和社会的公平正义。因此,必须加强对政府及其部门社会经济资源配置的审计。

社会公共资源配置绩效的审计重点是审查资源配置和分配决策及其执行。在资源配置决策中,必须遵循社会整体效益最优和经济节约的原则,无论是在规模上还是在结构上,配置都要合理、有效,不能浪费任何经济资源。对社会公共资源配置决策的审计,实质上就是对决策方案中各种资源安排的经济性审计。社会公共资源配置决策审计对物质资源配置领域进行经济性审计已成为一种必然趋势,这种趋势主要体现在国家审计机关对政府及其部门决策层的物质资源配置决策方案的合理性、科学性的分析评价上。主要检查的内容是物资资源配置中所采用的程序方法和手段是否符合透明化、民主性的要求,其资源配置是否公平处理各地区各部门的关系,是否以较少量的资源满足较大的社会需求;政府机关企业事业单位物质资源的配置结果是否保证不同地区的相对平衡,不同行业的结构是否合理,不同资源之间是否形成最有效的配合,物质资源系统运行能否产生最大经济效益和社会效益。

（二）政府微观绩效责任审计

在市场经济体制下,作为一个独立经济实体的企业、事业单位,具有配置内部物资资源的自主权,但这种配置的自主权必须接受市场经济规律和政府规制的双重调节。因此,无论是政府还是企业事业单位,对物质资源配置要实现经济性的目标,必须坚持社会公共资源配置过程的依法、公平、节约的原则和社会公共资源的配置结构科学、合理、经济的原则,是共同的和无差异的。

作为一个独立的经济主体,国有企业事业单位经营管理决策主要是其经营方向、经营目标等重大战略战术决策。这种决策主要围绕着企业单位的主要经营业务管理活动所进行的决策,包括物资采购、生产服务、市场销售等方面的决策。

物资采购决策主要通过物资采购方案体现,合理的采购方案是有效地组织供应业务,保证生产经营活动的需要,降低成本,提高经济效益的关键。采购方案的编制是一个比较细致和复杂的过程,需要有关部门认真学习掌握国家有关物资工作的方针、政策及企业的有关制度;开展市场调研,掌握物资动态;全面掌握、分析上期采购计划的执行情况,除此以外,还要关注其他相关计划,采用科学的方法编制合理、可行的物资采购方案。采购方案审查的核心是审查、评价采购方案的合理性。其标志是以尽可能低的成本,从采购物资的品种、数量、质量、供应时间等方面满足生产经营活动的需要。审查的内容一般有:①审查采购方案与生产经营需要的一致性。②审查采购方案的适当性,其适当性主要是指方案制定的采购量的合理程度。③审查采购方案的可行性,其中包括:审查采购资金的保证程度、采购方式的优化程度以及审查供应进度计划的适当性。

为了有效地管理生产经营活动,企业要制定生产方案和作业方案。生产方案是在销售预测、销售计划的基础上根据生产能力制定的,是企业组织生产经营活动的依据。生产方案编制的正确性、合理性,影响着其他方案编制的合理性,关系到企业生产经营活动目标能否实现。审计人员对生产方案的审查的核心是评价生产方案的正确性和合理性。具体表现为生产方案的制定应该有可靠的数据来源,采用科学的方法和可行的指标。对生产方案审计的内容包括生产方案编制依据的审查、生产方案编制方法的审查以及生产计划合理性的审查。生产方案合理性的审查,主要的审查内容有:①审查品种计划的合理性,产品品种是产品使用价值的重要方面。根据不断变化的社会需求,开发新产品,优化产品品种结构。审查其合理性的方法有结合市场预测结果评价产品品种计划的合理性和可行性。②审查生产方案与生产进度计划的衔接,企业将生产方案的各项指标分别安排到各季度、各月份,形成产品进度计划。对生产方案审查后没有重大问题,或者有关部门接受了审计建议,修改了不恰当的部分后,应对产品进度计划进行审查,主要审查其编制依据的可靠性以及编制方法的合理性。

销售目标是根据市场预测制定的核心经营目标,销售方案是销售目标的具体化。销售目标的确定以及销售方案编制的正确性、合理性,影响着其他方案制订的可靠性、合理性,因此审计人员有必要对销售方案进行审查。主要调查和了解销售方案的制订有没有可靠的依据,是否在市场预测的基础上进行目标确立,有无盲目制订方案的问题;对销售方案的评价:①审查销售方案编制的依据,其依据包括预测资料、市场信息、订单合同、上期销售状况、历史最佳状况、生产能力、产品库存、技术工艺发展等,重点审查资料是否备全和资料的可靠性。②审查销售方案编制的程序和方法,审查时要了解销售方案的编制是否按照规定程序进行,有无随意制订的问题。③审查销售方案的指标,编制销售方案的核心是确定实现目标利润所必须的目标销售量,审查时可以通过盈亏平衡分析,确定销售量指标制定的合理性。此外,还要注意评价销售和生产、库存的衔接关系等。

二、业务经营管理效率效果审计

(一)业务经营决策和管理制度执行效果审计

业务经营决策和经营管理制度执行效果审计主要是对国有企业和国有控股企业所制定的制度和决策方案后执行情况以及是否产生了预定的目标和效果的分析评价活动。物资采购供应阶段审计人员需要关注采购物资的数量、质量、价格等方面的情况。

国有企业和国有控股企业供、产、销业务经营管理活动效果审计,具体内容是：

（1）企业所采购的物资数量是根据生产需要以及经济批量为标准制定的，所以在审查时要注意企业是否按照标准进货，物资有无积压的情况。很多企业在采购业务中应用招标的形式，以保证进货价格的合理，但是由于种种原因，价格也不一定合理，没有实行招标制度的企业其价格更难保合理性。所以审计人员需要了解进货价格，审查价格是否合理。对购入的物资，需要保证其质量。

（2）生产领域中，企业产品产量、品种、质量等均衡地完成制定目标的程度是企业计划管理、生产组织、技术工艺水平的综合反映。对政策和决策执行效果的审查包括产品产量、产品品种、产品质量等执行效果的审查。主要审查内容是：审查产品产量的完成情况，产品产量一般可用实物产量、价值量和劳动量三种形式加以反映；审查时，主要查明产量统计资料，查明产量指标的真实性和实物量指标、价值量指标、劳动量指标计算的正确性；考核产量计划的完成情况，揭示影响计划完成的原因。审查产品品种完成情况，一方面考核是否按计划品种生产出社会需要的产品；另一方面分析未按品种计划生产对经济效益的影响。审计人员主要审查品种计划完成率，结合产品销售情况考核产品品种计划完成情况对销售利润计划完成情况的影响。审查产品质量完成情况，审查其完成情况包括：评价产品质量保证体系、审查产品质量计划执行情况和产品质量的成本效益。

（3）销售领域中，对销售阶段政策和决策执行效果的审查，应该审查的内容有销售量是否达到了预计的销售量、产品积压的程度如何、有无退货的情况存在以及退货量、销售部门的售后服务如何、顾客的满意度如何等。对执行效果审查的最终目的是销售投入与销售收入的对比关系是否合理，主要通过销售收入、销售成本和销售利润的审查，判断企业业务经营决策制度执行的效率和效果。销售投入的审查，主要是围绕着销售成本费用等支出进行，随着科学技术、网络信息的发展与应用，企业竞争日趋激烈，在销售过程中企业投入日益增多，销售投入成为影响销售执行效果的重要因素。审查的注意点有：了解企业有无销售费用预算及费用开支授权审批制度，这些制度能否有效发挥作用；走访、调查营销效果（包括增加销售、增加新客户、掌握市场信息等），核实营销费用，据以评价营销业绩。审计人员也可以选择一些有代表性的客户，了解销售费开支使用状况及取得的效果。销售收入的审查主要围绕着销售收入目标实现情况，评价销售工作效率性。销售利润的审查主要围绕着企业利润目标实现情况，判断销售决策制度执行的效果。

此外对事业单位业务决策及制度执行效率效果审计，应结合不同事业单位的具体情况，围绕着事业单位预算执行和工作目标任务的完成情况评价其业务决策制度执行效率和效果。

（二）政府社会管理绩效和诚信度的评价

政府机关及其所属部门在经营管理业务活动中不仅仅要关注自身的目标、利益和发展，还需要考虑社会管理的责任。一个诚信的、负责任的政府是不仅要在制定政策及重大经济决策方面认真贯彻"三个代表"理论和"科学发展观"的重要思想，而且还要"以人为本"，牢固树立为人民服务的观念，力戒非科学发展的政绩观，承担并确实履行好社会管理的职责，促进社会经济全面健康和谐发展。一个发展状况良好的国有企业或国有控股企业、事业单位，应该树立全局观念，在将其企业、事业单位做大做强的同时，还要承担相应的社会责任，对社会做出应有的贡献。这样才能真正实现社会主义社会生产关系，体现和谐社会的真正要义。因此，政府社会管理和诚信度评价的主要内容是：政府管理服务业务的诚信度审计、企业经营诚信度的审计、事业单位公益事业诚信度审计。

政府管理诚信度的审计评价，主要围绕着政府对于公共政策的制定和执行、政府经济活动决策的制定和执行等方面，考核和评价政府是否有效地组织社会经济活动和社会管理，兑现了对社会的承诺，展现出良好的绩效，并以此取信于民。其具体审计的内容是：检查政府机关及其所属部门的各项政策制定是否真正处理好各阶层的利益分配关系，是否真正体现了"三个代表"的重要思想，是否真正将"科学发展观"落到实处，查明有无违反上述原则的地方政策；检查各项政策的贯彻执行是否有力，查明有无政策"朝令夕改"随意改变的现象，检查政策的贯彻是否一贯，查明有无因干部调动随意改变政策的现象；检查政府及其部门的重大决策是否真正从大众利益出发，做到有效维护广大群众利益；查明各项重大决策是否广泛征求民意，真正反映人民群众的真实想法和代表其切身利益；检查各项决策是否严格执行，查明有无不征求民意擅自改变决策的情况；检查政府及管理部门是否认真兑现对群众的承诺，查明有无承诺不认真履行而影响政府形象的现象。当然这方面的审计评价在实践中刚刚开始，许多方面仍然需要理论探讨和实践创新。

企业经营业务的诚信度主要体现在企业的销售阶段，具体表现为销售产品的价格、质量、数量以及售后服务方面。企业结合供应、生产以及自身利益制定的产品的销售价格，应该以市场价格以及同类商品的价格作为参照，制定的价格要合理，要树立起企业民本守信的形象。审计人员在对被审企业价格的诚信度进行审计时，应该根据企业自身情况，结合市场价格调研来审查价格的合理性，也可以通过顾客发放问卷调查形式来审查评议。企业生产的产品质量对于保持企业的诚信度非常重要。如果企业生产的产品质量难以保障，即使价格再低或者其他方面做得再好，也难以维持企业长远的发展。审计人员对此要严格把关，在审核被审企业产品的质量时，可以与企业的质量检验部门协作，对于已进入市场的产品，审计人员可以进行市场调查，以及关注企业产品质量的真实情况。售后服务也是评价企业诚信度的重要一环,售后服务良好的企业会有较好的口碑,以吸引更多的顾客购买自己的产品;审计人员主要调查了解售后服务的及时性和质量的良好性,销售人员是否认真听取客户对产品质量、使用情况的反馈意见,售后服务是否及时、真实、完整;销售部门对其分支机构及职员的服务态度、服务质量有无健全的制度加以控制与监督,能否随时向客户提供其所需的零配件等。

(三)公共和公益事业管理绩效审计

公共和公益事业不是个人行为,而是由政府主导、社会共同参与、支持的事业。国有企业和国有控股企业的公益行为有两种情况:一种是企业本身与公益事业的联系,即企业直接兴办或支持公益事业;另一种是企业生产经营行为外部经济,间接对公益事业产生积极影响和贡献,如企业产品具有环保功能,提高了社会环境意识,对治理环境产生积极贡献等。

企业支持公益事业一般形式有:救助灾害、救济贫困、扶助残疾人等弱势群体和个体的活动;支持教育、科学、文化、卫生、体育事业;参与环境保护、社会公共设施建设;促进社会发展和进步的其他社会公共和福利事业。企业参与公益行为从一定程度上体现了企业的文化,反映了企业与审计环境的相融程度,良好的企业文化和与社会良好的相依、相融度,对企业的发展起到了促进作用。审计人员在审查经营业务对公益事业的影响和贡献度时,需要注意企业是否定期或者是否有过参与社会公益事业的行为,评价其对公益事业的影响和贡献程度。

对政府公益事业管理业绩审计主要是分析评价政府对社会公益事业的关注程度、投入程度、管理细致程度和实际收效程度。其中对公益社会的财政投入水平十分重要,公益事业不能完全依赖社会和公众的"善举"和"义举",这不能构成稳定的财政财务来源,也不能完全满足公益事业的需要,政府在其中应扮演主角,而不是配角。审计分析议价主要是分析政府的角色感及其有无真正投入和钻研角色,有无以经济发展为由,减少对公益事业的财政支持,不能满足社会需要,或者将政府责任让渡给社会,或"交给市场解决";分析评价政府的公益事业随着社会经济发展和社会需求,对公益事业的实际投入与实际效果,评价有无建立健全社会保障体系的规划、措施,该体系有无按照计划建设,及其该体系运行的实际情况,分析评价社会公众的满意程度。

(四)政府和企业环境保护责任审计

政府机关及其所属部门、企业事业单位在管理经营活动中,对自然环境的保护是促进社会和谐、推动经济可持续地发展重要职责。对政府管理和企业经营环境保护责任的审计的主要内容有:政府环保政策和环保资金合法性、有效性审计、生产经营对环境影响的审计和"三废"处理审计。

　　对政府环境政策的审计主要是分析评价对政府在着力发展经济的同时，是否对日益严重的环境问题予以高度重视，有无牺牲环境来谋取 GDP 的增长，政府有无系统的、科学的环境政策和措施，政策和措施有无得到切实贯彻落实，政府环境财政资金有无落实到位，是否存在被挤占挪用的情况，财政资金的用途是否具有针对性，资金使用的效果是否达到了预期的目标，社会环境保护工作有无建立健全监控、检测、反馈和执行系统，该系统的运行还存在什么问题等。以此评判政策机关及所属部门和单位履行环境保护责任的情况。

　　企业是政府环境环境保护政策的执行者，国有企业和国有控股企业在环境保护方面应向社会做出表率。企业对生态环境的保护主要体现在生产阶段，如果企业没有有效实施好生态环境的保护工作，那么企业自身以及周边的生态环境都会受到影响，这不利于企业的可持续发展，更不利于人类生活环境的保持，也反映政府环境治理和生态管理存在死角。

　　企业对环境的污染主要是"三废"，包括废气处理、废水处理、废物。"三废"量是指被审企业每年产生的全部废气、废水、废物的数量（按吨、立方米计算）。如果该生产企业涉及"三废"问题，审计人员就需要对"三废"的处理程度进行审计。"三废"的处理方式一般有：废气的处理、废水的处理和废物的处理，要按照政府机关及其所属部门制订的标准进行严格处理，不得进行变通或"经济性处理"，审计人员要将"三废"处理率作为考核"三废"处理情况的指标，对企业环境保护工作进行严格的监督和考评。考评的主要内容还有：资源的消耗程度、环境损益升降情况、生态环境保护情况、生态环境修复情况、基本农田是否减少、"三废"有没有处理妥当以及是否采用了清洁生产工艺。审计人员在对这些内容进行审查时，应该结合相应的指标，进行评价，并做出评价意见。

第七章　政府绩效审计评价指标论

第一节　政府绩效评价指标体系的设计

政府绩效责任是党政机关和国有企业事业单位的主要经济责任,包括财政财务管理责任、实物资产管理责任、人力资源管理责任、业务经营管理责任。这些责任履行的好坏结果主要体现在党政机关和国有企业事业单位的业绩和效果上。政府绩效审计评价指标是经济责任履行结果的指标,其指标的评价集中体现了"效果性审计"的特点。政府绩效审计评价指标体系包括四类评级指标,即财政财务管理责任评价指标、实物资产管理责任评价指标、人力资源管理责任评价指标、业务经营管理责任评价指标;并由此组成政府绩效责任评价指标体系,该体系可以划分为目标性指表体系和影响性指标体系两类。目标性指标是指反映绩效责任履行效果的指标,也是与最终评价目标直接联系的指标。影响性指标是指反映对目标影响因素的指标,一般为绩效目标实现过程中的各种影响因素变化及程度的指标,主要体现为经济性、效率性评价指标。

一、政府绩效目标性评价指标体系

绩效责任目标性评价指标体系见表 7 - 1 所示。

表 7 - 1　　　　　　　　政府绩效责任评价目标性指标一览表

绩效评价范围	被评价对象	绩效评价目标	绩效评价目标性指标	备注
财政财务管理绩效	政府机关	财政管理效果	财政收入增长率	
	国有企业	资本运作效果	所有者权益增长率	
	事业单位	预算管理效果	预算支出增长率	
实物资产管理绩效	政府机关	社会资产管理效果	社会资产增值率	
	国有企业	企业资产管理效果	企业总资产增值率	
	事业单位	单位资产管理效果	单位资产增值率	

表7-1(续)

绩效评价范围	被评价对象	绩效评价目标	绩效评价目标性指标	备注
人力资源管理绩效	政府机关	区域行业人事管理效果	社会生产率增长幅度	
	国有企业	企业人事管理效果	劳动生产率增长幅度	
	事业单位	单位人事管理效果	工作效率增长幅度	
业务经营管理绩效	政府机关	宏观经济管理效果	经济发展水平增长率	
	国有企业	企业业务经营效果	利润总额增长率	
	事业单位	单位事业管理效果	单位预算执行率	

二、政府绩效评价影响性指标体系

政府绩效责任评价影响因素是对绩效责任履行过程中对绩效责任目标实现的内部和外部影响因素,这些不仅影响着绩效目标的"量",也影响着绩效目标实现的"质"的评价,绩效责任影响性也称因素性评价指标。绩效责任因素性评价指标体系见表7-2所示。

表7-2　　　　　政府绩效责任因素性评价指标一览表

影响范围	影响因素	影响指标
财政财务管理	政府:财政收入财政支出财政效率	地区财政支收入完成率、地区财政支出节约率、地区财政自给率、地区税收计划完成率、地区税收计划超额完成率、地区农业支出增长率、地区科技支出增长率、地区教育支出增长率、地区债务偿还率、国有企业亏损面、国有企业亏损额增减率、国有企业上缴利税增长率、国有企业上缴税利占财政收入比率等
	国有企业:实收资本公积资本投资资本金融资本	实收资本增长率、公积资本增长率、资本积累率、资本保值率、总资本周转率、长期投资增长率、长期投资损失率、长期投资回报率、投资回收期、贷款偿还期、投资项目净现值、投资项目净现值率、投资项目获利指数、投资项目内部收益率、证券投资收益率、资产负债率、对外投资担保率等
	事业单位:预算收入预算支出费用支出	财政拨款占总收入的比重、预算外收入占总收入比重、单位收支节余率、预算外资金弥补经费比率、财政资金拨付率、专项支出占总支出比重、人员经费比率、人均经费支出、招待费支出比率等

表7－2(续)

影响范围	影响因素	影响指标
实物资产管理	政府： 固定资产 流动资产 无形资产	国有资产保值率、国有资产增长率、国有资产占 GDP 比重、总资产报酬率、净资产收益率、总资产周转率、国有资产非常损失率、固定资产增减率、固定资产折旧率、固定资产成新率、固定资产报酬率、固定资产更新改造率、长期投资增长率、无形资产价值增长率、建设资金到位率、项目投资超概算比率、工程成本降低率、定额工期率、计划投资完成率、固定资产交付使用率、固定资产竣工投产率、新增固定资产产值率、工程合格品率、废品工程率等
	国有企业： 固定资产 流动资产 无形资产	国有资产保值率、国有资产增长率、总资产报酬率、净资产收益率、总资产周转率、国有资产非常损失率、固定资产增减率、固定资产折旧率、固定资产成新率、固定资产更新改造率、固定资产报酬率、长期投资增长率、长期投资回报率、长期投资损失率、无形资产价值增长率、无形资产损失率、流动资产增长率、呆滞积压流动资产比率、不良资产率、坏账损失率、流动资产周转率、存货周转率、应收账款周转率、流动比率、速动比率、现金流动负债比率、项目投资超概算比率、工程成本降低率、定额工期率、计划投资完成率、固定资产交付使用率、新增固定资产产值率、工程合格品率、废品工程率、投资回收期、贷款偿还期等
	事业单位： 固定资产 无形资产	国有资产保值率、国有资产增长率、总资产利用率、国有资产非常损失率、不良资产比率、固定资产增减率、固定资产折旧率、固定资产成新率、固定资产更新改造率、无形资产价值增长率、无形资产损失率、项目投资超概算比率、工程成本降低率、定额工期率、计划投资完成率、固定资产交付使用率、工程合格品率、废品工程率
人力资源管理	政府： 人员编制 考核制度	政府机关闲置人员比率、政府机关人员超编率、中层以上干部超编率、中层以上干部评议合格率、群众投诉及时处理率、高技术人才流失率、人均 GDP 劳动生产率、地区职工平均工资、农民人均纯收入、居民收入增长率、基尼系数、城镇登记失业率、贫困人口占地区总人口比率、居民平均受教育程度、下岗职工再就业率等
	国有企业： 人员结构 人员素质 人员考核 人员薪酬	剩余人员比率、管理人员比率、生产人员比率、技术人员比率、中层干部评议合格率、中层以上干部投诉升降率、在册人员胜任率、高级技术人才流失率、高管薪酬是职工平均薪酬的倍数、管理人员薪酬占总薪酬的比例等
	事业单位： 人员结构 人员素质 人员考核 人员薪酬	剩余人员比率、管理人员比率、技术人员比率、中层干部评议合格率、中层以上干部投诉升降率、在册人员胜任率、高级技术人才流失率、高管薪酬是职工平均薪酬的倍数、管理人员薪酬占总薪酬的比例等

表7－2(续)

影响范围	影响因素	影响指标
业务经营管理	政府： 经济增长 国民收入 劳动成果分配 教育、医疗、 环保事业 环境保护 其他	GDP增长率、外来投资占GDP比重、国民收入、国民收入增长率、恩格尔系数、地区财政收入增长率、地区国有资产增值率、地区全员劳动生产率、九年制义务教育普及率、农村合作医疗普及率、社会保险参保率、人口出生率、刑事案件发案率、生产交通事故降低率、基础设施建设完成率、科技成果转化率、国有企业盈利率、资源消耗降低率、环境损益升降率、生态环境保护率、生态环境修复率、基本农田减少率、"三废"处理率、清洁生产工艺采用率、生态监测系统完善度、社会对政府工作满意度等
	国有企业： 收入 成本	利润(亏损)增(减)额、经营亏损挂账率、上缴税利率、总资产报酬率、净资产报酬率、主营业务收入增长率、主营业务利润率、成本费用利润率、全部销售收入增减率、销售收入入账率、销售收入损失率、百元销售占用资本额、成本降低率、费用超支率、费用挤占率等
	事业单位： 预算 执行	预算收入完成率、预算支出实现率、计划任务完成率、科技成果转化率、社会公众对事业满意度等

第二节　财政财务管理绩效评价指标

财政财务管理绩效评价指标包括政府机关财政绩效评价指标、国有企业财务绩效评价指标和事业单位财务绩效评价指标,每一类绩效评价指标都包括目标性评价指标和影响性评价指标。

一、政府机关财政管理绩效评价指标

政府机关财政管理包括地方政府和部门、单位的财政资金的管理。地方政府机关财政资金管理主要是中观或宏观财政管理,部门和单位财政资金管理是中观或微观财政资金的管理。地方政府机关绩效评价指标主要在本章介绍,而部门和单位的财政绩效评价,涉及宏观部分可以运用宏观财政绩效评价指标,而涉及微观财政管理绩效部分可参阅事业单位财政管理绩效评价指标。

政府财政绩效评价指标中,目标性评价指标是主导性评价指标,它是直接反映财政管理效果的指标。"财政收入增长率"就是政府财政管理绩效目标性指标,因为这一指标不仅直接反映了政府财政管理的效果,而且也是对财政管理的经济性、效率性的综合反映。影响性指标是补充性反映,它从不同侧面对财政管理效果目标的实现有着直接或间接的影响。因为政府财政绩效影响因素较复杂,一般情况下主要影响指标包括:地区财政支收入完成率、地区财政支出节约率、地区财政自给率、地区税收计划完成率、地区税收计划超额完成率、地区农业支出增长率、地区科技支出增长率、地区教育支出增长率、地区债务偿还率、国有企业亏损面、国有企业亏损额增减率、国有企业上缴利税增长率、国有企业上缴税利占财政收入比率等。

（1）地区财政收入增长率

财政收入增长指标是政府及其部门按年度预算和实际完成的财政收入额计算的相对数指标。本指标是政府财政及管理绩效的目标性指标，其计算公式如下：

地区财政收入增长率＝（财政年度实际完成预算收入额－财政年度预算收入额）÷财政年度预算收入额×100%

上式中财政年度实际完成收入额是指本地区年度财政收入的入库额；财政年度预算收入额是指上级财政部门下达到本地区的预算收入额。这个指标计算结果如果是正数，说明财政收入增长；如果是负数，说明财政收入未完成预算指标规定，该指标主要考核地方政府财政收入责任的履行情况。

（2）财政支出完成率（以下反映政府财政管理绩效的全部是影响性指标）

计算公式如下：

财政支出完成率＝财政年度实际完成预算支出额÷财政年度预算支出额×100%

上式中财政年度实际完成支出额是指本地区年度财政资金的出库额；财政年度预算支出额是指上级财政部门下达到本地区的预算支出额，包括经常性预算支出额和建设性预算支出额。这个指标计算结果如果是正数，说明预算支出超支；如果是负数，说明未完成预算指标规定，该指标主要考核地方政府财政支出责任的履行情况。

（3）财政支出节约率

计算公式如下：

财政支出节约率＝财政年度财政预算支出节约额÷财政年度预算支出额×100%

上式中财政年度预算支出节约额是指本地区年度财政资金的实际节约额，而不是未完成的财政预算支出额；财政年度预算支出额是指上级财政部门下达到本地区的预算支出额，包括经常性预算支出额和建设性预算支出额。这个指标计算结果越大节约程度越高，越小，节约程度越低；在使用这个指标时，一定要对财政资金实际节约额进行核实确认。该指标主要考核地方政府财政支出责任的履行情况。

（4）地区财政自给率

计算公式如下：

地区财政自给率＝地区年度财政收入总额÷地区年度财政支出总额×100%

上式中地区年度财政收入额是指上缴国库的实际收入额,地区年度财政支出额是指通过预算下达的经常性支出和建设性支出发生额,同时,也包括上级财政拨付的专项支出额。这一指标如果小于1,说明该地区经济实力较弱,地区财政不能自给,要靠上级财政补贴或转移支付;如果这一指标大于1,说明该地区财务状况良好,地区财政不仅可以自给,还可以上缴上级财政或转移支付。

（5）地区税收计划完成率

计算公式如下:

地区税收计划完成率＝地区年度税收收入实际完成额÷地区年度税收计划任务额×100%

上式中地区年度税收收入实际完成额是指该地区年度由税务机关、海关及其他部门征收入库的全部税收收入额,地区年度税收计划任务额是指上级下达给本地区的税收任务额。这一指标如果小于1,说明该地区税收计划任务没有完成,同时也说明该地区经济发展的某些环节发生问题;如果大于1,说明该地区超额完成税收任务,同时也说明该地区经济发展实力较为雄厚。

（6）地区税收计划超额完成率

计算公式如下:

地区税收计划超额完成率＝地区税收计划年度超额完成额÷地区年度税收计划任务额×100%

上式中地区税收计划年度超额完成额是指该地区全年超额完成计划的实际数额,这一指标越大说明该地区税收工作业绩突出,也说明该地区经济发展实力雄厚,它是地区税收计划完成率的补充指标。

（7）地区农业支出增长率

计算公式如下:

地区农业支出增长率＝（本年度农业支出额－上年度农业支出额）÷上年度农业支出额×100%

上式中本年度农业支出额是指审查年度地区财政支出中用于支援农业生产、农林水利气象的部门事业费、农业综合开发等涉及农口的全部支出;上年度农业支出额是指审查年度的上年度地区财政支出中用于涉及农口的全部支出。这个指标的适当增长反映了地方政府通过财政对农业的支持程度,也反映了其对"三农"问题的处理能力。

（8）地区科技支出增长率

计算公式如下:

地区科技支出增长率＝（本年度科技支出额－上年度科技支出额）÷上年

度科技支出额×100%

上式中本年度科技支出额是指审查年度地区财政支出中用于科技三项费用、科技事业费等涉及科技口的全部支出;上年度科技支出额是指审查年度的上年度地区财政支出中用于涉及科技口的全部支出。这个指标的适当增长反映了领导干部通过财政对科技事业的支持程度。

(9)地区教育支出增长率

计算公式如下:

地区教育支出增长率=(本年度教育支出额－上年度教育支出额)÷上年度教育支出额×100%

上式中本年度教育支出额是指审查年度地区财政支出中用于教育事业费等涉及教育口的全部支出;上年度教育支出额是指审查年度的上年度地区财政支出中用于涉及教育口的全部支出。这个指标的适当增长反映了领导干部通过财政对教育事业的支持程度。

(10)地区债务偿还率

计算公式如下:

地区债务偿还率=任期内归还财政负债额÷地区财政负债累计额×100%

上式中任期内归还财政负债额是指被审计领导干部任期内所归还的全部财政负债额,地区财政负债累计额是指被审计领导干部任职期初本地区财政负债数和任期内新增的财政负债数之和,也称政府负债总额。政府的负债总额也应包含财政部门总预算会计核算反映的净负债额和应由财政拨款偿还的隐性负债,如市政建设的欠款、行政事业单位的基建欠款等。本指标用于评价党政领导干部任期内对本地区负债的偿还情况,反映党政领导干部消化财政债务的能力和效果。同时,政府负债总额的增减变化,也反映了党政领导干部任职期间有无通过高负债搞建设,"寅吃卯粮",给下任领导造成较重的财政负担等问题。

(11)国有企业亏损面

计算公式如下:

国有企业亏损面=本地区亏损的国有企业数÷本地区国有企业数×100%

上式中本地区亏损的国有企业数是指现有的国有企业中经检查确实存在的亏损数量,其数字取自于当地财政部门的企业财务管理职能机构或统计部门。本指标主要用于评价党政领导干部任职期间国有企业改革的成效。

(12)国有企业亏损额增减率

计算公式如下:

国有企业亏损额增减率=任职期内国有企业亏损增加(减少)额÷任职期国有企业累计亏损额×100%

上式中任职期内国有企业亏损增加(减少)额是指领导干部任期内本地区全部国有企业亏损增加(减少)净额,任职期间国有企业累计亏损额是指领导干部任职期初本地区全部国有企业亏损净额和任职期内新增的国有企业亏损净额。本指标主要从国有企业整体亏损增加减少的额度上评价领导干部在国企改革中发挥的领导作用是否有效,推行的各项改革政策是否完善,落实是否到位。

(13)国有企业上缴利税增长率

计算公式如下:

国有企业上缴利税增长率＝(本年度企业上缴税利总额－上年度企业上缴税利总额)÷上年度上缴税利总额×100%

上式中本年度企业上缴税利总额是指本地区国有企业、国有控股企业上缴的各种税金及经营利润的总额,上年度企业上缴税利总额是指审查年度的上一年度本地区国有企业、国有控股企业上缴的各种税金及经营利润的总额。这一指标从上缴利税增加或减少的角度反映领导干部任职期间国有企业的发展情况。

(14)企业上缴利税占财政收入比率

计算公式如下:

企业上缴利税占财政收入比率＝企业上缴税利额÷当地财政收入总额×100%

上式中企业上缴税利额是指被审计领导干部任职期间国有企业及国有控股企业上缴税利总额,当地财政总收入额是指被审计领导干部任职期间完成的财政收入总额。本指标评价本地区内各国有企业、国有控股企业上缴税利总额占当地财政总收入的比例情况,它反映了国有企业、国有控股企业对财政作出的贡献,同时也反映了国有企业改革的成效和国有企业的经济实力。

二、国有企业财务管理绩效评价指标

国有企业、国有控股企业绩效评价指标包括目标性评价指标和影响性评价指标,目标性评价指标是直接反映企业资本运作管理效果的指标,"资本增长率"或"所有者权益增长率"属于绩效目标性指标,因为这一指标不仅直接反映了企业财务管理的效果,也是对财务管理的经济性、效率性的综合反映。影响性指标从不同侧面对企业财务管理效果目标的实现有着直接或间接的影响,国有企业财务绩效影响因素较复杂,一般情况下影响指标包括:实收资本增长率、公积资本增长率、资本积累率、资本保值率、总资本周转率、长期投资增长率、长期投资损失率、长期投资回报率、投资回收期、贷款偿还期、投资项目净现值、投资项目净现值率、投资项目获利指数、投资项目内部收益率、证券投资收益率、资产负债率、对外投资担保率等。

（1）企业资本增长率

本指标是企业财务管理绩效的目标性指标，其计算公式如下：

企业资本增长率＝（任职期末企业自有资本总额－任职期初企业自有资本总额）÷任职期初企业自有资本总额×100%

上式中任职期末和任职期初资本总额比较，一般情况下都是增加的，资本总额的增加，一是靠新增投资，二是因资本增值，三是由于企业积累增加，无论哪个方面导致资本额定的增加，都说明企业实力的增强。这一指标主要是用来考核企业实力增强情况，同时也以此评价企业领导干部资本运作责任履行情况。资本增长率是反映企业负责人任职期间总资本增长情况的指标，企业的财务管理活动的目标就是如何保证企业资本的增长，资本增长率指标越高，反映企业负责人财务管理业绩或绩效越好。

（2）实收资本增长率（以下反映企业财务管理绩效的全部影响性指标）

计算公式如下：

实收资本增长率＝（任职期末企业实收资本总额－任职期初企业实收资本总额）÷任职期初企业实收资本总额×100%

实收资本增长率是反映企业负责人任职期间资本运作及吸收投资管理情况的指标，实收资本是企业自有资本的主要组成部分，实收资本增长率指标是资本增长重要影响因素指标，也是影响资本增长的结构性指标，该指标越高，反映企业负责人实收资本管理业绩、绩效越好。

（3）公积资本增长率

计算公式如下：

公积资本增长率＝（任职期末企业盈余和资本公积总额－任职期初企业盈余和资本公积总额）÷任职期初企业盈余和资本公积总额×100%

公积资本增长率是反映企业负责人任职期间盈余和资本积累情况的指标，公积资本是企业自有资本的重要组成部分，公积资本增长率指标是资本增长重要影响因素指标，也是影响资本增长的结构性指标，该指标越高，反映企业负责人公积资本管理业绩、绩效越好。

（4）长期投资增长率

计算公式如下：

长期投资增长率＝（任职期末企业长期投资额额－任职期初企业长期投资额）÷任职期初企业长期投资额×100%

长期投资增长率是反映企业负责人任职期内对外投资管理情况的指标，长期投资是企业长期资产的重要要组成部分，但是，其增长绩效却反映了企业资本运作的效果。长期投资增长率指标是资本增长一般性影响因素指标，也是影响资本增长的结构性指标，该指标越高，反映企业负责人对未来的投资越多，说明不仅考虑了本期投资效益和业绩指标,还考虑到企业长远的规划和发展,在目前社会一部分领导干部较为浮躁、追求短期利益和政绩效应的情形下,这是很值得提倡和肯定的。

(5)资本积累率

计算公式如下:

资本积累率＝期末所有者权益增长额÷期初所有者权益×100%

资本积累率反映了投资者投入企业资本的保全性和增长性,体现了企业资本的积累情况,是企业发展强盛的标志,也是企业扩大再生产的源泉,展示了企业的发展潜力。该指标越高,表明企业的资本积累越多,企业保全资本保全性越强,应付风险、持续发展的能力越强。该指标如为负数,表明企业资本受到侵蚀,所有者利益受到损害,应予充分重视。

(6)资本保值增值率

计算公式如下:

资本保值增值率＝扣除客观因素后的期末所有者权益÷期初所有者权益×100%

所有者权益扣除的客观增减因素,是指《国有资产保值增值考核试行办法》中规定的客观因素,具体包括国家资本金及其权益因客观因素增加额和国家资本金及其权益因客观因素减少额两大类。资本保值增值率是根据"资本保全"原则设计的指标,更加谨慎、稳健地反映了企业资本保全和增值状况。资本保值增值率表示企业资本在企业自身努力下的实际增减变动情况,企业发展能力的集中体现。

该指标反映了投资者投入企业资本的保全性和增长性,该指标越高,表明企业的资本保全状况越好,所有者的权益增长越快,债权人的债务越有保障,企业发展后劲越强。该指标如为负值,表明企业资本受到侵蚀,没有实现资本保全,损害了所有者的权益,也妨碍了企业进一步发展壮大,应予充分重视。

(7)总资本周转率

计算公式如下:

总资本周转率＝任职期业务经营平均收入额÷(任职期间自有资本平均占用额＋任职期间负债资本平均占用额)×100%

总资本周转率是反映企业负责人任职期间资本配置、使用等效率的指标,资本周转速度越快,资本配置使用效率越高;总资本周转率也是影响资本增长的重要因素指标,该指标越好,资本增长的速度越快,反映企业负责人财务管理业绩、绩效越高。该指标可以分解为自由资本周转率、负债资本周转率等;也可以计算总资本周转次数。

（8）负债增减率

计算公式如下：

负债增减率＝（任职期末负债总额－任职期初负债总额）÷任职期初负债总额×100%

上式中负债增减率表明被审计单位在一定时期内资金的短缺情况，是衡量某段时间范围内被审计单位的经费满足状况指标。这一指标如果计算结果是正数，说明被审计领导干部任职期内负债额增加；如果计算结果是负数，说明被审计领导干部任期内负债减少。因此，该指标可以通过负债来源资金的使用方向分析负债增加（减少）对企业发展的影响，用于评价被审计企业领导对资金的整体调控能力，反映其对事业发展的态度。如通过负债用于发放工资、用于企业消费和用于项目发展相比就有实质性区别，应予高度重视。

（9）资产负债率

计算公式如下：

资产负债率＝负债总额÷资产总额×100%

资产负债率是国际公认的衡量企业负债偿还能力和经营风险的重要指标，表示企业总资产中有多少是通过负债筹集的，该指标是评价企业负债水平的综合指标，它是衡量企业负债水平及风险程度的重要判断标准。该指标不论对企业投资人还是企业债权人都十分重要，适度的资产负债率既能表明企业投资人、债权人的投资风险较小，又能表明企业经营安全、稳健、有效，具有较强的筹资能力。比较保守的经验判断该指标一般为不高于50%，国际上一般公认60%比较好。根据当前我国企业生产经营实际，以及所属行业的资产周转特征和长期负债偿还能力，不同行业中企业的资产负债率各不相同，其中，交通、运输、电力等基础行业的资产负债率一般为50%左右、加工业为65%左右、商贸业为80%左右。

（10）对外负债担保率

计算公式如下：

对外负债担保率＝为外部担保的贷款金额÷企业资产总额×100%

上式中为外部担保的贷款金额是指被审计企业领导干部以企业名义为其他企业或单位贷款提供的担保额，这项担保一般风险较大。对外负债担保率越高，企业为此承担的风险也越大。

三、事业单位财务管理绩效评价指标

事业单位绩效评价指标中目标性评价指标，是直接反映单位经费管理效果的指标，"预算支出增长率"或"预算支出完成率"就是此类，因为该指标不仅直接反映了事业单位财务管理的效果，也是对财务管理的经济性、效率性的综合

反映。影响性指标是从不同侧面对事业单位财务管理效果目标的实现有着直接或间接影响的因素的反映,事业单位财务绩效影响因素较复杂,一般情况下影响性指标包括:财政拨款占总收入的比重、预算外收入占总收入比重、单位收支节余率、预算外资金弥补经费比率、财政资金拨付率、专项支出占总支出比重、人员经费比率、人均经费支出、招待费支出比率等。

(1)预算支出增长率

本指标是事业单位财务管理绩效的目标性指标,其计算公式如下:

预算支出增长率=(审查期预算支出总额-基期预算支出总额)÷基期预算支出总额×100%

上式中审查期预算支出总额是指被审计领导干部任职期间预算内和预算外支出总额,基期预算支出总额是指被审计领导干部任职前上一任领导干部任职期间实现的预算内和预算外支出总额。根据需要预算支出总额也可以以年度计算,其计算方法与按期计算相同,只不过计算的时间范围有所变化。在确认预算支出额的同时,也应考核单位计划任务完成的质量与效果。这一指标主要用来考核事业单位领导干部预算支出责任履行情况,并评价其在组织单位保证预算资金支出责任履行效果。

(2)财政拨款占总收入比重(以下反映事业单位的财务管理绩效的全部是影响性指标)

计算公式如下:

财政拨款占总收入比重=财政拨款总额÷收入总额×100%

上式中财政拨款总额是指在审查期由财政部门按预算拨入的行政经费和事业费拨款。这一指标是考核单位对财政依存度的指标。

(3)预算外收入占总收入比重

计算公式如下:

预算外收入占总收入比重=预算外收入总额÷收入总额×100%

上式中预算外收入总额是指在审查期由单位开展业务活动取得的用于弥补行政经费和事业费拨款不足的预算外收入。这一指标是考核单位对财政依存度的指标,也是评价被审计的领导干部财政财务收入业绩的指标。

(4)单位收支节余率

计算公式如下:

单位收支节余率=(单位各项收入额-单位各项支出额)÷单位各项收入额×100%

上式中单位各项收入额、单位各项支出额可以是部门的所有收入、支出,也可以是审计时关注的某项收入、支出。各项收入额、各项支出额可以是审计时间范围内所有审计年度的数据,也可以是某一或某几个年度的数据。该指标主要评价单位在执行财政预算中是否量入为出,反映被审计领导干部对本单位经费的控制能力和统筹水平。

(5)预算外资金弥补经费比率

计算公式如下:

预算外资金弥补经费比率 = 预算外资金弥补经费额 ÷ 全部经费支出额×100%

上式中预算外资金弥补经费额是指被审计领导干部任职期间用预算外资金弥补财政拨入经费的不足部分,全部经费支出额是指被审计领导干部任职期间经费全部支出额。这一指标主要用来考核部门和事业单位领导干部预算外资金管理使用情况,并评价其节约财政资金、为国家减轻负担等方面的业绩。

(6)财政资金拨付率

计算公式如下:

财政资金拨付率 = 实际拨付下级财政资金 ÷ 应拨付下级财政资金×100%

上式中实际拨付财政资金指已按照预算要求拨付给下级单位的资金,应拨付财政资金指按照预算要求拨付给下级单位的资金,该指标只适用于有二级预算单位的主管部门,反映财政资金的流动轨迹。从财政资金的拨付情况可评价被审计单位执行有关法律、法规的实际情况。

(7)专项支出占总支出比重

计算公式如下:

专项支出占总支出比重 = 本期专项支出额 ÷ 本期支出总额×100%

上式中本期专项支出额是指审查期单位专项资金支出总额,本期支出总额是指审查期全部资金支出总额。这一指标是反映被审计单位职能方向的重要指标,主要适用于某些执行专项任务的部门单位,如科研所、项目单位等。评价部门单位专项投入与其职能的配套程度,反映专项业务支出与部门费用支出方面的平衡情况。

(8)人员经费比率

计算公式如下:

人员经费比率 = 人员经费支出额 ÷ 全部经费支出额×100%

上式中人员经费是开支额与人员数量的多少有关的经费,包括基本工资、补助工资、其他工资、奖金、福利费、社会保障费和以其他形式、名义用于个人工资、福利方面的支出。经费支出是部门单位用于经费方面的所有支出。该指标用于评价部门单位的支出结构,反映经费支出的主要方向以及其累积、发展能力。

(9)人均经费支出额

计算公式如下:

人均经费支出额＝部门、单位经费支出总额÷部门、单位在册职工人数

上式中部门单位经费支出总额是指部门单位领导干部任期内全部支出的人员经费和事业经费总额,部门单位在册职工人数是指部门单位领导干部任职期内平均在册职工人数,我国机构改革以后职工在册人数应包括管理人员、职员和雇员。这一指标也可以按年度分别计算,主要用来考核单位经费支出的管理情况,评价领导干部在经费管理中是否履行节约责任。

（10）招待费支出比率

计算公式如下：

招待费支出比率＝招待费支出额÷事业支出总额×100%

上式中招待费支出额是指执行公务或开展业务活动在接待地发生的交通费、用餐费和住宿费,以不超过当年公用支出的2%为宜。在计算和评价招待费支出时,应该扣除公用支出中财政安排的专项会议一次性经费。这一指标用来考核部门、单位领导干部经费支出的节约情况,评价其经费管理责任履行情况和效果。

第三节　实物资产管理绩效评价指标

一、政府机关资产管理绩效评价指标

政府实物资产管理绩效评价指标包括目标性评价指标和影响性评价指标,目标性评价指标直接反映资产管理效果的指标,"社会资产增值率"就是目标性指标,因为这一指标不仅直接反映了政府资产管理的效果,也是对资产管理的经济性、效率性的综合反映。影响性指标是从不同侧面对实物资产管理效果目标的实现有着直接或间接的影响,包括：国有资产保值率、国有资产增长率、国有资产占GDP比重、总资产报酬率、净资产收益率、总资产周转率、国有资产非常损失率、固定资产增减率、固定资产折旧率、固定资产成新率、固定资产报酬率、固定资产更新改造率、长期投资增长率、无形资产价值增长率、建设资金到位率、项目投资超概算比率、工程成本降低率、定额工期率、计划投资完成率、固定资产交付使用率、固定资产竣工投产率、新增固定资产产值率、工程合格品率等。

（1）国有资产增值率

本指标是政府机关实物资产管理绩效的目标性指标,其计算公式如下：

国有资产增值率＝（任职期末国有净资产总额－任职期初国有净资产总额）÷任职期初国有净资产总额×100%

这一指标是国有资产保值率的变化指标,任职期末国有净资产总额、任职期初国有净资产总额与上一指标含义相同。若该指标是正数反映了国有资产价值的增加,且指标越大越好;若该指标是负数,则反映了国有资产的价值减少。该指标用于对国有资产增值和管理使用的评价,通常与国有资产保值率结合使用,反映被审计对象任职期间经费、专项资金的使用效益情况。

（2）国有资产保值率（以下反映政府机关实物资产管理绩效的全部是影响性指标）

计算公式如下:

国有资产保值率＝任职期末国有净资产总额÷任职期初国有净资产总额×100%

上式中任职期末国有净资产总额是指在党政机关和企业事业单位领导干部任职期间一个行政区域或一个部门、一个单位、一个企业所拥有的全部资产总额扣除折旧和减值准备以后的余额,任职期初国有净资产总额是指上一任领导干部任职期间的净资产。国有资产保值率是不同时期国有资产的对比反映资产的保全程度。该指标用于对国有资产保值和管理使用的评价,排除特殊因素的影响,一般来说,该指标大于1以上则越大越好。

（3）国有资产增长率

计算公式如下:

国有资产增长率＝（期末国有资产总额－期初国有资产总额）÷期初国有资产总额×100%

上式中期末国有资产总额、期初国有资产总额是指被审计的本届领导干部和主要负责人任职期内和上一届任职期间拥有的全部国有资产总额。国有资产增长率表明被审计单位在一定时期内经济总量的变化情况及其变动趋势,综合反映其发展能力。一般来说,数值越大,说明部门用于后续发展能力的投入越大。

（4）国有资产占 GDP 的比重

计算公式如下:

国有资产占 GDP 的比重＝任期内国有资产总额÷任期内 GDP 总额×100%

上式中任期内国有资产总额是指被审计领导干部所管辖的本区域、本部门、本单位、本企业所拥有的全部国有资产,任期内 GDP 总额是指与被审计领导干部所管辖范围对应的 GDP 实现额。这一指标主要考核被审计人的宏观管理责任,任期内该指标越大说明资产增殖越大。

（5）总资产报酬率

计算公式如下:

总资产报酬率＝（利润总额＋利息支出）÷平均资产总额×100%

总资产报酬率表示地区包括净资产和负债在内的全部资产的总体获利能力,全面反映了地区的发展潜力和投入产出状况,是评价地区总体资产运营效益的重要指标。该指标越高,表明地区投入产出的水平越好,地区的资产运营越有效。一般情况下,地区可据此指标与市场资本利率进行比较,如果该指标大于市场利率,则表明该地区可以充分利用财务杠杆进行负债经营,获取尽可能多的收益。

（6）净资产收益率

计算公式如下:

净资产收益率＝净利润÷平均净资产×100%

净资产收益率是评价地区自有资本及其积累获取报酬水平的最具综合性与代表性的指标,反映地区资本运营的综合效益。该指标通用性强,适应范围广,不受行业局限。通过对该指标的综合对比分析,可以看出地区的发展能力,以及与不同地区的差异水平。一般认为,地区社会净资产收益率越高,其自有资本获取收益的能力越强,对投资人、债权人的保证程度越高。

（7）总资产周转率（次）

计算公式如下:

总资产周转率（次）＝主营业务收入净额÷平均资产总额×100%

总资产周转率通过当年已实现的销售价值与全部资产比较,反映出地区一定时期的实际产出质量及对每单位资产实现的价值补偿,体现了地区全部资产从投入到产出周而复始的流动速度,是综合评价地区全部资产经营质量和利用效率的重要指标。由于该指标是一个包容性较强的综合指标,因此,从因素分析的角度来看,它受到流动资产周转率、应收账款周转率和存货周转率等指标的影响。

一般情况下,该指标数值越高,周转速度越快,销售能力越强,资产利用效率越高。

（8）国有资产非常损失率

计算公式如下:

国有资产非常损失率＝任期内国有资产非常损失额÷国有资产总额×100%

上式中,任期内国有资产非常损失额是指被审计的领导干部管辖范围内发生的因责任事故、贪官外逃卷走国有资产、贪污受贿案件等非常事件给国有资产所带来的损失,国有资产总额是指被审计领导干部和主要负责人管辖范围内国有资产总额。这一指标既可以用来考核被审计人领导管理责任,也可以用来考核被审计人自身的责任。

(9)固定资产增减率

计算公式如下：

固定资产增减率＝(任期内固定资产总额－任职期初固定资产总额)÷任职期初固定资产总额×100%

上式中任职期内固定资产总额是指被审计领导干部管辖范围内任期内的固定资产总额,任职期初固定资产总额是指被审计领导干部管辖范围内上一任期满时的固定资产总额。这一指标主要是用来考核被审计领导干部固定资产增值责任的履行情况。如果该指标为正指标,说明固定资产是增加的;反之,如果该指标是负数,说明固定资产是减少的。

(10)固定资产折旧率

计算公式如下：

固定资产折旧率＝任期内固定资产平均折旧额÷任期内固定资产平均占用额×100%

上式中固定资产平均折旧额是指被审计领导干部任职期内管辖范围内的固定资产年平均折旧额,固定资产平均占用额是指被审计领导干部任职期内管辖范围内的固定资产年平均余额。这一指标主要是用来评价被审计人固定资产新旧程度和固定资产改造责任的履行情况。

(11)固定资产成新率

计算公式如下：

固定资产成新率＝任期内固定资产平均净值额÷任期内固定资产平均占用额×100%

上式中固定资产平均净值额是指被审计领导干部任职期内管辖范围内的固定资产年平均净值额,固定资产平均占用额是指被审计领导干部任职期内管辖范围内的固定资产年平均余额。这一指标与固定资产折旧率之和是1,该指标越大,反映固定资产越新,主要是用来评价被审计领导干部任期内固定资产新旧程度和固定资产更新和改造责任的履行情况。

(12)固定资产报废率

计算公式如下：

固定资产报废率＝任期内报废固定资产的账面原价÷任期内固定资产平均原价×100%

上式中固定资产报废账面原价是指被审计领导干部任职期内管辖范围内的固定资产实际报废的固定资产账面价值,若无报废固定资产账面价值,可依据同类资产的市场价值或资产评估机构评估价值分析确认。固定资产平均占用额是指被审计领导干部任职期内管辖范围内的固定资产年平均余额。这一指标反映的是固定资产实际报废情况,该指标最大为1,指标越大,根据固定资产报废的原因,一方面要看是否因为固定资产的责任事故、为虚增盈利而盗卖固定资产造成的;另一方面要看是否因为固定资产更新改造力度较大造成的,若是后者,这一指标越大越好。该指标主要是用来评价被审计领导干部任期内固定资产更新和改造责任的履行情况。

(13)固定资产更新改造率

计算公式如下:

固定资产更新改造率＝任期内新增固定资产数量÷(任期内占有固定资产平均数量＋因报废、改造、转让而减少的固定资产数量)×100%

上式中新增固定资产数量是指被审计领导干部任职期内管辖范围内的新增加固定资产,包括因改造旧固定资产和因新建购置的固定资产;任期内占有固定资产平均数量是指被审计领导干部任期内其管辖范围内占有固定资产的年平均数量,因报废、改造、转让而减少的固定资产数量可采用年平均数,也可以采用累计数。这一指标反映的是固定资产实际更新改造情况,该指标最大为1,指标越大,说明固定资产改造的力度越大。

(14)长期投资增长率

计算公式如下:

长期投资增长率＝(任期满长期投资累计额－任期初长期投资累计额)÷任期初长期投资累计额×100%

上式中任期满长期投资累计额是指被审计领导干部任职期内管辖范围内的长期投资项目的累计增加额,包括因直接投资和因合并被投资企业报表资产而增加的长期投资额;任期初长期投资累计额是指被审计领导干部前任任期内实现的长期投资累计额。这一指标反映的是长期投资增长的情况,该指标越大,说明对外投资力度越大或对外投资回报越高。

(15)无形资产价值增长率

计算公式如下:

无形资产价值增长率＝(任期满无形资产价值额－任职期初无形资产价值额)÷任职期初无形资产价值额×100%

上式中任期满无形资产价值额是指被审计领导干部任职期内管辖范围内的无形资产额,包括拥有的各种知识产权如专利权、商标权、专有技术、商誉等,也包括土地使用权;任期初无形资产价值额是指被审计领导干部前任任期内取得的无形资产价值额。这一指标反映的是无形资产增长的情况,该指标越大,说明对无形资产价值越高。

(16)建设资金到位率

计算公式如下:

建设资金到位率＝期内建设资金到位金额÷期内建设资金计划金额×100%

建设资金到位率是指建设单位一定时期内通过各种筹资渠道,实际获得建设资金额与期内计划获得建设资金数额的比率。建设资金是建设项目工程质量和进度的保证。建设资金能否按计划到位,关系工程能否按时、按质完成。建设资金到位率反映建设单位的筹资能力,建设资金到位率大,表明建设单位筹款能力强,反之,说明建设单位筹款能力差。

（17）项目投资超概算比率

计算公式如下:

项目投资超概算比率 =（实际投资总额 - 概算投资总额）÷ 概算投资总额 × 100%

项目投资超概算比率是指建设项目实际投资总额超出批准设计概算总额部份与批准概算总额之比。超概算比率指标反映建设项目管理者对项目投资的宏观控制能力。该指标如果控制在 10% 以内,仍然为允许值;如果大于10%,应报原审批部门进行调概审批;负值表示投资节余。评价超概指标应分析超概原因,如建设单位擅自提高建设标准,扩大建设规模引起的超概算,在评价中应具体列出超概金额。

（18）工程成本降低率

计算公式如下:

工程成本降低率 = 工程成本降低额 ÷ 工程预算成本 × 100%
= （工程预算成本 - 工程实际成本）÷ 工程预算成本 × 100%

工程成本是指以能够独立发挥生产能力或效益的单项工程或完整建设项目为核算对象,由建设单位支付的全部建设费用。工程成本降低率,用来反映工程实际成本比预算成本节约的程度。它是工程项目劳动消耗和物质消耗的价值反映,建设项目成本水平在很大程度上反映了项目投资经济效益水平,也是控制投资概算的基础。

（19）定额工期率

计算公式如下:

定额工期率 = 各竣工项目实际工期 ÷ 各竣工项目定额工期 × 100%

式中各竣工项目实际工期是指各竣工项目从正式开始建设至全部建成投产时为止所实际经历的时间。定额工期率是反映建设速度的指标,通过对比计算,可以衡量建设项目（单位）工程是否按期或提前建成投产,同类项目是否缩短工期,评价延期建成投产项目对投资效益的影响等。

（20）计划投资完成率

计算公式如下:

计划投资完成率 = 本期固定资产实际投资完成额 ÷ 本期固定资产计划投

资完成额×100%

计划投资完成额率反映固定资产投资工作完成情况,是衡量期初决策是否科学,工作安排是否合理,建设项目进展是否顺利的指标,也是指导往后投资决策依据。计划投资完成额率是指一定时期固定资产实际投资完成额与固定资产计划投资完成额之比率。对计划投资完成额率较低的项目,应分析原因,准确评价。

(21)固定资产交付使用率

计算公式如下:

固定资产交付使用率＝本期新增固定资产价值÷(本期投资完成额＋期初在建工程投资额)×100%

固定资产交付使用率是指一定时期的新增固定资产价值与同期投资完成金额的比率,一般来说,交付生产使用率越高,说明未完工程占用的投资就越少,投资效益就越好。

(22)竣工投产率

计算公式如下:

竣工投产率＝本期竣工投产的项目个数÷本期竣工数项目个数×100%

竣工投产率,是指本期竣工投产项目个数与本期竣工个数之间的比例,如果竣工投产率高,则说明工程质量、协作配套、综合管理等各方面都较好,如果该指标低,则应查找原因。

(23)新增固定资产产值率

计算公式如下:

新增固定资产产值率＝本期新增总产值÷本期新增固定资产价值×100%

新增固定资产产值率是指投产后新增产值与新增固定资产价值的比例,用以考核项目建成投产后经济效益的指标。新增固定资产产值率越大,说明投资效益越好,因行业不同其数据相差较大,因此,该指标只能与同行业相对比,进行评价。

(24)工程合格品率

计算公式如下:

工程合格品率＝审计期合格单位工程个数÷审计期验收单位工程个数×100%

工程合格品率是指审计期评为合格的单位工程个数(或面积)占审计期竣工验收的单位工程个数(或面积)的比率,是反映工程项目质量的重要指标之一,既是衡量建设项目管理者的管理水平,也是衡量投资效益的重要标志。

按我国现行标准,建筑安装工程质量等级划分为优良工程合格工程和不合格工程。工程合格品率计算以单位工程为计算对象,合格品个数包括优良工程和合格工程的总和。等级划分应符合施工验收规范,由质量监督部门评定,不合格工程未经修复为合格工程,不得交付生产使用。工程合格品率越高表明施工管理和施工质量越好。

二、国有企业资产管理绩效评价指标

国有企业和国有控股企业实物资产管理绩效评价指标的目标性评价指标,直接反映资产管理效果的指标,"企业资产增值率"就是企业资产管理绩效目标性指标,它不仅直接反映了企业资产管理的效果,也是对资产管理的经济性、效率性的综合反映。影响性指标是从不同侧面对实物资产管理效果目标的实现有着直接或间接的影响,具体包括:国有资产保值率、国有资产增长率、总资产报酬率、净资产收益率、总资产周转率、国有资产非常损失率、固定资产增减率、固定资产折旧率、固定资产成新率、固定资产更新改造率、固定资产报酬率、长期投资增长率、长期投资回报率、长期投资损失率、无形资产价值增长率、无形资产损失率、流动资产增长率、呆滞积压流动资产比率、不良资产率、坏账损失率、流动资产周转率、存货周转率、应收账款周转率、流动比率、速动比率、现金流动负债比率、项目投资超概算比率、工程成本降低率、定额工期率、计划投资完成率、固定资产交付使用率、新增固定资产产值率、工程合格品率、废品工程率、投资回收期、贷款偿还期等。

(1)国有资产增值率

本指标是国有企业实物资产管理绩效的目标性指标,其计算公式和指标意义同前所述,此处从略。

(2)国有资产保值率(以下反映国有企业实物资产管理绩效的全部是影响性指标)

计算公式和指标意义同前所述,此处从略。

(3)国有资产增长率

计算公式和指标意义同前所述,此处从略。

(4)总资产报酬率

计算公式和指标意义同前所述,此处从略。

(5)净资产收益率

计算公式和指标意义同前所述,此处从略。

(6)总资产周转率(次)

计算公式和指标意义同前所述,此处从略。

(7)国有资产非常损失率

计算公式和指标意义同前所述,此处从略。

(8)固定资产增减率

计算公式和指标意义同前所述,此处从略。

(9)固定资产折旧率

计算公式和指标意义同前所述,此处从略。

(10)固定资产成新率

计算公式和指标意义同前所述,此处从略。

(11)固定资产报废率

计算公式如下:

固定资产报废率＝任期内报废固定资产的账面原价÷任期内固定资产平均原价×100%

上式中固定资产报废账面原价是指被审计领导干部任职期内管辖范围内的固定资产实际报废的固定资产账面价值,若无报废固定资产账面价值,可依据同类资产的市场价值或资产评估机构评估价值分析确认。固定资产平均占用额是指被审计领导干部任职期内管辖范围内的固定资产年平均余额。这一指标反映的是固定资产实际报废情况,该指标最大为1,指标越大,根据固定资产报废的原因,一方面要看是否因为固定资产的责任事故、为虚增盈利而盗卖固定资产造成的;另一方面要看是否因为固定资产更新改造力度较大造成的,若是后者,这一指标越大越好。该指标主要是用来评价被审计领导干部任期内固定资产更新和改造责任的履行情况。

(12)固定资产更新改造率

计算公式和指标意义同前所述,此处从略。

(13)长期投资增长率

计算公式如下:

长期投资增长率＝(任期末长期投资累计额－任期初长期投资累计额)÷任期初长期投资累计额×100%

上式中任期末长期投资累计额是指被审计领导干部任职期内管辖范围内的长期投资项目的累计增加额,包括因直接投资和因合并被投资企业报表资产而增加的长期投资额;任期初长期投资累计额是指被审计领导干部前任任期内实现的长期投资累计额。这一指标反映的是长期投资增长的情况,该指标越大,说明对外投资力度越大或对外投资回报越高。

(14)长期投资回报率

计算公式如下:

长期投资回报率＝任期内年长期投资回报额÷任期内年长期投资平均额×100%

上式中任期内年长期投资回报额是指被审计领导干部任职期内管辖范围内年长期投资项目的收益额,包括因直接投资取得的收益、因股票投资取得的分红和因被投资企业资产溢价取得的收益;任期内长期投资平均额是指被审计领导干部任期内实现的长期投资年平均额。这一指标反映的是长期投资收益取得及其增长的情况,该指标越大,说明对外投资回报越高。

（15）长期投资损失率

计算公式如下:

长期投资损失率 = 任期内长期投资损失额 ÷ 任期内年长期投资平均额 ×100%

上式中任期内年长期投资损失额是指被审计领导干部任职期内管辖范围内年长期投资项目的损失额,包括因被投资单位破产、因投资项目失败和因被投资企业舞弊、欺诈所造成的损失;任期内长期投资平均额是指被审计领导干部任期内实现的长期投资年平均额。

（16）无形资产价值增长率

计算公式和指标意义同前所述,此处从略。

（17）无形资产损失率

计算公式如下:

无形资产损失率 = 任期内无形资产损失额 ÷ 任期内无形资产平均占用额 ×100%

上式中任期内年无形资产损失额是指被审计领导干部任职期内管辖范围内年无形资产的损失额,包括因管理不善被盗用无形资产的价值、因单位缺乏诚信导致的无形资产流失价值、因无形资产不当使用造成损失的价值等;任期内无形资产平均占用额是指被审计领导干部任期内占用的无形资产年平均额。这一指标反映的是损失情况,该指标越大,说明无形资产损失越大。

（18）流动资产增长率

计算公式如下:

流动资产增长率 =（任期内流动资产平均占用额 - 期初流动资产平均占用额）÷ 期初流动资产平均占用额 ×100%

上式中任职期内流动资产平均占用额是指被审计领导干部管辖范围内任期内的流动资产年平均占用额,期初流动资产平均占用额是指被审计领导干部管辖范围内上一任期满时的流动资产年平均占用额。由于流动资产增减发生比较频繁,变动幅度较大,与长期资产相比具有不同特点,评价指标中均使用"年平均余额"数据。这一指标主要是用来考核被审计人流动资产增值责任的履行情况。如果该指标为正指标,说明流动资产是增加的;反之,如果该指标是负数,说明流动资产是减少的。

（19）呆滞积压流动资产比率

计算公式如下:

呆滞积压流动资产比率＝任期内呆滞积压流动资产额÷任期内流动资产平均占用额×100%

上式中任期内呆滞积压流动资产额是指被审计领导干部任职期间发生的虽未霉损变质完全丧失使用价值,但是库存积压已超过一定年限,经审计人员确认在本单位近期已无法投入生产、经营过程的流动资产额;任职期内流动资产平均占用额是指被审计领导干部管辖范围内任期内的流动资产年平均占用额。这一指标主要是用来考核被审计领导干部流动资产管理使用的合理性和有效性责任的履行情况。

(20)不良资产比率

计算公式如下:

不良资产比率＝不良资产总额÷资产总额×100%

年末不良资产总额是指企业资产中存在问题、难以参加正常生产经营运转的部分,主要包括三年以上应收账款、积压商品物资和不良投资等。年末资产总额指企业资产总额的年末数。不良资产比率反映了企业资产的质量,揭示了企业在资产管理和使用上存在的问题,指标用以对企业资产的运营状况进行补充修正。一般情况下,本指标越高,表明企业沉积下来、不能正常参加经营运转的资金越多,资金利用率越差。该指标越小越好,0是最优秀水平。

(21)坏账损失率

计算公式如下:

坏账损失率＝年末坏账损失总额÷年末应收款项总额×100%

年末坏账损失总额是指企业资产中存在问题、难以正常收回的、账龄在三年以上的应收账款和其他应收款。年末应收款项总额指企业应收账款、其他应收款总额的年末数。坏账损失比率着重从应收账款项角度反映了企业资产的质量,揭示了企业在资产管理和使用上存在的问题。一般情况下,本指标越高,表明企业沉积下来、不能正常收回并参加经营运转的资金越多,资金利用率越差。该指标越小越好,0是最优秀水平。

(22)流动资产周转率(次)

计算公式如下:

流动资产周转率(次)＝销售(营业)收入净额÷平均流动资产总额×100%

流动资产周转率反映了企业流动资产的周转速度,该指标将销售(营业)收入净额与企业资产中最具活力的流动资产相比较,既能反映企业一定时期流动资产的周转速度和使用效率,又能进一步体现每单位流动资产实现价值补偿的高与低、流动速度快与慢。一般情况下,该指标越高,表明企业流动资产周转速度越快,利用越好。

（23）存货周转率（次）

计算公式如下：

存货周转率（次）＝销售成本÷平均存货

存货周转率用时间表示称为存货周转天数，计算方法是：存货周转天数＝（平均存货×360）÷销售成本。销售成本是指企业销售产品、商品或提供劳务等经营业务的实际成本。存货是指企业在生产经营过程中为销售或用于储备的材料，平均存货是存货年初数与年末数的平均值。存货周转率是评价企业从取得存货、投入生产到销售收回（包括现金销售和赊销）等各环节管理状况的综合指标，用于反映存货的周转速度，即存货的流动性及存货资金占用量的合理与否。一般情况下，该指标越高，表示企业资产由于销售顺畅而具有较高的流动性，存货转换为现金或应收账款的速度快，存货占用水平低。

（24）流动比率

计算公式如下：

流动比率＝流动资产÷流动负债×100%

流动比率衡量企业资金流动性的大小，充分考虑流动资产规模与流动负债规模之间的关系，判断企业短期债务到期前，可以转化现金用于偿还流动负债的能力。该指标越高，表明企业流动资产流转得越快，偿还流动负债的能力越强。但须注意，该指标若过高，说明企业的资金利用效率比较低下，对企业的生产经营也不利，国际上公认标准比率为200%，我国较好的比率为150%左右。

（25）速动比率

计算公式如下：

速动比率＝速动资产÷流动负债×100%

速动资产是指扣除存货后流动资产的数额，速动资产＝流动资产－存货。速动比率是企业一定时期的速动资产同流动负债的比率。速动比率衡量企业的短期偿债能力，评价企业流动资产变现能力的强弱。该指标越高，表明企业偿还流动负债的能力越强，一般保持在100%的水平比较好，表明企业既有好的债务偿还能力，又有合理的流动资产结构，国际上公认的标准比率为100%，我国目前较好的比率在90%左右。

（26）项目投资超概算比率

计算公式和指标意义同前所述，此处从略。

（27）工程成本降低率

计算公式和指标意义同前所述，此处从略。

（28）定额工期率

计算公式和指标意义同前所述，此处从略。

（29）计划投资完成率

计算公式和指标意义同前所述，此处从略。

（30）固定资产交付使用率

计算公式和指标意义同前所述，此处从略。

（31）新增固定资产产值率

计算公式和指标意义同前所述，此处从略。

（32）工程合格品率

计算公式和指标意义同前所述，此处从略。

（33）废品工程率

计算公式和指标意义同前所述，此处从略。

三、事业单位资产管理绩效评价指标

事业单位实物资产管理绩效评价指标的目标性评价指标是直接反映资产管理效果的指标，"单位资产增值率"属于此类，它不仅直接反映了单位资产管理的效果，也是对资产管理的经济性、效率性的综合反映。事业单位实物资产管理绩效评价的影响性指标包括：国有资产保值率、国有资产增长率、总资产利用率、国有资产非常损失率、不良资产比率、固定资产增减率、固定资产折旧率、固定资产成新率、固定资产更新改造率、无形资产价值增长率、无形资产损失率、项目投资超概算比率、工程成本降低率、定额工期率、计划投资完成率、固定资产交付使用率、工程合格品率、废品工程率。

总资产利用率计算公式如下：

总资产利用率＝单位在用资产价值÷单位占用总资产价值×100%

总资产利用率率表示单位包括单位全部资产的利用情况，全面反映了单位占用资产的利用能力，是评价单位资产运营效率的重要指标。该指标越高，表明单位投入的资产利用水平越好，单位的资产运营效率越高。一般情况下，单位可据此指标评价国有资产的运营效率。

其他指标的计算公式指标意义与前所述相近，在此不再赘述。

第四节　人力资源管理绩效评价指标

一、政府机关人力资源管理绩效评价指标

政府人力资源管理绩效评价指标包括目标性评价指标和影响性评价指标，前者直接反映人力资源管理效果的指标，"全员劳动生产率"就是政府人力资源管理绩效目标性指标，它不仅直接反映了政府人力资源管理的效果，也是对人

力资源管理的经济性、效率性的综合反映。后者是从不同侧面对人力资源管理效果目标的实现有着直接或间接的影响,包括:政府机关闲置人员比率、政府机关人员超编率、中层以上干部超编率、中层以上干部评议合格率、高技术人才流失率、人均 GDP 劳动生产率、地区职工平均工资、农民人均纯收入、居民收入增长率、基尼系数、城镇登记失业率、贫困人口占地区总人口比率、居民平均受教育程度、下岗职工再就业率等。

(1)地区全员劳动生产率

本指标是政府机关人力资源管理绩效的目标性指标,其计算公式如下:

地区全员劳动生产率 = 地区第一、二、三产业增加值 ÷ 全部职工平均人数

为了使各年度的全员劳动生产率数字可以比较,1990 年以前各年的全员劳动生产率均按指数换算成 1990 年不变价格。上式中,地区第一、二、三产业增加值是指全地区农业、工业和第三产业劳动增加值,表现为三类产业 GDP 增长额;全部职工平均人数是指地区第一、二、三产业创造增加值的人员,包括具有劳动能力的农民、在职产业工人、在职第三产业职工平均人数。通过该指标,可以考核被审计领导干部在推动本地区经济发展方面的政绩,该指标越大,说明领导干部取得的政绩越好;反之,则取得的政绩越差。

(2)人均 GDP 劳动生产率(以下反映政府机关人力资源管理绩效的全部是影响性指标)

计算公式如下:

人均 GDP 劳动生产率 = (任期内 GDP 实现额 − 任职期初 GDP 实现额) ÷ 全部职工平均人数 ×100%

上式中,任职期内 GDP 实现额是指被审计领导干部任期内统计计算的任期内国内生产总值累计实现额,任职期初年 GDP 平均实现额是指上一任期内统计计算的国内生产总值实现额。这一指标是根据"全员劳动生产率"指标转换而来的。"全员劳动生产率"是指根据产品的价值量指标计算的平均每一个职工在单位时间内的产品生产量。这是考核地方和部门行业劳动生产水平的重要指标,也是评价领导干部推动地方和部门行业经济发展的重要指标之一。

(3)中层以上干部群众评议合格率

计算公式如下:

中层以上干部群众评议合格率 = 中层以上干部群众评议合格人数 ÷ 全体中层以上干部人数 ×100%

上式中,中层以上干部群众评议合格人数是指被审计领导干部管辖范围内经群众评议合格的中层干部人数;全体中层以上干部人数是指被审计领导干部管辖范围内副职及各个中层部门负责人人数。由于中层以上领导干部的提拔、任用是由被审计领导干部负责组织实施的,被审计领导干部须对其选拔任用的

干部能否全心全意为人民服务、能否做到各项工作使群众满意承担选用责任。运用这一指标对党政机关领导干部和企业事业单位主要负责人进行考核,有利于提高领导干部严格执行党和国家有关部门干部选拔、任用的法律和政策,杜绝干部"带病提拔"、易地做官的现象。

(4)中层以上干部群众投诉升降率

计算公式如下:

中层以上干部群众投诉升降率=(任职期内中层以上干部群众投诉案件数量-前任任期内中层以上干部群众投诉案件数量)÷前任任期内中层以上干部群众投诉案件数量×100%

上式中,任职期内中层以上干部群众投诉案件数量是指被审计领导干部任期内管辖范围内有关部门中层以上领导干部的被投诉的违法行政或行政不作为案件数量;前任任期内中层以上干部群众投诉案件数量是指被审计领导干部前任或上一任期管辖范围有关部门中层以上领导干部被投诉的违法行政或行政不作为案件数量。被审计领导干部必须对其选拔任用的干部是否廉政、勤政承担责任。这一指标主要用来对党政机关领导干部和企业事业单位主要负责人在下属干部管理活动进行考核,评价领导干部在下属干部管理中是否严格执行党和国家有关法律法规和政策。

(5)高级技术人才流失率

计算公式如下:

高级技术人才流失率=高级技术人才调出或辞职人数÷在编高级技术人才人数×100%

上式中,高级技术人才调出或辞职人数是指因专业不对口或因用人环境不良导致专门人才流向外地的高级技术人才人数;在编高级技术人才人数是指副高级技术职称以上在编人员人数。这一指标,可以用来考核党政机关领导干部执行人事管理政策、创造良好用人环境方面的责任履行情况,也可以用来考核企业事业单位主要负责人在人才使用、管理的公正性等。

(6)职工平均工资

计算公式如下:

职工平均工资=本地区本年工资发放总额÷本地区当年各部门职工总和

职工平均工资是指本地区各部门本年职工工资的平均额。本指标主要考核领导干部任职期间本地区职工平均工资水平,它反映了当地职工的年收入水平。

(7)农民人均纯收入

计算公式如下:

农民人均纯收入=(当地农民收入总额-农村各种税费总额)÷当地农民总人口数

农民人均纯收入是指年度内本地区农民扣除税费后的纯收入的平均数额，它反映当地农民一年中所获得的报酬。本指标主要分析本地区农民收入增长变化情况，评价党政领导干部是否采取有效措施提高农民收入，采取后效果如何。在农业人口占较大比重的地区，尤为重要。

（8）居民收入增长率

计算公式如下：

居民收入增长率＝（期末地区居民年平均收入额－期初地区居民年平均收入额）÷期初地区居民年平均收入额×100%。

上式中，期末地区居民年平均收入额是指任职期末该地区全部城镇居民年平均收入额；期初地区居民年平均收入额是指任职期初该地区全部城镇居民年平均收入额。本指标主要评价党政领导干部任期内制定、执行合理分配政策、促进居民收入提高的情况。

（9）基尼系数

20 世纪初，意大利经济学家基尼根据洛伦茨曲线找出了判断分配平等程度的指标，设实际收入分配曲线和收入分配绝对平等曲线之间的面积为 A，实际收入分配曲线右下方的面积为 B，并以 A 除以 A＋B 的商表示不平等程度。这个数值被称为基尼系数或称洛伦茨系数（如图 7－1 所示）：

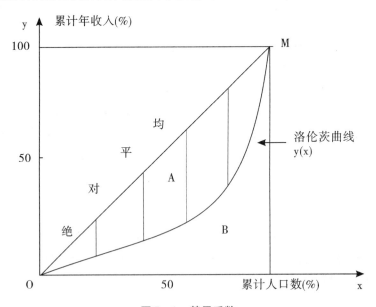

图 7－1　基尼系数

如果 A 为零，基尼系数为零，表示收入分配完全平等；如果 B 为零则系数为1，收入分配绝对不平等。该系数可在零和 1 之间取任何值。收入分配越是趋向平等,洛伦茨曲线的弧度越小,基尼系数也越小;反之,收入分配越是趋向不平等,洛伦茨曲线的弧度越大,那么基尼系数也越大。如果个人所得税能使收入均等化,那么,基尼系数即会变小。联合国有关组织规定:若低于 0.2 表示收入绝对平均;0.2～0.3 表示比较平均;0.3～0.4 表示相对合理;0.4～0.5 表示收入差距较大;0.6 以上表示收入差距悬殊。

由于基尼系数给出了反映收入分配差异程度的数量界限,可以有效地预警两极分化的质变临界值,克服了其他方法的不足,是衡量贫富差距的最可行方法,所以,得到了世界各国的广泛重视和普遍采用。

目前,我国共计算三种基尼系数,即:农村居民基尼系数、城镇居民基尼系数和全国居民基尼系数。基尼系数 0.4 的国际警戒标准在我国基本适用。这一指标可以用来考核区域领导干部对于地方分配政策的制定和执行责任履行情况,在使用该指标进行考核时,应分别计算农村和城镇居民的基尼系数,同时要将全国居民基尼系数调整为被审计领导干部管辖区域内农村、城镇和全体居民的基尼系数。

(10)城镇登记失业率

计算公式如下:

城镇登记失业率 =(城镇登记失业人数÷城镇人口登记数)×100%

上式中,城镇登记失业人数是指有劳动和社会保障部门登记的失去工作或没有工作在一定时间(通常是一年)以上的待业人数,城镇人口登记数是指有城镇户口的城镇居民登记人数。该指标主要用来考核地方政府领导干部在进行产业结构调整、推动城镇居民就业、建立和谐社会方面的业绩。指标越大,可能给该被审计领导干部带来社会满意度越高;反之,越小,可能给其带来的社会满意度越低。

(11)贫困人口占总人口比率

计算公式如下:

贫困人口占总人口比率 =(贫困人口数量÷总人口数量)×100%

上式中,贫困人口数量是指被审计领导干部管辖区域内人均收入在国家及有关部门规定的处于贫困线以下的人口数量,总人口数量是指被审计领导干部管辖区域内居住一年以上的人口数量。这一指标是由于考核领导干部在为民施政、为民服务,领导全区域人民奔小康方面的业绩,该指标越大,说明被审计领导干部政绩越差;反之,该指标越小,说明其政绩越好。

(12)居民平均受教育程度

计算公式如下:

大专以上文化程度者占总人口的比例 = 大专以上文化程度者人口数量÷总人口数量×100%

上式中,大专以上文化程度者人口数量是指具有大专以上学历和相当于大专水平以上人口数量,总人口数量是指被审计领导干部管辖区域内居住一年以上的人口数量。这一指标可以用来考核一个乡镇、一个居民社区、一个县、一个市、一个省主要领导干部对提高居民素质、提高地区教育能力、增加区域教育投资、大力发展教育事业的责任履行情况。在运用该指标时,也可以根据各个地方的不同情况,对上述指标加以调整,如"大专以上文化程度"根据具体情况可以调整为"小学以上文化程度"、"初中以上文化程度"、"高中以上文化程度""大专以上文化程度"、"本科以上文化程度"、"研究生以上文化程度"等;同时,也可以将被评价地区的居民平均受教育程度划分为上述各种文化段进行评价。

(13)下岗职工再就业率

计算公式如下:

下岗职工再就业率 = 下岗职工再就业人数 ÷ 地区全部下岗职工人数 × 100%

上式中,下岗职工再就业人数是指被审计领导干部管辖区域内下岗职工重新就业人口数量,包括在原单位重新上岗、在新单位重新就业以及开办个体企业并就业的人数,地区全部下岗职工人数是指被审计领导干部管辖区域内登记在册的下岗职工人口数量。这一指标是由于考核领导干部在为民施政、为民服务,广开就业门路方面的业绩,该指标越大,说明被审计领导干部政绩越好;反之,该指标越小,说明其政绩越差。

二、国有企业人力资源管理绩效评价指标

国有企业人力资源管理绩效评价指标的目标性评价指标直接反映人力资源管理效果的指标,"企业全员劳动生产率"属于目标性指标,它不仅直接反映了企业人力资源管理的效果,也是对人力资源管理的经济性、效率性的综合反映。影响性指标一般情况下包括:剩余人员比率、管理人员比率、生产人员比率、技术人员比率、中层干部评议合格率、中层以上干部投诉升降率、在册人员胜任率、高级技术人才流失率、高管薪酬是职工平均薪酬的倍数、管理人员薪酬占总薪酬的比例等。

(1)企业全员劳动生产率

本指标是国有企业人力资源管理绩效的目标性指标,其计算公式如下:

企业全员劳动生产率 = 企业工业增加值 ÷ 全部职工平均人数

(2)剩余人员比率(以下反映国有企业人力资源管理绩效的全部属影响性指标)

计算公式如下:

剩余人员比率 = 企业各岗位剩余人员人数 ÷ 企业全部在岗职工人数 × 100%

上式中,企业各岗位剩余人员人数是指企业内经审查依据岗位任务确认的各岗位实际多余人员人数;企业全部在岗人员人数是指企业全部在岗人员,包括正式在编和非正式在编人员人数。该指标越大,反映企业领导人在人力资源配置上浪费越大。该指标反映了人力资源配置管理的业绩。

(3)管理人员比率

计算公式如下:

管理人员比率 = 企业管理人员人数 ÷ 企业全部在册职工人数 × 100%

上式中,企业管理人员人数是指企业各部门在脱产管理岗位实际管理人员人数;企业全部在册人员人数是指企业全部在册人员,包括正式在编和非正式在编人员人数。该指标应控制在一定范围以内,超出控制范围越大,反映企业领导人在人力资源配置上浪费越大。

(4)生产人员比率

计算公式如下:

生产人员比率 = 企业一线生产人员人数 ÷ 企业全部在册职工人数 × 100%

上式中,企业一线生产人员人数是指企业各部门在业务经营岗位实际操作人员人数;企业全部在册人员人数是指企业全部在册人员,包括正式在编和非正式在编人员人数。该指标应在一定范围以内尽可能增大,超出控制范围越大,反映企业领导人在人力资源配置上注重一线生产活动。该指标反映了人力资源配置管理的业绩。

(5)技术人员比率

计算公式如下:

技术人员比率 = 企业技术人员人数 ÷ 企业全部在册职工人数 × 100%

上式中,企业技术人员人数是指企业研发技术人员和生产技术人员,包括专职科研人员、新产品开发人员和生产制造技术人员人数;企业全部在册人员人数是指企业全部在册人员,包括正式在编和非正式在编人员人数。该指标应在一定范围以内尽可能多配置技术人员,超出控制范围越大,反映企业领导人在人力资源配置上更加注重技术创新,该指标反映了人力资源配置管理的业绩。

(6)中层以上干部群众评议合格率

计算公式和指标意义同前所述,在此从略。

(7)中层以上干部群众投诉升降率

计算公式和指标意义同前所述,在此从略。

(8)高级技术人才流失率

计算公式和指标意义同前所述,在此从略。

(9)职工平均工资

计算公式和指标意义同前所述,在此从略。

（10）高管薪酬是职工平均薪酬的倍数

计算公式如下：

高管薪酬是职工平均工资的倍数＝企业高管平均年薪总额÷企业职工年平均工资额

上式中，企业高管年薪平均额是指被审计企业主要负责人，包括董事会成员、总经理、副总经理等企业高管层人员人均年薪额；企业职工年平均工资额是指除高管层以外的全体职工年平均工资额。这一指标主要反映高管层与企业员工分配差距，高管层年薪是企业职工年平均工资倍数越多，说明高管层与职工收入差距越大，企业分配有不合理成分。

（11）管理人员薪酬占企业总薪酬的比率

计算公式如下：

管理人员薪酬占企业总薪酬的比率＝管理人员年薪总额÷企业全体职工年薪酬总额×100%

上式中，管理人员年薪总额是指企业全部管理人员包括高管和其他行政管理人员年薪总额；企业全体职工年薪酬总额是指企业全体员工，包括管理人员、生产人员和技术人员在内的全体员工的薪酬总额。这一指标，主要用来考核企业薪酬分配情况。

（12）高管个人公务支出占全部公务支出的比率

计算公式如下：

高管个人公务支出占全部公务支出的比率＝任期内个人公务支出额÷任期内单位全部公务支出额×100%

上式中，任期内个人公务支出额是指被审计企业主要负责人任职期间个人发生的公车、会议、出国考察、业务招待等公务支出额；任期内单位全部公务支出额是指被审计人所在地区、所在部门、所在单位发生的全部公务支出额。这一指标反映了被审计人个人占用的公务支出与全部公务支出的差距。

三、事业单位人力资源管理绩效评价指标

事业单位人力资源管理绩效的目标性评价指标是直接反映人力资源管理效果的指标，"单位全员劳动生产率"目标性指标，影响性指标主要包括：剩余人员比率、管理人员比率、技术人员比率、中层干部评议合格率、中层以上干部投诉升降率、在册人员胜任率、高级技术人才流失率、高管薪酬是职工平均薪酬的倍数、管理人员薪酬占总薪酬的比例等。

单位全员劳动生产率是事业单位人力资源管理绩效的目标性指标，其计算公式如下：

单位全员劳动生产率＝单位预算增加值÷全部职工平均人数

上式中单位预算增加值是指事业单位或政府部门完成计划任务的劳动增加值,表现为单位完成计划任务节约预算额或单位超额完成计划任务应追加的预算额;全部职工平均人数是指单位或部门在职职工人数,通过该指标,可以考核被审计领导干部在推动本单位、本部门经济业务发展、合理配置人力资源、充分调动职工的劳动热情等方面的政绩,该指标越大,说明领导干部取得的政绩越好;反之,则取得的政绩越差。

其余的影响性评价指标与前述计算公式和指标含义基本相同,在此不再赘述。

第五节　经济业务管理绩效评价指标

经济业务管理绩效评价指标包括政府机关、企业事业单位经济业务管绩效评价指标,政府机关、国有企业事业单位经济业务管理有着不同的目标和责任,因此其评价指标的内容也有着较大差异。如前所述,政府机关、企业事业单位绩效评价指标也包括目标性评价指标和影响性评价指标。

一、政府机关经济业务管理绩效评价指标

政府经济业务管理绩效的目标性评价指标是"经济发展水平增长率"。这一指标不仅直接反映了政府经济业务管理的效果,也是对经济业务管理的经济性、效率性的综合反映。影响性指标包括:GDP增长率、外来投资占GDP比重、国民收入、国民收入增长率、恩格尔系数、地区财政收入增长率、地区国有资产增值率、地区全员劳动生产率、九年义务教育普及率、农村合作医疗普及率、社会保险参保率、人口出生率、刑事案件发案率、生产交通事故降低率、基础设施建设完成率、科技成果转化率、国有企业盈利率、资源消耗降低率、环境损益升降率、生态环境保护率、生态环境修复率、基本农田减少率、"三废"处理率、清洁生产工艺采用率、生态监测系统完善度、社会对政府工作满意度等。

(1)地区经济发展水平增长率

本指标是政府机关经济管理绩效的目标性指标,其计算公式如下:

地区经济发展水平增长率=(期末地区经济发展水平指数÷期初地区经济发展水平指数)×100%

上式中,期末地区经济发展水平指数是指被审计领导干部任职期末平均年度经济发展水平综合指数,它应该是由GDP增长率、国民收入增长率、恩格尔系数、财政收入增长率、社会资产增值率、全员劳动生产率等指标综合计算而来,也可以根据统计部门的统计数据来确认;期初地区经济发展水平指数计算确认

方法与期末地区经济发展水平指数计算确认方法相同。本指标是反映地区经济发展水平的综合指标,如果该指标大于100%,说明地区综合经济发展水平与期初相比是增长的;如果该指标小于100%,说明地区综合经济发展水平与期初相比是下降的。

(2)GDP 增长率(以下反映政府经济业务管理绩效的全部是影响性指标)

计算公式如下:

GDP 增长率 =(任期内年 GDP 平均实现额 - 任职期初年 GDP 平均实现额)÷任职期初年 GDP 平均实现额×100%

GDP 是宏观经济中最受关注的经济统计数字,因为它被认为是衡量国民经济发展情况最重要的一个指标。GDP 是按市场价格计算的国内生产总值的简称,是指一个国家(或地区)所有常住单位在一定时期内生产活动的最终成果。一般来说,国内生产总值有三种形态,即价值形态、收入形态和产品形态。从价值形态看,它是所有常驻单位在一定时期内生产的全部货物和服务价值与同期投入的全部非固定资产货物和服务价值的差额,即所有常驻单位的增加值之和;从收入形态看,它是所有常驻单位在一定时期内直接创造的收入之和;从产品形态看,它是货物和服务最终使用减去货物和服务进口。

上式中,任职期内年 GDP 平均实现额是指被审计领导干部任期内按年平均计算的国内生产总值实现额,任职期初年 GDP 平均实现额是指上一任期内按年平均计算的国内生产总值实现额。通过该指标,可以考核被审计领导干部在推动本地区经济发展方面的政绩,该指标越大,说明领导干部取得的政绩越好;反之,则取得的政绩越差。

(3)外来投资占 GDP 的比重

计算公式如下:

外来投资占 GDP 的比重 =(任期内吸收外来投资额 ÷ 任期内 GDP 实现额)×100%

上式中,任期内吸收外来投资额是指被审计领导干部期内吸收区域外的全部投资额,包括吸收国外投资额,吸收港、奥、台地区投资额和国内其他地区投资额等,任职期内 GDP 实现额是指被审计领导干部任期内统计计算的任期内国内生产总值累计实现额。这一指标主要考核领导干部推动本地区外向型经济发展的政绩。

(4)国民收入

国民收入是反映一国国民经济情况的另一个主要的综合指标,它是一个国家一定时期内社会总产品扣除用来补偿已消耗的生产资料之后的余额而形成的收入(V + M),或以货币计算的用于生产的各种生产要素所得到的全部收入,即等于工资、利润、利息、租金与政府津贴的总和,也等于国民生产净值减去企

业间接税再加上政府津贴,本指标是政府机关经济管理绩效的影响性指标,其计算公式如下:

$$国民收入 = 工资 + 利润 + 利息 + 租金 + 津贴$$
$$= 国民生产净值 - 企业间接税 + 津贴$$

与国民收入密切联系的几个重要的总量指标,包括社会总产品、个人收入与个人可支配收入。社会总产品是指社会所有物资生产部门的劳动者在一定时期内生产的物质产品,其价值包括补偿已消耗的生产资料(物化劳动)的价值、社会总产品生产过程中消耗的劳动力(活劳动)的价值和劳动者为社会创造的价值(C + V + M)。个人收入指一国在一定时期内个人所得到的全部收入,它等于从国民收入中减去公司未分配利润与所得税,加上政府给居民户的转移支付与政府向居民户支付的利息。个人可支配收入等于从个人收入中减去个人所交纳的所得税、财产税等,表示一国一定时期内可以由个人支配的全部收入,又可分为个人消费支出与个人储蓄两部分。

这一指标主要用来考核区域性领导干部在推动本地区经济发展,劳动人民收入水平提高方面的业绩,该指标越大说明被审计的领导干部业绩越突出;反之,该指标越小,说明被审计领导干部业绩越差。

(5)国民收入增长率

计算公式如下:

国民收入增长率 = (任期内国民收入年平均实现值 - 上一任期国民收入年平均实现值) ÷ 上一任期国民收入年平均实现值 × 100%

上式中,任期内国民收入年平均实现值是指被审计的领导干部按年计算平均的国民收入实现值,上一任期国民收入年平均实现值是指被审计的领导干部前任任期内或本人上一任期内按年平均计算的国民收入实现值。这一指标中运用国民收入的"年平均实现值",也可以运用任期内国民收入的"累计值",在运用时,要注意指标的可比性。该指标主要用来考核被审计领导干部在推动区域经济发展、提高国民收入水平方面的业绩。

(6)恩格尔系数

恩格尔系数是根据恩格尔定律得出的比例数,是表示生活水平高低的一个指标。本指标是政府机关经济管理绩效的影响性指标,其计算公式如下:

恩格尔系数 = 食物支出金额 ÷ 总支出金额

恩格尔定律是根据经验数据提出的,19世纪德国统计学家恩格尔根据统计资料,对消费结构的变化得出一个规律:一个家庭收入越少,家庭收入中(或总支出中)用来购买食物的支出所占的比例就越大,随着家庭收入的增加,家庭收入中(或总支出中)用来购买食物的支出则会下降。推而广之,一个国家越穷,每个国民的平均收入中(或平均支出中)用于购买食物的支出所占比例就越大,随着国家的富裕,这个比例呈下降趋势。恩格尔定律的公式是:食物支出对总支出的比率(R1) = 食物支出变动百分比÷总支出变动百分比;或食物支出对收入的比率(R2) = 食物支出变动百分比÷收入变动百分比;R2 又称为食物支出的收入弹性。

恩格尔系数是在假定其他一切变量都是常数的前提下才适用的,因此在考察食物支出在收入中所占比例的变动问题时,还应当考虑城市化程度、食品加工、饮食业和食物本身结构变化等因素都会影响家庭的食物支出增加。只有达到相当高的平均食物消费水平时,收入的进一步增加才不对食物支出发生重要的影响。除食物支出外,衣着、住房、日用必需品等的支出,也同样在不断增长的家庭收入或总支出中,所占比重上升一段时期后,呈递减趋势。这一指标主要用来考核区域性领导干部在推动当地经济发展,领导全体居民奔小康方面取得的政绩。

(7)地区财政收入增长率

财政收入增长指标是政府及其部门按年度预算和实际完成的财政收入额计算的相对数指标。计算公式如下:

地区财政收入增长率 = (财政年度实际完成预算收入额 – 财政年度预算收入额)÷财政年度预算收入额×100%

上式中财政年度实际完成收入额是指本地区年度财政收入的入库额;财政年度预算收入额是指上级财政部门下达到本地区的预算收入额。这个指标计算结果如果是正数,说明财政收入增长;如果是负数,说明财政收入未完成预算指标规定,该指标主要考核区域财政收入责任的履行情况。

(8)国有资产增值率

计算公式如下:

国有资产增值率 = (任职期末国有净资产总额 – 任职期初国有净资产总额)÷任职期初国有净资产总额×100%

这一指标是国有资产保值率的变化指标,任职期末国有净资产总额、任职期初国有净资产总额与上一指标含义相同。若该指标是正数反映了国有资产价值的增加,且指标越大越好;若该指标是负数,则反映了国有资产的价值减少。该指标用于对国有资产增值和管理使用的评价,通常与国有资产保值率结合使用,反映被审计对象任职期间经费、专项资金的使用效益。

(9)地区全员劳动生产率

计算公式和指标意义同前所述,在此从略。

(10)九年义务教育普及率

计算公式如下:

九年义务教育普及率 = 九年义务教育在校学生人数÷九年义务教育应入

学人数×100%

上式中,九年义务教育在校生人数是指在初中阶段受教育的学生人数,九年义务教育应入学人数是指地区内全部应入学的适龄儿童、少年人数。这一指标一方面反映了教育部门及县(市)、乡(镇)领导干部重视教育的程度,另一方面也反映了该地区的教育环境和九年义务教育发展的水平。通过这一指标,可以考核地方政府领导干部和教育部门主要负责人在促进教育发展方面的业绩。

(11)农村合作医疗普及率

计算公式如下:

农村合作医疗普及率=农村参加合作医疗人数÷应参加合作医疗的全部农村人口数×100%

上式中,农村参加合作医疗人数是指在农村参加当地社区集体合作医疗的人数,应参加合作医疗的全部农村人口数是指地区内全部农业人口数。这一指标一方面反映了医疗卫生部门及县(市)、乡(镇)领导干部重视农村医疗卫生的程度,另一方面也反映了该地区的医疗卫生环境状况和农村医疗卫生发展的水平。通过这一指标,可以考核地方政府领导干部和医疗卫生部门主要负责人在促进农村医疗卫生事业发展方面的业绩。

(12)社会保障参保率

计算公式如下:

社会保障参保率=城镇社区居民参保人数÷城镇社区全体居民人数×100%

上式中,城镇社区居民参保人数是指城市社区参加当地社区保险的人数,包括劳动保险、医疗保险、养老保险等;城镇社区全体居民人数是指城镇社区内全部户籍人口数。这一指标一方面反映了劳动和社会保障部门及地方政府领导干部重视居民社会保证的程度,另一方面也反映了该地区的劳动和社会保障环境状况、及劳动和社会保障事业发展的水平。通过这一指标,可以考核区域领导干部和劳动与社会保障部门主要负责人在促进城镇劳动和社会保障事业发展方面的业绩。

(13)人口出生率

计算公式如下:

人口出生率=新生儿出生人数÷当地全部居住人口数×100%

上式中,新生儿出生人数是指在当地居住人口中出生的全部新生儿人数,当地全部居住人口数是指地区内全部居住人口数,包括户籍人口和居住期一年(或半年)以上的非户籍人口数。这一指标是一个反映地区人口控制情况的指标,该指标一方面反映了计划生育部门及区域领导干部重视计划生育工作的程度,另一方面也反映了该地区的人口控制环境状况和计划生育工作的水平。通过这一指标,可以考核区域领导干部和计划生育部门主要负责人在控制人口增长、提高人口素质方面的业绩。

(14)刑事案件发案率

刑事案件发案率即是一定时间(通常是一年)内刑事案件发案的次数或者是在某一区域内发生刑事案件的间隔天数。这一指标是一个反映地区控制刑事案件情况的指标,该指标一方面反映了公安部门及地方政府领导干部关心群众安全、重视社会安定工作的程度,另一方面也反映了该地区的治安控制环境状况和社会稳定工作的水平。通过这一指标,可以考核区域领导干部和公安部门主要负责人在控制刑事案件增长方面的业绩。

(15)生产交通事故降低率

计算公式如下:

生产交通事故降低率=(任期内生产交通事故年平均发生次数-前任生产交通事故年平均发生次何数)÷前任生产交通事故年平均发生次数×100%

上式中,任期内生产交通事故年平均发生次数是指被审计领导干部在其任期内发生的采矿、道路、桥梁施工、工业生产等安全责任事故和交通安全事故按年计算的实际发生次数;前任生产交通事故年平均发生次数是指被审计领导干部的前任在其任期内发生的生产、交通安全事故按年计算的实际发生次数。这一指标是一个反映地区生产交通安全情况的指标,该指标一方面反映了有关生产管理监督和交通管理控制部门及地方政府领导干部重视生产交通安全即保护人民生命财产安全的程度,另一方面也反映了该地区的投资环境状况和生产交通管理水平。通过这一指标,可以考核地方政府领导干部和有关生产管理监督和交通管理控制主要负责人在保护人民生命财产安全、改善投资环境方面的业绩。

(16)基础设施完成率

计算公式如下:

基础设施完成率=任期内完成基础设施建设金额÷任期内基础设施建设计划投资额×100%

上式中,任期内完成基础设施建设金额是指被审计领导干部在其任期内实际完成的道路、桥梁、车站、码头、机场等基础设施基本建设投资额,任期内基础设施建设计划投资额是指被审计领导干部在其任期内计划完成的基础设施基本建设投资额。这一指标是一个反映地区基础设施建设情况的指标,一方面反映了建设部门及地方政府领导干部重视基础设施建设的程度,另一方面也反映了该地区的投资环境状况和整体社会经济发展水平。通过这一指标,可以考核地方政府领导干部和建设部门主要负责人在推动社会经济发展、改善投资环境方面的业绩。

（17）科技成果转化率

计算公式如下：

科技成果转化率＝科技成果项目转化个数÷科技成果项目完成个数×100%

上式中，科技成果项目转化个数是指被审计领导干部在其任期内科技成果转化为实际生产能力项目个数，包括在本地区实现转化和转移到本地区以外实现转化项目的个数；科技成果项目完成个数是指被审计领导干部在其任期内本地区投入的科研开发项目和吸收引进的专利项目的完成个数。这一指标是一个反映地区科技发展情况和环境的指标，一方面反映了科技管理部门及地方政府领导干部重视科技投入的程度，另一方面也反映了该地区的投资环境状况和整体科技发展水平。通过这一指标，可以考核地方政府领导干部和科技管理部门主要负责人在推动科技事业发展、改善投资环境方面的业绩。

（18）企业占用国有资产盈利率

计算公式如下：

企业占用国有资产盈利率＝国有或国有控股企业年平均盈利额÷国有或国有控股企业平均占用国有资产额×100%

上式中，国有或国有控股企业年平均盈利额是指被审计领导干部在其任期间区域内国有企业或国有控股企业平均每年实现的利润总额；国有企业或国有控股企业平均占用国有资产额是指被审计领导干部在其任期内本地区国有企业或国有控股企业每年占用的国有资产平均额。这一指标是一个反映地区国有企业或国有控股企业发展情况和发展环境的指标，该指标一方面反映了国有资产管理部门及地方政府领导干部重视国有或国有控股企业的程度，另一方面也反映了该地区的投资环境状况和国有资产整体管理水平。通过这一指标，可以考核地方政府领导干部和国有资产管理部门主要负责人在推动国企改革、改善投资环境方面的业绩。

（19）资源消耗升降率

计算公式如下：

资源消耗升降率＝（任期内每年单位 GDP 资源消耗量－前任每年单位 GDP 资源消耗量）÷前任每年单位 GDP 资源消耗量×100%

上式中，任期内每年单位 GDP 资源消耗量是指被审计领导干部任期内按年计算的单位 GDP 消耗的材料、能源、水资源、劳动力等资源量，前任每年单位 GDP 资源消耗量是指被审计领导干部前一任期内按年计算的单位 GDP 消耗的材料、能源、水资源、劳动力等资源量。这一指标计算结果若是正数时，它是资源消耗的增量指标；若是负数时，它是资源消耗减量指标。其减量是指通过新技术、新工艺的采用以及集群化布局和循环经济模式的运用，使原有产业链拉长,原有的废弃物被深度加工,原有的废旧材料被重复使用、进入新的循环系统,经济由外延扩大再生产转向内涵扩大再生产,绿色 GDP 持续增长,使能源、水和原材料使用减量或单位 GDP 消耗资源减少。这是考核用地方政府和环保部门主要领导干部在创造绿色 GDP 中的一个重要指标,能比较全面评价一个地区经济增长的质量和水平的提高。

(20)环境损益升降率

计算公式如下:

环境损益升降率=(任期内每年单位 GDP 环境损益量－前一任每年单位 GDP 环境损益量)÷前一任每年单位 GDP 环境损益量×100%

上式中,任期内每年单位 GDP 环境损益量是指被审计领导干部任期内按年计算的单位 GDP 牺牲的生产环境、生活环境和生态环境量,前任每年单位 GDP 环境损益量是指被审计领导干部前一任期内按年计算的单位 GDP 牺牲的生产环境、生活环境和生态环境量。这一指标计算结果若是正数时,它是环境损益的增量指标;若是负数时,它是环境损益的减量指标。环境损益的减量指标,不仅有利于绿色 GDP 的成长,而且对整个生产环境、生活环境、生态环境向良性循环方向发展,有着直接的推动作用。这一指标主要用来考核环境保护部门主要负责人和地方政府领导干部在环境保护方面的业绩。

(21)生态环境保护率

计算公式如下:

生态环境保护率=已保护生态环境面积÷应该保护的生态环境面积×100%。

上式中,已保护生态环境面积是指被审计领导干部管辖区域内由政府及环境保护主管部门明确规定的生态环境保护区域,包括自然生态保护区,禁猎、禁牧、禁渔区面积等;应该保护的生态环境面积是指被审计领导干部管辖区域内由政府及相关部门,如农业、林业、渔业、畜牧业、采矿业、环境保护等部门认定的应该保护的生态环境面积。这一指标用作政府政绩评价指标,有利于进一步保护脆弱的生态环境系统。该指标主要用来考核环境保护部门主要负责人和地方政府领导干部在环境保护方面的业绩。

(22)生态环境修复率

计算公式如下:

生态环境修复率=已修复的生态环境面积÷被破坏的生态环境面积×100%

上式中,已修复的生态环境面积是指被审计领导干部管辖区域内采用生物、物理、化学工程修复的生态环境保护区域面积;被破坏的生态环境面积是指被审计领导干部管辖区域内全部被坏的生态环境面积。这一指标主要是反映被破坏的生态环境,采取修复工程后,使生态环境向可持续方向发展的计量指标,将这一指标列入政府政绩考核任务,可以促使各级政府对生态环境缺失部位进行修复。这方面的工作还包括退耕还草、退牧还林还草、封山育林、恢复湿地和江河、湖泊的自然生态、引入优良牧草改良人工草场、引进优良树种搞林纸一体化、利用飞播种树种草、采用生物工程和物理化学工程防止水土流失和耕地荒漠化等,使生态向良性方向发展。该指标主要用来考核环境保护部门主要负责人和地方政府领导干部在环境保护方面的业绩。其数值越大,说明政府的政绩越好。

(23)基本农田减少率

计算公式如下:

基本农田减少率 = 任期基本农田减少的数额 ÷ 本地区基本农田数额 ×100%

我国是一个人多地少的国家,从这个角度上讲,基本农田的保护问题,既是一个环境问题,也是一个政治问题,同时也是一个经济问题。因此,本指标主要考核领导干部执行我国关于基本农田保护的有关政策法规情况。任期基本农田减少的数额是指由于党政领导干部的决策而致使本地区基本农田受到人为破坏,无法继续耕种的实际减少面积;本地区基本农田数额是指本地区原有的基本农田的面积。

(24)"三废"处理率

计算公式如下:

"三废"处理率 = 每年处理"三废"量 ÷ 每年产生"三废"量×100%

"三废"处理率包括废水处理率、废气处理率、废物处理率。上式中,每年处理"三废"量是指被审计领导干部管辖区域内每年处理的废水、废气、废物数量(按吨、立方米计算);每年产生"三废"量是指被审计领导干部管辖区域内每年产生的全部废水、废气、废物数量(按吨、立方米计算)。"三废"已成为我国各地的公害,"三废"集中化处理已成为各地环保的主要措施。把"三废"处理率,作为政府政绩考核的环境指标是有必要的,它有利于各级地方政府提高保护生态环境的自觉性。该指标主要用来考核环境保护部门主要负责人和地方政府领导干部在"三废"处理、保护自然环境方面的业绩。其数值愈大,说明政府的政绩愈好。

(25)清洁生产工艺采用率

计算公式如下:

清洁生产工艺采用率 = 采用清洁生产工艺的企业数 ÷ 企业总数×100%
= 绿色工农业产品(价值量) ÷ 工农业产品总价值量 ×100%

清洁生产工艺是一种无废物生产工艺,包括拉长产业链,搞产业集群化布局,搞循环经济,以及"三废"集中无害化处理等方面的工艺。这一评价指标的采用,主要用来考核各级政府主要领导干部推广清洁生产工艺的自觉性,为社会提供更多的绿色工农业产品,减少环境危害,造福于人类,使人与自然和谐共处等方面的业绩。

(26)生态监测系统完善度

计算公式如下:

生态监测系统完善度＝已建立监测系统的生态保护区面积÷应建立监测系统的生态保护区面积×100%

上式中,已建立监测系统的生态保护区面积是指被审计领导干部管辖区域内已建立监测系统的生态保护区面积;应建立监测系统的生态保护区面积是指被审计领导干部管辖区域内应当建立而尚未建立监测系统的生态保护区面积。为了更有效地保护生态、保护地球,世界多数国家已建立了生态监测系统,提高生态保护的效率。这一指标用于考核被审计领导干部生态环境保护责任,促进其运用现代科学技术对现有生态保护区生态的可持续发展进行考察、测量、研究,对破坏生态环境的行为进行监督,以提高各级政府和公众保护生态的意识。

(27)社会满意度

社会满意度指标在经济责任审计中很少用到,因为在通常的经济责任审计中,多数审计人员把主要精力放在财政财务合法性审计上,对于领导干部的行政能力、执行政策水平等反映经济责任履行情况的考核没有引起审计人员的足够重视,这与现代审计的方向不吻合。今后的经济责任审计中应对领导干部的行政能力和执政水平给予更多的关注。

对社会满意度的评价,主要是建立在问卷式抽样调查的基础上,根据调查结果统计资料计算出加权平均满意度。本指标是政府机关经济管理绩效的影响性指标,其计算办法是采用加权平均法汇总的。

例:某审计机关对 A 市市长的满意度进行问卷式抽样调查,共发出 1000 张问卷,假定问卷全部收回,其统计结果是:满意者占被调查人数的 40%,基本满意者占 30%,一般满意程度者占 15%,不太满意者占 8%,不满意者占 4%,很不满意者占 3%。各种满意程度的分值分别为:满意:1 分;基本满意:0.8 分;一般:0.6 分;不太满意:0.4 分;不满意:0.2 分;很不满意:0 分。该市长的满意度平均分值是:$0.4 \times 1 + 0.3 \times 0.8 + 0.15 \times 0.6 + 0.08 \times 0.4 + 0.04 \times 0.2 + 0.03 \times 0 = 0.77$

社会平均满意程度指标主要用来考核区域性领导干部在执政为民、建立和谐社会方面的业绩。该指标在 0～1 之间变化,指标计算结果越接近于 1,说明被审计领导干部社会满意度越高;反之,越接近于 0,说明其社会满意度越低。

二、国有企业经营管理绩效评价指标

国有企业经营管理绩效评目标性评价指标是直接反映经营管理效果的指标，"企业利润增长率"属于此，它不仅直接反映了企业经营管理的效果，也是对经营管理的经济性、效率性的综合反映。影响性指标包括：利润（亏损）增（减）额、经营亏损挂账率、上缴税利率、总资产报酬率、净资产报酬率、主营业务收入增长率、主营业务利润率、成本费用利润率、全部销售收入增减率、销售收入入账率、销售收入损失率、百元销售占用资本额、成本降低率、费用超支率、费用挤占率等。

（1）利润（亏损）增（减）率

本指标是国有企业经营管理绩效的目标性指标，其计算公式如下：

利润增长率＝任期内利润增长额÷任期初企业利润实现总额×100%

亏损减少率＝任期内亏损减少额÷任期初企业亏损累计总额×100%

上述指标是通过相对数来评价企业领导干部任期内利润和亏损的增减情况的指标，指标如果是正数，反映了利润或亏损的增加，指标如果是负数，反映了利润或亏损的下降。利润率上升、亏损率下降，说明该企业管理经营有成效；反之，利润率下降、亏损率上升，说明该企业管理经营存在问题。

（2）利润（亏损）增（减）额（以下反映国有企业经营管理绩效的全部是影响性指标）

计算公式如下：

任期内利润增减额＝任期内企业利润实现总额－任期初企业利润实现总额

或

任期内亏损增减额＝任期内企业亏损累计总额－任期初企业亏损累计总额

上述指标中任期内企业利润实现总额和任期内企业亏损累计总额是指被审计企业主要负责人从任职开始到任期届满历年实现的利润累计额扣除亏损额，或历年发生亏损累计额扣除利润额后的净额；同样任期初企业利润实现总额和任期初企业亏损累计总额是上一届主要负责人，从任职开始到任期届满历年实现的利润累计额扣除亏损额，或历年发生亏损累计额扣除利润额后的净额。对赢利企业一般利用前一指标考核，对亏损企业一般利用后一指标考核。通过上述指标可以考核企业利润增长或扭亏为盈的情况，从而据以评价企业主要负责人实现盈利或扭亏为盈的目标实现情况。

（3）经营亏损挂账比率

计算公式如下：

经营亏损挂账比率＝经营亏损挂账额÷年末所有者权益总额×100%

经营亏损挂账额是指企业因经营管理不善而造成的亏损挂账资金。经营亏损挂账比率是对企业资金挂账的分析,反映了企业由于经营亏损挂账而导致的对所有者权益的侵蚀程度。运用该指标可以反映企业经营中的问题,促进企业改善经营,加强管理,增强盈利能力和发展后劲。该指标越高,表明企业经营亏损挂账越多,经营中存在的问题越多,所有者权益受到的侵蚀越大。该指标越小越好,0 是最佳状态。

(4)上缴利税率

计算公式如下:

上缴利税率=任期内上缴利税累计额÷任期内实现利润总额×100%

上式中任期内上缴税利额是指被审计领导干部任职期间国有企业及国有控股企业上缴税利总额,任期内实现的利润总额是指被审计企业实现利润总额的累计额。本指标评价国有企业或国有控股企业上缴税利总额占企业实现利润总额的情况,它反映了国有企业、国有控股企业对财政做出的贡献,同时也反映了国有企业改革的成效和国有企业的经济实力。

(5)总资产报酬率

计算公式如下:

总资产报酬率=(利润总额+利息支出)÷平均资产总额×100%

总资产报酬率表示企业包括净资产和负债在内的全部资产的总体获利能力,全面反映了企业的获利能力和投入产出状况,是评价企业资产运营效益的重要指标。该指标越高,表明企业投入产出的水平越好,企业的资产运营越有效。一般情况下,企业可据此指标与市场资本利率进行比较,如果该指标大于市场利率,则表明企业可以充分利用财务杠杆进行负债经营,获取尽可能多的收益。

(6)净资产收益率

计算公式如下:

净资产收益率=净利润÷平均净资产×100%

净资产收益率是评价企业自有资本及其积累获取报酬水平的最具综合性与代表性的指标,反映企业资本运营的综合效益。该指标通用性强,适应范围广,不受行业局限。通过对该指标的综合对比分析,可以看出企业获利能力在同行业中所处的地位,以及与同类企业的差异水平。一般认为,企业净资产收益率越高,企业自有资本获取收益的能力越强,对企业投资人、债权人的保证程度越高。

(7)主营业务收入增长率

计算公式如下:

主营业务收入增长率=(期末主营业务收入额-期初主营业务收入额)÷期初主营业务收入额×100%

上式中,期末主营业务收入额是指企业被审计领导干部任职期末主营业务实际实现额;期初主营业务收入额是指被审计领导干部任职期初主营业务记录额。

(8)主营业务利润率

计算公式如下:

主营业务利润率＝主营业务利润÷主营业务收入净额×100%

主营业务利润率反映了企业主营业务的获利能力,是评价企业经营效益的主要指标。此外,该指标结合企业的主用营业务收入和主营业务成本分析,能够充分反映出企业成本控制、费用管理、产品营销、营销策略等方面的不足与成就。该指标越高,说明企业产品或商品定价科学,产品附加值高,营销策略得当,主营业务市场竞争力强,发展潜力大,获利水平高。

(9)成本费用利润率

计算公式如下:

成本费用利润率＝利润总额÷成本费用总额×100%

成本费用总额是指企业销售(营业)成本、销售(营业)费用、管理费用、财务费用之和。成本费用利润率是从企业内部管理等方面,对资本收益状况的进一步修正,该指标通过企业收益－支出直接比较,客观评价企业的获利能力。该指标从耗费角度补充评价企业收益状况,有利于促进企业加强内部管理,节约支出,提高经营效益。该指标越高,表明企业为取得收益所付出的代价越小,企业成本费用控制得好,企业的获利能力越强。

(10)全部销售收入增减率

计算公式如下:

全部销售收入增减率＝(任职期内年销售平均额－任职期初年销售平均额)÷任职期初年销售平均额×100%

上式中任职期内年销售平均额是指企业被审计领导干部任职期内按年计算的平均销售收入额,任职期初年销售平均额是指企业在被审计领导干部前一任职期内按年计算的平均销售收入额。这一指标主要反映了主要负责人的销售业绩。

(11)销售收入入账率

计算公式如下:

销售收入入账率＝年销售收入的入账金额÷年销售收入实现额×100%

上式中年销售收入入账金额是指被审计的领导干部任职期内企业销售收入实际入账额,年销售收入实现额是指被审计的领导干部任职期内企业销售收入年实际实现的全部金额。这一指标计算结果应等于1,计算结果无论大于1,还是小于1,都说明在销售记录中存在虚假问题。

（12）销售收入损失率

计算公式如下：

销售收入损失率＝年销售收入损失金额÷年销售收入实现额×100%

上式中年销售收入损失金额是指被审计的领导干部任职期内年平均企业销售收入实际损失额，包括该入账未入账的销售收入额、销售收入因坏账造成的损失额等。这一指标越大给企业带来的损失越大，本指标主要用来考核企业领导干部销售资金管理责任的履行情况。

（13）百元销售占用资本额

计算公式如下：

百元销售占用资本额＝（年销售收入实现额÷年平均实际占用资本额）×100

上式中年销售收入实现额是指被审计的领导干部任职期内企业销售收入年实际实现的全部金额，年平均实际占用资本额是指企业占用的全部资本金，包括实收资本（股本）、资本公积、盈余公积、未分配利润。这一指标主要反映企业发挥资本使用效能情况，主要用于考核企业主要负责人销售业绩。

（14）成本升降率

计算公式如下：

成本升降率＝（任职期平均单位销售成本－任职期初平均单位销售成本）÷任职期初平均单位销售成本×100%

上式中任职期平均单位销售成本是指被审计领导干部任职期间可比产品单位平均销售成本，任职期初平均单位销售成本是指被审计企业在被审计领导干部前一任职期内按年计算的可比产品单位平均销售成本。这一指标也可以用于计算产品生产成本升降率，主要用来考核企业领导干部成本管理和控制责任履行情况。

（15）费用超支率

计算公式如下：

费用超支率＝年定额费用超支额÷年定额费用总额×100%

上式中定额费用是《企业会计制度》和《企业财务制度》规定定额或限额的费用项目，如业务招待费、工会经费、职工工资总额、职工福利费等；年定额费用超支额是指经审计人员审计确认的每年定额费用的超支额。

（16）费用挤占率

计算公式如下：

费用挤占率＝年度被挤占费用总额÷年度发生的全部费用总额×100%

上式中年度被挤占费用总额是指经审计人员审核认定的各项费用被挤占挪用的总额，包括各项费用中相互挤占挪用的金额；年度发生的全部费用总额是指全年发生的各种费用,包括成本费用和期间费用总额。这一指标主要用来考核企业领导干部成本管理控制责任。

三、事业单位业务管理绩效评价指标

事业单位业务管理绩效目标性评价指标,是直接反映业务管理效果的指标,"单位预算执行率"就是事业单位业务管理绩效目标性指标,它不仅直接反映了事业单位业务管理的效果,也是对业务管理的经济性、效率性的综合反映。影响性主要包括:预算收入完成率、预算支出实现率、计划任务完成率、科技成果转化率、社会公众对事业满意度等。

(1)单位预算执行率

本指标是事业单位业务经营管理绩效的目标性指标,其计算公式如下:

单位预算执行率 = 单位年度预算执行额 ÷ 单位年度预算额 × 100%

上式中,单位年度预算执行额是指政府部门或事业单位年度预算收入和预算支出实际执行额,单位年度预算实际执行额,应是与部门或单位计划任务完成进度同步执行额;单位年度预算额是指政府部门或事业单位经审核的预算收入和支出额度。本指标最高执行率为100%,在100%范围内单位预算执行率越高,反映部门或事业单位业务管理效率、绩效越好。但是,值得注意的是,在考核预算执行进度时,必须考核计划任务完成进度是否与预算执行进度同步。

(2)单位预算收入完成率(以下反映事业单位业务经营管理绩效的全部属于影响性指标)

计算公式如下:

单位预算收入完成率 = 单位年度预算收入执行额 ÷ 单位年度预算收入额 × 100%

上式中,单位年度预算收入执行额是指政府部门或事业单位年度预算内收入和预算外收入实际执行额;单位年度预算收入额是指政府部门或事业单位经审核的预算收入额度。本指标最高执行率为100%,在100%范围内单位预算执行率越高,反映部门或事业单位业务管理效率、绩效越好。

(3)单位预算支出执行率

计算公式如下:

单位预算支出执行率 = 单位年度预算支出执行额 ÷ 单位年度预算支出额 × 100%

上式中,单位年度预算支出执行额是指政府部门或事业单位年度预算内支出和预算外支出实际执行额,单位年度预算支出实际执行额,应是与部门或单位预算支出计划任务完成进度同步执行额;单位年度预算支出额是指政府部门或事业单位经审核的预算内支出和预算外支出额度。本指标最高执行率为

100%,在100%范围内单位预算执行率越高,反映部门或事业单位业务管理效率、绩效越好。但是,值得注意的是,在考核预算支出执行进度时,必须考核预算支出计划任务完成进度是否与预算支出执行进度的同步。

(4)单位计划任务完成率

计算公式如下:

$$单位计划任务完成率 = \sum 单位计划任务项目工作量 \times 单位计划项目工作量完成系数 \times 100\%$$

上式中,单位计划任务项目工作量是指按项目计划的年度项目工作量,一般在年度工作计划中反映;单位计划项目工作量完成系数是指根据计划项目完成进度和完成程度确定的工作量系数,计划项目全部完成,其系数为1,没有完成的计划项目,应根据每一项目的具体情况,确定其完成系数。

(5)科技成果转化率

计算公式和指标意义同前所述,在此从略。

(6)社会满意度

对事业单位社会满意度的评价,主要是社会公众对教育、医疗卫生、科研以及公共服务事业发展的满意程度,其考核主要建立在问卷式抽样调查的基础上,根据调查结果统计资料计算出加权平均满意度。社会满意度主要采用加权平均法计算和统计,具体方法如前所述,在此从略。

第八章 政府管理责任审计评价指标论

第一节 政府管理责任审计评价指标体系

党政机关、事业单位、国有企业或国有控股企业领导干部在任期内的业务管理活动包括职务行为和非职务行为,这对本地区、本部门、本单位、本企业的决策和经营管理业务具有重要影响,由于其"位高权重",掌握了诸多经济资源和社会资源,往往还对所在地区和单位的经济发展的方向、规模和速度等产生重要作用。政府经济责任审计评价指标作为经济责任审计对象的量化形式,其体系的构建应依据党政机关和企业事业单位领导干部经济责任的范围进行。党政机关和国有企业事业单位主要领导干部对于其所管辖范围内的业务管理活动承担的责任,也就是对其权力范围与职责范围的界定,审计分析评价指标当然也必须依据其权责范围来制定。同时,党政机关、国有企业和国有控股企业、事业单位主要领导干部所承担的经济责任具有不同的性质,按其所承担的经济责任性质归类,其所承担的经济责任以绩效(效益)责任为主,包括信息数据真实性责任、经济活动合法性责任、内部控制可靠性责任、重大决策风险责任、资产质量责任、重大责任事故责任、经济犯罪责任、可持续发展责任,等等。因此在选择与制定指标时应充分考虑反映不同性质与类别的经济责任的各类指标,以构建政府经济责任审计完整的、结构合理的、指标之间具有互补、互动功能的分析评价指标体系。由此,政府经济责任审计指标体系应包括政府绩效审计评价指标和其他责任评价指标两大体系。

政府经济责任审计除了对政府绩效责任分析评价外,还要对其他经济责任进行审计。政府经济责任除绩效责任以外还包括:经营和管理信息真实性责任、经济活动合法性责任、内部控制责任、风险管理责任、重大决策事项责任、资产质量责任、重大违法违规事项责任、重大责任事故责任、地方可持续发展责任等管理责任。

一、政府管理责任评价目标性指标体系

政府管理责任评价指标也包括目标性指标和因素性指标,政府管理责任评价指标体系包括目标性指表体系和影响性指标体系。经济责任评价目标是对经济责任履行效果的反映,经济责任目标性评价指标体系见表8-1所示:

表8-1 政府管理责任评价目标性指标一览表

管理责任评价范围	被评价对象	管理责任目标	管理责任评价目标性指标	备注
管理绩效责任	政府机关	有效性	地方综合经济实力系数	
	国有企业	有效性	企业可持续发展能力	
	事业单位	有效性	事业社会影响系数	
管理信息责任	政府机关	可靠性	绩效评价数据信息可靠率	
	国有企业	可靠性	绩效评价数据信息可靠率	
	事业单位	可靠性	绩效评价数据信息可靠率	
管理活动责任	政府机关	合法性	社会经济管理活动合法率	
	国有企业	合规性	企业经营管理活动合规率	
	事业单位	合规性	单位事业管理活动合规率	
内部控制责任	政府机关	可靠性	内部控制可靠率	
	国有企业	可靠性	内部控制可靠率	
	事业单位	可靠性	内部控制可靠率	
风险管理责任	政府机关	可靠性	风险管理可靠率	
	国有企业	可靠性	风险管理可靠率	
	事业单位	可靠性	风险管理可靠率	
重大决策责任	政府机关	效益性	政府重大决策有效率	
	国有企业	效益性	企业重大决策有效率	
	事业单位	效益性	单位重大决策有效率	
资产质量责任	政府机关	合格性	社会总资产完好率	
	国有企业	合格性	企业总资产完好率	
	事业单位	合格性	单位总资产完好率	
违法犯罪责任	政府机关	可控性	经济犯罪事件发生率	
	国有企业	可控性	经济犯罪事件发生率	
	事业单位	可控性	经济犯罪事件发生率	

表8-1(续)

管理责任评价范围	被评价对象	管理责任目标	管理责任评价目标性指标	备注
责任事故责任	政府机关	可控性	重大责任事故发生率	
	国有企业	可控性	重大责任事故发生率	
	事业单位	可控性	重大责任事故发生率	
可持续发展责任	政府机关	潜在性	社会可持续发展系数	
	国有企业	潜在性	企业内部潜力系数	
	事业单位	潜在性	事业可持续发展系数	

二、政府管理责任影响性评价指标体系

政府管理责任评价受到诸多影响因素的作用,这些因素不仅影响着经济活动目标的"量",也影响着经济活动目标实现的"质"。管理责任影响因素评价指标也称因素性评价指标,经济责任因素性评价指标体系见表8-2所示:

表8-2 政府经济责任因素性评价指标一览表

影响范围	影响因素	影响性指标
管理绩效	政府机关: 财政管理 资产管理 人事管理 经济管理	财政收入增长率 资产增值率 地方全员劳动生产率 经济发展水平系数
	国有企业: 财务管理 资产管理 人事管理 经营管理	资本增长率 资产增值率 劳动生产率 利润增长率
	事业单位: 财务管理 资产管理 人事管理 业务管理	预算指标完成率 资产增值率 全员工作效率 事业目标实现率

表8-2(续)

影响范围	影响因素	影响性指标
管理信息	政府机关： 财政管理 资产管理 人事管理 经济管理	财政管理绩效数据信息真实率 资产管理绩效数据信息真实率 人事管理绩效数据信息真实率 经济管理绩效数据信息真实率
	国有企业： 财务管理 资产管理 人事管理 经济管理	财务管理绩效数据信息真实率 资产管理绩效数据信息真实率 人事管理绩效数据信息真实率 经营管理绩效数据信息真实率
	事业单位： 财务管理 资产管理 人事管理 经济管理	财务管理绩效数据信息真实率 资产管理绩效数据信息真实率 人事管理绩效数据信息真实率 业务管理绩效数据信息真实率
管理活动	政府机关： 财政管理 资产管理 人事管理 经济管理	财政管理活动合法合规率 资产管理活动合法合规率 人事管理活动合法合规率 经济管理活动合法合规率
	国有企业： 财务管理 资产管理 人事管理 经济管理	财务管理活动合法合规率 资产管理活动合法合规率 人事管理活动合法合规率 经营管理活动合法合规率
	事业单位： 财政管理 资产管理 人事管理 经济管理	财务管理活动合法合规率 资产管理活动合法合规率 人事管理活动合法合规率 业务管理活动合法合规率
内部控制	政府机关： 健全性、符合性	内部控制健全系数 内部控制符合系数
	国有企业： 健全性、符合性	内部控制健全系数 内部控制符合系数
	事业单位： 健全性、符合性	内部控制健全系数 内部控制符合系数

表8-2(续)

影响范围	影响因素	影响性指标
风险管理	政府机关： 识别、预警、 控制	风险事件识别率 风险预警及时率 风险事件控制率
	国有企业： 识别、预警、 控制	风险事件识别率 风险预警及时率 风险事件控制率
	事业单位： 识别、预警、 控制	风险事件识别率 风险预警及时率 风险事件控制率
重大决策	政府机关： 信息、程序、 执行	决策信息可靠率 越权决策率 越权执行率
	国有企业： 信息、程序、 执行	决策信息可靠率 越权决策率 越权执行率
	事业单位： 信息、程序、 执行	决策信息可靠率 越权决策率 越权执行率
资产质量	政府机关： 社会资产	优质资产率 不良资产率
	国有企业： 企业资产	优质资产率 不良资产率
	事业单位： 单位资产	优质资产率 不良资产率
违法违规	政府机关： 事件、金额	违法违规事件发生率 违法违规金额发生率
	国有企业： 事件、金额	违法违规事件发生率 违法违规金额发生率
	事业单位： 事件、金额	违法违规事件发生率 违法违规金额发生率

表8-2(续)

影响范围	影响因素	影响性指标
责任事故	政府机关: 事故损失	重大责任事故发生率 重大责任事故损失率
	国有企业: 事故损失	重大责任事故发生率 重大责任事故损失率
	事业单位: 事故损失	重大责任事故发生率 重大责任事故损失率
发展潜力	政府机关: 决策、资产、 人员、环境	决策水平系数 资产质量系数 人员素质系数 企业环境系数
	国有企业: 决策、资产、 人员、环境	决策水平系数 资产质量系数 人员素质系数 企业环境系数
	事业单位: 决策、资产、 人员、环境	决策水平系数 资产质量系数 人员素质系数 企业环境系数

第二节 绩效和可持续发展责任评价指标

  绩效和可持续发展责任是政府机关、国有企业、事业单位主要领导干部目标责任和管理责任,其评价指标包括政府机关绩效和可持续发展评价指标、国有企业绩效和可持续发展评价指标、事业单位绩效和可持续发展评价指标。

  可持续发展评价指标主要反映地区、企业、事业单位的发展潜力,以及党政机关、国有企业事业单位主要负责人强化发展潜力、将发展潜力变为发展实力的责任,具体说是指党政机关、国有企业、事业单位主要负责人在履行职务过程中所承担决策、资产质量、人员素质、经营管理环境等方面管理责任。政府机关、国有企业、事业单位可持续发展责任评价也分为目标性指标和影响性指标两类,下面分类进行阐述。

一、政府可持续发展评价指标

政府可持续发展评价目标性指标是指反映党政机关宏观经济管理责任中保证地区经济发展潜力综合性指标,政府可持续发展评价目标性指标用"社会可持续发展系数"表示;政府可持续发展评价影响性指标是指反映党政机关宏观经济管理责任中保证地区经济发展潜力影响因素的指标,主要包括:决策水平系数、资产质量系数、人员素质系数、社会环境系数等。

(1)社会可持续发展系数

本指标是评价政府在宏观经济管理中保证地区经济可持续发展责任的目标性指标,其计算公式是:

$$社会可持续发展系数 = \sum 影响因素水平系数 \times 系数比重$$

上式中,影响因素水平系数是指社会可持续发展因素的系数,影响社会可持续发展的主要因素可包括领导决策水平、社会资产的质量、人员素质、社会环境等;系数比重是指根据个因素对社会可持续发展的影响程度来确认的每一单项因素在全部影响因素中的比重。

(2)决策水平系数(以下反映政府在宏观经济管理中保证地区经济可持续发展责任的指标全部是影响性指标)

决策水平系数是指党政机关领导干部在任职期间决策水平评价等级系数,根据地区具体情况按照"宜粗不宜细"的原则,参考以下标准确定评价等级系数:任职期间经验证未发生重大决策失误,未发生违规、越权决策事项评价系数为一等,系数为1;任职期间经验证发生1项重大决策失误,发生1项违规,越权决策事项评价系数为二等,系数为0.8~0.9;任职期间累计发生2项重大决策失误,发生2项违规,越权决策事项评价系数为三等,系数为0.6~0.7;任职期间经验证发生3项重大决策失误,发生3项违规,越权决策事项评价系数为四等,系数为0.4~0.5;任职期间经验证发生4项重大决策失误,发生4项违规,越权决策事项评价系数为五等,系数为0.3以下,系数直至为0。

(3)资产质量系数

计算公式是:

资产质量系数=地区全部国有资产数量(价值)×优质资产率÷地区全部国有资产数量(价值)

上式中,资产质量系数是指党政机关在任职期间优质资产保持水平的系数;地区全部国有资产数量(价值)是指根据统计部门统计资料采集的领导干部离任时的全部资产数量(价值);优质资产率是指按优质资产标准确认的优质资产占全部资产的比率。

（4）人员素质系数

计算公式是：

人员素质系数 =（人员品德素质系数 + 人员业务素质系数）÷2

上式中，人员素质系数是指政府领导人在任职期间干部职工品德、业务素质评价系数；人员品德素质系数是指年度人员考核全地区各单位人员品德素质等级系数，品德素质等级系数的确定，主要通过干部职工德、勤方面的考核反映在职人员的道德素养和敬业爱岗情况，可通过对地区内每一单位的职工考核信息取得第一手资料，再根据考核信息综合分析单位职工品德素质水平，进而确定地区干部职工人员品德素质系数；业务素质评价系数是指年度人员考核本地区各单位人员职业技术水平等级系数，其系数确定方法与品德素质系数确定方法相同。

（5）社会环境系数

社会环境系数是指地区社会现有经济发展水平、法制建设情况、居民受教育程度、科技发展水平、文化事业等方面综合评价的社会环境的指标。指标根据地区实际情况，结合上述内容采取问卷调查的方式，按照"宜粗不宜细"的原则确定。

二、企业发展潜力评价指标

企业发展潜力评价目标性指标是指反映企业经营管理责任中保持企业发展潜力综合性指标，企业发展潜力评价目标性指标用"企业发展潜力系数"表示；企业发展潜力评价影响性指标是指反映企业经营管理责任中保证地区经济发展潜力影响因素的指标，主要包括：决策水平系数、资产质量系数、人员素质系数、企业环境系数等。

（1）企业发展潜力系数

本指标是评价企业经营管理中保持企业发展潜力责任的目标性指标，其计算公式是：

企业发展潜力系数 = $\sum$ 影响因素水平系数 × 系数比重

上式中，影响因素水平系数是指企业发展潜力因素的系数，影响企业发展潜力的主要因素可包括领导决策水平、企业资产的质量、人员素质、内部环境等；系数比重是指根据单个因素对企业发展潜力的影响程度来确认的每一单项因素在全部影响因素中的比重。

（2）决策水平系数（以下反映经营管理中保持企业发展潜力责任的全部是影响性指标）

指标内涵与确定方法同前所述，在此从略。

（3）资产质量系数

指标内涵与计算公式同前所述，在此从略。

（4）人员素质系数

指标内涵与计算公式同前所述，在此从略。

（5）内部环境系数

内部环境系数是指企业现有经营水平、公司治理、内部控制、风险管理情况、职工受教育程度、企业科技发展水平、企业文化等方面综合评价其内部环境的指标，本指标是评价企业经营管理中保持其发展潜力责任的影响性指标，其确定方法是根据企业实际情况，结合上述内容采取问卷调查的方式，按照"宜粗不宜细"的原则来确定。

三、事业单位可持续发展能力评价指标

事业单位可持续发展能力评价目标性指标是指反映事业单位业务管理责任中保持本单位可持续发展的综合性指标，事业单位可持续发展评价目标性指标用"单位可持续发展系数"表示。事业单位可持续发展评价影响性指标是指反映事业单位业务管理责任中保持事业发展潜力影响因素的指标，主要包括：决策水平系数、资产质量系数、人员素质系数、单位环境系数等。

单位发展潜力系数是评价事业单位业务管理中保持事业可持续发展责任的目标性指标，其计算公式是：

$$单位可持续发展系数 = \sum 影响因素水平系数 \times 系数比重$$

其指标内涵与具体计算方法同前所述。

其他指标均与前述内容相同或相近，在此不再赘述。

第三节 信息管理和业务管理责任评价指标

信息管理和业务管理责任是党政机关、国有企业、事业单位主要领导干部应履行的经济责任：党政机关、国有企业、事业单位主要领导干部应对各种信息承担管理责任，以保证信息真实性可靠性；对经济业务活动应承担管理责任，合法合规性责任。各种管理信息是否真实、可靠是经济管理活动是否合法、合规的基础，它不仅影响管理绩效的客观性，也影响经济责任的评价的公正性。因此管理信息和管理活动的评价也是经济责任审计评价的重要内容。

一、信息管理评价指标

信息管理评价主要是对党政机关、国有企业、事业单位财政财务管理、实物

资产管理、人力资源管理、经营业务管理信息真实性与可靠性评价,管理信息评价指标数据的采集和验证,是根据绩效审计目标的要求进行的基础性审计,也是对绩效审计评价指标中涉评数据的真实性的验证。

（一）政府信息管理评价指标

政府信息管理指标包括目标性评价指标和影响性评价指标。政府信息管理目标性评价指标是指反映党政机关宏观经济信息管理的综合指标,政府信息管理评价目标性指标用"政府管理信息的真实率"表示;政府信息管理评价影响性指标是指反映党政机关宏观经济信息管理的真实性目标的影响因素的指标,主要包括:财政管理信息真实率、资产管理信息真实率、人事管理信息真实率、经济管理信息真实率等。

（1）政府管理信息真实率

本指标是反映政府管理信息真实情况的目标性指标,其计算公式如下:

$$政府管理信息真实率 = \sum 影响因素信息真实率 \times 影响因素权数$$

上式中,影响因素信息真实率是指财政管理、资产管理、人事管理、经济管理四类影响因素的真实率;影响因素权数是指各影响因素对政府管理信息真实率影响的权重,可根据每一因素的重要程度确定。

（2）财政管理信息真实率（以下反映政府管理信息真实情况的全部属于影响性指标）

计算公式如下:

财政管理信息真实率＝财政管理涉评数据确认真实额÷财政管理涉评数据采集额×100%

上式中,财政管理涉评数据确认真实额是指政府财政绩效评价指标中涉及的全部信息数据扣除虚假数据后经确认的真实数据额;财政管理绩效涉评数据采集额,是指政府财政绩效评价指标中涉及的全部信息数据额,是由被审计单位提供未经审计确认或未扣除虚假数据前的涉评数据总额。

（3）资产管理信息真实率

计算公式如下:

资产管理信息真实率＝资产管理涉评数据确认真实额÷资产管理涉评数据采集额×100%

上式中,资产管理涉评数据确认真实额,是指政府辖区内国有资产管理绩效评价指标中涉及的全部信息数据扣除虚假数据后经确认的真实数据额;资产管理涉评数据采集额,是指政府资产管理绩效评价指标中涉及的全部资产存续和变动信息数据额,是由被审计单位或地方统计部门提供的未经审计确认或未扣除虚假数据前的涉评数据总额。

（4）人事管理信息真实率

计算公式如下：

人事管理信息真实率 = 人事管理涉评数据确认真实额 ÷ 人事管理涉评数据采集额 ×100%

上式中，人事管理涉评数据确认真实额是指政府人事管理评价指标中涉及的全部信息数据扣除虚假数据后经确认的真实数据额；人事管理绩效涉评数据采集额，是指政府人事管理评价指标中涉及的全部信息数据额，是由被审计单位提供未经审计确认或未扣除虚假数据前的涉评数据总额。

（5）经济管理信息真实率

计算公式如下：

经济管理信息真实率 = 经济管理涉评数据确认真实额 ÷ 经济管理涉评数据采集额 ×100%

上式中，经济管理涉评数据确认真实额，是指政府经济管理评价指标中涉及的全部信息数据扣除虚假数据后经确认的真实数据额；经济管理涉评数据采集额，是指政府经济管理评价指标中涉及的全部信息数据额，是由被审计单位提供或地方统计部门提供未经审计确认或未扣除虚假数据前的涉评数据总额。

（二）企业信息管理评价指标

企业信息管理指标包括目标性评价指标和影响性评价指标。企业信息管理目标性评价指标是指反映企业经营管理信息的综合指标，企业经营管理信息评价目标性指标用"企业管理信息真实率"表示；企业信息管理评价影响性指标是指反映企业经营管理信息真实性目标的影响因素的指标，主要包括：财务管理信息真实率、资产管理信息真实率、人事管理信息真实率、经营管理信息真实率等。

企业管理信息真实率是反映企业经营管理信息真实情况的目标性指标，其计算公式如下：

企业管理信息真实率 = $\sum$ 影响因素信息真实率 × 影响因素权数

上式中，影响因素信息真实率是指财务管理、资产管理、人事管理、经营管理四类影响因素的真实率；影响因素权数是指单个影响因素对企业经营管理信息真实率影响的权重，可根据每一因素的重要程度确定。

财务管理信息真实率、资产管理信息真实率、人事管理信息真实率和经营管理信息真实率四项指标内涵与计算方法与前述相同或相近，在此不再赘述。

（三）事业单位信息管理评价指标

事业单位信息管理指标包括目标性评价指标和影响性评价指标。单位管理信息目标性评价指标是指反映单位业务管理信息的综合指标，单位业务信息管理评价目标性指标用"单位管理信息的真实率"表示;单位信息管理评价影响性指标是指反映单位业务管理绩效信息真实性目标的影响因素的指标,主要包括:财务管理信息真实率、资产管理信息真实率、人事管理信息真实率、业务管理信息真实率等。各项指标的内涵与计算方法与前述相同或相近,在此不再赘述。

二、业务管理评价指标

业务管理活动评价主要是对党政机关、国有企业、事业单位财政财务管理、实物资产管理、人力资源管理、经营业务管理等活动的合法性与合规性评价,业务管理评价指标数据的采集和验证,是根据绩效审计目标的要求进行的基础性审计,由于绩效评价指标中的涉评数据不仅可能掩藏着虚假问题,数据背后可能掩藏着经济活动的违法违纪问题,因此经济业务管理的合法性与合规性审计也是对涉评数据的验证性审计。经渡业务管理评价指标包括地方政府党政机关和部门党政机关、企业事业单位业务管理评价指标。

(一)政府业务管理评价指标

政府业务管理活动评价指标包括目标性评价指标和影响性评价指标。政府业务管理目标性评价指标是指反映党政机关宏观经济管理活动的综合指标,政府业务管理评价目标性指标用"政府管理活动合法率"表示;政府业务管理评价影响性指标是指反映党政机关宏观经济管理绩活动合法性目标的影响因素的指标,主要包括:财政管理活动合法率、资产管理活动合法率、人事管理活动合法率、经济管理活动合法率等。

(1)政府管理活动合法率

本指标是反映政府管理活动合法性情况的目标性指标,其计算公式如下:

$$政府管理活动合法率 = \sum 影响因素合法率 \times 影响因素权数$$

上式中,影响因素合法率是指财政管理、资产管理、人事管理、经济管理四类影响因素的合法率;影响因素权数是指各个影响因素对政府管理活动合法率影响的权重,可根据每一因素的重要程度确定。

(2)财政管理活动合法率(以下反映政府管理活动合法性情况的全部是影响性指标)

计算公式如下:

财政管理活动合法率 = 财政管理涉评数据确认合法额 ÷ 财政管理涉评数据采集额 × 100%

上式中,财政管理涉评数据确认合法额是指政府财政评价指标中涉及的全部经济活动数据扣除违法违纪活动影响数据后经确认的合法数据额;财政管理涉评数据采集额,是指政府财政管理评价指标中涉及的全部信息数据额,是由被审计单位提供未经审计确认或未扣除违法违纪活动影响数据前的涉评数据总额。

（3）资产管理活动合法率

计算公式如下：

资产管理活动合法率＝资产管理涉评数据确认合法额÷资产管理涉评数据采集额×100%

上式中，资产管理涉评数据确认合法额，是指政府辖区内国有资产管理评价指标中涉及的全部信息数据扣除违法违纪活动影响数据后经确认的合法数据额；资产管理涉评数据采集额，是指政府资产管理评价指标中涉及的全部资产存续和变动信息数据额，是由被审计单位或地方统计部门提供的未经审计确认或未扣除给法违纪活动影响数据前的涉评数据总额。

（4）人事管理活动合法率

计算公式如下：

人事管理活动合法率＝人事管理涉评数据确认合法额÷人事管理涉评数据采集额×100%

上式中，人事管理涉评数据确认合法额是指政府人事管理评价指标中涉及的全部信息数据扣除违法违纪活动影响数据后经确认的数据合法额；人事管理涉评数据采集额，是指政府人事管理评价指标中涉及的全部信息数据额，是由被审计单位提供未经审计确认或未扣除违法违纪活动影响数据前的涉评数据总额。

（5）经济管理活动合法率

计算公式如下：

经济管理活动合法率＝经济管理涉评数据确认合法额÷经济管理涉评数据采集额×100%

上式中，经济管理涉评数据确认合法额，是指政府经济管理评价指标中涉及的全部信息数据扣除违法违纪活动影响数据后经确认的合法真实数据额；经济管理绩效涉评数据采集额，是指政府经济管理评价指标中涉及的全部信息数据额，是由被审计单位提供或地方统计部门提供未经审计确认或未扣除违法违纪活动影响数据前的涉评数据总额。

（二）企业经营活动管理评价指标

企业经营活动管理评价指标包括目标性评价指标和影响性评价指标。企业经营活动管理目标性评价指标是指反映企业经济活动管理的综合指标，企业管理信息评价目标性指标用"企业管理活动合法率"表示；企业管理活动评价影响性指标是指反映企业经济活动管理的合法性目标的影响因素的指标，主要包括：财务管理活动合法率、资产管理活动合法率、人事管理活动合法率、经营管理活动合法率等。上述各项指标同前所述,在此不再说明指标含义和计算方法。

(三)事业单位业务管理评价指标

事业单位业务管理评价指标包括目标性评价指标和影响性评价指标。事业单位业务管理目标性评价指标是指反映事业单位业务管理的综合指标,事业单位业务管理活动评价目标性指标用"单位管理活动合法率"表示;事业单位业务管理评价影响性指标是指反映事业单位业务管理绩合法性目标的影响因素的指标,主要包括:财务管理活动合法率、资产管理活动合法率、人事管理活动合法率、业务管理活动合法率等。上述各项指标同前所述,在此不再说明指标含义和计算方法。

第四节　内部控制和风险管理责任评价指标

内部控制和风险管理责任是党政机关、国有企业、事业单位主要领导干部的重要管理责任,党政机关、国有企业、事业单位主要领导干部应通过有效的管理活动,保障内部控制和风险管理可靠性。内部控制和风险管理可靠性,不仅影响管理绩效的生成和增进,也影响经济责任的评价的公正性,关系到组织管理目标的实现。因此内部控制和风险管理的评价也是政府经济责任审计评价的重要内容。

一、内部控制评价指标

内部控制评价主要是对党政机关、国有企业、事业单位内部控制健全性和可靠性评价。由于党政机关、国有企业和事业单位内部控制评价的诸多内容有着较多的共同性,因此,在建立管理责任评价指标时,不再按党政机关、国有企业、事业单位进行分类阐述。

内部控制评价指标包括目标性评价指标和影响性评价指标。目标性评价指标是指反映内部控制预期目的的综合指标,用"内部控制可靠率"表示。内部控制评价影响性指标是指反映党政机关、国有企业、事业单位内部控制可靠性目标的影响因素的指标,主要包括:内部控制健全率、内部控制适当率、内部控制遵行率等。

(1)内部控制可靠率

本指标是反映内部控制有效性的目标性指标,其计算公式是:

$$内部控制可靠率 = \sum 内部控制影响因素指标 \times 影响因素指标权重$$

上式中,内部控制影响因素指标是指内部控制健全率、内部控制适当率、内部控制遵行率等指标;影响因素权重是指根据重要性原则确定的内部控制健全率、内部控制适当率、内部控制遵行率所占的比重。

（2）内部控制健全率

本指标是反映内部控制有效性的影响性指标,其计算公式是:

内部控制健全率＝评价中确认的已有内部控制点数（或得分数）÷被评价的全部应有内部控制点数（或总分数）×100%

上式中,评价中确认的已有内部控制点数（或得分数）是指被评价的内部控制系统实际建立的内部控制点数,或根据评价时设计的内部控制系统中某个控制点分配的得分数计算标准计算的被评价的内部控制系统中已有内部控制点合计得分数;被评价的全部应有内部控制点数（或总分数）是指按照重新设计的内部控制系统被评价单位应有的全部内部控制点数,或按照重新设计的内部控制系统被评价单位应有的全部内部控制点分配的标准分值。

（3）内部控制适当率

本指标是反映内部控制有效性的影响性指标,其计算公式是:

内部控制适当率＝经确认的已有适当内部控制点数（或得分数）÷评价中确认的已有内部控制点数（或得分数）×100%

上式中,适当的内部控制点是指被评价单位已经建立的符合合法性、合规性、合理性原则的内部控制点;经确认的已有适当内部控制点数（或得分数）是指在内部控制系统被评价中确认的被评价单位比照设计的内部控制系统已经建立的内部控制点数中适当的内部控制点数,或比照重新设计的内部控制系统被评价单位已经建立的全部适当内部控制点分配的标准分值;评价中确认的已有内部控制点数（或得分数）是指被评价的内部控制系统实际建立的内部控制点数,或根据评价时设计的内部控制系统中某个控制点分配的得分数计算标准计算的被评价的内部控制系统中已有内部控制点合计得分数。

（4）内部控制遵行率

本指标是反映内部控制有效性的影响性指标,其计算公式是:

内部控制遵行率＝经确认被评价单位遵循的内部控制点数（或得分数）÷经确认的已有适当内部控制点数（或得分数）×100%

上式中,经确认被评价单位遵循的内部控制点数（或得分数）是指被评价单位已经或正在遵循执行的适当的内部控制点数,或被评价单位已经或正在遵循执行的内部控制点合计得分数;经确认的已有适当内部控制点数（或得分数）是指在内部控制系统被评价中确认的被评价单位比照设计的内部控制系统已经建立的内部控制点数中适当的内部控制点数,或比照重新设计的内部控制系统被评价单位已经建立的全部适当内部控制点分配的标准分值。

二、风险管理评价指标

风险管理评价主要是对党政机关、国有企业、事业单位风险管理可靠性评价,其重点是对风险管理中是否对风险事件及时发现、风险信息及时预警、风险点及时控制的评价,本部分涉及上述三个方面的评价。由于党政机关、国有企业和事业单位风险管理评价内容有着较多的共同性,因此,在建立评价指标时,不再按党政机关、国有企业、事业单位进行分类。

风险管理评价指标包括目标性评价指标和影响性评价指标。目标性评价指标是指反映风险管理预期目的的综合指标,用"风险管理可靠率"表示。风险管理评价影响性指标是指反映党政机关、国有企业、事业单位内部控制可靠性目标的影响因素的指标,主要包括:风险事件识别率、风险事件预警率、风险事件控制率等。

(1)风险管理可靠率

本指标是反映风险管理有效性的目标性指标,其计算公式是:

$$风险管理可靠率 = \sum 风险管理影响因素指标 \times 影响因素指标比重$$

上式中,风险管理影响因素指标是指风险事件识别率、风险事件预警率、风险事件控制率等指标;影响因素比重是指根据重要性原则确定的风险事件识别率、风险事件预警率、风险事件控制率等指标所占的比重。

(2)风险事件识别率

本指标是反映风险管理有效性的影响性指标,其计算公式是:

风险事件识别率=经确认被评价单位已识别的风险事项风险点数(或得分数)÷经识别的全部经营事件控制点数(或得分数)×100%

上式中,经确认被评价单位已识别的风险事件项数(或得分数)是指经审计确认的被评价单位在风险管理中及时识别的风险事项中内部控制的薄弱点也称风险点数,或经识别的风险事件中内部控制的薄弱点分配的得分值;经识别的全部经营事件控制点数(或得分数)是指被评价单位风险管理中识别风险事件时检查的全部经营事件的控制点数,或全部经营事件所有控制点按设计评分标准计算的得分总和。

(3)风险事件预警率

本指标是反映风险管理有效性的影响性指标,其计算公式是:

风险事件预警率=经确认被评价单位已预警的风险事件风险点数(或得分数)÷经确认被评价单位已识别的风险事件风险点数(或得分数)×100%

上式中,经确认被评价单位已预警的风险事件风险点数(或得分数)是指被评价单位对已发现的风险事件风险点及时向有关单位和部门通报信息,并知道相关单位积极采取控制措施的风险事件风险点数,或已预警的风险事件风险点合计分值;经确认被评价单位已识别的风险事件风险点数(或得分数)是指经审计确认的被评价单位在风险管理中及时识别的风险事件中内部控制的薄弱点也称风险点数,或经识别的风险事件中内部控制的薄弱点分配的得分值。

(4)风险事件控制率

本指标是反映风险管理有效性的影响性指标,其计算公式是:

风险事件控制率 = 经确认被评价单位已采取应对措施的风险事件风险点数(或得分数)÷ 经确认被评价单位已预警的风险事件风险点数(或得分数)×100%

上式中,经确认被评价单位已采取应对措施的风险事件风险点数(或得分数)是指被评价单位对已采取应对措施的风险事件风险点数,或已采取应对措施的风险事件风险点合计分值;经确认被评价单位已预警的风险事件风险点数(或得分数)是指被评价单位对已发现的风险事件风险点及时向有关单位和部门通报信息,并指导相关单位积极采取控制措施的风险事件风险点数,或已预警的风险事件风险点合计分值。

第五节 重大决策和资产质量管理责任评价指标

重大决策和资产质量管理责任是党政机关、国有企业、事业单位主要领导干部履行经济责任的重要内容。党政机关、国有企业、事业单位主要领导干部应承担重大决策合规性和资产质量管理可靠性的责任。重大决策是否合规和资产质量是业务管理的重要内容,共管理活动是否可靠,不仅影响管理绩效的生成,也影响经济责任的评价的全面性和公正性。

一、重大决策责任评价指标

重大决策评价主要是对党政机关、国有企业、事业单位重大决策规范性评价,其重点是对重大决策信息的可靠性、重大决策程序适当性、重大决策方案执行的规范性评价,本部分涉及上述三个方面的评价。至于决策方案的科学性和执行的有效性评价,在范围上涉及整个业务经营领域,重大决策方案是否科学、执行是否有效,最终体现在决策水平上和业务经营活动的有效性上,这些内容已在单位经济环境和绩效评价内容中建立相应的指标进行评价,因此,这里只构建重大决策信息的可靠性、重大决策程序适当性、重大决策方案执行的规范性评价评价指标。同时,由于党政机关、国有企业和事业单位决策规范性评价内容有着较多的共同性,因此,在建立评价指标时,也不再按党政机关、国有企业、事业单位进行分类。

重大决策评价指标包括目标性评价指标和影响性评价指标。目标性评价指标是指反映重大决策预期目的的综合指标,用"重大决策合规率"表示;重大决策评价影响性指标是指反映党政机关、国有企业、事业单位重大决策规范性目标的影响因素的指标,主要包括:重大决策信息可靠率、重大决策程序适宜率、重大决策程序制度执行率等。

(1)重大决策合规率

本指标是反映重大决策规范性的目标性指标,其计算公式是:

$$重大决策合规率 = \sum 重大决策影响因素指标 \times 影响因素指标权重$$

上式中,重大决策影响因素指标是指重大决策信息可靠率、重大决策程序适宜率、重大决策程序制度执行率等指标;影响因素权重是指根据重要性原则确定的重大决策信息可靠率、重大决策程适宜率、重大决策程序制度执行率所占的比重。

(2)重大决策信息可靠率

本指标是反映重大决策规范性的影响性指标,其计算公式是:

重大决策信息可靠率=(重大决策项目预测数据值-经审计确认项目预测数据值与实际数据值差异值)÷经审计确认项目实际预测数据值×100%

上式中,重大决策项目预测数据值是指被评价的重大决策项目未经审计确认的而对重大决策有实际影响作用的预测数据值;经审计确认项目预测数据与实际数据值差异额是指经审计确认的正确预测数据值与未经审计确认的而对重大决策有实际影响作用的预测数据值之间的差额绝对值;经审计确认项目实际预测数据值是指经审计确认的正确预测数据值。

(3)重大决策程序适宜率

本指标是反映重大决策规范性的影响性指标,其计算公式是:

重大决策程序适宜率=经确认决策程序适宜的决策项目数÷任期内全部决策项目数×100%

重大决策程序适宜率是反映重大决策项目决策程序和手续制度构建合理性、适当性的指标。上式中,经确认决策程序适宜的决策项目数是指被评价的重大决策项目中决策程序和手续制度构建合理适当的决策项目数;任期内全部决策项目数是指经审计确认的任期内有被评价领导干部经手并负有责任的全部决策项目数。

(4)越权决策率

本指标是反映重大决策规范性的影响性指标,其计算公式是:

越权决策率=经确认决策越权执行决策程序的决策项目数÷任期内全部决策项目数×100%

越权决策率是从反面反映重大决策项目决策程序和手续制度执行规范性的指标。上式中,经确认决策越权执行决策程序的决策项目数是指被评价的重大决策项目中未真正贯彻执行决策程序和手续制度的决策项目数;任期内全部决策项目数是指经审计确认的任期内有被评价领导干部经手并负有责任的全部决策项目数。

（5）决策程序制度执行率

本指标是反映重大决策规范性的影响性指标,其计算公式是:

决策程序制度执行率 = 经确认决策执行决策程序决策项目数 ÷ 任期内全部决策项目数 × 100%

决策程序制度执行率是从正面反映重大决策项目决策程序和手续制度执行规范性的指标。上式中,经确认决策执行决策程序决策项目数是指被评价的重大决策项目中贯彻执行决策程序和手续制度的决策项目数;任期内全部决策项目数是指经审计确认的任期内有被评价领导干部经手并负有责任的全部决策项目数。

二、资产质量管理责任评价指标

资产质量管理责任评价主要是对党政机关、国有企业、事业单位资产管理活动保证资产质量情况的评价,其重点是对资产完好情况的评价,完好资产是指外观上基本保持其原始状态和性能基本上有实用价值的资产。在完好的资产中包括优质资产、合格资产和不良资产,优质资产是指外观良好,性能优良的资产;合格资产是指外观受到轻微损坏,不影响资产正常使用,在性能上与优质资产相比功能有一定程度降低的资产;不良资产是指在外观上虽然还保持原始状态,但是却受到较大程度上的损坏,还在生产过程中带病使用,在性能上与优质资产相比有较大程度降低的资产。在完好的资产中,优质资产、合格资产、不良资产各占一定比重,对资产整体质量有着一定的影响,优质资产的比重越大,资产整体质量越高;不良资产的比重越大,资产的整体质量越低。因此,对于资产质量管理责任的评价,也应构建优质资产、合格资产、不良资产评价指标。同时,由于党政机关、国有企业和事业单位资产质量评价中设计的资产范围和资产项目不同,因此,在建立评价指标时,应按党政机关、国有企业、事业单位进行分类分析评价。

（一）政府资产质量管理责任评价指标

政府资产是由各级地方政府管辖和使用国有资产总量（总值）。政府资产质量管理责任评价指标包括目标性评价指标和影响性评价指标。目标性评价指标是指反映质量管理总体状况和总体水平的综合指标,用“社会资产完好率”表示;资产质量管理责任评价影响性指标是指反映各级地方政府管辖和使用的资产质量管理目标的影响因素的指标,主要包括:优质资产率、合格资产率、不良资产率等。

(1)社会资产完好率

本指标是反映政府管理资产质量的目标性指标,其计算公式是:

社会资产完好率＝地区全部完好资产量(价值)÷地区全部资产量(价值)

上式中,地区全部完好资产量(价值)是指经审计确认的地方政府管辖范围内全部完好资产量(价值);地区全部资产量(价值)是指有地方政府或统计部门提供并经审计部门确认的地方政府管辖范围内的全部资产,包括完好和已损失、损耗、损坏、报废等完全失去使用价值的资产总量(价值)。

(2)社会优质资产率

本指标是反映政府管理资产质量的影响性指标,其计算公式是:

社会优质资产率＝经确认的优质资产量(价值)÷经确认的完好资产量(价值)×100%

上式中,经确认的优质资产量(价值)是指经审计确认的地方政府管辖和使用的外观完好、性能优良的资产量(价值);地区全部完好资产量(价值)是指经审计确认的地方政府管辖范围内全部完好资产量(价值)。

(3)社会合格资产率

本指标是反映政府管理资产质量的影响性指标,其计算公式是:

社会合格资产率＝经确认的合格资产量(价值)÷经确认的完好资产量(价值)×100%

上式中,经确认的合格资产量(价值)是指经审计确认的地方政府管辖和使用的外观轻微改变、基本保持一定性能的资产量(价值);地区全部完好资产量(价值)是指经审计确认的地方政府管辖和使用的全部完好资产量(价值)。

(4)社会不良资产率

本指标是反映政府管理资产质量的影响性指标,其计算公式是:

社会不良资产率＝经确认的不良资产量(价值)÷经确认的完好资产量(价值)×100%

上式中,经确认的不良资产量(价值)是指经审计确认的地方政府管辖和使用的外观严重损伤、保持较低性能的资产量(价值);地区全部完好资产量(价值)是指经审计确认的地方政府管辖和使用全部完好资产量(价值)。

(二)企业资产质量管理责任评价指标

企业资产是由企业拥有的国有资产包括固定资产、流动资产、对外投资、无形资产总量(总值)。企业资产质量责任评价指标包括目标性评价指标和影响性评价指标。目标性评价指标是指反映质量总体状况和基本水平的综合指标,用"企业资产完好率"表示;资产质量责任评价影响性指标是指反映企业资产质量管理目标的影响因素的指标,主要包括:优质资产率、合格资产率、不良资产率等。各指标与政府资产质量管理责任部分论述相同或相近,在此不再赘述。

(三)事业单位资产质量管理责任评价指标

事业单位资产是由事业单位及政府部门拥有的国有资产总量(总值),事业单位及政府部门资产质量管理责任评价指标包括目标性评价指标和影响性评价指标。目标性评价指标是指反映资产质量总体情况的综合指标,用"单位资产完好率"表示;资产质量责任评价影响性指标是指反映事业单位及政府部门资产质量管理目标的影响因素的指标,主要包括:优质资产率、合格资产率、不良资产率等。各指标与政府资产质量管理责任部分论述相同或相近,在此不再赘述。

第六节 经济犯罪和责任事故监控责任评价指标

经济犯罪和责任事故的监督与控制也是党政机关、国有企业、事业单位主要领导干部的重要管理责任,反映党政机关、国有企业、事业单位主要领导干部管理业务范围的管理环境和管理文化,对构建和谐社会、保民生、促发展具有重要意义。因此,经济犯罪和责任事故监督与控制的评价是政府经济责任审计评价的重要内容。

一、重大经济犯罪监控评价指标

重大经济犯罪监控评价主要是对党政机关、国有企业、事业单位领导干部重大经济犯罪监控工作有效性、及时性和适应性的评价,其重点是通过经济犯罪金额的查实,判断被评价领导干部管辖范围内经济犯罪的严重程度以及应承担领导管理责任;同时,还要通过对违法犯罪事件发现情况、个人违法事件发生情况、管辖范围内违法犯罪事件整体发生情况,判断被评价领导干部对经济犯罪控制责任的履行情况。重大经济犯罪金额是指根据司法部门规定的标准确定的领导干部个人和直接管辖范围内发生的重大贪污、受贿、侵吞国有资产等经济犯罪案件涉案金额。至于在管理经营活动中因违反有关制度,挪用资金、集体非法占有国有资产等给国家、企业、单位造成的损失等违纪违规问题,在经济活动合法性评价和经营业务绩效评价中建立相应的指标进行评价,因此,此处仅对重大经济犯罪事件监督与控制构建评价指标。同时,由于党政机关、国有企业和事业单位经济犯罪评价内容有着较多的共同性,因此,在建立评价指标时,不再按党政机关、国有企业、事业单位进行分类阐述。

重大经济犯罪评价指标包括目标性评价指标和影响性评价指标。目标性评价指标是指反映重大决策预期目标的综合指标,用"经济犯罪事件发现率"表示;重大经济犯罪评价影响性指标是指反映党政机关、国有企业、事业单位重大经济犯罪评价目标的影响因素的指标,主要包括:经济犯罪金额、个人经济犯罪金额发生率等指标。

(1)经济犯罪案件发现率

本指标是反映重大经济犯罪责任的目标性指标,其计算公式是:

经济犯罪案件发现率 = 单位经济犯罪案件自我发现件数 ÷ 单位经济犯罪案件全部发现件数 ×100%

经济犯罪案件发现率是考核被评价领导干部对其管辖范围内经济犯罪案件控制力度和控制能力的指标,也是反映被评价领导干部对经济犯罪案件管理控制责任履行情况的指标。上式中单位经济犯罪案件自我发现件数是指被评价领导干部管辖范围内通过自身的监督约束机制发现的经济犯罪案件件数;单位经济犯罪案件全部发现件数是指通过单位自我监督约束机制和通过单位以外的审计、纪检、监察、司法、群众举报等渠道发现的经济犯罪案件件数。这一指标越高,反映单位自我监督约束机制越完善,被评价领导干部内部监控责任履行效果越好。

(2)经济犯罪金额

本指标是反映重大经济犯罪责任的影响性指标,其计算公式是:

经济犯罪金额 = 贪污犯罪金额 + 受贿犯罪金额 + 其他经济犯罪金额

上式中,贪污犯罪金额是指经审计或司法部门查实的被审计领导干部直接管辖范围内的公职人员利用职权侵吞国有或集体资产的涉案金额,也包括被评价的领导干部本人的贪污犯罪金额;受贿犯罪金额是指经审计或司法部门查实的被审计领导干部直接管辖范围内利用职权接受他人贿赂的涉案金额,也包括被评价的领导干部本人的受贿犯罪金额;其他经济犯罪金额是指审计或司法部门查实的被审计领导干部直接管辖范围内的公职人员利用公款贿赂他人、偷漏国家税款、走私犯罪、泄漏国家机密和企业单位商业秘密非法所得、涉及金融诈骗非法所得等形式的经济犯罪的涉案金额,也包括被评价的领导干部本人的其他形式的经济犯罪金额。

(3)个人经济犯罪金额发生率

本指标是反映重大经济犯罪责任的影响性指标,其计算公式是:

个人经济犯罪金额发生率 = 领导干部个人经济犯罪金额 ÷ 单位全部经济犯罪金额 ×100%

上式中,领导干部个人经济犯罪金额是指党政机关、国有企业、事业单位被评价的领导干部个人经审计或司法部门查实的贪污、受贿及其他经济犯罪形式的涉案金额;单位全部经济犯罪金额是指党政机关、国有企业、事业单位全部领导干部个人经审计或司法部门查实的贪污、受贿及其他经济犯罪形式的涉案金额。

二、重大责任事故监控评价指标

重大责任事故监督与控制评价主要是对党政机关、国有企业、事业单位领导干部对重大责任事故的监督与控制工作,以评价其履行安全生产、安全文明管理职责的情况,其重点是通过责任事故造成的损失,判断被评价领导干部管辖范围内责任事故的严重程度以及应承担的责任;同时,还要通过对重大责任事故发生频率、重大责任事故控制情况、重大责任事故上报情况来判断被评价领导干部对重大责任事故控制责任。因此,对重大责任事故的评价,应围绕着上述方面构建评价指标。同时,由于党政机关、国有企业和事业单位重大责任事故评价内容有着较多的共同性,因此,在建立评价指标时,不再按党政机关、国有企业、事业单位进行分类。

重大责任事故评价指标包括目标性评价指标和影响性评价指标。目标性评价指标是指反映重大责任事故损失情况的综合指标,用"重大责任事故损失率"表示;重大责任事故评价影响性指标是指反映党政机关、国有企业、事业单位重大责任事故评价目标的影响因素的指标,主要包括:责任事故发生频率、责任事故控制率、责任事故上报率等指标。

(1)责任事故损失率

本指标是反映重大责任事故责任的目标性指标,其计算公式是:

责任事故损失率 = 责任事故损失额 ÷ 责任事故经营事项应取得的实际收益额 ×100%

重大责任事故损失率评价指标是综合反映重大责任事故责任的指标。上式中,重大责任事故损失额是指经检查确认的重大责任事故造成的实际损失额,包括事故造成的物质资源损失、人员伤亡赔偿损失、被有关部门罚没损失以及应取得而因事故未能取得的预期收益额等。重大责任事故经营事项应取得的实际收益额是指重大责任事故发生前该经营事项已取得的经营收入额、重大责任事故损失额(指经检查确认的重大责任事故造成的实际损失额减残废材料估价收入额),或经验证评估确认的不发生重大责任事故条件下该经营事项应取得的全部估计收益额。

(2)责任事故发生频率(次)

本指标是反映重大责任事故责任的影响性指标,其计算公式是:

责任事故发生频率(次) = 任职期内责任事故发生次数 ÷ 任期年限

上式中,任职期内责任事故发生次数是指被评价领导干部任期内经有关部门认定的重大责任事故发生的次数;任期年限是指被评价领导干部从任职到离任经历的年限。此指标越低证明安全生产、文明生产越好,此方面管理责任履行越好。

(3)责任事故控制率

本指标是反映重大责任事故责任的影响性指标,其计算公式是:

责任事故控制率 = 已采取控制措施的事故隐患数 ÷ 全部责任事故隐患数 × 100%

上式中,已采取控制措施的事故隐患数是指经审计或有关部门检查确认的已采取控制措施的事故隐患数;全部责任事故隐患数是指经有关部门检查确认的全部责任事故隐患数。

(4)责任事故上报率

本指标是反映重大责任事故责任的影响性指标,其计算公式是:

责任事故上报率 = 已上报的责任事故发生次数 ÷ 全部责任事故发生次数 × 100%

上式中已上报的责任事故发生次数是指被评价单位自觉向有关部门报告的责任事故发生次数;全部责任事故发生次数是指包括被评价单位自觉向有关部门报告的责任事故发生次数和被评价单位隐瞒未报经有关部门检查发现的责任事故发生次数在内的全部责任事故发生次数。该指标说明领导干部对待已发生重大事故的态度,以及挽回事故损失和后果的做法。

第九章　政府经济责任审计证据和审计报告论

第一节　政府经济责任审计证据

一、审计证据的概念和作用

要实现审计目标,必须收集、评价和综合审计证据,以保证审计人员审计结论和意见的形成具有合理的基础。审计的成功在于取证的成功,审计的质量取决于审计证据的质量。

（一）审计证据的概念

审计证据是指审计人员在执行政府经济责任审计业务过程中,为形成审计意见所获取的、证明实际经济责任履行情况的凭据。该定义说明:①审计证据是在执行审计业务过程中获得的,非审计过程中所获得的信息虽然也可成为某种证据,但不能直接成为审计证据。②获得审计证据的目的是为了形成审计意见,只要与形成审计意见有关,虽不能构成其他类型的证据(如法律证据),同样可以作为审计证据。

在政府经济责任审计中,审计证据是指审计人员为了得出证实党政干部和企业领导人员经济责任履行情况的审计结论、形成审计意见而收集与使用的资料信息,包括有关财务管理责任、财产管理责任、经营管理责任、人力资源管理责任履行方面的各种信息和资料。反过来说,政府经济责任审计中可用作审计证据的信息资料包括财务管理资料信息、财产管理资料信息、经营管理资料信息、人力资源管理资料信息等。

财务管理资料信息主要是会计记录,一般包括对初始分录的记录和支持性记录,如支票、发票、合同、总账、明细账、记账凭证,以及支持成本分配、计算、调节和披露的手工计算表和电子数据表等。

财产管理资料信息除了包括相应的会计记录以外,还包括各项资产的购进、建造、发出、报废、盘点、跌价确认、资产评估等各种实物和记录资料等。

经营管理系统资料信息包括:审计人员从被审计单位外部或内部获取的会

计记录以外的信息,如被审计单位会议记录、内部控制手册、询证回函等;通过询问、观察和检查等审计程序获取的资料信息,如监盘存货获取存货存在的证据等;审计人员自己编制或获取的可以通过合理推断得出结论的信息,如各种计算表、分析表等。

人力资源管理信息资料主要包括企业人员招聘、培训计划、记录,人员考核、奖惩记录、发布的文件,人员调配、辞退流程记录和文件,人员考勤记录、评价记录等。

(二)审计证据的作用

审计证据在整个审计过程中占有特殊地位,是影响审计报告有效性、审计结果公正性的重要因素。

(1)审计证据是确认被审事项事实真相,形成审计意见的客观基础;

(2)审计证据是考核和评价审计工作质量的基本依据;

(3)审计证据是确定和解除被审计人员经济责任和法律责任的客观依据;

(4)审计证据有利于避免或免除审计人员的法律责任。

从一定意义上讲,收集、评价和综合审计证据是整个审计工作的核心,直接关系到审计工作的成败。

二、审计证据的种类

审计证据可以按照不同的标准进行分类,而不同种类的审计证据在实现审计目标方面有不同的作用。因此,审计人员必须了解审计证据的种类,以便针对不同性质的认定来选择最适当的方法,以获取充分、适当的审计证据。

(一)审计证据按其外形特征可分为实物证据、书面证据、口头证据和环境证据四大类

实物证据是指在审计对象作为实物形态而存在的情况下,审计人员通过实际观察或清查盘点所获取的、用以确定某些实物资产是否确实存在的证据。例如,库存现金、各种存货和固定资产等可以通过监盘或实地观察来证明其是否确实存在。在审计实务中,最典型的实务证据就是各类盘点表。

通常实物证据被认为是最可靠的证据,具有很强的证明力。但实物资产的存在并不完全能证实被审计单位对其拥有所有权。例如,年终盘点的存货可能包括其他企业寄售或委托加工的部分,或者已经销售而等待发运的商品。再者,某些实物资产的清点,虽然可以确定其实物数量,但质量好坏有时难以通过实物清点来进行判断。因此,对于取得实物证据的账面资产,还应就其所有权归属及其价值情况另行审计,收集另外的审计证据。

书面证据是审计人员在审计过程中所获取的各种以书面文件为存在形式的证据。它包括与审计有关的各种原始凭证、会计记录(记账凭证、会计账簿和

各种明细表)、各种会议记录和文件、各种合同、通知书、报告书及函件等。在审计过程中,审计人员往往需要大量地获取和利用这些书面证据。书面证据是审计证据的主要组成部分,也可以称之为基本证据。

书面证据的可靠性取决于两个因素:一是证据本身是否容易被涂改或伪造,对于容易被涂改或伪造书面证据,其可靠性差;二是书面证据的来源。通常来源于企业外部的书面证据比来自企业内部的书面证据的可靠程度高。书面证据按其来源可以分为外部证据和内部证据两类。

口头证据是由被审计单位职员或其他人员对审计人员的提问做口头答复所形成的审计证据。如在审计过程中,审计人员通常会向被审计单位的有关人员询问会计记录、文件的存放地点,采用特别会计政策和方法的理由,收回逾期应收账款的可能性等。

一般而言,口头证据本身并不足以证明事情的真相,但审计人员往往可以通过口头证据发掘出一些重要的线索,从而有利于对某些需审核的情况做进一步的调查,以搜集到更为可靠的证据。在审计过程中,审计人员应把各种重要的口头证据尽快做成记录,并要求被询问者签名确认,同时应尽可能地从不同渠道取得其他相应证据的支持。相对而言,不同人员对同一问题所做的口头陈述相同时,口头证据具有较高的可靠性。

环境证据也称状况证据,是指对被审计单位产生影响的各种环境事实。具体而言,包括以下几种:

(1)有关企业内部控制情况。如果被审计单位有着良好的内部控制,就可增加其会计资料的可信赖度,审计人员需要收集的其他审计证据就可以适当减少。

(2)被审计单位管理人员的素质。被审计单位管理人员的素质越高,则其所提供的证据发生差错的可能性就越小。

(3)各种管理条件和管理水平。被审计单位各种管理条件越好、管理水平越高,其所提供的证据可靠程度也越高。

必须指出,环境证据一般不属于基本证据,但它可以帮助审计人员了解被审计单位及其经济活动所处的环境,是审计人员进行判断时所必须掌握的资料。

(二)审计证据按相互关系可分为基本证据、佐证证据和矛盾证据

基本证据是指对被审计事项具有主体证明力的证据,它可以直接证明被审事项。如证明账簿登记的正确性,登记账簿的记账凭证是基本证据。证明资产负债表各项数字的正确性,据以编表的各账户余额是基本证据。

佐证证据是指能够支持基本证据证明力的证据,它是基本证据的必要补充。如记账凭证是证明账簿登记正确的基本证据,佐证证据就是记账凭证所附

的原始凭证,它们是支持记账凭证证明力的证据,是记账凭证的必要补充。一般情况下佐证证据不能直接证实被审计事项,没有作为定案依据的效力,只能解释被审计事项的有关情由。

矛盾证据是证明方向与基本证据相反,或证明的内容与基本证据不一致的证据。如在已取得被审计单位已按规定纳税的证据后,又收集到该单位属于纳税收入而未计入纳税收入中的一笔其他销售收入的证据,这就是矛盾证据。遇有矛盾证据,审计人员必须进一步收集审计证据,以肯定或否定证据间的矛盾。

三、审计证据的特征

（一）审计证据的充分性

充分性是关于审计证据的数量特征,它是指审计证据的数量能足以使审计人员形成审计意见。客观公正的审计意见必须建立在足够数量的审计证据的基础上,但这并不是说,审计证据的数量可以无限制地增多。

审计人员判断审计证据是否充分,应当考虑下列主要因素：

（1）审计风险。错报风险越大,需要的审计证据越多。

（2）具体审计项目的重要性。审计项目越重要,审计人员就越需要获取充分的审计证据以支持其审计结论或意见。而对于不太重要的审计项目,即使审计人员出现判断上的偏差,也不至于引发整体判断失误,因而可减少审计证据的数量。

（3）审计人员的经验。经验丰富的审计人员,往往可从较少的审计证据中判断出被审事项是否存在错误或舞弊行为,从而可减少对审计证据数量的依赖程度。

（4）审计过程中是否发现错误或舞弊。一旦审计过程中发现被审事项存在错误或舞弊行为,则被审计单位整体会计报表存在问题的可能性就增大,因此需要增加审计证据的数量,以确保能做出合理的审计结论,形成恰当的审计意见。

（5）审计证据的类型与获取途径。如果审计人员获取的大多数是外部证据,则审计证据的质量较高,故可适当减少证据的数量;反之,数量就应相应地增加。

（二）审计证据的适当性

适当性是关于审计证据的质量特征,它是指审计证据的相关性和可靠性。审计证据的相关性是指审计证据应当与审计目标相关;审计证据的可靠性是指审计证据应能如实反映客观事实。充分性和适当性是审计证据的两个重要特征,两者缺一不可,只有充分且适当的审计证据才是有证明力的。

四、经济责任审计证据的收集、整理与分析

审计证据的收集是审计人员在政府经济责任审计过程中运用检查、监盘、观察、查询及函证、计算和分析性复核等审计方法获取审计证据的过程。

审计证据的整理分析是指对收集到的、个别的、分散的初始审计证据进行归纳、分析和综合，使之更加条理化、系统化，形成综合证明力，并在此基础上形成恰当的整体审计意见。必须指出的是，审计证据的收集与整理分析往往是交叉进行的，并非是互不相关的独立环节。在收集审计证据的过程中就需要对证据资料进行初步整理分析，在整理分析过程中一方面能形成有价值的新的审计证据，另一方面还可以发现证据不足之处，及时进行补充收集。

（一）审计证据整理与分析的方法

一般来说，审计证据的整理与分析没有固定模式，其方式随审计目的和审计证据的种类不同而不同。审计证据整理与分析的基本方法主要有：

（1）分类。分类是指将各种审计证据按其证明力的强弱，或按与审计目标的关系是否直接等分门别类排序。通过归类，使初始证据条理化、有序化。

（2）计算。计算是指按照一定的方法对数据方面的审计证据进行加工运算，从而得出所需的新的审计证据。

（3）比较。比较包括两方面的内容：一方面是将各种审计证据进行反复比较，从中分析出被审计单位经济业务的变动趋势及其特征；另一方面是将审计证据与审计目标进行比较，判断审计证据是否符合要求。

（4）小结。小结是指审计人员在对审计证据进行上述分类、计算和比较的基础上，还应对审计证据进行归纳、总结，得出具有说服力的局部的审计结论。

（5）综合。综合是指审计人员对各类审计证据及其所形成的局部的审计结论进行综合分析，最终形成整体的审计意见。

政府经济责任审计证据的整理分析过程主要是根据评价指标分类的要求，对已经搜集到的各种原始资料进行分类；证据计算主要是对已经采集的涉评数据进行调整后将每一个评价指标值计算出来；然后再对照评价标准根据指标值对每一个单项指标打分的基础上，进行分类和综合打分评价。这一过程形成的各种记录和信息资料，都是政府经济责任审计证据。

（二）审计证据整理与分析应注意的几个问题

审计人员在整理与分析审计证据的过程中，应着重解决好以下问题：

1. 审计证据的取舍

审计人员不必也不可能把审计证据所反映的内容全部都包括到审计报告之中。在编写审计报告之前，审计人员必须对反映不同内容的审计证据进行适当的取舍，舍弃那些无关紧要的、不支持审计意见的次要证据，只选择那些具有

代表性的、典型的审计证据在审计报告中加以反映。审计证据的取舍标准应考虑两方面:

(1)金额大小。对于金额较大,足以对被审计单位的财务状况或经营成果的反映产生重大影响、对被审计人履行经济责任产生重要影响的证据,应当作为重要证据予以保留。

(2)问题性质的严重程度。严重性是判断取舍的又一重要标准。在涉及金额不大但问题引发的后果甚为严重的情况下,如影响合同履行、影响被审计人履责,同样应将其作为重要的审计证据。

2. 分清事实的现象和本质

有些审计证据所反映的情况可能只是一种现象,审计人员不能被这些表面现象所迷惑,而应该能够透过想象挖掘出事物的本质。

3. 排除伪证

伪证是审计证据的提供者出于某种动机而伪造的证据,或是有关方面基于某些主观或客观原因而提供虚假证据。这些伪证以假乱真,如不认真排除,往往会干扰审计人员形成正确、恰当的审计结论和意见。

4. 责任分离

企业领导人员个人责任往往与企业整体责任相互融合,没有证据一般难以分清,审计证据则是分清领导人员与其他人员在某一问题上应负的责任重要证明资料。在搜集、整理审计证据过程中应注意围绕领导人员个人责任进行。

第二节　政府经济责任审计工作底稿

审计工作底稿是审计证据的载体和汇集,其全部内容可作为审计过程和结果的书面证明,也是审计人员形成审计结论、发表审计意见的直接依据。审计证据的收集过程同时又是审计工作底稿的编制和整理过程。

一、审计工作底稿的概念、形式和要素

(一)审计工作底稿的概念

审计工作底稿是审计证据的载体,是审计人员在政府经济审计过程中形成的审计工作记录和获取的资料。它形成于审计过程,也反映整个审计过程。

审计工作底稿其内容包括:①审计人员在制订审计计划、实施审计程序、形成审计结论时直接编制的、用以反映其审计思路和审计过程的工作记录;②审计人员从被审计单位或其他有关部门取得的、用作审计证据的各种原始记录,以及审计人员接受并审阅别人代为编制的审计记录。

审计工作底稿是审计业务中普遍使用的专业工具。编制或取得审计工作底稿是审计人员最主要的审计工作。审计工作底稿的作用体现在以下几方面：审计工作底稿是连接整个审计工作的纽带，有利于组织协调审计工作；审计工作底稿是审计人员形成审计结论、发表审计意见的直接依据；审计工作底稿是解脱或减轻审计人员的审计责任、评价或考核审计人员专业能力与工作业绩的依据；审计工作底稿为审计质量控制与质量检查提供了可能；审计工作底稿对未来的审计业务具有参考备查价值。

（二）审计工作底稿的形式

审计工作底稿可以以纸质、电子或其他介质形式存在。实务中，为便于审计单位内部质量控制和外部执业检查或调查，以电子或其他介质形式存在的审计工作底稿通过打印方式，转换成纸质形式的审计工作底稿，并与其他纸质形式的审计工作底稿一并归档。

无论审计工作底稿以何种存在形式，审计单位都应当对审计工作底稿设计和实施适当控制，以实现下列目的：

（1）使审计工作底稿清晰地显示其生成、修改及复核的时间和人员；

（2）在审计业务的所有阶段，尤其在项目组成员共享信息或通过互联网将信息传递给其他人员时，保护信息的完整性和安全性；

（3）防止未经授权改动审计工作底稿；

（4）允许项目组和其他经授权的人员为适当履行职责而接触审计工作底稿。

审计工作底稿通常包括总体审计策略、具体审计计划、分析表、问题备忘录、重大事项概要、询证回函、核对表、有关重大事项的往来邮件、以及对被审计单位文件记录的摘要或复印件。

审计工作底稿通常不包括已被取代的审计工作底稿的草稿或财务报表的草稿、对不全面或初步思考的记录、存在印刷错误或其他错误而作废的文本、以及重复的文件记录。

（三）审计工作底稿的要素

审计人员所编制的审计工作底稿一般应包括以下全部或部分要素：

（1）被审计单位名称，它是指财务报表的编报单位。

（2）审计项目名称，它是指某一财务报表项目名称或某一审计程序及实施对象的名称。如现金盘点表、原材料抽查盘点表等。

（3）审计项目时点或期间，是指某一资产负债表项目的报告时点或某一利润表项目的报告期间。

（4）审计过程记录，在审计工作底稿中要求详细记录审计程序实施的全过程。包括两方面内容：一是被审计单位的未审情况，包括被审计单位的内部控制情况、有关会计账项的未审计发生额及期末余额。二是审计过程的记录,包括审计人员实施的审计测试性质、测试项目、抽取的样本及检查的重要凭证、审计调整及重新分类事项等。

(5)审计标识及说明。审计标识是审计人员为便于表达审计含义而采用的符号。为了便于他人理解,审计人员应在审计工作底稿中说明各种审计标识所代表的含义,或者采用审计标识说明表的形式统一说明。审计标识应前后一致。

(6)审计结论。审计结论帮助审计人员总结所执行的相关审计程序后所得出的结论,并进一步作为形成审计意见的基础。

(7)索引号及编号。通常,审计工作底稿需要注明索引号及顺序编号,以使相关审计工作底稿之间保持清晰的勾稽关系。

(8)编制者姓名及编制日期。每一张审计工作底稿上应当注明执行审计工作的人员姓名及其完成该项审计工作的日期。

(9)复核者姓名及编制日期。审计工作的复核人员也应当在审计工作底稿上签名,并注明复核的日期和范围。在需要项目质量控制复核的情况下,还需要注明项目质量控制复核人员及复核的日期。

二、审计工作底稿的内容

(一)编制审计工作底稿的总体要求

审计人员编制的审计工作底稿,应当使得未曾接触该项审计工作的有经验的专业人士清楚地了解:按照政府审计准则的规定实施的审计程序的性质、时间和范围;实施审计程序的结果和获取的审计证据;就重大事项得出的审计结论。

具体而言,审计人员编制的审计工作底稿,应当:内容完整、格式规范、标识一致、记录清晰、结论明确,以便其他审计人员在复核、检查或使用审计工作底稿时,能够理解和接受审计工作底稿的内容。对于由被审计单位、其他第三者提供或代为编制的审计工作底稿,审计人员必须做到:注明资料来源,实施必要的审计程序(如对有关法律性文件的复印件同原件核对一致)。

(二)审计工作底稿内容的影响因素

(1)实施审计程序的性质。不同的审计程序会使得审计人员获取不同性质的审计证据,由此会编制不同格式、内容和范围的审计工作底稿。政府经济责任审计编制的审计工作底稿要求内容详尽、表述清楚、层次分明、来源准确。

(2)已识别的重大风险。显然风险越高越要给予更多的审计关注,采用更详细的取证过程。

(3)在执行审计工作和评价审计结果时需要做出判断的范围。

（4）已获取审计证据的重要程度。审计人员在执行多项审计程序时可能会获取不同的审计证据，有些审计证据的相关性和可靠性较高，有些则较差，审计人员可区分不同的审计证据进行有选择性的记录。

（5）已识别的例外事项的性质和范围。

（6）当从已执行审计工作或获取审计证据的记录中不易确定结论或结论的基础时，记录结论或结论基础的必要性。

（7）使用的审计方法和工具。

（三）政府经济责任审计工作底稿的内容

审计工作底稿是对审计证据的分类汇总性的记录，经过整理加工后的审计证据形成了小结性的记录。政府经济责任审计工作底稿记录在实质性内容方面必须适应经济责任审计工作特点、工作目标的要求，按照经济责任审计立项、计划、取证、评价、报告工作过程建立工作底稿内容体系。政府经济责任审计工作底稿内容主要有以下方面：

1. 审计立项

政府经济责任审计立项阶段搜集的审计证据主要包括，被审计领导人员任职任命文件、政府有关部门、企业董事会对领导人员经济责任审计委托或委派通知等文件。审计人员在审计工作底稿中，根据上述搜集的证据资料对审计立项阶段的记录应包括的内容是：被审计领导人员名称、职务、任职时间、任职期满时间、审计立项日期、审计立项依据、审计立项目的（是一般离任审计还是有其他目的的审计）、审计的主要内容和范围等。

2. 审计计划

政府经济责任审计计划阶段主要是指审计小组进驻被审计单位时编制审计方案、了解被审计单位和个人一般情况阶段，这一阶段主要证据资料包括审计通知书、审计方案、内部控制符合性测试报告等。审计人员在审计工作底稿中，根据上述搜集的证据资料对审计计划阶段的记录应包括的内容是：进驻被审计单位日期、审计方案主要内容、针对具体审计项目选择的评价指标组合、评价指标的调整、计算方案、内部控制评价结果、重点采集的涉评数据、审计人员的分工和任务安排等。

3. 审计取证

政府经济责任审计取证阶段主要是指审计小组进驻被审计单位后根据审计方案的要求采集计算各个评价指标的构成数据——涉评数据，并相应收集证实每一个数据真实性、可靠性、合法性、合规性的证据、了解被审计单位和个人重要业绩和重大问题的阶段，这一阶段主要证据资料包括从被审计单位内外收集的反映经济责任履行情况的数据及证明资料、领导人员的业绩报告、对领导人员的举报材料等。审计人员在审计工作底稿中，根据上述搜集的证据资料对审计取证阶段的记录应包括的内容是：每一个涉评数据的确认数、每一个涉评数据的来源、每一个涉评数据的计算和确认过程、涉评数据中错弊数据调整额等。

4. 审计评价

政府经济责任审计评价阶段主要是指审计小组涉评数据采集结束后根据审计方案的要求计算各个单项评价指标得分值、分类指标得分值、指标总分值；评价被审计单位和个人重要业绩和重大问题的阶段，这一阶段主要证据资料包括从被审计单位内外收集的单项指标评价标准、各单项指标计算值等。根据上述搜集的证据资料对审计评价阶段的记录应包括的内容是：每一个单项指标的得分值、每一个单项指标分值计算标准，每一类指标分值、每一类指标分值计算标准，各类指标综合分值、各类指标综合分值计算标准等。

5. 审计报告

政府经济责任审计报告阶段是指审计小组编制审计报告的过程，即在审计评价的基础上确定审计报告的内容，编制审计报告的过程。在这一阶段，主要是审计人员与被审计的领导人员、被审计单位其他相关人员以及审计小组内部人员的沟通和交流阶段。审计人员在沟通和交流中，可以取得沟通交流的书面资料，也可以得到口头交流的信息等。根据上述搜集的证据资料对审计报告阶段的记录应包括的内容是：审计小组集体讨论编列的审计报告提纲、被审计领导人员的业绩总结、被审计领导人员的问题总结、被审计领导人员的综合评价、被审计单位管理中的漏洞和风险等。

三、审计工作底稿的复核

(一)审计工作底稿复核的作用

一份审计工作底稿往往由一名专业人员独立完成，编制者对有关资料的引用，对有关事项的判断，对会计数据的加计验算等都可能出现误差，因此，在审计工作底稿编制完成后，审计工作底稿复核就显得很有必要。审计组织应结合其实际情况，制定出实用有效的复核制度。

审计工作底稿复核制度，就是审计组织对有关复核人的级别、复核程序与要点，复核人的职责等所做出的明文规定。审计工作底稿复核的作用主要表现在以下三个方面：

(1)减少或者消除人为的审计误差，以降低审计风险，提高审计质量。

(2)及时发现和解决问题，保证审计计划顺利执行，并不断地协调审计进度，节约审计时间、提高审计效率。

(3)便于上级管理人员对审计人员进行审计质量监控和工作业绩考评。

(二)审计工作底稿复核的要求

复核是审计组织进行质量监控的一项重要程序，必须有严格和明确的规

则。一般来说,复核应做好以下四项工作:

(1)做好复核记录。在复核工作中,复核人如发现已执行的审计程序和做出的审计记录存在问题,应指示有关人员予以答复、处理,并形成相应的审计记录。

(2)书面表示复核意见。复核人复核审计工作底稿后应以书面形式表示复核意见。

(3)复核人签名和签署日期,以划清审计责任,也有利于上级复核人对下级复核人的监督。

(4)督促编制人及时修改和完善审计工作底稿。

(三)审计工作底稿的复核制度

1. 项目组内部复核

项目组内部的复核并非全部由项目负责人执行,项目负责人可以委派项目组内经验较多的人员复核经验较少的人员执行的工作,但是,项目负责人应对复核负责。

复核人员在复核已实施的审计工作时,复核的内容包括:

(1)审计工作是否已按照法律法规、职业道德规范和审计准则的规定执行;

(2)重大事项是否已提请进一步考虑;

(3)相关事项是否已进行适当咨询,由此形成的结论是否得到记录和执行;

(4)是否需要修改已执行审计工作的性质、时间和范围;

(5)已执行的审计工作是否支持形成的结论,并已得到适当记录;

(6)获取的审计证据是否充分、适当;

(7)审计程序的目标是否实现。

项目负责人也应当在审计过程的适当阶段及时实施复核,以使重大事项在出具审计报告前能够得到满意解决。项目负责人复核的内容包括对关键领域所作的判断,尤其是执行业务过程中识别出的疑难问题或争议事项、特别风险以及项目负责人认为重要的领域。检查这些内容的目的是通过对过程的控制,以最终确保审计报告的恰当性。

2. 项目质量控制复核

审计人员应当对特定业务实施项目质量控制复核。例如某政府机关搞形象工程造成市民不满,这就需要收集广泛证据材料,而不能只听部分市民反映和抱怨,对此也必须进行严格的复核。

项目质量控制复核,是指审计机关挑选不参与该业务的人员,在决定审计报告前,对项目组做出的重大判断和在准备报告时形成的结论做出客观评价的过程。

项目质量控制复核的范围,取决于审计业务的复杂程度和审计风险,对审计组做出的重大判断和准备在审计报告时得出的重要结论,应予更多关注。

第三节　政府经济责任审计报告

编制审计报告是审计人员完成审计项目的一个重要步骤。审计报告是审计人员对审计过程和结果的全面总结;是审计人员表达审计意见的主要方式,是整个审计工作质量最终体现;也是审计档案的重要组成部分。

一、审计报告的概念及作用

（一）审计报告的概念

审计报告是指审计人员根据有关规范的要求,对审计项目实施了必要的审计程序后出具的,用于阐明审计结果、做出审计评价、表明审计意见或建议的书面文件。审计报告是审计工作的最终结果,是政府经济责任审计的工作成果。

审计报告主要发挥如下作用:

（1）审计报告信息是委托或委派人做出正确审计决定的依据。

（2）审计报告是明确审计人员责任的重要资料。一方面可以看出经济责任审计任务的完成情况;另一方面当审计人员按照审计准则进行审计后编写的审计报告恰当,能解脱审计人员的责任。

（3）审计报告是评价审计人员工作质量的重要尺度。

（4）审计报告信息是党和政府以及社会有关人士做出决策的重要依据。

（5）审计报告是促使有关单位改进工作的建议书。

二、审计报告的种类

审计报告可以按照不同的标准进行分类。

（一）按审计报告的使用目的或公开程度分类

审计报告按其使用目的或公开程度分类,可以分为公布的审计报告和非公布的审计报告。政府经济责任审计报告上报给党政机关（委托或委派机关）后,是否公布其审计结果由委派或委派机关决定。

（二）按审计报告的内容详略程度分类

审计报告按内容详略程度可分为简式审计报告和详式审计报告。简式审计报告多用于社会审计业务之中,而政府经济责任审计报告多采用详式审计报告。

（三）按审计项目分类

审计报告可分为常规项目审计报告、特定项目审计报告。政府经济责任审计报告是一种特殊的审计报告,由于审计项目的特殊性,审计委托或委派人一般具有特定的审计要求,因此审计报告无论在格式上还是在内容上都有一些特殊要求,故政府经济责任审计报告应按照审计项目的特殊要求设计其具体格式和内容,既要满足对领导人员经济责任考核评价的需要,又要满足改进管理、有效控制舞弊、防范风险、增进绩效的需要。

（四）按审计目标分类

审计报告可分为财政财务审计报告和经济效益审计报告。财务审计报告内容通常包括被审计单位概况、审计概况、存在问题、审计意见、改进建议五方面。经济效益审计报告内容通常包括被审计单位概况、审计概况、基本评价、主要经验、存在问题、改进措施六方面。政府经济责任审计报告一般采用后者,因为政府经济责任审计是以分析评价经济履行情况的审计,也可以理解为是对履行经济责任绩效的审计,它更类似于经济效益审计。

三、审计报告的编写步骤

审计报告由审计项目负责人编制。编制审计报告通常需要经过以下几个步骤:

1. 整理审计底稿,分类归纳资料

审计人员在实施审计过程中,对审查出的问题都要随时逐个记入审计工作底稿。编写审计报告并不是把所有的问题都要重复一遍,而是针对审计的目标和范围,按照问题性质、重要程度和金额大小进行筛选,去粗取精,去伪存真,分类归纳整理,汇总金额,确定重要资料,以适应编写审计报告的需要。

2. 核实原始资料,分析问题性质

审计工作底稿经分类归纳整理之后,凡确定写入审计报告的资料,必须进一步查对核实。由于审计人员所收集的资料是在审计过程中随查随记的,所以,为了慎重起见,应从写入报告的资料是否齐全、完整,审核的问题是否彻底查清,数据是否经过反复核实,佐证是否充分可信等方面对引证的资料再次进行复查,对证核实,以保证资料的正确可靠性。

3. 拟定编写提纲,撰写报告初稿

对需要写入审计报告的问题,经过进一步分析定性之后,便可由主审人召集审计组会议,集体拟定审计报告编写提纲,或由主审拿出提纲初稿,提交会议讨论。提纲的内容一般根据整理出来的问题进行编写,即把所有问题按不同性质进行分类,归纳为几个主要问题,并冠以适当的标题,然后在标题下具体列示各项问题。撰写审计报告时,只须在提纲的基础上加上审计概况,附上各项问题的具体资料,并作出审计结论。

4. 征求意见,修改定稿

审计报告初稿形成之后,可交由审计组成员传阅,再召开审计组会议,进行充分讨论,反复推敲,认真研究,集思广益,修改完善。然后,再征求被审计单位和有关方面的意见。被审计单位应当在收到审计报告后在规定限期内提出书面意见,若在规定限期内没有提出书面意见的,视同无异议。被审计单位对审计报告有异议的,审计组应当进一步核实、研究,如有必要,应当修改审计报告。审计人员如果认为意见不合理,可让其写出申述说明。审计报告实行主审负责制,经主审签章后,连同被审计单位的申述意见,一并送交审计机关审定。经审计机关签署意见作出审计结论和决定后,通知被审计单位执行,并由审计机关进行监督,同时通知有关部门协助执行。

四、政府经济责任审计报告

政府经济责任审计报告是对被审计单位或被审计者经济责任履行情况进行全面分析评价的书面报告。设有独立内部审计机构而且规模比较大或者实行经济责任审计外派制的企业,经济责任审计报告应分为审计小组审计报告和内部审计机构审计报告。

政府经济责任审计报告正文包括基本情况、审计发现及审计结果、审计评价和审计建议等部分内容。企业领导人经济责任审计报告是审计报告的一种,其编制程序、方法、格式与其他常规审计报告基本相同,但是,在其内容上则有着不同要求。政府经济责任审计报告的主要内容是:

(一)基本情况

指被审计企业和被审计人员的基本情况,主要包括说明政府经济责任审计的依据、审计的内容、范围、方式、起讫时间等内容;还包括被审计人员姓名、职务、任职时间、被审计单位的经济性质、管理体制、业务范围及经营规模,财务隶属关系或资产监管关系,核算管理体制、财务收支状况、被审计领导人指责范围等基本内容。具体包括:

1. 审计依据基本情况

审计依据基本情况包括实施该政府经济责任审计项目的法律法规依据和委托、授权等依据,以表明审计机关进行该项经济责任审计的合法性。

2. 审计项目基本情况

审计项目基本情况包括审计范围、审计内容、审计方法等。审计的基本情况主要是明确该项政府经济责任审计工作的具体开展情况和审计实施的整体状况。其中审计范围主要包括审计期间或时间范围和审计的对象范围,以划分出已审计事项和非审计事项的界限,也表明审计机关发表政府经济责任审计意见的总体范围和审计机关或审计人员承担审计责任的范围。审计内容应从总体上写明审计对象范围,它是审计取证和发表审计意见的基础和针对的对象,也表明了审计机关或审计人员承担审计责任的范围,同时向政府经济责任审计报告的使用者表明该报告的使用范围。审计方法是说明审计人员采用何种专业审计方法来审计该经济责任审计项目的,以说明其具体的审计风险,提示政府经济责任审计报告的使用者在使用该报告时应加以具体的分析和对其使用范围、方式加以必要的限制。

3. 被审计单位的领导的基本情况

被审计单位的领导的基本情况包括其在单位所任职务、任职时间或期间、主要职责等情况,以告知报告的使用者被审计的领导干部的基本情况。

(二) 审计发现及审计结果

审计发现包括审计发现的问题也应包括发现被审计对象的履行职责取得的业绩,审计发现的问题主要有三类:第一类是指审计查出的被审计单位违反财经法规和审计法的行为;第二类是审计查出被审计单位的不合理、不规范的行为;第三类是审计查出的被审计者个人存在的问题。审计报告应对审计发现的问题给予具体揭示,包括发现问题的事实、产生问题的原因、所违反的有关法律法规的具体内容、存在问题所造成的影响和后果等。审计查明履行经济责任的业绩应根据被审计对象的职权范围、责任目标等内容分类列述,例如财务决策和管理业绩、资产增值保值业绩、经营决策和管理业绩、人力资源决策和管理业绩等。

审计发现可以以写实的方式,描述审计查证结果,以准确反映领导干部任期内履行经济责任情况和存在的问题,对发现的问题,可视性质分类。如果问题较少,也可直接叙述。写问题须表明问题产生的时间、地点、情节、原因及可能导致的后果,为正确划分责任奠定基础。

审计结果应针对有关审计的内容和重点逐项列出,主要应列出的事项有包括资产、负债、权益、损益的审计情况,重大投资决策情况,内部控制制度建立和执行情况,风险控制情况,目标责任制完成情况等结果。

(三) 审计评价

审计评价即对被审计的领导干部履行经济责任情况的审计评价,该部分是政府经济责任审计报告的主体部分。包括:对业绩的评价、对财务收支真实性、合法性的评价、对与经济活动有关的内部控制制度是否健全、有效的评价、对经济运行情况及重大经济决策的评价、对领导干部遵守国家财经法规情况、廉政情况的评价等。通过审计评价,应当清楚准确地表明被审计单位或被审计领导干部的经济责任的履行情况。

经济责任审计评价应运用定量评价和定性评价相结合的方法,综合评价被审计人员任职期间的主要业绩,指出其单位发生的主要经济问题以及应由领导干部担负的主管责任和直接责任。审计报告中所列的审计评价的内容包括财务信息管理、资产实物管理、人力资源管理、经营业务管理真实性、合法性、有效性评价等。

审计定量评价主要是根据各项评价指标的取值和计算结果,对照评价标准对经济责任履行程度的定量性评价。根据评价指标组合的基本结构和指标层次的要求,经济责任的定量评价可以采取三级评价制,也可以采取综合评价制。三级评价制即依据评价指标组合的分类,对经济责任履行情况按单项指标评价、分类指标评价和综合评价。三级评价中单项指标评价最重要,因为它是整个评价工作的基础,单项指标评价不准,直接影响到分类评价和综合评价的公正性、客观性。实行三级评价制时,一定要把好单项指标评价这一关。综合评价制就是不按照评价指标的分类,而直接对每一个指标评价的基础上得出综合评价结论。前者比较适宜规模较大的被审计单位,其业务管辖范围宽泛,承担的责任全面,业务管理复杂的经济责任评价项目;后者比较适宜于业务管辖范围较窄,承担责任单一的部门负责人的经济责任评价项目。

审计定性评价主要是在定量评价的基础上,根据各项经济责任履行的事实情况,对经济责任履行的过程和效果所作的品质性界定。定性评价是对定量评价结果的详细描述和补充说明,定性评价应以定量评价结果为"纲要",必须遵循定量评价得出的量级限定,不能无原则地突破评价量级限定,随意拔高或降低对领导人员的评价结论。

审计评价中,要做好经济责任界定工作。经济责任界定即确认被审计的领导干部对违反财经法规和损失浪费等问题上所应承担的直接责任或主管责任。这部分是经济责任审计报告的难点。

(四)审计建议

对审计发现的违反财经法规和重大风险的问题,认为需要依法给予处理、处罚或进行控制的,应在审计职权范围内提出审计处理意见和审计建议。对审计发现的好的管理经验和方法,应建议各部门和有关领导进行学习与推广。

对发现的问题审计建议有四类:一是审计发现被审计单位内部控制制度以及生产经营、财务管理、业务管理等方面的问题,提出加强和改进管理的建议。二是被审计单位所执行的规定与现行的法律法规相抵触,有关部门侵害被审计单位的经营自主权和其他合法权益,应当由有关部门处理、处罚的,提请有关部门纠正或者对责任人处理、处罚。三是对被审计单位违反国家规定的财务收支行为负有直接责任的主管人员和其他直接责任人员,认为应当给予行政处分的,向被审计单位或者其上级机关、监察机关提出给予行政处分的建议;认为已经触犯刑律,构成犯罪的,提出移送有关司法机关追究刑事责任的建议。四是对单位内部控制不完善的业务环节和存在经营风险的经济业务事项,应提出切实可行的控制方法和改进的措施建设。

第四节　政府经济责任审计管理建议书

审计人员既可以接受委托,对内部控制进行专门审核并提出管理建议,也可以在实施审计中针对被审计单位内部控制重大缺陷提出改进建议。在政府经济责任审计中,如果政府审计机关对企业董事长或总经理进行经济责任审计考虑到有些管理问题不便向有关社会公开,应在出具审计报告的同时出具管理建议书,将审计报告中的审计建议的部分内容,如涉及企业内部控制、风险管理等内容移至管理建议书中加以表述。

一、管理建议书的含义和出具要求

（一）管理建议书的含义

管理建议书是审计人员针对审计过程中注意到的可能导致被审计单位财务信息重要错误和管理重要失误等内部控制重大缺陷,提出的书面的管理建议。

管理建议书提及的内部控制重大缺陷,仅为审计人员在审计过程中注意到的,并非内部控制可能存在的全部缺陷。审计人员对审计过程中注意到的内部控制和管理的一般问题,可以口头或以其他适当方式向被审计单位有关人员提出。管理建议书不应被视为审计人员对被审计单位内部控制整体发表的意见,也不能减轻或免除被审计单位管理当局建立健全内部控制等经济责任。审计人员出具管理建议书,不应影响其应当发表的审计意见。

（二）管理建议书的作用

编制和提交管理建议书有以下几方面的作用:

（1）编制和提交管理建议书,可以针对被审计单位内部控制中存在的问题,提出进一步完善内部控制的建议,促使被审计单位加强内部控制,改进会计工作,提高经营管理水平。

（2）编制和提交管理建议书,可以针对被审计单位内部控制中存在的缺陷和薄弱环节,事前提出合理的改进建议,把审计人员法律责任减少到最低限度。

（3）编制和提交管理建议书,可以衡量和评价审计人员的审计服务质量,促使审计人员增强服务意识,更好地完成审计目标,提高审计人员的职业道德修养和技术水平,也可以取得被审计单位的信任。

（4）编制和提交管理建议书可以强化政府责任审计项目的效果,说明审计不仅是发现问题、提出问题,而且参与解决问题,更好地体现了审计治本性功能。

（三）管理建议书的出具要求

审计人员在编制管理建议书之前,应当对审计工作底稿中记录的内部控制重大缺陷及其改进建议进行复核,并以经过复核的审计工作底稿为依据,编制管理建议书。管理建议书中反映的内部控制缺陷,可按其对财务信息、管理质量和管理风险的影响程度排列。在出具管理建议书之前,审计人员应当与被审计单位有关人员讨论管理建议书的相关内容,以确认所述重大缺陷是否属实。

二、管理建议书的内容

管理建议书的基本内容包括"标题"、"收件人"、"经济责任审计目的及管理建议书的性质"、"内部控制和管理重大缺陷及其影响和改进建议"、"使用范围和使用责任"、"签章"与"日期"七部分内容。各部分具体内容如下:

1. 标题

管理建议书的标题应当统一规范为"管理建议书"。

2. 收件人

管理建议书的收件人应为被审计单位管理当局,以便准确致送管理建议书。

3. 财务报表审计目的及管理建议书的性质

管理建议书应当指明审计目的是对审查经济责任履行情况,管理建议书不应视为对内部控制发表的鉴证意见,所提建议不具有"公证性"和"强制性"。

4. 内部控制与管理重大缺陷及其影响和改进建议

管理建议书应当指明审计人员在审计过程中注意到的内部控制与管理制度设计及运行方面的重大缺陷,包括前期建议改进,但本期仍然存在的重大缺陷。因为这些缺陷可能继续对财务报表及其所反映的经济活动的真实性和合法性造成影响,增大本期的审计风险。而且,这也可以再次提醒管理当局对未改进缺陷引起重视。

管理建议书应当指明内部控制重大缺陷对财务报表可能产生的影响,以及相应的改进建议。对内部控制的缺陷和问题必须写得具体,分析评价意见要客观、公正,改进建议要有针对性并切实可行,理由要写得充分、可信。只有这样,才能保证管理建议书的质量。

5. 使用范围及使用责任

管理建议书应当指明其仅供被审计单位管理当局内部参考。

6. 签章

管理建议书应当由审计人员签章。

7. 日期

出具管理建议书的日期。

第十章　政府经济责任审计风险管理 与质量控制论

第一节　政府经济责任审计潜在矛盾剖析

　　任何审计工作都有风险,就是所谓审计风险。所谓审计风险是指审计对象中存在重大缺陷,审计主体因各种原因做出了不正确的审计结论,发表不适当审计意见而导致其承担相关责任的危险。审计风险是一种"可能性",是因为发表审计意见失当,可能给审计机关和社会带来的潜在危险。审计风险的存在是无法完全避免的,在审计工作中,审计人员应尽可能将审计风险降低到人们可以接受的程度。审计质量与审计风险有着紧密的联系,要提高审计质量,一个重要手段就是控制审计风险。

　　经济责任审计自1985年开展以来,经历了二十多年的发展,先由厂长(经理)离任审计,经过承包经营责任审计,发展到今天的任期经济责任审计。因为经济责任审计是我国审计界的创造,在理论上预研究准备不足,在实践也没有现成的审计模式可供借鉴和参考,因此经济责任审计始终处于不断探索和创新之中,没有走向真正成熟,导使经济责任审计工作的开展过程中,遇到许多矛盾与困难。政府经济责任审计如何继承经济责任审计的经验和做法,努力提高审计质量和水平,在构建廉洁高效政府、构筑社会主义和谐社会、推进民主法制中发挥更大的作用,须深入分析经济责任审计发展中的各种矛盾,剖析其矛盾产生的根源以及各种矛盾诱发审计风险的方式和种类,这对于积极寻求化解经济责任审计的各种矛盾、降低经济责任审计的风险,深化政府经济责任审计,无疑具有非常重要的现实意义。

一、政府经济责任审计的若干反差

(一)社会监控体系与审计目标的反差

　　审计的委托人希望通过政府经济责任审计对被审计者履行经济责任的情况进行分析评价,但是审计毕竟是间断性过程,即只在审计程序中审计人员进入被审计单位执行分析检查,而审计期间审计人员不可能长期呆在被审计单位,这时被审计人履行经济责任需要依靠履责者的自我约束、自我控制,或者依赖社会监控体系对其进行监督与控制,而审计与社会监控体系相比,后者的地位和作用更为重要和直接,而前者不过是后者的组成部分而已,有时两者的目标可能不协调,审计与社会监控体系的对接不是无缝的,可能存在某些真空和死角,导致两者形成一定的反差,表现在:

第一,党政机关、国有企业、事业单位管理控制体系中权力过分集中,导致监督与控制力度与整体功能的削弱或下降。主要表现在两个方面:一是单位管理控制系统中主要领导干部个人手中权力过分集中,而在管理环节本身无法全域运行,政府和单位最高领导人只监控别人而自己得不到有效监控,使监督与控制存在盲区,而这一盲区不容易得到弥补,从而导致整个监控体系的功能下降。二是在宏观监控体系中,政府机关的权力过大、过分集中,往往导致对其监控仅流于形式,当政府的行为出现差误的时候,只有待它自己醒悟过来以后再自我纠正,而许多问题本应在管理环节加以遏制或消除,但是现行社会经济监督与管理体系却无力消除这些不良因素。这不是在政府经济责任审计范围内能够解决的问题。

第二,社会监督与控制管理体系中缺乏统一的协调机制,导致了管理目标的不一致。在我国现行监督与管理体制中,缺乏有效的统一协调机制,这也是造成管理控制体系功能脆弱的另一原因。从形式上看,我国整个经济管理体系实行中央统一领导,各级地方分级管理的基本原则。但是在实际工作中这一原则并没有真正落到实处,一些地方,一些部门,各自为政,画地为牢,在政治上向中央要政策、要权力,实行地方保护主义;在经济上不顾中央三令五申乱收费,乱免税,截留国家财政收入,擅自挪用国家预算投资等。国家宏观政策的出台,往往由政府或有关部门起草文件,然后以政府的名义发布,政府及其部门在出台一些宏观管理政策时,往往掺杂了部门利益;一些部门往往以宏观管理者的身份借维护地区整体经济秩序或国家整体利益为名,行维护地方、部门局部利益之实。我国一些地方政府出台一些经济管理政策和宏观控制措施呈现两个特征:一个是部门利益与地区整体利益相纠合,以部门利益、局部利益取代地区整体利益和社会利益;另一个是地区和部门局部利益相结合,上有政策下有对策,以地区部门局部利益排斥国家整体利益。这种现象也渗透到立法、司法、执法过程中,一些司法部门并没有真正的将法律看作是神圣不可侵犯的,而是把部门利益看作是不可侵犯的。这也是政府经济责任审计无法制止的。

第三,在企业事业单位、政府机关的微观管理体系中,组织性监控制度设计存在缺陷,也是导致整个管理控制体系功能下降的因素之一。我国国有企业或国家控股企业,刚刚实行股份制改造,虽然从组织形式上建立起了现代企业的框架,但是由于国有企业或国家控股企业所有制形式较为单一,所有者主体缺位的现象较为普遍,董事会及董事长与经营者的内在制约机制,往往因两者非法利益的一致性而解体或失效。我国现代企业制度,各种与市场经济相适应的制度、措施体系还未真正建立起来,一部分企业的产权关系还未真正理顺。在我国现行的党委领导下的行政首长负责制体制下,无论是党委或是政府在行使职权时,首先考虑的是如何向上级负责,如何保证自己的权威,一个地区,要么形成了党委"一把手"下的领导机制,要么形成政府首长下的领导机制,党委书记也好,政府首长也好,个人意志凌驾于集体之上,严重破坏了党内民主生活,也给科学的宏观、微观经济管理体系的建立与运行设置了障碍。政府经济责任审计在此环境下运行困难重重。

政府经济责任审计与社会经济监督与控制体系存在不一致性,实质上是社会经济监控体系与经济社会管理目标要求不相适应的问题,而政府经济责任审计是在社会经济活动中,为加固现有的社会经济监督与管理体系所设置的防线,是在现行体制下追求社会利益和人民利益最大化的一种新型努力。

(二)政府经济责任审计功能与社会期望的反差

政府经济责任审计作为一种特殊审计,具有对领导干部履行其职责行为的经济监督功能。从其本质上说,这种监督是一种行政性监督,它与政府及其他部门的经济管理和司法部门的执法监督相比,与社会各界的期望相比,还是存在一些局限性。这种局限性主要表现在以下几个方面:

第一,监督手段的局限性,政府经济责任审计是对反映领导干部经济活动履行情况的信息资料以及经济责任履行行为进行检查评价,进而达到监督被评经济活动的目的的。这种手段与其他的监控手段相比,其局限性主要在于审计监督无法对领导干部履行责任的行为进行直接干预,无法对不称职的领导干部进行组织处理,其审计效力需要通过许多环节周转后才能显现,因此,当审计结束,审计机关提出审计意见,特别是对领导干部经济责任履行情况提供评价意见以后,对领导干部无法施加其他实质性的影响。

第二,查证方法的局限性,政府经济责任审计对领导干部经济责任履行情况的审计查证方法主要局限在审计工作的一般检查方法,其审计证据的搜集,主要是运用对领导干部所在单位会计资料及其他相关资料的检查,对财产实物的盘点以及经济活动的一般性调查等方法取得。审计人员无法向司法人员那样对当事人采取强制措施或到现场实地勘察。审计查证方法无论是从搜集证据的查证力度上和技术措施上都无法与司法部门相比。当被审计单位不配合审计时,特别是遇到软磨时,审计人员往往无计可施。因此,审计工作中许多重要证据可能被遗漏,有时发现了一些情况却囿于查证方法所限无法查深查透。

第三,查证内容的局限性,政府经济责任审计不仅要对领导干部的决策、管理、财务收支、会计信息的真实性、合理性、有效性进行审计,而且还要对领导干部任职期间有无失职渎职、贪污受贿及其他经济犯罪进行审查。领导干部贪污受贿行为,往往与所在单位的会计资料、财产实物无直接关联,而与其权力运作有关,而审计人员检查则主要是围绕着被审计单位的相关资料和财产实物进行,这些方面是审计人员之所长,有些贪污受贿案件,审计人员无法进行司法似的查证。

尽管政府经济责任审计在技术、方法、内容等方面存在着诸多局限,但是社会对政府经济责任审计却寄予厚望,人们不仅将经济责任审计作为查证领导干部全部经济责任履行情况的主要方法,而且也将经济责任审计作为查证违法犯罪活动的重要方式;人们不仅将经济责任审计作为有效维护社会主义经济秩序的重要手段,而且也将经济责任审计作为反腐倡廉的一项重要举措,赋予了政府经济责任审计过高的期望和寄托,这不能不说是一较大的反差。

所以,政府经济责任审计理论要向社会讲清楚,政府经济责任审计为何物,它能够做什么又不能做什么。现阶段政府经济责任审计显然不堪社会希望之重负,这是因为:首先,经济责任审计不具备查证领导干部个人重大违法犯罪行为的功能,领导干部的个人经济犯罪行为特别是贪污受贿行为往往是发生在被审计单位以外,受贿的资金来源与其所在单位无关,所在单位找不到任何关于外部受贿的信息和证据,而审计则只能局限于对被审计单位的内部资料、资产及其与其单位有关的经济行为的调查,对于被审计人的受贿行为调查也只能是在抓到一定线索的前提下进行,但审计本身则恰恰无法抓到其受贿的线索,更无法进行深入调查,社会要求经济责任审计查证领导干部贪污受贿行为的,在技术上缺乏可行性。其次,经济责任审计只能是维护社会主义经济秩序的措施之一,而不具有全面维护社会主义经济秩序的功能。全面维护社会主义经济秩序必须靠完善的社会经济管理体系和社会经济监督控制体系共同发挥作用。经济责任审计的监督功能与社会经济管理和监督体系是互动、互补、互助的,较薄弱的管理与监督控制体系,也会波及审计监督体系功能的发挥。最后,经济责任审计应具有防腐倡廉的长远效果,而不能作为反腐倡廉的具体措施或手段随时发生作用。通过经济责任审计对领导干部任职期间经济责任的查证和评价,可以为干部管理部门考核、任用、处分干部提供可靠依据,这本身是对领导干部的一种监控机制,审计结果对领导干部具有鞭策落后、鼓励先进、威慑犯罪的作用。但对已有经济犯罪行为的领导干部的犯罪行为的揭露、制止、处罚却缺乏非常有效的审计手段和足够的查案力度。

那种宣扬政府经济责任审计"能人所不能",把经济责任审计功能过分地夸大赋予其无法完成的职责,鼓吹"审计万能论",在理论上是有害的,在实践中是行不通的。

（三）经济责任审计的超前性与法规建设滞后性的反差

政府经济责任审计的每一阶段的发展,都与经济体制和政治体制改革息息相关,它伴随着我国改革开放和经济建设走向深入,现行的经济责任审计,即任期经济责任审计,是在我国现代企业制度建立和政府管理体制的进一步改革,社会主义市场经济体制的基本框架已经形成这一重要历史关头建立的一种审计监督制度,具有一定的超前性、前瞻性。

从实践上看,政府经济责任审计在新社会市场经济体制基本框架刚刚形成,但其运行机制和规则有待进一步改进和完善。领导干部个人经济责任的履行,最容易受市场经济运行机制和规则不完善的制约和影响,社会急需要对领导干部经济责任履行有一个客观公正的评价机制,在这种前提下经济责任审计应运而生,这充分说明了经济责任审计产的适时性和针对性。

经济责任审计作为一种社会经济监督活动,也必须依照法律、法规、规章制度的规定进行,到目前为此,我国对经济责任审计的立法建制工作仍不能满足实践发展的需要,不能有效指导实践的深入。经济责任审计法规建设的滞后性,主要表现在立法观念、立法形式、立法内容等方面的滞后。

立法观念的滞后性,就是说,立法观念仍带有传统体制的惯性,习惯以行政命令代替法律法规,喜欢用红头文件,认为这样效果来得快,可以立竿见影,而审计法规建设明显需要很长的周期,特别是目前审计实践不成熟的条件下,所以经济责任审计立法"只听楼梯响不见人下来"。

立法形式的滞后性,主要是指建章立制所出台的文件形式不能适应实践活动的需要,立法形式缺乏一定的规范性。虽然在2006年6月1日开始实行经全国人大常委会修订的新的《审计法》第二十五条,对党政机关领导干部经济责任审计问题制作了原则规定,但是对政府经济责任审计的范围、评价模式和评价方法并没有做出详细而具体的表述。现在执行的是中共中央办公厅、国务院办公厅关于《县以下党政领导干部任期经济责任审计暂行规定》和《国有企业及国有控股企业领导人员任期经济责任审计暂行规定》两个文件引发了经济责任审计的高潮,但在此之前开展的厂长(经理)离任审计和承包经营责任审计也仅仅是由国务院及其有关部门出台的行政性法规文件为依据,没有法律依据与基础。严格来说,中共中央办公厅、国务院办公厅作为中共中央、国务院的日常性办事机构,既不能以自己的名义进行立法和制定规章制度,也不能代表中共中央、国务院在其职责范围以外进行发布行政命令,关于在全国开展经济责任审计的问题,绝不是两个办公厅所管辖范围内的业务。这种立法形式不仅落后于市场经济发展的整体进程,也滞后于经济责任审计工作实践发展。

立法内容的滞后性,中共中央办公厅、国务院办公厅关于经济责任审计的"两个暂行规定"和"两个实施细则"的发布,虽然给经济责任审计工作开展有一定指导意义,但是其内容较为简单,也难以适应经济责任审计的迅猛发展。首先,两办所发布的"两个暂行规定",虽然标题不同,但实质内容区别不大,没有根据县以下党政领导干部和企业法定代表人的具体职责范围、工作性质和特点制定与之相适应的经济责任审计工作的规程;党政领导干部和事业单位主要负责人经济责任审计,只能套用企业法定代表人的经济责任审计规程来进行操作。其次,中共中央办公厅、国务院办公厅的"两个暂行规定",并没有对经济责任审计的程序、审计的标准、审计评价指标体系、审计文书格式、审计报告的具体内容进行明文规定,这种为规范经济责任审计发布的文件不规范的现象,严重制约着经济责任审计的发展。中共中央办公厅、国务院办公厅"两个暂行规定"发布以后,审计署接着发布了"两个暂行规定"的"两个实施细则"。在实施细则中,虽然也对上述内容作了一些规定,但是这些规定与常规审计的有关规定无多大差别,仍然无法起到规范经济责任审计的作用。除此以外,各省、自治区、直辖市、计划单列市以及中共中央有关业务管理部门,也相继出台了有关经济责任审计的规定,这些规定各具特色,不同地区内容差别较大,难以作为在不同地区的通用规定。根据这些规定,无论是在审计程序上,方法上,还是评价标准上都难以实现经济责任审计的规范化。

经济责任审计法规建设的滞后性,不仅会影响到经济责任审计的工作实践的规范性,也会影响经济责任审计结果的客观公正性,从而引发审计风险,损害经济责任审计的形象。法规建设的滞后性也是我国立法观念的一种反映,通常认为,法规建设是对立法对象实践经验和理论研究成果的总结,一般法规制定出台,要有一个研究—实践—研究的过程,法制建设在一定期限范围内滞后是必要的。但是,这种滞后要有一个度,时间的滞后并不意味着立法形式和内容的滞后,经济责任审计立法的滞后性不仅表现在时间上,也表现在形式和内容上。这是政府经济责任审计深化需要解决的重要问题。

二、政府经济责任审计的体制性矛盾

(一)审计独立性方面的矛盾

审计的独立性是审计工作的灵魂,经济责任审计又对审计独立性有着特定的要求。众所周知,审计的独立性,主要是审计主体的独立性,而审计主体的独立性也是从审计主体在审计关系中的地位来确定的,在以往的审计独立性分析中,从财产所有权与管理权"两权"分离的角度分析审计关系及其审计主体地位,审计主体地位是独立性的化身。

在研究审计关系中,学术界只注重研究在以财产管理受托经济责任为基础的审计关系,却忽视了一个重要问题,就是国家行政机关中以行政授权为基础产生的审计关系以及在这种审计关系中,审计主体地位的变化。经济责任审计制度应更多地关注这一审计关系及其变化。通过研究表明,政府机关的受托经济责任关系是通过行政授权产生的。中央政府主要由全国人大授权,中央政府各部门,主要由政府授权,各级地方政府,主要由上级政府授权,地方政府各部门主要由同级政府授权,从而也产生了从中央到地方的层层授权和层层受托经济责任关系。各级政府为了保证其行政授权得到有效贯彻实施,即各级政府受托经济责任的全面履行,在政府受托经济责任关系基础之上委托专门的监督机构对受托经济责任全面履行进行审计监督,审计机关在不同层次的审计关系中其地位也会发生变化。例如省一级政府审计机关,在同级政府经济责任审计中,对省级政府各部门主要负责人的审计,其地位具有独立性的特点,因为在省政府对省级其他政府部门的授权而产生的受托经济责任关系中,审计部门与省政府及其他政府部门之间都不存在政治和经济上的利害关系,而省级审计机关对省级政府主要负责人进行经济责任审计时,其审计关系就不同了,审计机关的地位决定了这只能是一种相对独立性。因为省级审计机关在行政上直属省政府领导,其审计工作也由省级政府授权,如果对省级审计机关主要负责人进行经济责任审计时肯定无法做到超然独立性。

经济责任审计超然独立性,要求审计主体超然独立。而目前我国经济责任审计执行主体主要是政府审计机关,政府审计机关隶属于政府,又要去审计政府,即政府委托或授权由政府审计机关去审计政府,即审计关系三方全是政府,从逻辑上讲有些不通,但却是实情。审计机关在隶属于政府行政管理,审计机关负责人由政府任命,政府审计机关审计其他政府机关履行经济责任的情况难免有些别扭,相对独立审计主体与超然独立的审计要求存在着矛盾。这种矛盾主体表现在经济责任审计"同级审"上,对于"上审下"似乎要好一些,它比较符合人们的思维定势。

(二)审计委托方式方面的矛盾

审计主体与被审计单位审计关系的建立,必须通过委托人或授权人的委托、授权,审计人有资格接受委托、授权,审计关系才能得以建立。由于审计关系建立的方式的不同,也就出现了"组织性委托"和"制度性委托"之分。所谓组织性委托,是指由政府机关或企业、事业单位以市场中独立经济组织的身份,采用书面协议或合同的方式,要约审计组织,如会计师事务所,根据审计委托的范围和内容进行审计的一种委托方式。在这种委托方式下,经济组织可根据自身的需要,确定审计目的、审计对象范围,确定审计时间,而审计组织必须按照审计协议或审计合同中规定开展审计查证工作,出具相应的审计报告;这种审计委托方式主要是社会审计接受委托的方式。由于这种委托方式是由审计委托人与审计组织主动要约,并通过自愿协商,并通过合同契约形式建立审计关系,因此,这种委托方式也称契约性委托方式。

所谓制度性委托是指由审计组织的上级机关或有关管理部门,根据审计工作的需要,直接指派或授权所辖地区审计组织对被审计单位进行审计的一种委托方式。在这种委托方式下,审计组织必须根据上级机关的有关文件精神,安排具体的审计项目,确定审计项目的目的,明确审计对象范围及时间要求等。在这种委托方式下,有些地方审计机关,根据上级指示精神,每年定期编制审计计划,报上级机关审批,上级审批的审计机关计划,即为审计委托、委派或授权手续,这种委托方式成了一种制度,也称为制度性委托。这种审计委托方式主要适用于政府审计机关,由于这种审计关系不是出于企业或相关单位自觉接受审计的动机,而是有关政府机关带有强制性行政命令,因此也称强制性委托,政府经济责任审计大多属于这一类。

中共中央办公厅、国务院办公厅下发的关于经济责任审计"两个暂行规定"中,明确指出了经济责任审计由组织人事部、纪检监察机关向审计机关提出对领导干部进行任期经济责任审计的委托建议,审计机关依法实施审计。目前,在实际操作中,根据两办的"两个暂行规定",由组织人事或纪检监察部门进行委托,并出具委托书,审计机关根据委托,开展经济责任审计。这种委托又带有一定的契约性委托方式色彩,这种尝试应该说是积极的有益的尝试。但是这种委托方式用于建立政府经济责任审计关系,也会产生其他方面的矛盾。

首先,经济责任审计是不同于企业事业单位常规审计的一种非常规审计。它是对单位主要负责人,即掌握一定权利的人经济责任履行情况的审计。经济责任审计所面对的经济责任,主要是一种通过政府授权所产生的一种国家经济责任,而不是经济组织之间因财产所权与管理权分离所产生的财产受托经济责任。无论是国外还是我国的注册会计师行业,其审计都是针对经济组织财产受托经济责任开展的,并在此基础上建立审计关系;以财产受托经济责任为基础的审计关系必须通过契约性委托方式建立起来,而政府经济责任审计关系是建立在国家授权经济责任基础上建立起的审计关系,其审计关系也是按照政府授权的方式建立,即通过政府行政命令、法规、制度的形式强制性委托。经济责任审计组织性委托方式与通用强制性委托方式存在着矛盾。

其次,经济责任审计作为一种非常规审计,主要是针对领导干部个人经济责任进行查证和评价。在一般情况下,政府机关党政领导干部因业务联系,本身可能与组织、人事、纪检监察部门保持着诸多关系,有时是直接的利害关系。如对一个地区党政"一把手"进行审计,实质上,党政"一把手"成了经济责任审计委托人,组织、人事、纪检、监察部门只是一个职能部门或执行机构,在这种情况下,由被审计领导干部代表政府,通过组织人事部门对自己进行审计,这种审计关系多少存在一些不顺,这种不顺对审计独立性有所影响。

最后,政府经济责任审计实行组织性委托,以组织、人事、纪检、监察部门为审计委托组织,也容易出现委托审计目的与经济责任审计基本目标背离的情况。在实际工作中,组织人事部门主要工作任务是考核干部向政府推荐提拔、任用对象,纪检、监察部门主要工作任务是检查干部违法违纪行为,对违法违纪党员干部进行监督、管理和考核,或进行其他组织处理,两者工作目标不同,工作性质不同。如果采用组织性委托方式,就可能出现因为不同地区组织、人事或纪检、监察部门委托审计目的"个别化"倾向;也可能会出现具有不同工作职能的部门委托审计客体范围的"偏面化"倾向;还可能会出现,不同性质的政府部门因审计结果无法满足各自专业工作要求而将其"搁置化"倾向。经济责任审计必须采取制度性或强制性委托的方式,即审计机关依据经济责任审计权威的法规制度,按年度选择被审计人并编制年度审计计划,报上级审计部门或国家明文规定有权审批的部门批准。经济责任审计必须走国家审计之路,在审计委托方式上应与民间审计有所区别。

(三)审计覆盖范围确定和划分的矛盾

经济责任审计覆盖范围是指目前根据"两办"发布的关于经济责任审计"两个暂行规定"确定的审计范围。"两个暂行规定"指出:县以下党政机关领导干部经济责任审计,是指对县级直属党政机关,审判机关、检查机关、群众团体和事业单位以及乡镇级党委、政府正职领导干部任期经济责任审计。对国有和国家控股企业领导人员的经济责任审计是指企业法定代表人任期经济责任审计;对县以上各级地方领导干部经济责任审计目前正处于试点阶段,法规暂无明确规定。但是,在实际工作中,县以上党政机关领导干部经济责任审计也基本限定在各级地方党委、政府以及直属党政机关、审判机关、检查机关、群众团体和事业单位正职领导干部范围以内。

从政府经济责任审计覆盖范围上看,对于一级政府的经济责任审计,包括对党委书记和政府省长、市长、县长以及各部门一把手,这种覆盖范围应该说是非常全面的,但是,在这种覆盖范围下,就必须会出一级政府主要负责人与同级党委书记及其同级政府宏观经济管理部门经济责任的范围难以划分的问题,特别是党委书记和政府主要负责人之间;在我国现行体制下,理论上区分与实践上区分存在着突出矛盾。从企业经济责任审计覆盖范围上看,对一个企业经济责任审计只包括董事长或厂长(经理),在实行现代企业制度改革的国有及国控股企业,因建立内部制约机制的需要而实行董事长和总经理、决策和经营分离的模式,如果只对董事长或厂长(经理)进行审计,经济责任审计范围覆盖面显然较小,对两者同时审计,也存在职责的划分,这在实践中也是困难的事。故经济责任审计覆盖范围中所产生的矛盾,将对经济责任审计整体效果有着重要影响。

在经济责任审计中,除了存在审计范围的确定方面的矛盾外,还存在着经济责任区分难的问题。在领导干部任期责任划分中,一是前任与后任的责任划分难,二是个人责任与集体责任划分难,三是直接责任和间接责任划分难,这在前面已有论述。

经济责任审计范围的确认和经济责任的划分难,是由我国经济体制和审计体制双重不完善造成的。从经济体制上说,政府、党委长期以来职责交叉,两者互相越权管理现象仍时有发生;企业董事长和总经理的职责分工虽在立法上有明文规定,但是体制内部关系不顺,董事长、总经理职责相互渗透等现象依然存在,这也是政府经济责任审计发展需要解决的问题。

(四)审计配合机制方面的矛盾

经济责任审计不是独立存在的一项活动,它与审计委派人、被审计人等都有着十分紧密的配合关系,从而形成了一个有机的审计配合机制,但是,在实际工作中这种配合机制并不完善,有些方面矛盾十分突出。主要表现是:

1. 审计主体关系配合的矛盾

经济责任审计涉及审计委派人和被审计人的关系问题。在实际工作中,审计机关与审计委派人的关系主要是指审计机关与组织人事,纪律检查等部门的关系。在处理这方面的关系上,一些组织人事部门和纪检监察部门的委托行为不甚规范,其具体表现是:①目前组织人事部门并不是对所有的党政领导干部都委派审计机关进行经济责任审计,特别是在上述部门认为自己无法审查的干部才委派审计机关来审计,审计对象的选择不规范。②组织人事、纪检部门对于委派审计机关进行审计并无规范的操作程序和验收标准,全国各地委派审计办法各异,目标也不明确;在对审计结果利用上,更是没有统一规范,有时审计完了就石沉大海,没有任何反馈和下文,似有将经济责任审计流为一种"形式"的感觉。③在审计调查中,有的经济责任审计还没结束,被审计人的任命就到了,让审计机关不知所措,审计报告不知如何写才好。

2. 审计查证配合的矛盾

经济责任审计查证配合,包括被审计单位配合和被审计人本人的配合以及审计机关与其他执法机关的配合。目前,由于对经济责任审计工作宣传的力度不够以及在宣传上的偏向,使人认为经济责任审计就是找问题的,有的被审计单位和被审计人本人无论是否有问题,都不愿积极配合审计工作。一些单位在提供资料方面,能推则推,能拖则拖;有些甚至不愿把一些重要的、关键的资料交出。在经济责任审计时间紧、任务重的条件下,这种推拖方式是逃避审计检查、隐瞒重大问题较为有效方式,势必影响审计质量、提高审计风险。一些被审计人在经济责任审计过程中自始至终不与审计人员见面,导致许多问题无法搞清楚,在审计期间,一些领导干部远走高飞,移居国外,以逃避审计,躲避责任。审计机关与其他执法机关配合,包括纪检、反贪以及公、检、法机关的配合。在经济责任审计中,对于发现的一些重大违法违纪的问题,往往是由审计机关向其司、执法机关移交,移交后司法、执法机关是否及时查处,其查处结果如何,并未向审计机关及时通报。

3. 审计处理配合的矛盾

在审计关系中,还包括审计机关与被审计人的关系。对领导干部无论是"先离后审"还是"先审后离"都在客观存在着一些矛盾。

"先离后审"即被审计人先离任,然后再由审计机关对其经济责任进行审计。这种形式有一定的优点,首先,领导干部离任后,在其原任职的单位影响力减少,有利于审计机关开展调查;其次,领导干部离任后,再进行审计,有利于审计机关客观公正发表意见。但是这种方式在实际工作中变了形,一是领导干部离任后未经审计已到其他岗位任职;二是对于查出有问题的干部有些政府部门也大事化小、小事化了;三是领导干部离任时间与经济责任审计时间间隔太长,有些问题时过境迁查起来已十分困难。

"先审后离"也有一定的优点:首先是被审计的领导干部在任,审计机关可以直接找被审计人核对有关事实;其次,先审后离有利于组织人事部门确定被审计领导干部的去向。这种方式也有一定弊端:①由于被审计的领导干部还在位,手中还有一定权力,一些有问题的领导干部还可以利用手中权力干扰审计机关的审计;②在任领导干部还可以利用手中权力影响审计部门或组织人事部门,干扰对其客观、公正评价。从目前的情况看,无论采用何种方式,都有必要对组织、人事部门在审计结果利用方面,干部任命程序方面加以规范。

三、审计力量和评价方式方面的矛盾

(一)审计范围与审计力量对比悬殊的矛盾

目前,我国领导干部任期一般4年甚至8年,在领导干部任职时间较长、涉及的经济活动范围比较广泛的条件下,对每个领导干部都要详细审计,监督与被监督的力量对比悬殊较大。

(二)审计评价方式中的矛盾

通过调查发现,在政府领导干部经济责任审计评价中存在着审计报告的形式和内容问题,以及评价指标体系问题。

审计报告的形式和内容的主要问题是:

(1)经济责任审计报告仍按目前常规审计报告方式向有关单位报告审计结果。政府审计机关派出的审计小组在现场查证结束后,向审计机关出具"审计报告书",审计机关对审计报告书审定后即出具"审计意见书"、"审计决定"和"审计建议书";而注册会计师事务所则按照《注册会计师法》要求出具"四种"审计报告书。经济责任审计无论是由政府审计机关审计还是由注册会计师审

计,都是由组织人事、纪检监察部门委派的,其审计目标一致、审计范围一致、处理依据一致,而在出具审计报告时,则由于审计主体不同,而审计报告的形式也不同,这本身就不符合经济责任审计的要求。

(2)经济责任审计是一种新型审计种类,无论采用哪种法定审计报告形式都无法满足经济责任审计的需要,在实际工作中,造成了只有被审计人有问题,并受到处理,才能得到书面审计评价意见;否则,就没有任何书面结论,给人们造成了经济责任审计只查问题,不评价责任的印象。

第二节　政府经济责任审计风险探源

经济责任审计潜在着的矛盾是现阶段审计工作与其社会环境不相适应的缩影,实质上它是经济责任审计与其外界环境不相适应的具体表现。这些矛盾的产生,有些是审计体制和审计工作本身不适应外界环境的问题,也有些是外界环境不能适应经济责任审计发展的问题。这些问题,从不同角度引发了审计风险。若不加以分析和防范,必将给审计工作带来严重损害。

一、经济责任审计风险要素

对审计风险,在我国多种会计、审计规范文件中都有明确表述,《国有企业财务审计准则(试行)》中指出,审计风险是指被审计企业的财务报表和其他会计资料没有公允地反映其财务收支状况,审计人员却认为已经公允地反映,或者被审计企业的财务报表和其他会计资料已经公允地反映财务收支状况,审计人员却认为没有公允地反映,并据以发表不恰当审计意见和结论,给审计结果利用带来损失,而追究审计人员责任的可能性。国际审计准则(IAG)项《重要性和审计风险》第9条也就审计风险作了明确表述,认为审计风险是指审计人员对公司实质性上误报的相关财务资料可能提供不适当审计意见的那种风险。

上述规范文件中都从对财务收支审计和财务会计资料审计的角度,阐明了审计风险的意义。但是这里必须指出的是:审计风险不仅仅在财务审计中存在,在其他审计中也客观存在。从表面上看审计风险集中体现在审计人员发表的审计意见不适当上,而实质上,审计风险是整个审计过程中审计人员不能有效掌握审计对象所提供的各种审计信息,明确揭示审计对象的真实状况,而应由审计机关和审计人员承担的违约责任的一种可能性。而因承担责任受到相应"惩罚"的一种危险,它是审计人员在审计过程中因经验缺乏,工作疏忽所埋下的"祸根"。

审计风险由固有风险、控制风险、检查风险三大要素构成。在政府经济责任审计中,这三大要素依然是构成审计风险的三项主要内容。但是这三大风险要素在经济责任审计中与常规审计有着不同的表现形式。这里主要针对政府经济责任审计的特点,分析审计风险的各种要素。

(一)固有风险

所谓固有风险是指假定与内部控制无关的情况下被审计单位的经济行为,会计资料或业务活动发生重大差错的可能性,即由于被审计单位经济业务的特点和会计核算工作本身的不足而形成的审计风险。政府经济责任审计中,最有可能导致的审计固有风险主要有以下几个方面:

1. 国家干部管理机制的缺陷所带来的风险

政府经济责任审计是对领导干部任职期间经济责任履行情况所进行的审计,领导干部在任职期间经济责任能否有效履行,很大程度上取决于对领导干部的管理机制是否有效。我国在领导干部管理机制的缺陷,是影响其效能发挥的一个十分重要因素。我国领导干部管理机制的主要缺陷是:

(1)有时领导干部的任命缺乏广泛的群众基础,一些领导干部的任免权控制在上级政府手中或本级政府手中,领导干部职务的取得,虽然也经过一定的考察、竞聘手续,但是,由于领导干部的最终决定权不在群众手里,民主推荐、竞聘有可能组织部门工作不实被"虚化"。少数干部买官卖官、行贿受贿,只向上级政府负责,不向群众负责的现象,还未完全有效控制。

(2)领导干部任职以后,特别是对于正职领导干部赋予的行政权力过大,在正职领导干部"一元化"领导下,个别地区和单位逐步形成了正职领导干部的"家天下",法规制度中对领导干部不正常行使职权的支持力度,远远大于对不正当行使职权的限制力度。一些领导干部的违法违纪行为只有在发展到非常严重的程度,才能被揭露。纪检、监察等部门查处领导干部的违法违纪行为还主要依赖于群众举报取得线索,领导干部监督制约机制本身无法及时发现或制止领导干部的违法犯罪问题等。在这种国家干部管理机制严重缺陷的前提下,政府或企事业单位的正职领导干部的制约力度明显不足,一些地方官员天高皇帝远,国家法律法规执行受阻,取而代之的是地方的"土政策"、"土法律";有些地方为了往自己脸上贴金,大搞"形象工程";有些地方或部门,整个领导班子共同犯罪,出现"窝案"、"串案";一些企业领导干部公开搞非法经营,走私贩私;利用企业改制,非法侵占国有资产,导致国有资产严重流失;公开制造虚假会计资料、骗税、骗贷款、骗投资;利用对外投资收受贿赂、贪污挪用公款等。这些事实本身就是经济责任审计中比较难以查实的问题,从而引发审计风险。

2. 审计力量对比的悬殊性带来的风险

审计力量对比是指审计主体力量与被审计力量的对比,二者对比的悬殊性主要表现在以下方面:

(1)审计总体力量与被审计人的总体力量的悬殊性。这方面的悬殊性主要体现在经济责任审计人员的投入量与被审计人数量的严重失衡,就一个中等城市来说,一般投入经济责任审计的审计人员 30 ~ 50 人左右,包括市级审计机关和各区级审计机关,而这些审计人员则面对的是市区两级党政机关、检察机关、群众团体等单位数百名正职领导干部和百十家国有企业及国有控股企业的法定代表人,所涉及资产额将达数百上千亿元人民币。面对这样庞大的被审计人员队伍,经济责任审计人员一天 24 小时不休息也难以对每一个离任的领导干部进行全面、及时审计。

(2)审计个体力量与被审计个体力量的悬殊性。我国经济责任审计刚刚起步,大多数审计人员刚刚从常规审计部门转来,还有一些刚从其他部门进入审计部门的人员,审计人员对经济责任审计经验不足。而被审计人领导干部个个都是在领导干部岗位上工作多年,经验十分丰富,应付检查的手段也达到"一定水平"。在目前我国政府与企业高度集权、对干部控制机制存在缺陷的情况下,在被审计人员中进行抽样的可能性很小,必然会出现大面积漏查现象,这种漏查的范围,就是审计风险事发的范围,同时,由于力量对比悬殊,审计查证时间紧、任务重,出现误查的现象在所难免。

3. 审计对象配合机制缺陷带来的风险

在经济责任审计工作中需要各方配合,特别是需要被审计的领导干部及其所在单位给予积极配合。目前,经济责任审计中,一些被审计的领导干部对经济责任审计意义认识不足,存在抵触情绪,对于审计工作中需要其个人提供相关资料时,不能如实提供资料,特别是一些违法违纪案件的资料,当事人想尽一切办法藏匿、隐蔽;有的到达退休年龄实行先离任后审计的领导干部,离任后出国定居或外出旅游,根本不与审计人员接触,陡然增加审计工作的难度。有些被审计单位,提供被审计资料不真实,不完善,有些单位,为了使领导干部得到升迁,或在领导干部授意下,在会计资料上大做文章,记假账、报假账、弄虚作假;还有一些单位,对于财政拨款开支的会计资料提供的较为完整,而且从会计资料中反映的情况来看,各项预算支出也较为合理、合法,而且对于那些预算外收支,却不能完整地提供会计资料,私设"小金库",给审计工作留下了风险隐患的。

4. 领导干部任职时间过长带来的风险

从经济责任审计的实际情况看,被审计领导干部任职时间普遍过长。按照我国党政机关领导干部和国有企业领导干部的任职来看,任职一届为 4 年,两届 8 年。经济责任审计中已审过的领导干部任职 8 年左右者居多,最少也任职了 4 年时间。在这么长的时间跨度里,一些单位、企业形成的会计资料繁多,在确认财务收支或经营活动以及资产负债和损益的真实性、合法性方面,审计工作量太大,连续追查任职期间多年的经济业务,审计力量难以顾及。同时,在领导干部任职期间,单位、企业的情况也不断发生变化,例如,机构改革中原有机构撤消了,随之又建立起新的机构,新的机构新的人员,新的工作职能,会计核算上也缺乏连续性;有一些企业规模和经营范围都在原有的基础上发生了变化,企业会计机构的调整和人员的变更,新的财务人员对过去发生的一些经济事实说不清、讲不明,这些都给审计工作也带来了许多困难。同时,我国国有企业从承包经营责任制以来,经营机制也在不断变更,现在企业的法定代表人与原承包人交接手续不清,或根本未交接,企业会计制度改革,企业改制过程中账项调整,企业的重组等一系列经济业务的变更,也使得现有企业单位的管理人员、会计人员难以说清来龙去脉,这无疑也给审计工作带来风险。

5. 领导干部的责任划分界限不清带来的风险

长期以来,我国党政机关事业单位和企业领导干部责任的界限难以划清,也给经济责任审计带来了风险。领导干部责任不清主要是:前任领导与后任领导的责任界限不清,党政领导责任界限不清,企业决策经营责任界限不清,党政领导干部及企业领导干部的直接责任和主管责任界限不清,这些不清很难使领导干部个人经济责任界定准确,无疑加大了审计风险。

6. 经济责任评价标准不规范所带来的风险

经济责任审计工作遇到的主要难题还包括对领导干部评价缺乏统一的标准,致使对同一领导干部因由不同的审计机关或人员进行评价时,得出的结论差别较大甚至截然相反。经济责任审计中遇到对具体审计事项的合法性合理性评价或在对领导干部经济活动定性处理时,经常遇到国家法律法规与地方政策不一致,如果按国家法律法规处理时,被审计单位及被审计领导干部本人难以接受,如果按地方政策处理,则存在有法不依的现象。同时在经济责任审计中对领导干部经济责任评价没有制定严格的评价尺度,对于领导干部审计评价中,对其任职期间履行责任的程度体现不出来,审计评价评语中,假、大、空等脱离实际的字眼较多,从领导干部的评语中看不出其"内涵",例如:"领导干部与时俱进、锐意改革、自觉实践'三个代表'"与"离任领导干部遵纪守法,为经济繁荣,社会作出贡献"等。从上述评语中,看不出哪位领导干部更优更好,也看不出对这些领导干部该评"优"或是该评"良",或者是优秀还是称职。这种评价标准的不统一、不规范,表面上看给审计评价工作留下了较大回旋余地,但是,仍然会给审计带来相应的风险。

(二)控制风险

控制风险是指由于被审计单位内部控制制度不够健全完善,内部控制行为的不力,不能有效防止、及时地发现和纠正某个账户或某种业务中的重大错误和弊端而形成的审计风险。在经济责任审计中,最有可能导致的审计控制风险主要有以下几个方面：

1. 领导干部个人专断导致的审计风险

在我国现行制度下，无论是党政机关、检查机关、事业单位、企业组织等，由于缺乏有效的外部和内在制约机制，领导干部个人专断、越权行政的现象十分普遍。一些行政工作程序和法规制度，在某种意义上说限制了这个专断，例如，党委书记作为一个领导班子的班长，要善于"弹钢琴"，要在重大事项决策中实行民主集中制等。但是由于长期以来，有的单位党内民主生活不正常，党委书记提出的决策等方案无论正确还是错误，在表决时都是高票率通过，若在会上公开表态不支持党委书记的意见，就是"观念落后"，"你不换观念我换人"，无论是副手还是领导班子一般成员，如果与"一把手"意见不一致，无论是错误还是正确，都冠之于"破坏安定团结"。所谓稳定，就是对党委书记绝对权威的固定化、模式化。在这种大的环境中党委书记个人专断已成必然。这种个人专断，不仅反映在党内，还表现在越权插手对单位经济决策和管理的干预。这不仅破坏了党的民主制度，也破坏了单位的各项控制制度，导致领导干部的控制制度形同虚设。还有一些单位行政"一把手"包括政府主要领导、政府部门主要负责人和企事业单位的主要负责人，原则上也要服从党委的集体领导，按照行政工作程序，依法行政。但是，在实际工作中，实行"单位一把手负责制"的前提下，日常的行政事务以及重大决策却由"一把手"全面负责，具有最后决策权，问题是这种决策权的行使却往往在不透明或"暗箱操作"的状态下进行。方案的讨论往往只在少数人中进行或根本不加讨论；日常管理工作神秘化，不通过正常的程序；对一些与自己有利的事，谁也不能插手管理；领导干部一竿子插到底，与经办人单线直接联系等等。在领导干部权力过大、过分集中，而且个人专断无法得到制约的前提下，必须导致审计风险。

2. 领导干部任职目标不明确导致的审计风险

领导干部任职前，应有一个明确的目标，国外一些政府官员，在竞选中都向公众表明了自己就职后的基本政策和工作基本目标，如 GDP 实现目标、人民生活水平目标、社会就业率或失业率目标等，这为公众对其考核评价提供了依据。当然我国领导干部的选拔任命还不能向国外那样实行普选制，但在领导干部竞聘上岗时，也应明确任职期间所要达到的目标。在这一点上我国的干部管理制度还存着一些不足。在任期目标不明确的前提下，领导干部自己对工作的好坏，无法进行正确的自我鉴定，审计机关难以对领导干部实际工作业绩进行量化，因此，在评价时，只能是按照定性分析的一些情况，说一些模棱两可的"行话"、"套话"，甚至不着边际，这也是导致审计风险的一个重要因素。

3. 正常会计信息传递渠道受阻导致的审计风险

正常会计信息生成传递渠道受阻,在企事业单位以及有些政府部门也是一种常见现象。首先,是正常会计信息生成受阻,主要表现是:会计机构不健全,会计凭证、账项、报表等审核力度不够,会计工作中难以建立起相关制约制度;会计人员素质低,对会计信息质量要求认识有差距,顶不住单位主要负责人对不正当会计核算要求的压力,也顶不住财务造假所带来利益的诱惑,因而会计部门所生成的会计信息缺乏真实性和公允性。其次,是正常会计信息的传递渠道受阻,主要现象是:对于向有关部门上报的会计报表,要经领导干部签字,一些领导干部若认为会计报表上的数字对自己不利,会立即责成会计部门改变会计数据,重新编制报表直到其满意为止,这样就必然导致正常的会计信息对外传递渠道受阻;同时,在对审计部门提供的会计资料也是如此,一些企业单位,为了掩饰业务活动中的非法行为作两套账,专门用来对付检查;也有一些单位人为地破坏会计核算资料,将不利的会计资料随意销毁,提供不完整的会计资料,这样也导致正常的会计信息对外传递渠道受阻。这些现象都与单位内部控制制度不健全、不完善或内部制约机制受到破坏有关,从而隐藏着较大审计风险。

(三)检查风险

检查风险是指由于审计人员在审计准备、取证、报告、评价过程中,未能采用正确而有效的方法,对被审计单位账户余额和经济业务细节进行符合性测试和实质性测试,仍未发现审计对象中存在的错误和弊端而形成的审计风险。在政府经济责任审计中,最有可能导致审计检查风险的因素主要有:

1. 审计准备工作的不充分导致的审计风险

经济责任审计准备阶段的工作,主要是确定被审计的领导干部,编制审计计划,组织审计力量,熟悉政策法规等。在确定被审计的领导干部时,对于那些任职期满的领导干部在原则上都应审计,但由于领导干部数量多、所管辖的范围广、任职期满人数比较集中,而经济责任审计又不能拖延时间太长,这时会出现选择哪些领导干部作为被审计人的问题。如果将所有任职期满的领导干部都作为被审计人,由于被审计人员过多,范围过大,审计人员力量无法满足要求,硬要安排进行审计,肯定会因为有许多资料无法深究产生审计风险;如果只选择一部分任职期满领导干部进行审计,在这里就开始产生抽样风险。在抽样审计中,因抽取样本的原因导致应发现的问题未被发现的情况,从而造成审计风险。在政府经济责任审计中,审计人员的违规操作或违反审计程序规定也可能带来审计风险,如不遵守审计法定期限,在未向被审计单位下达审计通知书,就进驻被审计单位进行审计等。

2. 审计取证手段不合理导致的审计风险

审计人员在取证前,首先要评价其内部控制制度,并以此为基础进行审计抽样(这次抽样是对审计对象的抽样)。如果对内部控制制度评价缺乏客观性,也会导致审计样本的片面性,使审计人员无法找到真正的内部控制弱点,进而对真正存在问题的审计对象进行实质性测试。在审计取证时,审计机关和审计人员有权取得被审计人所在单位与被审计事项有关的文件资料,有权向被审计的领导干部及其他知情人就有关事项进行查询。在查证取证中由于采用的程序不合规,采用的审计方法和技术不合理,审计取证方向不适当,审计检查的内容不全面,应审计的经济事项未审全审透等,造成重大事项的遗漏,特别是对领导干部直接责任有关的重大事项遗漏,必然导致审计风险。

3. 审计报告质量达不到要求导致的审计风险

审计报告是审计小组向审计机关报告审计工作情况的书面文件,在审计报告中不仅要揭露所查出的问题,而且还要有审计人员对查出问题的评价意见。审计报告的恰当与否直接受审计人员评价意见的影响,如果审计人员的评价意见缺乏公正性、客观性,则直接影响审计报告的质量。在实际工作中,审计评价意见的公正性、客观性主要因审计人员自身因素而受到挑战。一些审计人员因政策水平低,执法水平低,则容易发表不适当的审计评价意见,同时,审计评价意见的公正性、客观性也经常受评价范围的挑战,一些审计人员越权评价,对审计评价范围以外的内容以及未经审计查证或查证不清的审计事项进行评价。同时,当评价意见公正客观的条件下,由于受各种因素影响,也可能使最终形成的审计报告有所偏差,而影响审计报告质量。事实上,审计小组将审计报告交给审计机关后,审计机关在审定过程中,经常会遇到相关部门和领导求情,或上级领导直接发指示、写条子,要求审计机关"笔下留情",这也是影响审计报告质量的一个重要因素。目前审计工作中对经济责任审计报告与注册会计师审计报告和其他常规审计报告相比,其质量要求过高。经济责任审计是对某一领导干部个人经济责任履行情况进行的全面评价,无论被审计单位是否提供完整的会计资料,审计人员能否抓到证实其经济责任履行情况的证据,而要求发表的评价意见则是全面的。会计师事务所遇到被审计单位不配合,或被审计单位资料不全,可以发表"拒绝表示意见"审计报告或"否定意见"审计报告加以化解因此原因给审计工作带来的审计风险,而经济责任审计则没有这方面的"优惠"。一般常规审计中,政府审计报告虽然也要求发表针对被审计单位的审计评价意见,而发表的评价意见是针对单位集体责任的,这种评价意见可松可紧;经济责任审计评价意见则是针对领导干部个人的评价意见,在评价中,必须恰如其分,不得有半点差错。从审计报告的角度看,对经济责任审计的要求较高,而且发表的评价意见不仅要客观、公正,而且要十分恰当,不得有半点差错,这无疑加大了审计风险。

二、政府经济责任审计风险的评估

（一）传统审计风险评估模式

传统风险因素分析模式是利用审计风险模型中各审计风险因素之间的关系对审计风险进行评估的一种模式。一般审计风险因素包括三个主要方面，即固有风险、控制风险和检查风险。三者的关系是：

审计风险 = 固有风险 × 控制风险 × 检查风险

审计风险与上述三种风险要素之间的关系表现出一种乘积关系，主要是因为在被审计单位对经济活动采取相应的控制措施，能减少固有风险对经济活动可能造成的不良影响，而审计人员的检查活动又能检查出固有风险与控制风险共同作用给经济活动造成的漏洞。在政府经济责任审计中，运用风险因素模式评估风险大小，主要根据其已知风险源并对已知风险源转化为风险的可能性加以确定，并据以估计风险产生的后果。在对经济责任审计三大风险因素进行评估时，首先要对风险的大小进行定性评估，在评估时，可以将每一具体风险源转化为审计风险的可能性，分为很低、较低、正常、较高、很高五个档次，并对每一风险要素综合评分；其次，根据每一风险要素的得分结果，再按上述模型中各种风险要素的关系，进行综合测算其审计风险值。例如，本节已阐明经济责任固有风险有六种风险源，审计人员在评估审计风险时，可将六种风险源按照上述5个档次进行测评，并测出可能性的概率进行综合评分。经济责任审计固有审计风险评分表如表10-1所示：

表10-1　　　　　　　　固有审计风险评分表

序号	风险源	风险源数	转化为固有风险的可能性					备注
			很低	较低	正常	较高	很高	
1	国家干部管理机制缺陷	1				√		
2	审计力量对比悬殊性	1				√		
3	审计对象配合不力	1			√			
4	领导干部任职时间过长	1		√				
5	领导干部责任难以划清	1	√					
6	领导干部评价标准不规范	1					√	
	合计							

根据评分要求，假定给定转化为固定风险可能性的转换值"很低"为0.2分，"较低"为0.4分，"正常"为0.6分，"较高"为0.8分，"很高"为1分；而"很低"、"较低"、"正常"、"较高"、"很高"发生的概率依次为0.1、0.2、0.3、0.4、0.2、0.1，那么计算出的风险源转化为固定风险评分为：国家干部管理机制缺陷

为 8% (80% ×10%);审计力量对比悬殊性为 16% (80% ×10%);审计对象配合不力为 24% (60% ×40%);领导干部任职时间过长为 8% (40% ×20%);领导干部评价标准不规范为 10% (10% ×100%)。各风险源风险权数为 1。固有风险要素评分为 66% (8% ×1 +16% ×1 +24% ×1 +8% ×1 +10% ×1)。

根据同样方法也可对控制风险要素进行评分。假定审计人员对控制风险要素评分为 50%,对检查风险要素评分为 20%,那么该被审计单位审计风险为:

审计风险 =66% ×50% ×20% =6%

在审计工作中,审计管理机关或审计人员一般在审计工作开始前,预先对审计风险进行评估,也往往利用这种方法计算预期风险。在对预期审计风险预测中一般固有风险和控制风险是不受审计主体影响的风险,审计工作质量再高,固有风险和控制风险都不会有变化。因此,在预测审计风险时,主要是对检查风险的评估。其评估公式可变化为:

$$检查风险 = \frac{审计风险}{固有风险 \times 控制风险}$$

在测算中,审计风险可以根据审计工作经验或一般审计风险综合给出,给出风险值必须是审计委托人或审计人员可以接受的风险值。当固有风险和控制风险通过评分测出以后,即可根据以上公式测出检查风险值。仍以上例,假定固有风险为 66%,控制风险为 50%,审计委托单位可以接受的风险值为 5%。那么:

$$检查风险 = \frac{5\%}{66\% \times 50\%} = 15\%$$

审计人员必须按照 5% 审计风险的要求,把检查风险控制在 15% 的范围以内,以此来确定审计范围大小及搜集审计证据的多少。

(二)修正风险因素分析模式

修正风险因素分析模式是建立在传统风险因素分析模式基础上的一种分析模式,传统分析模式中分析模型(审计风险 = 固有风险 × 控制风险 × 检查风险)中的审计风险只是因审计人员未能查出经济活动中重要错误和弊端的可能性,此模型并没有指向损失。因此,在传统风险因素分析模型中的"审计风险,实际上是发表不恰当审计意见的概率",传统模型应修改为"发表不恰当审计意见的概率 = 固有风险 × 控制风险 × 检查风险"。

发表不恰当审计意见给审计主体带来损失的可能性,称为"意见风险",则"意见风险"是"发表不恰当意见"的概率与"发表不恰当审计意见的条件下给审计主体带来损失"的条件概率之乘积。假定"发表不恰当审计意见"的事件为 A 事件,"发表不恰当审计意见"条件下给审计主体带来损失的事件为 B 事件,则审计意见风险可以用以下关系表示：

$$F(AB) = F(A) \times F(A|B)$$

式中 $F(AB)$ 表示意见风险；$F(A)$ 表示"发表不恰当审计意见"的事件概率；$F(A|B)$ 表示"发表不恰当审计意见"条件下给审计主体带来损失的条件概率。在一定社会背景下 $F(A|B)$ 值趋向一个定值，这个定值可以通过统计方法取得。意见风险是审计人员因发表意见不当所带来的风险，它是审计风险的主要构成部分。在实际工作中，审计主体所处的外在环境，如审计处理工作所受的干扰事件的发生、社会对发表不恰当意见的承受力等，也是审计风险的重要内容，这种受环境影响的审计风险称"非意见风险"，因此，在现实生活中，审计主体所承担的审计风险包括意见风险和"非意见风险"。"非意见风险"对意见风险几乎无影响，审计主体所承担的风险为意见风险和非意见风险之和，即：

审计风险 = 意见风险 + 非意见风险

在政府经济责任审计中，这种风险分析评估模式同样适用。仍以上例，假定审计主体根据审计委托机关及其自身所能接受的审计风险程度，确定审计风险为 6%，审计人员根据上年度的发生的审计风险事件进行判断非意见风险，假定在 100 件审计事件中，有 5 件是发生风险的事件，其中有两件为非意见风险事件，可以判定为非意见风险事件为 2%，那么意见风险则为 4%（6% - 2%）。

"发表不恰当审计意见"条件下给审计主体带来损失的概率 $F(A|B)$ 可以根据权威机构的统计资料求得，假定在上年度或某一段时期内审计主体"发表不恰当审计意见"事件的统计数据为 8 项，那么给审计主体带来损失事件的统计数据为 5 件，那么"发表不恰当审计意见"条件下给审计主体带来损失的条件概率为 62%（5/8）；在审计意见风险为 4% 的情况下，发表不恰当审计意见的概率为 6%（4%/62%）。

上例中，审计主体对"固有风险×控制风险"的综合评价为 33%（66% × 50%），因此，根据意见风险与风险概率的关系，测得检查风险为 18%（$F(A)$/固有风险×控制风险 =6%/33%）。

（三）政府经济责任审计风险评价

审计风险评价与审计风险评估不同，审计风险评估是指对审计风险的估测，而审计风险评价则是指对审计风险是否可以接受的判断，也就是说判断某一风险评估值是大于还是小于可以接受的标准。

在审计风险评估过程中，无论是传统风险因素分析模式，还是修正风险因素分析模式，都是通过各种风险要素对审计工作中现有的审计风险大小测算和估计。

在传统风险因素分析中，导致审计风险的因素有固有风险、控制风险、检查风险三个因素；在修正风险因素分析中，导致审计风险的因素有固有风险、控制风险、检查风险和非意见风险四个因素。在上述审计风险因素中,只有检查风险是审计主体可以控制的,即是由于审计主体自身原因导致的审计风险,而检查风险又与其他风险要素有着密切的关系,审计主体可以通过对检查风险的控制,来实施对审计风险的控制。对审计风险的控制,主要是通过评价审计风险的可接受程度,以此作为调整期望检查风险以及期望审计风险的依据,并根据期望风险值调整审计查证样本以及采取相应的其他措施达到控制审计风险的目的。

对于审计风险的评价主要是对审计风险接受能力的评价,审计风险接受能力包括审计主体对审计风险接受能力,也包括审计委托人对审计风险接受能力,审计主体接受能力的评价要遵循成本效益原则。所谓成本效益原则是指承受一定审计风险节约的资源价值大于审计风险所带来损失价值的原则。审计风险肯定会给审计机关带来损失,但是承担一定审计风险也可以带来一定审计资源的节约,如果承受一定审计风险带来资源节约价值能抵补审计风险带来损失的价值,即审计风险值是可以接受的,反之,如果承受一定审计风险带来的资源节约价值无法抵补审计风险带来损失的价值,即审计风险值是不能接受的。无论审计主体的经济实力有多强,都不能容忍因审计风险给审计主体造成巨额赔偿所带来的损失。

对于委托人审计风险承受能力也是同样,必须遵循成本效益原则,即因为审计主体发表不恰当审计意见给审计委托人带来的损失与因审计费用的降低而给审计委托人带来的资源节约的对比中,如果因审计费用降低而给审计委托人带来的资源节约值大于因发表不恰当审计意见给审计委托人带来的损失值,其风险是可以接受的;反之,审计委托人也是不能接受的。审计委托人接受审计风险的能力直接影响到审计主体对审计风险的承受力。一般在确定审计风险期望值时,审计主体不仅要考虑自身的审计风险承受能力,还应深入了解审计委托人对审计风险的敏感程度,有些审计委托人对审计风险比较敏感,在处理审计委托关上比较认真,这时审计人员在确定审计风险期望值时,就应当给予足够谨慎,并在实际工作中尽可能降低审计风险。

在实际工作中,对于审计风险的评价,首先是要根据上述原则确定一个审计风险期望值,然后再对审计工作中的审计风险进行评估,测算出审计风险的客观值,并将二者比较,看审计风险是否控制在期望值范围内,如果审计风险的实际值在期望值范围内,那么即可认为审计意见发表的质量达到了目标要求,审计风险是可以接受的;如果审计风险值落在期望值范围以外,那么即认为审计意见发表的质量未达到目标要求,这种风险是不能接受的,审计人员还必须再扩大审计范围,重新抽取样本进行检查测试,直到风险实现值落入期望值范围以内为止。

第三节　政府经济责任审计风险管理与质量控制

政府经济责任审计实质上是政府审计由组织责任审计向个人经济责任审计的延伸,它无论是在审计主体、审计对象、审计委托委派关系等方面都与常规政府审计有着共同的特点。但是,由于经济责任审计本身审计目标、审计评价标准、审计对象评价等方面都有着与常规政府审计不同的特定要求,其审计风险的产生和存续有着不同的原因和表现形式,经济责任审计与常规政府审计以及社会审计相比其风险因素更多,风险更大,其质量更加难以控制。因此,对政府经济责任审计风险的控制与防范,也必须有更为有效的措施和思路,以控制审计质量。本节除了从审计自身探讨检查风险质量控制措施外,还从审计以外宏观经济体制角度,探讨如何控制经济责任审计固有风险和控制风险的控制和防范,保证审计质量的提高。

一、固有风险的控制与防范

通过以上章节的分析,可以十分清楚经济责任审计固有风险,主要是由于宏观经济管理体制和有关法制建设中的固有矛盾所引发。因此,对固有风险的控制和防范,不能完全指望审计机关通过一定技术手段来实现,因为审计机关的人员素质再高,技术力量再雄厚,取证方法再科学,都难以对固有审计风险有控制作用。反映在宏观控制领域和法制建设中的有关问题,只能通过改善宏观管理模式和加强法制建设的方式来解决。

事实上,改善宏观管理模式、加强法制建设,不仅是控制和防范经济责任审计固有风险的有效途径,也是我国经济体制改革,建立完善社会主义市场经济体制的必要措施。在这里通过控制和防范经济责任风险的角度,讨论我国宏观经济体制改革和法制建设的重大问题,似乎有些小题大做,其实不然。从整个社会经济活动的控制系统来说,这个控制系统分为两大子系统,一是管理子系统,二是监督子系统。管理子系统是社会经济活动的决策、计划、指挥、调节和控制,实质上是整个社会经济活动的操纵者、操作者,这里的控制是通过管理主体的操作活动所进行的直接控制,社会经济活动实质上是由决策、组织和作业构成的,社会经济活动的关键环节则是管理活动。监督子系统是社会经济活动中的间接控制系统,它是通过对决策者或管理者行为的检查、监督、评价,并采用一定手段进行干预,达到控制、协调、规范社会经济活动的目的。社会经济活动中的两大控制子系统,管理控制子系统如果失效,那么监督控制子系统再强也无济于事,因为监督子系统是通过管理子系统对社会经济活动进行间接控制的子系统,而监督子系统则又是必不可少的有效控制系统。

在社会经济活动控制系统中,管理控制是社会经济活动控制系统的基础。监督控制是保证社会经济活动控制目标的实现的直接手段。两者相互依存,又相互矛盾,而在社会经济活动的监督控制中,审计监督又是这个监控系统的基础和中心内容,而经济责任审计又是对领导干部经济责任履行情况的审查,这更加显示出审计在社会经济活动控制中的地位。审计处于社会经济活动控制系统的核心地位,实质上控制防范经济责任审计固有风险,这也是完善社会经济活动控制系统的重大理论和实践问题。

目前,人们并没有真正认识到经济责任审计与宏观经济体系的内在关系,没有完全摆正经济责任审计的位置。因此,把控制经济责任审计的风险没有真正与宏观经济体制改革联系起来,人们一谈到审计风险时,往往认为只有检查风险才是与审计有关的问题,而固有风险那是被审计单位的事,与审计无关。在探讨审计风险时,只探讨检查风险的控制与防范,而很少探讨固有风险和控制风险的控制和防范,无疑为审计风险的探讨设置了"禁区"和"障碍",对经济责任审计风险控制防范体系建立是十分不利的。因此,我们要动员全社会的力量都来重视审计工作,从全局发展的角度,控制审计风险。根据固有风险产生的原因和自身特点,对其控制防范应从以下几方面入手:

（一）改善我国领导干部的管理机制

目前我国领导干部管理机制随着政治经济体制改革的步伐逐步得到改善,对党政机关、事业单位、国有及国家控股企业主要负责人的管理也逐步向规范化、科学化方向发展,但是,现阶段我国领导干部的管理机制中仍有一些不能适应社会主义市场经济要求的地方,例如,领导干部任免有时缺乏广泛而坚实的群众基础,领导干部任职后个人权利过大等,这些应该在管理系统中解决的问题,现在硬性推到监督系统来解决,甚至想要通过对领导干部经济责任审计来解决,不仅使得经济责任审计固有风险无限增大,也使检查风险随固有风险的无限增大而变得难以控制。因此,改善我国领导干部的管理机制,是从社会经济体制改革的全局、建立完善的经济管理和监督机制的高度,为控制或降低审计风险而采取的有效措施。

改善我国领导干部管理机制,首先,要改革我国领导干部的考核、选拔、任免制度,对于政府机关正职领导干部,要采用科学的考核方式,在选拔时,不仅有公示制度,而应将公示结果公开;政府机关正职领导干部要在政府公务员以外的范围实行选举制,政府公务员是只能担任副职以下领导岗位工作人员;国有企业事业单位正职领导干部的选拔任用也必须实行公开化,国家在公务员中选派董事长也应由广大股东参与,对全国性的大型国有企业董事长要在全国范围内选拔,对地方国有企业的董事长的选拔除应广泛征求地方各界代表意见外,还应扩大选拔范围;对企业总经理的选派,要通过经理市场,严格按照市场经济规则进行选拔。

其次,要改革我国领导干部的任期制度,目前我国领导干部任期虽然也有明确规定,但是这种任期制度有着一些不足或缺陷,并且也未得到高度重视。对一般工作人员的任期制度,退休年限一般控制比较死,一到年限,一纸命令就走人;而对领导干部的任职期限规定不严格,执行更不严格,随意延长缩短领导干部的任期的现象屡见不鲜;一些领导干部虽然任期届满,异地做官、异位做官现象依然存在,领导干部任期目标不明确、不具体。因此,改革我国领导干部的管理机制,也要改革其任期制度。在我国真正建立起干部能上能下,任期目标明确、具体的干部管理机制。要严格干部任期制度,政府领导干部一地最多干两届,如果一个地区、一个部门"正职"任期届满,就不应再到其他单位担任领导干部,至少不能再当正职。企业董事长一届只能4年,一个董事长在一个企业任职只能一届,任职期满后若再派到其他企业,至少要经审计评价后再委以重任。同时,领导干部任职任命手续也应改革,上级政府在任命前,要对被任命的领导干部规定任职目标,要与被任职领导干部签订任职合同等;这些措施都是完善领导干部任期制度有效选项。

最后,要完善我国领导干部的权力约束制度,必须建立有效权力制衡机制,即通过以权力制约权力和以法律制约权力的制度。以权力制约权力,应授予各级地方人大对不称职的正职党政领导干部的"弹劾权",例如,地方人大认为某正职领导干部不合格,由10名以上人大代表可以联名向人大会议提出对其的"弹劾"。以法律制约权力,应授予公民对不称职的正职领导干部的"诉讼权",例如,无论是公民个人或是集体,对领导干部提出诉讼,司法部门都应受理,要保证这项制度可操作,一是要建立异地诉讼制度,即到被诉讼领导干部任职以外的其他地方进行起诉;二是要建立诉讼保密制度,诉讼人可以委托公职律师进行出庭代理,不必暴露自己的姓名,也不必亲自出庭,若诉讼成功可免交诉讼费,甚至得到政府奖励,若诉讼不成功,则由诉讼委托人交诉讼费,通过改善领导干部的管理机制,完全能够达到控制固有风险的目的。

(二)完善领导干部权力和责任划分机制

目前,我国领导干部权力过大、过分集中的另一个重要原因是对领导干部特别是正职领导干部权力和责任划分存在着误区,认为正职领导干部就要有职有权,在这个地方、这个单位就要"说了算",人们对一些政策制度的曲解,对此也起到了推波助澜的作用。例如,有时政府提出的"稳定压倒一切"、"发展才是硬道理"往往被理解为副职领导干部不能与正职领导干部意见不一致,群众不能与领导意见不一致,必须保持高度统一,若有不同意见,即视为不稳定因素等。目前,我国在用人制度上还有一个不好的现象,即"用人不疑,疑人不用",

一旦上级领导对某人信任,无论有无工作能力,也无论是个人品质如何,就委以重任、授予重权,并且放松或放弃对其的管理、监控。这实质上是一种封建家长式的用人观。

完善领导干部权力和责任划分机制,一是要破除封建家长式的用人观,对现行领导干部权力再分配、再划分。以权力约束权力,目前,我国正职领导干部中党委书记与政府"一把手",企业董事长与总经理之间权力分配界限不清,对现行领导干部的权力重新分配和再划分,首先,要对正职领导干部之间的权力重新分配和再划分,即在党委书记和政府"一把手",企业董事长和总经理之间分工应进一步明确,哪些属于党委管的事,哪些属于行政管的事,哪些属于董事会管的事,哪些属于总经理管的事,要通过法规制度的形式明确下来实行公开化、透明化、统一化。党委与政府的分工,要依法办事,不要再搞一个什么党政联系会议决议或纪要作为内部文件规定,只有哪一级别的干部阅读,对群众保密;不要形成党委书记和政府"一把手",谁的后台硬,谁的权力就大这种局面。在全国应形成无论谁担任党委书记或政府"一把手",其权力都是一样,不能因人而宜,因事而宜。其次是对正职领导干部与副职领导干部权力的重新定位和再分配。副职领导干部不应只是正职领导干部的助手,它应有两个功能,一个是当正职领导干部不到位、离任或者因公外出时,代行正职领导干部职权;另一个应是当正职领导干部在任、在位时,根据领导班子集体研究分管某一部分工作。对正职与副职领导干部的关系重新定位,就应是正职领导干部只负责全面工作,不负责分管具体工作。现在我国领导干部中的定位存在的问题是,一些正职领导干部既负责全面工作的同时,又要负责分管财政、税务等要害部门的业务管理工作;在企事业单位,正职领导干部除了负责管理全面工作外,还要直接分管人事和财务部门的工作,这是不规范的做法。一方面正职领导干部把主要精力用在对财政税务、人事财务部门的具体管理上,就难以有更多的精力协调整个单位全面的工作,很可能出现顾此失彼的情况;另一方面,正职领导直接插手这些部门的工作,使政府财税大权、单位人事财务大权控制在一人手中,势必将一个地区、一个单位变成正职领导干部的"家天下",这种情况应及时得到纠正。

二是通过立法建制规范正职领导干部的管理活动,要将领导干部的分工规范化、法制化,以法律约束权力。目前,我国领导干部权力划分的法规规定不仅不明确、不规范,而且对其工作分工的程序,分工负责制度的执法办法也不规范。正职领导干部之间,正职领导干部与副职之间,职责分工没有一个可供遵循的客观依据,主要是靠正职领导干部的个人好恶,与哪个副职干部关系的,是自己的铁杆,就授予的权力大,沈阳市慕容新、马向东案就是典型一例;对不是自己的"铁杆"就授予的权力小,甚至将其"凉"起来。上级领导对这种作为也视做合法,这种情况如果不认真加以解决,就难以有效避免正职领导干部权力过大和个人专断的问题,要解决这一问题,要对领导干部的职责分工以及领导干部管理行为范围进行立法,在法规中除了明确正职领导干部的职责范围外,还要对正职领导干部越权行为在法律、法规中明确加以限制,无论是正职还是副职,只要越权,或不按法规规定行使职权,都视作违法,对领导干部越权行为,要通过法庭诉讼形式维护被越权人的合法权力。

（三）理顺审计监督配合机制

政府经济责任审计的监督配合机制,主要是指经济责任审计主体和审计委托或委派部门、审计结果处理部门以及被审计单位之间相互协调,相互支持的一种合作机制。目前,我国经济责任审计配合机制,没有真正形成一个目标一致、方向明确的有机合作机制。其主要表现在,审计部门在选择被审计人时缺乏应有的主动权,设计机关在对审计结果的处理上缺乏应有的参与权、知情权,经济责任审计中主导地位没有真正体现出来。审计机关面对审计力量所无法承受的审计对象和范围的压力,也只能是通过降低审计质量要求,缩短每一项目的审计时间来满足组织人事纪检监察部门代表和政府的委托要求,在审计查证过程中审计机关也只能按照"全面审计"和发表"无保留意见"审计报告的要求选择审计对象范围。在审计处理上,审计机关更是无参与权;这些情况,都人为地给审计机关带来了较大风险。要理顺经济责任审计配合机制,应在经济监督体系中,突出审计机关的中心或主导地位,不能将审计机关置于监督机制的边缘、被动地位上。要理顺经济责任审计的监督配合机制,应采取以下措施:

1. 改革现行的经济责任审计委派办法

现行经济责任审计委派主要由组织、人事部门,纪检、检察部门根据辖区内任期期满的领导干部情况提请审计机关进行审计。组织人事、纪检监察部门也不管任职期满领导干部是否有严重问题,是否需要检查,只要到期全部提请审计机关进行审计,这种办法必须改革。即改"全部强制委托式"为"选择协商委托式"。将到期领导干部情况进行公示,要求领导干部述职,在此基础上,由审计委托部门与审计机关协商,确定哪些是必审的范围,哪些是选择审计的范围,哪些是不必审计的范围,根据审计机关的承受能力,确定被审计人员数量。经组织、人事、纪检、监察部门与审计机关协商后,由审计机关以审计计划的形式上报本级政府或上级政府的批准,这种对审计计划的批准过程就是对经济责任审计的委托过程,这种委托,实质上是一种有选择性的制度委托方式。

2. 改革经济责任审计的评价规程

现行经济责任审计评价规程不能适应其降低固有风险的要求。在评价范围上,要求经济责任审计对领导干部经济责任范围进行全面评价的同时,而且要求时效性强,评价精确度高。在经济责任审计评价范围大,时效强,精度高的前提下,审计机关对经济责任审计只能面临的选择是承受无限增大的审计风险。在经济责任审计评价方式上,政府审计机关不能像注册会计师事务所那样,在被审计单位对审计工作不配合积极,不提供给审计人员全面而正确的会计资料的情形下发表有保留或反对的审计意见以规避审计风险,而政府经济责任审计无论在被审计单位作出什么反映,审计人员都必须做出准确评价意见的审计结论。因此,应改革经济责任审计评价范围和评价方式,对经济责任审计评价范围的改革,即要求政府及其相关部门,在改变对经济责任审计的委派方式的前提下,也要尽快制定经济责任审计评价准则和标准,使得审计人员在确定查证对象、抽取样本时有章可循。对经济责任审计评价方式的改革主要是应允许审计机关根据被审计人及其所在单位的积极配合程度、审计查证所取得的证据情况、审计主体对审计对象的满意程度等,发表不同类型的审计评价意见;应允许审计机关对被审计人在无法取得证据的情况拒绝发表评价意见,同时,应通过法规制度加以规范,并赋予特定含义,审计委托委派部门,应根据审计评价的特定含义,制定相应的处理处罚标准和办法,从而减轻审计机关对审计对象评价方面所带来的压力。

3. 改革经济责任审计结果的运用的沟通方式

目前,经济责任审计结果主要表现形式是通过审计报告,审计意见书向组织人事、纪检、监察部门及其同级政府发表对被审计领导干部任职期间履行责任的评价意见。当审计机关向上述部门提供评价意见之后,没有任何有关领导干部的处理情况的意见反馈,在对领导干部进行处理时,究竟处理意见中哪些部分是依据审计评价意见,哪些不是依据审计评价意见,审计评价意见究竟对审计处理有多大影响,审计机关蒙在鼓里。这样,当被审计领导干部受处理过重时,被审计领导干部即可能认为是审计评价意见不准确,不客观不公正,而对审计机关产生怨恨或对审计机关提起诉讼;当被审计领导干部受处理过轻时,审计机关又可能会遭到有关领导和广大群众误解,从而对经济责任审计评估的客观性、公正性产生怀疑。因此,经济责任审计结果运用的沟通方式应进行改革。改革经济责任审计结果运用的沟通方式,一是要建立审计结果运用情况反馈制度,对每一个被审计领导干部的处理,哪些是依据审计评价意见,哪些不是,要有明确的反馈意见通知。二是要建立对被审计领导干部处理意见的联席会议制度,目前,我国经济责任审计的联席会议制度不健全,联席会议仅仅是在确定经济责任审计政策方向上发挥有限的作用,而在解决具体问题上发挥作用并不大,也就是说我国现行的经济责任审计联席会议制度向着对经济责任审计工作立法、管理方向发展,有取代立法部门对经济责任审计立法和政府对经济责任审计管理的倾向。事实上联席会议制度是一个协调沟通、互通信息的制度,不能取代立法部门和政府管理的职能。三是要确定经济责任审计中审计主导地位,无论在被审计人的选择,还是在审计评价意见的发表和运用上,都应以审计机关为主导,当然,其他部门也可以发表不同意见,但必须在尊重审计主体的发表意见的基础上进行讨论、协商,任何领导干部武断地否定审计意见的做法都不是明智的选择。

二、控制风险的控制和防范

控制风险主要是由于被审计单位内部因管理控制的不健全或人为破坏导致管理控制系统失效给审计主体带来的审计风险。这种风险主要是由单位内部控制系统的矛盾引发的。对控制风险的控制与防范,主要从解决单位内部管理控制中的矛盾入手,寻求降低审计风险的途径。

(一)完善对领导干部的内部制约机制

长期以来,我国政府机关、事业单位、企业的主要领导干部权力过分集中,除了宏观经济管理体制和政治体制中浓厚的计划经济色彩和封建家长式的体制模式的原因以外,其中还有一个重要原因,就是我国政府机关、事业单位和企业内部制约机制的薄弱,这是一个不争的事实。在一些政府机关和事业单位内部党政机关内部控制对下不对上,控制点分布不合理,对违反内部控制的行为有不同意见被当作"不稳定"因素,下级想要纠正上级的错误意见、制止上级错误行为没有渠道。在国有企业内部,由于所有者主体缺位,无论是对董事长,还是对总经理,对两者的制约机制都较脆弱。

长期以来,有关政策法规、规章制度的出台,多是加大对一般员工的控制力度,一些地方、单位出台的改革政策中以及在单位内部管理机制中,有的领导干部个人专断现象越来越严重,群众的民主化权力却越来越小;单位内部人事管理、干部提拔使用、收益分配"暗箱操作"的成分较大,而透明度越来越小;领导干部阶层的收入与一般员工的收入差距越拉越大,,而后者的工作积极性、主动性越来越小,这些行为有时被冠之以"改革"和"创新",这其实是将改革引向了歧途。完善领导干部的内部制约机制,其重点目标是建立起对正职领导干部在管理过程中的监督与控制机制,这也是政府经济责任审计实践经验之谈。

完善对领导干部的内部制约机制,对于政府机关来说,要彻底转变政府职能,把政府手中的不应掌握的权利交还社会或者纳税人。对政府官员实行群众评议制,要将对政府的评议由"官员"评议变为"群众"评议。对事业单位来说,要制约领导干部个人专权,也要实行改革,建立类似董事会、监事会与总裁的相互制约的用权机制;对于企业来说,应进一步改革企业产权制度,充分发挥监事会的作用,改变现行监事会的组织结构和工作职能;理顺总经理与董事会的关系,尽可能使董事会成员与总经理之间经济利益的"趋同性"变为经济利益的"矛盾性",使总经理因失职渎职、贪污挪用公款、出具虚假财务报表给企业造成的伤害等行为随时受到监督和制约,且部门经理的行为与董事会及其董事会成员利益挂钩;同时也将董事会成员和董事长因决策失误给企业造成的伤害与其自身利益挂钩,切实建立起董事长与总经理的制约机制。

(二)决策和财务收支活动分级管理制度

在政府机关和企事业单位,经营和管理活动有时被少数领导干部个人垄断,比如投资融资活动、经营和管理活动等,单位主要领导干部从方案制订、合同协议签订,甚至一些具体事宜的办理,一竿子插到底,不愿别人插手。

在具体工作中,一些单位财务收支无计划、无预算,不论证不商量,"一把手"亲自指示具体办事人员办理,等事情办完了,再分头向单位分管领导、职能部门打招呼、发指令;还有一些单位固定资产购建预算制定,招标、承包等活动全部由正职领导干部具体操作,固定资产管理部门只知道固定资产是否已交付使用,至于购置过程、设备功能、价格等也只能事后了解,根本无法对资产质量、功能提出要求;还有的企事业单位,从财务决策到财务日常管理,主要领导干部一手包办,其他领导根本不允许过问。

目前,在我国普遍流行的"一把手"、"一枝笔"签字报销制度,尽管在财务管理上起到了一定作用,但同时将正职领导干部的个人权力固化,不可避免的有其负作用。从这种制度设计的本意来说,是为了加强企事业单位对财务收支活动的控制,但执行的结果却是对科学合理的内部控制系统的一种冲击和破坏,制度设计者们只将控制的目光盯住了财务收支活动执行者,却忽视了财务收支活动的管理者。在这种控制系统中,所缺乏的就是对企事业单位最高领导者控制,这是我国内部控制系统与国际现代经济组织内部控制系统的最大区别,也是我国内部控制系统经常性失效的根本原因。因此,加强经营管理活动的控制,必须从单位内部管理体制上解决领导干部个人专断的问题,在企业事业单位建立决策和财务收支活动分级管理制度,这是我国传统决策和财务收支活动管理制度的精华。

在企业单位进一步改革过程中,还必须重新认识分级管理制度,在决策和财务收支过程中要把操作者、组织者和审批者三个级别的权力给足,责任到位,单位最高管理者不能作为直接性事务活动的审批者,比如,财务收支活动,具体事项审批签字者只能是分管这项活动的副职领导干部,根据领导班子集体研究决定,授予其多大规模签字权,这样正职可以随时对副职的审批权进行检查控制。如果财务收支审批权直接控制在正职领导干部手里,那么财务收支审批活动就彻底失控。在分级管理中,财务收支活动的审批者必须与经济活动的组织者分离,经济活动的组织者必须与操作者分离,比如固定资产购置的计划制订、资金来源主要由固定资产管理部门主管负责,而固定资产管理部门主管不能直接插手固定资产的采购、运输、验收、付款等具体事务,而主要做好固定资产采购、运输、验收、付款等组织工作,如果组织工作与具体操作活动不分,也会导致其失控。

（三）建立各级领导干部的承诺和责问制度

在政府机关、企事业单位内部控制系统中,还应通过建立各部门、各环节的岗位责任制,在此基础上建立各级领导干部的承诺制和责问制,以加强对主要领导干部的监督与控制。岗位责任制是指在政府机关、企事业单位等组织中,根据业务工作程序和工作内容,设置工作人员岗位,并按照不同工作岗位性质确定其职责范围,按照工作岗位要求,明确各个岗位工作任务,以及对工作完成情况的考核、评价的一种责任制度。

目前,政府机关、各企事业单位对各部门内部岗位责任制建立比较规范,也较为合理,但就是主要领导的岗位责任制,不仅缺乏规范性,而且岗位责任制往往成为贴在墙上的、摆在桌上的"花瓶",不按岗位责任制办事的有时还是单位主要领导。因此,在岗位责任制的基础上,还要建立各级领导干部的承诺制和责问制。承诺制即领导干部对其所管辖范围内严格按照岗位责任制的要求进行管理和控制的承诺制度。当然在实行承诺过程中还有许多工作要做,例如,采用何种承诺形式,是用协议合同形式承诺,还是通过建立责任状形式承诺等等,都可以通过讨论采用比较简便易行的方式。这种方式,既利于领导干部自我约束,也有利于群众或下级干部对被审计的领导干部的约束。责问制即由政府机关、企业事业单位的群众组织,如职工代表大会、工会等,对各级领导干部履行经济责任情况进行责问,对于未能正常履行的经济责任,要查明原因,分清责任,追究责任。这种将群众组织纳入对领导干部控制机制,要比领导干部之间,上级对下级领导干部的控制效果要好得多。

三、检查风险的防范与控制

经济责任审计的检查风险是因审计主体自身原因所带来的审计风险。对经济责任审计检查风险的控制,主要是针对审计主体在审计检查过程中不能严格依照审计法规、审计程序、审计方法、审计标准进行取证评价行为的控制,以达到防范审计风险的目的。对于检查风险的控制与防范,主要从以下几个方面入手:

（一）计划阶段的风险管理与质量控制

审计计划阶段作为政府经济责任审计工作任务的安排阶段和确定被审计人及其审计对象的阶段,对于审计风险的控制和防范非常重要,即从确定被审计人员范围和合理安排审计任务开始对整个审计工作的规划、人员力量的安排等环节都要注意防范审计风险,这对于以后阶段审计风险控制与防范,具有十分重要的意义。

1. 科学确定被审计人员范围

政府经济责任审计是对任职期满领导干部履职情况进行的审计,理论上说,对于所有的任职期满干部都应进行审计评价。但是由于审计机关中专门从事经济责任审计的人员较少,当一个地区在一段时期内,成百上千的领导干部任职同时期满,在短时间内审计机关把所有审计工作都停下来,全部审计力量都投入到经济责任审计中,也无法满足对全部到任领导干部进行全面审计的需要。

为了科学确定被审计人员范围,对任职期满的领导干部,根据组织、人事、纪检、监察部门掌握情况,并且对离任领导干部在一定范围内进行公示,根据公示结果和政府有关部门掌握的情况,将离任领导干部分为三类,一类是在公示中,群众举报有重大违法犯罪嫌疑的;二类是计划提拔重用的或准备安排异地任职的;三类是本届任职期满后,即要离退休的或继续保留原来职务的。对于一类领导干部,审计机关作为在重新任职前必审计的对象,应在离任前3~6个月安排审计完毕;对于二类领导干部可以在离任前后1~3个月安排审完;对于三类领导干部,可以将审计的时间安排稍微推后。

当然,在确定被审计领导干部时也可以采取另外的标准。例如,一些对国计民生影响较大的关键部门或单位、重点企业领导干部作为重点审计对象,要提前安排审计;经过与组织人事、纪检、监察部门协商,对于那些在群众公示中没有举报失职、渎职或其他违法违纪和经济犯罪情况的,在平时考核中较好,可不列入审计计划。这样,可以大大减轻审计机关的压力,有效避免审计机关在人员力量有限的情况下,对全部任职期满干部进行全面审计的尴尬局面。

2. 合理安排审计任务

审计人员在确定以后,根据上级审计机关及本级人民政府批准的审计计划,审计机关应充分挖掘潜力,组织充足的审计力量,根据不同的审计对象,配置适宜的审计人员。与此同时,要围绕着每一个被审计人的具体情况,确定具体审查哪些内容,重点查证哪些事项,对每一个具体审计项目的工作任务进行归纳整理,然后根据审计项目审计任务的具体内容,以及每个审计人员的专业特长,合理安排审计工作任务。要实行审计小组长负责制,由审计小组长作为相应审计项目的第一责任人,审计小组其他成员在审计小组长领导和协调下开展工作。审计小组成员要建立明确的岗位责任制,审计小组各成员,按照分工开展审计业务。合理安排审计任务,还应严格按照审计计划中所列并经上级部门和同级政府批准的审计内容范围进行控制,审计机关和审计小组都无权更改审计计划中规定的审计工作内容,不允许随意扩大或缩短审计范围。

(二)准备阶段的质量管理与风险控制

在经济责任审计中,审计计划的下达,即意味着审计委托关系已成立,审计机关应着手对审计计划的实施准备。在审计准备阶段,主要是审计机关委托成立审计小组以后,由审计小组根据审计机关的委派,或在审计机关的直接领导下进行一系列的准备工作。审计准备工作充分有利于降低审计风险,在审计准备阶段,审计机关和审计小组应通过以下几个方面防范、控制审计风险:

1. 做好审计前培训工作

审计小组进驻被审计单位进行审计取证以前,审计机关在明确审计任务对审计人员合理分工的前提下,要认真分析审计项目工作任务的内容,对可能遇到的法律法规问题,可能出现的工作难点和技术性问题等都要做出充分估计;然后,对可能遇到的问题进行归纳,并指定专人搜集资料,分析情况,积极寻求问题的应对办法。对审计人员培训应在审计人员进驻前进行。

审计机关对审计人员进行审前培训的主要内容应是:①《审计法》、《审计法实施条例》、《国家审计基本准则》,通过培训使审计人员掌握审计工作的基本规定和要求,提高审计人员依法办事,坚持公正客观,超然独立等审计原则的自觉性。②中共中央办公厅、国务院办公厅关于经济责任审计的"两个暂行规定"及其他要关规定,通过培训使审计人员进一步明确经济责任审计的基本规定,明确经济责任审计基本目标、一般对象、具体内容和范围,提高审计人员对经济责任审计基本规律的认识。③《公司法》、《会计法》、《预算法》及各种相关法规、制度,通过培训提高审计人员识别资料真伪及经济活动合理、合法与否的能力,以胜任对审计对象以及领导干部履行职责情况的公正、客观评价。④审计工作的新理论、新思路、新方法,通过培训,提高审计人员的专业素质。经过这些方面的培训,在一定意义上能有效提高审计人员的综合素质,为控制审计风险打下了良好的基础。

2. 编好审计实施方案

审计实施方案是对每一个具体审计项目的总体安排,是控制审计工作程序和步骤,评价审计工作进度和质量的依据。科学合理的审计方案,不仅能通过控制审计工作程序和步骤,提高审计质量来控制审计风险,也可以通过严格按照审计方案中规定的审计操作规程办理审计事项,消除审计委托人和被审计人对审计结论的疑虑,降低审计风险。

编好审计实施方案,首先,要进行预备调查。预备调查是在审计小组进驻前,派出少数审计人员了解被审计人及其所在单位基本情况的一种调查。通过预备调查,审计人员对被审计单位基本情况大体了解后,不仅为编制实施方案提供了依据,也为审计人员在审计取证过程中,有效地抓住问题的要害和重点提供线索。其次,要根据审计计划要求以及预备调查结果编制审计实施方案。编制方案是对审计基本计划的一种详细化过程,它根据审计基本计划规定的审计项目目标、审计对象、审计内容范围、审计时间、审计人员安排,进一步详细排列出审计项目查证工作的基本程序和详细步骤,审计人员在各个步骤的具体工作内容,每项具体工作内容的起止时间等。审计方案编好以后,要经审计小组认真讨论,反复检查,特别是对各步骤审计工作内容的安排,要认真检查其合理性,查明有无漏洞,有无产生审计风险的可能。

(三)实施阶段的质量管理与风险控制

审计实施阶段是审计风险的多发区,审计检查风险主要出现在这一阶段,对审计实施阶段审计风险控制与防范,不仅要从审计取证过程本身控制审计风险,还要从与审计取证有关方法、程序、手续等方面控制和防范审计风险。审计实施阶段审计风险的控制防范措施主要有:

1. 认真贯彻审计法规、审计准则和审计实施方案

审计人员在审计取证过程中,必须按审计法规的要求实施审计。审计法规是审计工作的主要依据之一,脱离了审计法规的控制,审计工作就难以正常开展。不遵守审计法规的审计人员和审计工作,不仅难以得到强有力的法律支持,而且在审计操作过程中,也无法收到良好的效果,贯彻审计法规是审计工作的生命线,缺乏法规依据的审计,将是失败的审计。审计人员在审计取证过程中,必须按照审计准则办事。审计准则是控制审计人员现场操作行为的规范性文件,审计取证过程中,脱离审计准则的要求,不仅无法取得真实可靠的审计证据,而且取得的审计证据也有因取证行为不规范被弃之的可能。审计取证过程中严格按照审计准则办事,这是对审计人员的起码要求。审计人员在取证过程中,必须认真贯彻审计实施方案,严格按照实施方案中规定的审计步骤、审计内容、审计时间,保质质量完成任务,并取得相应的审计原始证据,为审计意见提供可靠的证据,证据的真实可靠是降低审计风险最有效的措施。

2. 积极协调解决审计取证工作的矛盾

审计机关派出审计小组后,还要经常与被审计人及其所在单位以及审计小组进行沟通,及时发现问题解决问题。审计机关协调解决审计取证工作中的矛盾,首先要注意协调解决审计小组与被审计单位的矛盾,有时被审计单位可能会因为被审计人是本单位的领导,出于个人情感在对本单位领导审计有反感,或其他原因不积极配合审计工作,审计机关遇到这种情况要认真分析被审计单位不配合的原因,采取有效措施,协助审计小组织解决问题。其次,要注意协调审计小组与被审计领导干部的矛盾,被审计领导干部遇到对自己不利的问题,往往也是采取不合作的态度,甚至动用自己的关系对审计小组施加压力,这时审计机关要挺身而出,为审计小组提供有效支持。最后,要注意协调审计小组自身的矛盾,如果审计力量不足,应及时调配审计力量,审计小组缺少技术支持,审计机关要及时组织技术力量给予支援等,审计机关通过积极协调解决审计取证工作中的矛盾,及时控制和防范审计风险。审计机关对审计工作协调

时,可以利用审计"承诺制"控制审计风险,即要求审计小组和被审计单位双方就其承担的责任做出书面承诺,即被审计单位向审计小组签署会计资料真实性、决策管理行为合理性、经营行为合理性的承诺书;审计小组向审计机关签署审计评价意见的公正客观性、审计取证过程有序性、无违反审计法规和职业道德要求行为的承诺书,通过承诺书明确双方责任,保证审计质量,控制和防范审计风险。

3. 严格遵守审计取证规范

审计小组在审计取证工作中,要做好以下三项工作:①正确运用取证方法,特别是审计抽样方法,须合理规范。在当前审计技术日益发展的情况下,如何驾驭审计取证方法是至关重要的。目前,审计取证主要是以制度基础审计为主要取证模式,审计人员要在评价内部控制系统,找出内控薄弱环节基础上,据以确定审计详细查证对象,并对审计查证对象详细审查。在审计抽样中,特别要保持应有的职业谨慎,注意其抽样技术的适用性、严密性以及技术本身存在的局限性,在审计查证工作中搜集的审计证据,要注意审计证据的关联性、有用性。在审计记录时,要注意记录的清晰性、叙述的简洁性、准确性等。②正确运用取证手段,采用合法手段取得审计证据,防止无根无据的小道消息进入审计证据。在取证时要注意对审计证据的来源分析,对于来源渠道不合法或来源渠道不明的审计证据应排除在证据体系之外。③规范审计证据的分析和汇总,审计证据的分析汇总,主要是通过审计工作底稿编制来完成的。

审计小组编制审计工作底稿,首先是要求每个审计人员对自己在审计取证中取得的审计证据进行审核,复核审计证据的证据力和关联性,对于那些与审计目标关系不大,对本项目无用的审计证据予以剔除,根据有用的审计证据,编制审计人员个人审计工作底稿,在个人审计工作底稿中,明确提出对其所审范围的初步审计意见。其次,是指定审计工作底稿审核人对个人审计工作底稿进行审核。一般的做法是审计小组长指定经验丰富的审计人员对经验缺乏审计人员的审计工作底稿进行审核,或要求审计分项目的负责人对本分项目每一个审计人员的审计工作底稿审核,并按照问题类别汇总的证据提出类别审计意见,分别编制类别审计工作底稿。最后,是审计小组长对各类审计工作底稿进行审核,将所有类别审计工作底稿进行综合分析,重新归类,并归纳出新的问题,编制汇总审计工作底稿,提出汇总审计意见。通过这样三级审核制度或三级汇总制度,保证审计证据的充分性,形成可靠的证明。这样既可以保证审计意见的公正性、客观性,同时,对于审计意见发表以后,有关单位和个人提请复议和法律诉讼,也使审计人员心中有底,积极辩护,以此来维护审计主体的合法权益。

(四)终结阶段的质量管理与风险控制

审计终结阶段是审计小组撰写审计报告,征求被审计单位意见的阶段。在这个阶段审计小组根据审计工作底稿以及经济责任的评价标准和指标体系对经济责任履行情况进行评价,并按规定撰写审计报告。其具体工作内容是:

1. 撰写审计报告

审计报告的撰写要严格按照审计准则规定以及审计委托人的要求。要做到:①审计报告中的内容要完整,审计工作底稿中反映的内容要全部在审计报告中反映。②审计报告的内容(发表的评价意见)要公正客观,编写审计报告时,切不可感情用事,带有某种偏见;审计报告揭露的问题,一定要实事求是,反映内容要与审计工作底稿一致。③审计报告的语言表达一定要准确,不能产生歧义或造成误解。

2. 征求被审计人的意见

征求被审计人意见是审计报告编写过程中一个必不可少的手续,完成这一手续是从审计程序上降低审计风险的一个有效措施。审计人员在征求被审计意见时,如果仅仅将其作为一项履行手续的工作步骤,也不利于降低审计风险,因为很多审计风险都是人的主观作用的结果,如果审计人员履行了征求被审计人意见的手续以后,审计报告的内容不能使其口服心服,在审计报告发出一定期限内,被审计人仍可提出复议申请,有的甚至要付诸法律。因此,审计人员在征求被审计人意见时,要诚心诚意听取被审计人辩解,确实言之有理的,审计报告中所列问题有不恰当的地方一定要改正;如果辩解无道理,也要认真与被审计人交换意见,尽可能将矛盾化解在征求意见阶段。如果审计报告确实无问题,经与被审计人沟通以后,被审计人仍在为自己的问题辩解,审计人员要坚持原则,不能随意修改审计报告。

(五)终结阶段质量管理和风险控制

审计终结阶段是指审计报告和审计结果处理阶段。这一阶段是审计过程的最后阶段,也是审计风险的高发阶段,审计主体必须采取有效措施控制防范审计风险。审计终结阶段控制、防范审计风险的主要措施可以有下几个方面:

1. 严格审定审计报告

审计小组报出审计报告后,审计机关应指定专门机构对审计报告内容进行审定,并做出公正客观的评价意见。在审计报告审定过程中,审计机关专门机构应组织有关审计专家和技术人员对审计报告进行复核。其复核的内容是:①审计报告中揭露问题的复核,即根据审计报告提出的问题复核相关审计证据,查明审计证据是否充分;②审计报告中审计意见的复核,即根据审计工作底稿,复核审计意见是否客观公正;③审计实施程序是否符合审计方案中的要求的复核,核实审计取证程序中有无违反操作规程,有无缩小查证范围的情况。对于复核中发现有审计实施程序违反操作规程,缩小查证范围的情况,应责成相关审计人员重审或补充审计证据;遇到审计报告揭露的问题,提出的审计意见与审计工作底稿不符的情况,应在审计审意见书中加以调整,把风险控制在审计意见书发出之前。

2. 依法做出审计决定

审计决定是引发被审计人员审计复核和行政诉讼的关键环节。审计机关发出的审计决定时应正确运用法律、法规和规章制度,注意引以为据的法律制度规定的级别、时效和范围,在引用法律法规上,不能出现偏差,对违法违纪、经济犯罪的处理要宽严适度,既不能对违法违纪人员有同情恻隐之心,处理时网开一面,也不能超越有关法规规定进行从严处理,在经济责任审计中,审计机关对少数领导干部的经济犯罪行为移交司法机关处理,要有确凿证据;对领导干部个人的经济责任履行情况评价,要注意政策、法规依据的适用性。

第十一章 政府经济责任审计发展论

第一节 政府经济责任审计发展多元化目标的生成与实现

政府经济责任审计发展现实目标是指现阶段政府经济责任审计工作所希望和追求达到的预期目的,这是我国目前政府经济责任审计发展确定的基本目标,也是政府经济责任审计适应现阶段社会政治经济发展的需要,适应我国政治、经济体制的新形势,而提出的阶段性发展目标,这一目标的主要特征是政府经济责任审计由单纯的财政财务审计、绩效审计的目标向多元化审计目标模式发展。

一、现阶段政府经济责任审计多元化目标的生成

现阶段,政府经济责任审计发展已进入了多元化的阶段。无论是从审计对象,还是从审计内容看,经济责任审计都为其多元化目标形成提供了客观基础和现实条件。经济责任审计多元化目标的生成主要依赖于对领导干部监督的需要,而对领导干部的监督又必须围绕着其以授权为基础的经济责任的履行。具体地说,政府经济责任审计多元化目标生成主要有以下基础与条件:

(一)难以遏制的财务造假生成了财务信息真实性审计目标

无论是政府机关、行政事业单位还是企业,财务造假问题一直是困扰政府科学决策、公平业绩考核和正确处理各种财政财务及其分配关系的重要难题。各部门各单位财务造假的动力何在?过去人们将主要目光集中在单位财务管理者和会计身上,并在《会计法》明确规定了追究财务会计人员造假责任的条款,但是对财务造假行为法律上的防范并没有真正抓住问题的要害。[①]

经过长期实践,人们终于认识到财务造假真正动力源是企业单位主要负责人。现行的《会计法》也体现了这一点,并在法律条文中,规定了对单位主要负责人财务造假追究条款。但是从最近几年《会计法》颁布以后的实际情况看,一

---

① 尹平.财务造假监控与检测.北京:中国财政经济出版社,2004:4.

些单位特别是上市公司的财务造假行为并没有销声匿迹,执法环节的薄弱为企业大面积财务造假留下了可趁之机,财务造假屡禁不止的根源,不仅仅在财务人员有法不依,而更在于企事业单位主要负责人的利益驱动、执法不严、玩忽职守。财务信息的真实性,是企事业单位会计核算和财务管理工作的现实目标,也是企事业单位主要负责人履行责任的重要体现。在经济责任审计中,通过直接追究企业单位主要负责人财务造假的责任,并通过一定的行政司法手段进行处理,有效制止被审计单位财务造假,不仅使被审计领导干部引以为戒,也给被审计单位后任负责人予以警示,从而促进财务信息真实性目标的实现,是经济责任审计基本目标之一。

(二)日趋严重的国有资产流失生成了国有资产安全性审计目标

国有资产流失是改革开放以来出现的少数人利用手中职权侵吞国有资产的现象。国有资产大量流失,不仅给企业带来灭顶之灾,也使国家资产总量大为减少,导致一个地区甚至整个国民经济运行的失衡。如何有效控制,这不仅是摆在各企业事业单位主要负责人面前的重要任务,也是摆在地方政府及其相关部门面前的重大课题。对于一个企事业单位主要负责人来说,任职期间在合法经营的前提下,有效维护国有资产安全完整,并使之保值增值,是领导干部任期目标的重要内容。对于一个地方政府及其有关部门领导干部来说,不仅要保证其直接领导的政府机关的资产的安全完整,而且要维护所辖地区以及国有企业和国有控股企业单位资产的安全完整,这本是其义不容辞的职责。

国有资产的大量流失,作为我国经济体制改革进程中的一个具有杀伤力的干扰因素,其产生的根源主要是国有企业或国有控股企业中代表国家的所有者主体缺位。在此背景下,国家授权管理国有资产的国有企单位及国家控股企业主要负责人利用手中职权侵吞国家资财,一些地方政府及部门领导干部也趁机获取个人非法利益。因此,对党政机关、企事业单位领导干部进行经济责任审计,必须加强对国有资产安全性的审计,以有效实现国有资产安全性之目标。

(三)纷乱无序的财政财务活动生成的财政财务合规性审计目标

目前,财政财务活动的无序性,在一些地区、部门、企事业单位表现相当突出。例如一些政府机关截留、挪用国家专项资金,用预算资金投资计划外项目,巧立名目乱收费、乱设"小金库",用于预算外收入请客送礼、大吃大喝;一些事业单位截留挪用国家投入的事业费,通过多提事业管理费的办法挪用预算资金;预算外收入不纳入单位财务管理,创收收入大量落入私人腰包等。这些现象的发生,绝非偶然,它是我国政府机关、企事业单位长期纷乱无序的财政财务活动有关。

目前,在我国政府机关、企事业单位财政财务活动中的最大问题是正职领导干部的"一手遮天",从资金使用的动议开始,到资金使用的计划、审批,甚至资金的直接使用,有时都由正职领导干部一人包办,就这一点就不符合内部控制的基本原则。正职领导干部分管财务部门及单位财务工作,这是财政财务活动失控的一大根源。一些单位财政财务活动的纷乱无序不仅难以保证财务活动的合法性,也难以保证财政财务活动的合理性。这种状况必须通过加大改革力度,在建立科学合理的财政财务管理机制的基础上,通过加强领导干部财政财务管理活动的监督予以控制,从这个意义上说,生成了经济责任审计财政财务活动合规性的审计目标。

(四)疏于控制的财务收支活动生成的财务收支合法性审计目标

企事业单位财务收支活动的疏于控制,除了企事业单位财政财务活动的无序性外,还包括政府及其相关部门对其财务收支疏于管理。目前,一些企业改制方案中,财务控制的措施的设计存在着一些漏洞,在投资上,利用对外投资、企业合资、兼并的机会非法谋取小集团利益,将国有资产化为"企业"资产;在筹资上,利用企业上市的合法身份大肆"圈钱",有的套取银行贷款长期不还,给银行造成大量不良资产;在经营上,将大量资金投资于非法经营,少数国有企业参与走私贩私违法经营;在分配上,利用种种办法截留国家财政收入,偷税漏税,利用虚假财务报表,在利润分配中做"手脚",非法侵害投资者利益等。这些违反国家财经法规的行为与企业事业单位主要负责人有各种联系。在政府经济责任审计中,要有效维护政府机关、企业事业单位财务收支合法性,必须将财务收支合法性作为一项重要审计目标。

(五)日益成风的经济腐败现象生成的经济管理活动审计廉洁性目标

经济责任审计的"廉洁性"目标,是经济责任审计的特殊目标,它主要是针对部分领导干部的腐败而提出来的。审计作为一种经济监督活动,它能不能在腐败现象十分严峻的现实面前起到揭制腐败的作用,达到反腐倡廉的目的,这个问题应加以理论澄清。腐败问题是历史上各个朝代和目前世界上各国都存在的共性问题,其产生背景和原因各异,但最主要的原因是,生产关系和上层建筑之间的矛盾所至,政治、经济体制中的矛盾是滋生腐败现象的主要根源。

审计在揭制腐败现象中应起到一定的作用。治理领导干部腐败问题如以权谋私、收受贿赂、贪污挪用、失职渎职等,首先,是要从体制上解决问题,经济责任审计是弥补政治经济体制中控制系统薄弱的一项重要措施。其次,在解决体制问题的基础上,对领导干部个人行为进行制度约束,经济责任审计通过定期对领导干部经济责任履行情况查证和评价,以形成一种制度威慑力,这种威慑有时比管理更为直接,这是保证领导干部廉洁的体制外的制度安排,也是经济责任审计的目标追求。

(六)决策活动的复杂性生成的经济决策审计的合理性、有效性目标

政府机关、企事业单位都有决策问题,决策的合理性、有效性受多种因素制

约而体现出决策过程的复杂性。在决策过程中,要求决策者个人素质高,具有较强的执行法规、政策执行能力,具有多种专业理论知识,具有较强的分析问题解决问题的能力。在决策中,还要求决策人能够广泛听取意见和建议,深入调查了解影响决策的一些外在因素。决策过程中,必须进行可行性研究,必须制订科学的决策方案,决策必须按照科学的决策程序办事等,这些都是保证决策合理性、有效性的前提。

但是在实际工作中,一些地方和企事业单位的主要负责人的经济活动决策非常不规范不严肃,在决策中不按决策程序办事;也有的企业单位主要领导人义气用事,把决策单纯看成是自己行使权利的行为,只要能自己拍板,什么样的决策风险都可以接受;还有一些单位主要领导人用手中的决策权进行违法行为决策,不顾国家法规规定擅自扩大经营范围,盲目确定投资项目,随意扩大国家预算资金开支使用标准等等。从而导致决策的重大失误给国家和企事业单位造成严重损失。党政机关领导干部、企事业单位主要负责人的主要职责就是进行科学决策,并保证决策方案有效执行。审计机关对领导干部经济责任审计中,专门评价决策过程的合规性、决策方案的科学性、决策贯彻的有效性,以促进决策者在决策过程中严格按照规程办事,在决策执行中认真贯彻决策方案,保证经济活动的合理性和有效性。

二、政府经济责任审计的重点目标和主攻方向

经济责任审计上述六大目标,是在现阶段经济环境条件下生成的,在很大程度上,我国政治经济环境决定了政府经济责任审计的现行目标。审计作为一种社会经济监督活动,必须适应社会、政治、经济环境。当然,经济责任审计作为一种受环境和形势的限制的经济监督活动,其多元化审计目标不可能在短时间内全部得以实现,对于上述审计目标,必须根据经济形势的需要和可能,分阶段、分步骤实施,并促使其逐步实现。

(一)现阶段经济责任审计的重点目标

现阶段,我国党政机关、事业单位和国有企业或国有控股企业,无论是在管理还是监督方面,遇到的最突出问题,就是规范领导干部的经济行为和管理行为,治理由于不规范的领导行为而引发的腐败问题以及殃及国家政治、经济安全和社会稳定问题。因此,现阶段经济责任审计的重点目标是治标与治本相结合,制度治理与监督治理相结合,教育与惩防相结合,主要关注点是:

1. 治理虚假财务信息的目标

虚假财务信息是企业事业单位中普遍存在的一种客观现实,其主要根源在于虚假财务信息能给企事业单位主要负责人带来政治上的收获和经济上的利益,根源在于企事业单位主要负责人的权力失控。对虚假财务信息的治理,从审计主体的角度看,应主要通过经济责任审计的检查评价手段,对虚假财务及时揭露,并在评价中发表公正客观的审计意见,以引起有关部门的高度重视;从审计处理的角度说,有关组织人事、纪检、监察部门要认清虚假财务信息的危害,对于制造虚假财务信息的领导干部进行严肃查处;从政府的角度讲,对虚假财务信息的问题应给予高度重视,并认真分析造成虚假财务信息的根源,在体制上、制度上采取措施,铲除其滋生的土壤。要将保障财政财务信息的真实、合法合规的要求明确纳入党政机关和企业事业单位领导的职责范围,明确领导干部的监督和管理职责,对出现虚假财政财务信息的单位要追究领导者的责任,对于指使或授意财会人员制造虚假财政财务信息的领导干部要问责,坚决不让虚假财政财务信息制造者从中得利;同时也要进一步改善企业经营机制,从体制和机制上杜绝虚假财务信息的滋生,从而为经济责任审计目标的推进,提供一个长治久安的良好环境。

2. 治理失职渎职导致国有资产严重流失的目标

国有资产严重流失是近几年来国有企事业单位出现的一种较为普遍的现象,从 20 世纪 90 年代初期开始,这种现象具有愈演愈烈之势。这种现象的产生与企业事业单位主要负责人及党政机关领导干部的失职渎职行为有直接关系,有的则是领导干部慷国家之慨或谋取自己获得非法利益的直接所为。国有资产流失的治理,首先,要从审计入手,通过对党政机关领导干部和企事业单位主要负责人的经济责任审计,有效揭露国有资产流失的严重事实;其次,要从处理入手,在组织人事、纪检、监察部门的审计处理中,要加大对国有资产流失责任的追究力度,对国有资产流失部门、企业单位的领导干部,要实行一票否决制;最后要从环境治理入手,政府部门及其有关管理部门要对领导干部、企事业单位主要负责人的企业改制方案组织专家进行评审,在领导干部任职期间,要加大对其资产处置权的控制力度。在现阶段,要把国有资产严重流失的势头控制住,需逐步完善政治经济体制,改善企业经营机制,建立国有资产处置的有效控制机制,政府经济责任审计在其中能够发挥重要监督和制约作用。

3. 规范领导行为、治理经济犯罪的目标

经济犯罪是与违反财经法纪紧密相联的两个概念。经济犯罪首先是从违反财经法纪开始的,它是一种严重的违反财经法纪行为,违反财经法纪一般不构成犯罪,但是一旦违反财经法纪严重性达到一定程度,即达到国家法律规定以及有关司法部门规定的犯罪标准,违反财经法纪行为而构成了经济犯罪。党政机关领导干部和企事业单位主要负责人目前经济犯罪的主要特征是贪污受贿、侵吞国家和集体财产、为小集体或个人谋取非法利益,等等。对贪污受贿等严重经济犯罪行为的治理,不仅是审计工作的重要任务,也是全社会的一项共同任务,但是审计工作,特别是政府经济责任审计在治理党政机关领导干部和企事业单位主要负责人贪污受贿等严重经济犯罪的工作中应处于重要地位、发挥着主导作用。因为审计可以发挥技术特长,检查财政财务收支中隐藏的违法乱纪行为,通过群众举报的线索进行跟踪审计,查证发现重经济犯罪证据。与此同时,审计机关和纪检、监察、司法机关可以进行分工:审计机关对领导干部的经济责任审计中,主要负责对领导干部的评价,在审计发现的重大经济犯罪问题,直接移交司法机关;而组织人事、纪检、监察以及司法部门,接到群众举报后,认为所举报的是经济责任的一般问题或是直接可以从被审计单位的书面资料及财产实物中取得证据的,也可移交审计机关,这样审计机关对经济责任的一般问题进行查证评价,组织人事部门可根据审计评价确定一个领导干部经济责任履行情况,为政府任用干部提供依据。另外,纪检、监察部门也可将群众举报的问题移交审计机关和司法机关,对于一般性违纪违规问题,可根据审计机关提供的信息进行行政处理;司法机关主要负责对领导干部的重大犯罪案的查证与处理。这样双向移交更能体现审计机关在经济责任审计的中心地位,也能充分发挥审计机关在治理贪污受贿等重大经济犯罪活动中的优势。

进入21世纪,我国步入发展黄金期,同时也是矛盾凸显期,国家政治、经济和社会安全显得尤为重要。当前我国个别部门和地区,出现了领导干部管理行为失范,在贯彻党和国家方针政策时走样,大搞"上有政策下有对策",严重损害了党和政府的形象与权威,腐蚀了党的执政根基,危害国家政治安全;社会经济领域出现信息虚假、管理混乱,误导政府决策,引发经济危机,危害国家经济安全;特别是事关国计民生和国家安全的重要领域,出现了领导干部疏于履责、不作为或乱作为,引发社会事端,危害社会稳定。这些问题与经济领域的违法乱纪活动同样须引起高度重视。政府经济责任审计是经济社会健康运行的"免疫系统",具有揭露功能、预防功能、抵御功能和建设功能,是国家政治、经济和社会安全的保护屏障,在治理经济违法犯罪的同时,也对领导干部管理从政行为进行监督和评价,促进各级政府机关领导干部廉洁从政、勤政严政,严格执行党的路线方针和政策,按照法律法规授予的职权办事,按照规定的程序和手续办事,降低从政风险和管理风险,提高政府机关和各部门的办事效率和效果,确切履行法律赋予的职责,这无疑也是政府经济责任审计的目标。

(二)现阶段经济责任审计的主攻方向

经过长期以来的经济责任审计实践,人们逐渐认识到这样一个问题,任何审计活动,包括经济责任审计都必须具备一定的基础条件,如果基础条件不具备往往会给审计工作带来较大的风险,而且再公正客观、再有权威性的审计主体,也难以避免审计挫折。例如,注册会计师审计必须具备被审计单位会计机构健全,会计资料完整等基础条件,如果不具备这一基础条件,要么是注册会计师不接受托,要么是在审计中发表拒绝表示意见或其他形式的审计报告。对领导干部个人经济责任的查证,同样需要这样的基础,否则,整个审计工作的过程和结果就难以发挥应有的作用。

目前,我国政府、企业事业单位的内部控制组织制度脆弱,有的无法正常发挥作用,对领导干部的管理,也是事后处罚,疏于过程监督与控制,领导干部目标责任制不完善等现象仍然十分令人担忧。因此现阶段经济责任审计的主攻方向仍然在"打基础"方向,即通过审计对宏观控制的影响,改变经济责任审计当前基础条件薄弱的现状,为推动经济责任审计进一步发展打下更加良好基础。目前,政府经济责任审计的主攻方向主要有以下几个方面:

1. 加大对内部控制健全情况的审计力度

政府机关、企业事业单位领导干部或主要负责人的一项重要的职责就是要建立和健全内部控制系统。一个单位的内部控制系统是否健全完善,应是主要领导干部的直接责任。经济责任审计中无论是对会计资料、财产实物审计,还是对经济行为过程和结果的审计,都必须对内部控制健全性、符合性进行分析与评价。一般来说对内部控制系统审计的目的有两个:一个是通过内部控制系统健全性评价,找出内部控制系统的薄弱环节,为进一步审计确定审计重点、进行判断抽样提供依据;另一个是通过内部控制系统健全性评价,找出内部控制的漏洞或薄弱环节,为改善内部控制系统、制定改进措施提供依据。

在以往的经济责任审计中,虽然上述两种目的兼而有之,但是,往往以前一个目的居多,单纯为改善内部控制系统的审计则很少。这也是经济责任审计成效不显的原因之一。通过加大对党政机关、企事业单位内部控制系统审计力度,把企业内部控制系统的健全完善程度,作为领导干部一项重要责任来审查、考核与评价,不仅在评价意见中,提出要求改善内部控制系统的具体而刚性的措施,要求被审计的领导干部在从政期间按期中审计评价的要求,建立健全内部控制系统,同时也给后任领导干部良好的交待,从而推动整个机关、企业事业单位内部控制系统的健全完善,并取得一定成效,为经济责任审计打下良好的基础。

2. 加强对领导干部任期目标完善情况的审计

领导干部任期目标对其经济责任审计同样重要,它是评价领导干部业绩的一个重要标准,没有这个标准,就无法全面对领导干部任职期间的经济责任履行情况进行评价。目前,我国领导干部特别是党政机关、事业单位领导干部任职目标,有的很不全面、很不细致、很不刚性,有的还是空白,这很不利于政府经济责任审计的深入开展。

领导干部任职目标可分为不同种类,第一类是经济目标,主要通过货币计量手段确定的任期目标,例如,财政收入指标,国民经济增长指标,企业利润指标等;第二类是社会目标,主要体现社会效益的一些指标,例如,人民生活水平提高,社会经济发展水平,地区劳动生产率水平等;第三类是政治目标,主要体现党员标准、干部作风、勤政廉政情况的指标等。上述三类目标,在经济责任审计中,只要涉及经济指标的内容审计是可以分析评价的,审计评价的目标应主要在前两类目标。现在当务之急是政府、组织人事部门、纪检监察机关,都应根据自身的地位,从不同角度建立一套领导干部任职目标。至于任职目标如何确定,有关部门应根据以往的经验,结合现实情况,先行制定一些比较明确而且容易操作的目标性指标群,然后根据经济形势的发展再逐步完善,即先解决有无问题,在此基础上再解决优劣问题。审计机关在审计过程中发现任期目标缺乏,或任期目标严重不合理现象,也应在审计评价中提出意见,并积极寻求改进措施,要求有关政府部门在任命领导干部前,先制定任期目标,根据任期目标要求,选拔领导干部。

3. 积极推动领导干部任职环境的改善

领导干部任职环境优劣,不仅影响领导干部的任职水平,也影响经济责任审计的评价监督效果。从总体上说,我国领导干部任职环境并不太优越。判断领导干部任职环境的优劣,应主要根据领导干部在任职过程中与整个管理机制的协调性所进行的评价。之所以说当前我国领导干部任职环境并不太优越,主要基于两个方面分析的结果:一是从领导干部任职单位以外的环境来看,主要是由政治、经济体制、法律政策所形成的环境,在这个方面,无论是党政机关领导干部,还是企业事业单位领导干部,虽然大权在握,在管理上控制力度不大,但这并不意味着其任职环境优越,因为在这种体制下,领导干部主要靠自己的"觉悟"、"良心"来处理日常工作;执行政策、法规、制度主要靠领导干部的素质和自觉性,并没有一套强有力的监督、制约系统。领导干部走向犯罪道路,不仅仅是因为缺乏理智往往是因多种环境因素影响。二是从领导干部任职单位的内部环境来看,各种制约机制有时是形同虚设,特别应指出的是,在政府机关、企事业单位内部,正职领导干部的个人专断,无论对主要领导干部还是对其他一般干部、群众来说都不是一个好的环境,这是因为如果正职领导干部缺乏制约机制,容易发生非理智行为,而其他人对此无能为力,上级组织、人事等机关往往因为信息不灵也不能做出及时而正确的选择;因此,改善领导干部的任职环境,应先从改革管理机制加强企业内部控制入手。经济责任审计在对具体个人进行审计中,应积极分析掌握"面"上的情况,认真分析哪些方面是影响领导干部正常任职的因素,提出改进意见。在对党政机关领导干部,特别是省部领导干部进行经济责任审计时,也应将所管辖地区和部门的领导干部环境作为重点审计内容予以足够的关注。

第二节　政府经济责任审计发展趋势研究

政府经济责任审计是我国审计界创造的一种崭新的审计类型,它是与我国政体和国情紧密联系的,是我国改革开放和社会主义经济建设发展到一定阶段的产物,正因如此,它诞生后就显示出强大的生命力,它的运行短短十几年就在强化领导干部履责意识、规范了领导干部从政和管理行为,加强财经法纪,维护市场经济秩序、推进廉洁建设和反腐败斗争、促进民主法制建设等方面,取得了一系列重要成果,得到党和人民的高度肯定和赞誉,也令各国审计界刮目相看。可以相信政府经济责任审计会随着其他类型的经济责任审计发展,今后仍然会继续取得深化与前行。从目前理论分析判断,政府经济责任审计今后发展基本趋势是:

1. 继续巩固既有工作领域和已取得的成果

在会计信息真实性、公允性、内部控制系统符合性、财政财务收支合法性和决策管理活动合规合法性方面保持强大的促进和推动功能,继续发挥应用标本兼治的作用。

财政财务资料真实性、公允性目标是一个长期目标,经济越发达,财政财务资料真实性、公允性越重要。但是,在这方面现在已经存在并且今后仍然会存在较多问题,虚假财政财务信息的惯性依然存在,对我国经济决策的安全和经济秩序的稳定构成重大威胁,领导干部对此方面的经济责任依然没有解脱,政府经济责任审计依然要对此进行检查和追究。内部控制系统符合性审计是典型的规范评价性目标,现阶段各被审计单位内部控制与管理制度有无的问题已基本解决,后续的问题是如何不断优化制度本身,更重要的是如何真实贯彻落实,未来一段时期政府经济责任审计的任务之一就是对内部控制的符合性测试为主,即加强对其执行情况的检查与评价,对内部控制系统运行的偏差进行干预,以建立健全内部控制与管理的机制,从源头上堵塞"假"与"乱"的渠道。财政财务收支合法性是国家民主法制化的持续要求,也是对党政机关、事业单位、国有或国有控股企业领导干部的基本要求,这一职责并不随着经济的发展、财富的增加而有所减弱,相反会越来越加强;同时鉴于在内部控制系统建立健全过程中、在国家宏观经济管理体制不断改革中,财政财务收支违法违纪活动在相当长一段时间内还会依然存在,政府经济责任审计中财政财务收支活动合法性的审计肯定会予以更多的关注,不仅党委、政府如此,社会公众也是如此。决策管理活动合规合法性目标,主要体现在经济政策、制度制定和发布的重大事项决策、重要业务活动管理等事务上,是政府及其管理部门规范行政、科学行政和企业事业单位规范其经济业务的重要风向标,是政府机关、事业单位、国有企业和国有控股企业走向科学化、民主化、规范化管理的重要标准,也是政府经济审计不可或缺的重要内容,今后会逐步加强对权力部门决策和管理规范化的审计分析评价。

　　2. 政府经济责任审计法规建设提速

　　任何一项社会活动的产生和发展,都必经历一个先实践再总结,再规范上升到理论,最后凝聚到制度和法规层面。所谓规范,一般而言就是通过立法,建章立制,对经济实践活动的范围、规程、方法、程序等建立统一标准,促使社会经济实践活动按照法律、规章制度规定的运行轨道,构成一种有条不紊的运行机制。政府经济责任审计也不例外,它是一项带有社会性的经济责任评价监督活动,也必须经历一个实践——总结——规范的发展过程。经济责任审计从1985年开始十几年来,无论是厂长(经理)离任审计还是承包经营责任审计,由于经济体制改革中体制变化过快的原因,前两个阶段的经济责任审计工作只是经历了一个实践过程,或者说刚刚进入总结阶段还未来得及规范就发生了变化;而在任期经济责任审计阶段,因为这种审计是建立在社会主义市场经济体制的基础框架之上,其后的改革仍是沿着社会主义市场经济体制的方向一步步走向深入,在经济体制上大的波折不会发生,因此,任期经济责任审计这一阶段将是一个较长的实践阶段,经历了实践——总结——规范的整体发展过程。经历了十年左右的实践,经济责任审计目前正处于总结阶段,即对以往经济责任审计实践总结,找出带有普遍性和规律性的东西,然后用立法形式对其进行规范,从而实现经济责任审计整体效果的提升目标。

　　经济责任审计必须通过立法进行规范,但是从目前现有的法规制度来看,离实现科学化、规范化的距离还较为遥远。在法制建设方面特别是在经济责任审计立法方面,还有许多工作要做。目前,涉及经济责任审计方面的立法的特点是:一是经济责任审计立法层次低。从经济责任审计开展以来,比较有权威的法规文件包括,1986年颁发的《审计署关于开展厂长经理离任经济责任审计工作几个问题的通知》,1988年国务院颁发的《全民所有制工业企业承包经营责任制暂行条例》等。目前指导规范经济责任审计最有权威或层次最高的法规文件是两办印发的"两个暂行规定",它们不仅层次不高,而且也不具备立法的特征。二是经济责任审计立法多而乱,关于经济责任审计的法规文件,除了上述提到的几个法规文件外,几乎中央各有关部委、各省自治区、直辖市、计划单列市,甚至有些省辖市,都颁布有经济责任审计方面专门法规文件,体现出经济责任审计立法的一片"繁荣"景象。事实上这种"繁荣"正是体现了审计立法立规的政出多门,在不同部门、不同地区颁布的法规性文件中,无论是对经济责任审计的概念、目标、程序、方法、对象、内容、范围等表述都各具"特色",这也正说明了我国用以规范经济责任审计的法规文件本身缺乏规范性。三是经济责任审计立法严重滞后,目前《审计法》中没有涉及经济责任审计的内容,其他有关经济责任审计法规文件中,对经济责任审计工作程序,审计报告、审计技术方法、审计责任关系的规定不全面,其要求与常规审计没有区别,特点不突出,对经济责任审计的适用性不强。除此以外在《审计准则》中也没有专门关于经济责任审计的特定要求。经济责任审计立法的滞后性,制约了经济责任审计的健康发展。

新的历史时期,政府经济责任审计法制化工作显然须加快,对于经济责任审计的立法,首先要解决立法的指导思想、客观依据,条文内容上的自我封闭情节,形成一个对全社会都有约束力、震慑力的法律系统。经济责任审计的立法目标要实现"两个着眼":

(1)经济责任审计的立法要真正从宏观着眼。经济责任审计与常规审计针对的对象不同,它主要针对党政机关领导干部、企业事业单位主要负责人的经济责任,而党政机关领导干部是某一地区、某一部门、某一单位的领导和管理者,其经济活动本身带有宏观或中观经济管理的特点,因此,对领导干部经济责任审计涉及的范围和领域较为广泛,有关经济责任审计的法律法规,必须能调整被审计领导干部所管辖范围内的主要经济关系,在经济责任审计法律法规中不仅就明确规定对被审计人和对审计主体责任进行调整的条款,也应进一步明确对被审计人和审计主体以外所有与之相关的经济组织和个人有关审计责任的调整内容;绝不能把一个审计法律写成一个仅适用于审计主体和被审计人行为的一般审计规定和准则、制度;也绝不能把经济责任审计法律写成一部对宏观经济体制(经济责任审计外在环境)无任何影响的"软法律";通过立法,要坚决打破政府经济责任审计"无法地位",缺乏应有的宏观经济环境的传统格局。

(2)经济责任审计立法要真正从审计的主导地位着眼。这个问题比较难解决,因为在我国现行体制下最有权力的部门也往往是最有权威的部门,在立法上也往往受权力部门的干预。在我国,人们还清楚记得,有关经济监督主导部门到底是审计部门和还是财政部门的争论持续了十年之久,说到底这是为了部门权利、部门的利益。在经济责任审计的问题上,仍然存在着谁是监督主导部门之争,目前,所出现的"五部委联席会议制度"就是谁是经济责任审计主导部门之争的翻版,表面上看来,这是政府对经济责任审计的"高度重视",实质上是传统的计划经济管理手段的实现。当看到能在经济责任审计中获得某种利益的时候,哪个部门都会来插一脚,当经济责任审计需要承担责任的时候,谁都会为自己开脱,这是十分不正常的,这也是干扰经济责任审计正常开展的重要因素之一,这也需要通过立法加强明确解决。

因此,在对政府经济责任审计立法中,要认真研究各部门在经济责任审计中的地位和作用,特别是对组织人事部门、纪检监察部门在经济责任审计中的地位、作用、职责要加以规范。比如,党的纪律检查部门、人事管理部门是审计委托或委派者,什么样的经济责任审计要纪委委托,什么样的经济责任审计要由组织人事部门委托,要有明确分工,违反委托分工原则应承担的法律责任等(这样也可减少审计部门的压力,规避审计风险)。关于如何进行独立审计,如何独立发表审计意见,这是审计机关的职责,其他部门不要干预,违反独立审计原则应承担的法律责任等。审计结果出来后,审计机关向谁报告,审计报告使用者如何使用审计报告,不正确使用审计报告也应承担的法律责任,等等。

3. 审计体制的优化提上议事日程

目前,我国经济责任审计还未真正理顺审计主体与被审计方和审计委托方的关系。经济责任审计实质上是以政府制约政府,以审计监督政府官员的一种控制体制,这种控制体制下不仅审计部门的地位较低,而且审计主体与审计委托人、被审计人的关系也处于多变之中,而且这种变化是审计主体无能为力的。根据现行有关法规制度规定,经济责任审计的对象是党政领导干部和国有或国有控股企业负责人,党政领导干部包括党政机关、审判机关、检察机关、群众团体和事业单位的正职党政领导干部。国有或国有控股企业负责人是指企业法定代表人,这些领导干部和国有企业法定代表人实质上都属于国家干部,而经济责任审计的委托(派)则是由组织与人事部门、纪检与监察机关,根据党委和人民政府的意见向审计机关提出对领导干部进行经济责任审计的委托建议。这实质上就是说,经济责任审计委托(派)机关是党政机关包括组织人事部门、纪检监察机关、党委和人民政府,经济责任审计的对象也是党政机关的正职领导干部,主要是指党委书记、人民政府正职领导,审判机关、检查机关正职领导干部。审计结果的处理机关则主要是党政机关、党委、政府、审判机关等,审计机关在处理审计关系时,审计委托机关、审计结果处理机关以及被审计机关在整体上是基本重合的,党政机关领导干部在不同的环境条件下具有审计委托(派)、审计处理和被审计人的三重角色。在有的情况下,被审计人就是审计委托(派)机关的主要领导干部,甚至一些地方出现了审计机关对某一领导干部的经济责任审计还未结束,就被党委、政府任命为该审计机关的正职领导干部,这不仅是对领导干部任命不负责任,也是对经济责任审计的嘲弄。

经济责任审计中审计委托、结果处理和被审计人的角色无序的变幻,使本来就十分复杂的经济责任审计关系变得较为紊乱,这种审计关系混乱现象,严格来说是审计监督的独立性不强所致。政府审计机关隶属于政府,经济责任审计的对象是党政机关领导干部,对于党政机关说,政府审计机关是不独立的。尽管在日常审计工作中,常常用"上审下"的办法来弥补审计独立性不足,但这种弥补方式仍然未能彻底解决审计独立性问题,因为下级政府或部门是上级政府行政权力的延伸和扩展,对下级的审计必然涉及上级党政机关。由于审计的不独立,审计主体地位不仅在被审计的领导干部面前具有"下滑"的趋势,而在整个管理、监督两大系统中的地位也难以摆正。特别是在政府经济责任审计与常规审计相比被审计人的地位大大提高,审计主体的地位更应提高。提高审计主体地位的主要途径就是改变审计主体的隶属关系,强化审计监督的独立性。在此基础上,要进一步理顺审计委托、审计结果处理人、被审计人与审计机关的关系,从而明确审计监督在监督体系中的中心主导地位。今后政府经济责任审计的体制目标应以下两个方面运行:

(1)经济责任审计主体的独立性。由于经济责任审计的直接针对的是党政机关、企业事业单位正职领导干部和主要负责人,其审计对象的层次比常规审计有了较大提高,审计机关在进行经济责任审计时,被审计领导干部的经济责任与审计机关上级党政机关的经济责任具有"一体化"的特征。审计机关在审计过程中往往遭遇"下级审上级"的尴尬。经济责任审计主体的独立性必须以政府审计机关的独立性为前提,随着我国人民代表大会制度的逐步完善,政府审计模式应向以代表国家整体利益的国家审计模式过渡,审计机关的隶属关系应由政府隶属关系向隶属于国家权力机关的关系过渡,具有更强独立性的国家审计机关对党政机关领导干部进行经济责任审计比现在的政府审计模式更具有权威性。

(2)经济责任审计关系的协调性。经济责任审计关系是指审计主体和审计委托机关的委托与被委托,审计主体和审计结果处理部门的服务与被服务、审计主体和被审计领导干部的审计与被审计等关系的总称。理顺审计关系,是政府经济责任审计实现其工作目标的前提,同时也是政府经济责任审计效果目标的重要内容。只有首先理顺审计体制和审计关系,才能保证经济责任审计工作有一个良好的体制环境。经济责任审计关系的协调性:一是审计委托被委托关系的协调性。作为经济责任审计主体的政府审计机关接受组织、人事、纪检、监察机关的审计委托,要解决好委托的强制性和接受委托的主导性的关系,在现行委托中,组织、人事、纪检部门委托审计时,审计机关必须得接受这种委托的强制性,不仅对任职期满的领导干部来说是强制性的,而对审计机关来说也是强制性的,无论审计机关有无力量,有无准备,是否具备要条件,都必须按委托机关的要求进行全面审计,并且发表"无保留意见"式的审计报告,这样审计风险将会无限增大。因此,在审计委托方面,要改"契约式委托"为制度性委托的同时,也要改"全面委托"为"部分委托",以处理好审计委托受托关系。二是审计服务与被服务关系的协调性,在审计服务与被服务的关系中,审计主体是服务者,而审计信息接受、使用部门是被服务者,经济责任审计信息的接受使用者,应是对党政机关领导干部、国有或国有控股企业主要负责人有考查、使用、任命、惩处权的国家机关。从实质上来说,我国党政领导干部及其国有企业或国有控股企业主要负责人的考查、任命、使用、奖惩处理权都在党委、政府主要领导干部手中,但是由于我国在某些领域,党政不分的现象依然十分严重,对领导干部的考查、任命、使用、奖惩处理权的划分十分困难;再加上经济责任审计信息的接受人,组织、人事部门只有对领导干部的考查权,纪检、监察部门也只有对领导干部的行政惩处权。这种任何一个部门都无法真正完成对领导干部的考查、使用、任命、奖惩处理的全过程。表面上看,对领导干部的考查、任命、使用、奖惩处理权都由不同的部门、机关行使,但这种权力最终来自于党委书记的拍板。这样一个看似复杂实际简单,看似简单实际而又相当复杂的问题,使得经济责任审计服务与被服务关系的处理相当微妙。要协调上述关系,这不仅仅是审计体制的问题,这是一个仅靠审计自身力量难以解决的涉及面相当广泛的政治体制中的人事体制问题。理顺这一关系的基本思路是加大政治体制改革的力度,加强对用人权力的制约和监督,进一步规范组织、人事、纪检、监察等各部门在经济责任审计信息接受、使用中的地位。三是审计被审计的关系协调性。通过政府审计机关向国家审计模式的过渡,审计与被审计的关系应更加协调。实现国家审计模式后,国家审计机关人员的任命是由人大进行,其日常管理,由人大常委会进行,将审计机关的人员干部的任免、奖惩交由人民代表大会执行,而各级被审计的党政机关领导干部和国有企业或国有控股企业的主要负责人由党政系统任命、管理,审计机关跳出了行政系列,无论是被审计领导干部职位多高,审计机关都没有接受被审计领导干部直接领导的可能,无论职务如何变动,被审计的党政领导干部都没有被任命为审计机关的领导干部的可能。使审计主体与被审计人的关系也趋于协调。

4. 强化政府经济责任审计质量控制

目前,影响经济责任审计质量的基础是审计风险无限增大的趋势仍在继续,近期阶段审计质量控制要达到的最主要目标就是:迅速遏制审计风险无限增大的趋势,经过持续努力,将审计风险控制在可以接受的范围以内。要实现这两个阶段的审计质量目标,立法机关、党政机关、审计机关都必须认清审计质量问题的重要意义,弄清质量就是生命的真正的内在含义。要从以下几方面齐抓共管,多管齐下:

(1)改变审计人员素质与经济责任审计要求不适应的境况。长期以来审计人员适应了对账表查证,对脱离账表问题的审查工作难以适应;因此要加强人员素质提高,更新理念,改变传统以财会为核心的知识与能力结构,以使适应政府经济责任审计发展的新变化、新要求。

(2)审计独立性与经济责任审计要求不适应的境况。审计人员长期在缺乏独立性的环境下进行工作,其独立性意识淡薄,发表审计意见往往受各种因素影响,作为经济责任审计主体的政府审计机关,隶属于政府,缺乏独立性,习惯于听命于领导指示,要逐步培养独立工作、独立思考和独立发表审计意见的工作习性,学会在一定的约束条件下寻求最优解的能力和水平。

(3)改变审计法规、制度与经济责任审计要求不适应的境况。目前我国经济责任审计方面的审计法规、制度多面杂乱不成系统,有些甚至相互抵触,审计人员无法可依的现象依然存在。在加强法制建设的同时,要加强规章制度建设,加强纪律约束,建立健全审计机关自身内部控制和管理体系。

(4)改变领导干部内部制约控制机制与经济责任审计要求不适应的境况。在有关控制约束机制没有建立健全的情况下,加强与党政机关、组织人事部门的协调与沟通,通过对实践的总结和参照有关部门、单位的标准,来寻求对领导干部经济责任履行情况的衡量标准,并以此逐步建立对领导干部的规范约束机制。

(5)改变审计力量与被审计人力量对比不适应经济责任审计要求的境况。通过加强组织管理,优化人员结构,开展联合审计等方式方法,提高人员素质,提高审计机关整体工作效率和效能,以弥补审计资源的不足,即以现代科技手段和现代科学管理的手段,能够产生最强的审计生产力和战斗力,这是今后政府经济责任审计发展所需要不懈追求的目标。

参考文献

[1]王杰,马怀平.厂长经理离任审计.北京:中国展望出版社,1987.

[2]李干予.经济责任审计.北京:地震出版社,1998.

[3]钟庆明.领导干部离任审计.北京:中国方正出版社,1998.

[4]笪振斌,项俊波,崔洪涛.企业承包经营责任审计.北京:中国审计出版社,1990.

[5]刘世林,崔洪涛.中国审计方法通论.北京:新华出版社,1992.

[6]余晖.政府与企业:从宏观管理到微观管制.厦门:福建人民出版社,1997.

[7]尹平.审计分析、评价与报告.北京:经济管理出版社,1998.

[8]柏相民.任期经济责任审计实务.北京:中国审计出版社,1999.

[9]郭小聪.政府经济职能与宏观管理.广州:中山大学出版社,1999.

[10]审计署外事司.世界各国政府审计.北京:中国审计出版社,1999.

[11]中国审计体制研究编写组.中国审计体制研究.北京:中国审计出版社,1999.

[12]金硕仁.政府经济调控与市场运行机制.北京:经济管理出版社,2000.

[13]毛寿龙.有限政府的经济分析.上海:上海三联书店,2000.

[14]刘世林,王敏霞,程刚.审计原理与实务.北京:中国高等教育出版社,2000.

[15]陈太辉,傅信平.审计法学.海口:海南出版社,2000.

[16]陈富良.我国转轨时期的政府规制.北京:中国财经出版社,2000.

[17]尹平.财务造假防范与经济凭证鉴别.北京:中国审计出版社,2000.

[18]陈富良.企业行为和政府规制.北京:经济管理出版社,2001.

[19]邢俊芳,陈华,邹传华.最新国外绩效审计.北京:中国审计出版社,2001.

[20]鄢圣华.中国政府体制.天津:天津社会科学院出版社,2002.

[21]李学柔,秦荣生.国际审计.北京:中国时代经济出版社,2002.

[22]刘世林,周友梅,吴德林.审计发展与创新.广州:广东科技出版社,2003.

[23]张建国,徐伟编.绩效体系设计.北京:北京工业大学出版社,2003.

[24]张缨.信任、契约及其规制——转型期中国企业间信任关系及结构重组研究.北京:经济管理出版社,2004.

[25]卓越.公共部门绩效评估.北京:中国人民大学出版社,2004.

[26]杨肃昌.中国国家审计:问题与改革.北京:中国财政经济出版社,2004.

[27]倪星.腐败与反腐败的经济学研究.北京:中国社会科学出版社,2004.

[28]刘恒.政府信息公开制度.北京:中国社会科学出版社,2004.

[29]李季泽.国家审计的法理.北京:中国时代经济出版社,2004.

[30]罗美富,李季泽,章轲.英国绩效审计.北京:中国时代经济出版社,2005.

[31]杨解君.行政责任问题研究.北京:北京大学出版社,2005.

[32]刘世林,方伟明.经济责任审计理论与实务.北京:中国时代经济出版社,2005.

[33]中国审计学会.审计论文选集(1999—2004).北京:中国时代经济出版社,2005.

[34]董大胜.中国政府审计.北京:中国时代经济出版社,2005.

[35]尹平.财务造假监控与检测.北京:中国财政经济出版社,2005.

[36]蔡春,等.绩效审计论.北京:中国时代经济出版社,2006.

[37]3C全面风险管理课题组.全面风险管理理论与实务.北京:中国时代经济出版社,2008.

[38]刘世林.基础审计.北京:中国财政经济出版社,2009.

[39]张继勋,刘恩峰.INYOSAI审计准则与我国国家审计准则的比较研究.审计与经济研究,2001(1).

[40]尹平.现行国家审计体制的利弊权衡与改革抉择.审计研究,2001(4).

[41]项俊波.论我国审计体制的改革与重构.审计研究,2001(6).

[42]尹平.论我国地方审计体制改革.审计与经济研究,2002(5).

[43]尹平.我国地方审计体制改革策略研究.审计研究,2002(6).

[44]杨肃昌,肖泽忠.试论中国国家审计"双轨制"体制改革.审计与经济研究,2004(1).

[45]刘力云.当前国家审计体制研究中的四个问题.审计研究,2002(5).

[46]孙澄生.我国审计体制改革的走向选择.审计与经济研究,2002(5).

[47]王翠珍.现代审计体系中政府审计与内部审计的关系.淮南职业技术学院学报,2002(4).

[48]柳宁.浅析国家审计对社会审计组织上市公司审计质量的监督检查.

审计研究,2003(5).

[49]崔振龙.政府审计职责及其发展展望.审计研究,2004(1).

[50]温美琴,胡贵安.论我国政府审计的环境变迁与职责重构.审计研究,2005(6).

[51]许汉友.论政府审计与社会审计的协调.审计与经济研究,2004(1).

[52]石爱中.现行体制下国家审计法治谠论.审计研究,2004(1).

[53]秦荣生.公共受托经济责任理论与我国政府审计改革.审计研究,2004(6).

[54]冯均科.以问责政府为导向的国家审计制度研究.审计研究,2005(6).

[55]马曙光.博弈均衡与中国政府审计制度变迁.审计研究,2005(5).

[56](俄)利·米·科拉马罗夫斯基.审计与监督.王立才,等,译.北京:奥林匹克出版社,1996.

[57](美)杰里·D.沙利文.蒙哥马利审计学.《蒙哥马利审计学》翻译组,译.北京:中国商业出版社,1989.

[58](美)约翰·格林.绩效审计.徐瑞康,文硕,译.北京:中国商业出版社,1990.

[59] B. PORTER. Principles of External Auditing. Chichester:John Willy & Son,LTD,2004.

[60]FIORINA,M. P. Legislative Choice of Regulatory Forms. Legal Process or Administrative Process,Public Choice,1982(39).

[61]R. L. RATILIFF. Internal Auditing,US. A. I. A. (美国内部审计协会)2002.

[62](美)理查德·J.济科豪瑟,拉尔夫·L.基尼,詹姆斯·K.萨本缪斯.决策、搏弈与谈判.詹正茂,等,译.北京:机械工业出版社,2004.